国际经济与贸易专业立体化精品教材

国际贸易单证实务
(第 2 版)

孙继红　主　编

清华大学出版社
北　京

内 容 简 介

本书以国际贸易单证的流转程序为主线，以培养学生的单证职业能力和实践能力为核心，以适应市场对国际商务单证员的需要，体现科学性、系统性和新颖性为原则，引用最新的国际惯例——《跟单信用证统一惯例》(国际商会第 600 号出版物，简称 UCP600)，运用"教、学、做"合一的教学法，系统阐述了国际贸易单证业务的有关知识和操作技巧。本书坚持理论联系实际，综合大量技能实训项目，突出对学生的职业技能训练和培养，为学生顺利通过国际商务单证员考试，实现持证上岗打好坚实基础。

本书共分为 9 章，从国际贸易单证工作的意义和要求出发，重点介绍了单证的流转程序，进出口合同，国际贸易单证业务中的有关计算，开证、审证与改证，出口备货单证，出口货运与保险单证，官方单证，结汇单证和单证的操作等内容。在每章开始配有学习指导和导入案例，以指导学生为学习新知识做好准备；在章末尾附有技能实训(案例分析、单证改错和单证缮制等)和同步测试(填空题、选择题、判断题、简答题、案例分析题和操作题等)，供学生结合专业知识学习进行自我检测、分析、思考及借鉴，重点培养学生提高单证业务的实际操作能力。

本书可作为职业教育和普通高校财经类专业课程的教材，也可作为广大外贸从业人员和自学者的参考书。

图书在版编目(CIP)数据

国际贸易单证实务/孙继红主编. —2 版. —北京：清华大学出版社，2013(2018.7 重印)
(国际经济与贸易专业立体化精品教材)
ISBN 978-7-302-33424-8

Ⅰ. ①国…　Ⅱ. ①孙…　Ⅲ. ①国际贸易—原始凭证—高等学校—教材　Ⅳ. ①F740.44

中国版本图书馆 CIP 数据核字(2013)第 182719 号

责任编辑：桑任松
装帧设计：杨玉兰
责任校对：周剑云
责任印制：刘祎淼
出版发行：清华大学出版社
　　　　　网　　址：http://www.tup.com.cn, http://www.wqbook.com
　　　　　地　　址：北京清华大学学研大厦 A 座　　　　邮　　编：100084
　　　　　社 总 机：010-62770175　　　　　　　　　邮　　购：010-62786544
　　　　　投稿与读者服务：010-62776969, c-service@tup.tsinghua.edu.cn
　　　　　质量反馈：010-62772015, zhiliang@tup.tsinghua.edu.cn
　　　　　课件下载：http://www.tup.com.cn, 010-62791865
印 装 者：北京密云胶印厂
经　　销：全国新华书店
开　　本：185mm×260mm　　　印　张：24.5　　　字　数：532 千字
版　　次：2009 年 8 月第 1 版　　2013 年 10 月第 2 版　　印　次：2018 年 7 月第 8 次印刷
定　　价：49.80 元

产品编号：053035-02

第 2 版前言

湖南商务职业技术学院国际贸易实务专业是湖南省教育教学改革试点专业，也是湖南省职业院校第一批精品专业，"国际贸易单证实务"为精品课程。

《国际贸易单证实务》作为湖南省级精品课程教材，得到了清华大学出版社与广大师生的大力支持，于 2009 年出版发行之后，受到了广大师生和读者的普遍认可和好评。为更新和完善教材的内容体系，修正第 1 版教材中的不妥之处，征求了广大师生对教材使用后提出的意见，根据国际贸易单证业务新形势发展的要求，我们在《国际贸易单证实务》第 1 版的基础上，对原教材的相关内容作了一些必要的修改、补充和完善。

在本次修订中，保持了第 1 版教材的理论知识求精，内容体例求新，坚持"教、学、做"合一的教学方法，明确的外贸单证员定向等特色，立足于提高学生从事外贸业务的综合素质，凸显熟练掌握单证业务操作技能，实现让学生顺利通过国际商务单证员考试，持证上岗的教学目标。第 2 版补充了当今外贸单证业务中使用最普遍的 SWIFT 信用证的具体操作的相关知识，以提高学生阅读、制作和审核 SWIFT 信用证的技能。

全书共分为 9 章，从国际贸易单证工作的意义和要求出发，重点介绍了单证的流转程序，进出口合同，国际贸易单证业务中的有关计算，开证、审证与改证，出口备货单证，出口货运与保险单证，官方单证，结汇单证和单证的操作等内容。在每章开始配有学习指导和导入案例，以指导学生为学习新知识做好准备；在章末尾附有技能实训(案例分析、单证改错和单证缮制等)和同步测试(填空题、选择题、判断题、简答题、案例分析题和操作题等)，供学生结合专业知识学习进行自我检测、分析、思考及借鉴，重点培养学生提高单证业务的实际操作能力。

本次修订由孙继红、瞿启平、孙玲等老师负责完成。由于编者的水平有限，教材仍难免有疏漏和错误，我们恳请广大师生和读者提出批评意见，待再版时，我们将进一步修订完善。

编　者

第 1 版前言

2007 年湖南商务职业技术学院的国际贸易实务专业和国际贸易单证实务课程，分别成功申报为湖南省精品专业和精品课程，我们编写的作为省级精品课程校本教材的《国际贸易单证实务》得以出版发行，其间得到了清华大学出版社与广大师生的支持。为不断提高教材的质量，让学生更系统地掌握对外贸易业务单证的专业知识和操作技能，我们按实际的单证业务流程，对教材的专业知识结构和业务技能实训做了更为贴近业务实际的调整，对单证制作与传递，业务手续的操作和办理等做了系统的仿真讲解，专业技能的实训，立足于提高学生的综合业务素质和单证业务操作技能，特别是实践能力和创新能力的培养。

本书主要有以下几个特色。

一是理论知识求精。各章在理论阐述方面力求简明准确、条理清晰、重点突出，避免重复学生已学过的国际贸易实务课程的相关内容，而是要求学生对专业基础知识有更深刻的理解，并在实际业务中加以准确熟练的应用。

二是内容体例求新。全书在内容上力求反映当前国际贸易业务的实际要求，达到学以致用的目的。每章都充分运用案例教学法和技能实训操作，并附有同步测试题，以强化对学生动手操作技能的培养。

三是采用"教、学、做"合一的教学法。在整个教学过程中，坚持精讲多练，强化实际业务技能的训练，真正做到以学生为主体、教师为主导，让学生边学边做，扎实掌握单证业务中的各项技能。

四是明确的岗位定向。本课程与商务部主考的国际商务单证员资格证考试的要求相对接，教学内容随考证要求及时跟进与更新，为学生顺利通过考证从而实现持证上岗，提供了有效的平台。

本书由湖南商务职业技术学院孙继红制定编写大纲和提供修订稿，由湖南商务职业技术学院瞿启平、孙继红总纂定稿。参加编写工作的人员有中南林业科技大学杨秀蓉、湖南商务职业技术学院熊卉、湖南涉外经济学院米家龙等老师。

本课程教学大纲的制定和教材的编写得到了湖南商务职业技术学院经贸系易能主任和易兰华主任的大力支持，教材编写中参考了许多专家、学者的文献资料。在此，一并表示衷心的感谢！

由于编者水平有限，书中错误或疏漏之处在所难免，敬请广大读者批评指正，待再版时，我们将及时修改完善。

编　者

目　　录

第一章　国际贸易单证概述

【学习指导】

国际贸易表现为商品和资金的双向交流，买方需要得到货物，而卖方需要收到货款。在通常情况下，买卖双方地理位置相隔较远，货物的交易不可能完全在双方的监控之下完成，那么就需要一套能代替货物交易的具有法律效力的单据文件，以这些单据文件即所谓的单证来实现货物与货款的交流。因此，从贸易合同签订之日起，直到货物装运，再到进口提货的整个过程，每个环节都需要具备相应的单证，所有的单证又都涉及单证的缮制、审核、确认、处理、交接和传递过程，以此满足企业、银行、保险、运输、商检、海关以及相关政府机构的多种需要。可以说，国际贸易单证业务是所有国际贸易交易活动的核心，它是贸易双方能顺利进行交易的不可缺少的环节。通过本章的学习，要掌握国际贸易单证的概念及单证工作的基本要求，了解国际贸易单证的分类以及国际贸易单证工作的基本要求，为以后的深入学习和做好单证业务打基础。

【导入案例】

某外贸公司与澳大利亚客商签订一份销售合同，目的港为悉尼。由于单证员疏忽，制单时误填为墨尔本，以致出口货物到达该港口。进口公司在要求我方负责将货物完好运抵悉尼后，再要求赔偿因货物迟交的经济损失数十万元人民币。应从中吸取什么教训？

第一节　国际贸易单证工作的意义

国际贸易中使用的单证(Document)是指进出口业务中使用的各种单据、文件和证书，买卖双方凭借这些单证来处理货物的交付、运输、保险、商检和结汇等。狭义的单证指单据和信用证，广义的单证则指各种文件和凭证。单证工作主要有审证、制单、审单、交单和归档五个方面，它贯穿于进出口合同履行的全过程，具有工作量大、涉及面广、时间性强和要求高等特点。

1. 单证是国际贸易结算的基本工具，单证质量是结汇能否顺利完成的前提

国际贸易法专家施米托夫曾经讲过："从商业观点来看，可以说 CIF 合同的目的不是货物本身的买卖而是与货物有关单据的买卖。"以上指的虽是 CIF 合同，实际上外贸实务

中其他贸易条件如 FOB、CFR 等也是以单证为桥梁从而实现货、款的交割，其性质同样是单证买卖。国际贸易的最终完成，往往是以单证交流的形式实现，卖方凭单交货，买方凭单付款。卖方向买方交单，意味着已将货物交付，而买方付款，称为赎单，则说明已经收到了货物。

一整套正确、完整、齐全的单证是买卖双方能否及时取得物权凭证和收汇的前提，在进出口业务中，单证工作的任何失误都会给企业带来不同程度的经济损失，甚至影响国家的信誉。因此，从某种意义上讲，"单证就是外汇"。

2. 单证是履行合同的必要手段和证明

买卖合同的履行是通过商品和货币的交换来实现的，但在国际贸易中买卖双方处于不同的国家或地区，在绝大多数情况下，商品和货币不能进行简单的直接交换，而需以单证作为交换的手段。

在业务活动中，提交相应单据是当事人履行合同的手段，也是当事人完成合同义务的证明。合同订立后，履行阶段可概括为"货、证、船、款"四个主要环节，无论是哪个环节，进出口商及合同有关的相应各方只有在履行了约定义务的情况下才能取得相关单据，没有提交应交付的单据就意味着没有按规定履约。

每一种单据在国际贸易活动的各个环节都起了必要的作用，它们的签发、处理、流转、交接和应用，反映了买卖合同履行的整个过程，同时也反映了买卖双方权责的发生、转移和终止。可以这么说，国际贸易之所以在世界范围内健康发展是与单证的有效使用和流通密不可分的。

3. 单证工作是企业经营管理的重要环节，直接影响国家、企业和个人的形象和利益

做好国际贸易单证工作对整个国家、每个企业和每个从业人员的形象和利益都有重大的影响。单证工作集中在进出口业务的各个环节，从合同磋商与签订，信用证的申请、审核、修改和使用，交货时间的衔接，商品质量的检验以及运输、保险、报关的安排，到最后结汇或付款以及核销等，很多经营管理中的问题都会在单证工作中反映出来。

企业对整个贸易环节都应进行有效的监管，单证管理又是最后一个环节，即使洽谈、签订合同、备货、报检、报关、保险和装运等环节没有任何问题，若在制单、交单环节出了问题，也会前功尽弃。

因此，企业的单证业务是否符合信用证和买卖合同的要求，是否及时、准确、完整，是衡量进出口企业经营管理水平的重要标志。

4. 单证体现企业业务和文化素质，显示企业的品位和形象

单证不仅是商务文件，也是企业的对外宣传资料。格式优美、行列整齐、文字清晰的单证，能展现企业高品位的业务素质，为企业塑造良好的形象，有利于整个业务的开展；

相反，单证印制粗劣，行距、字距排列杂乱，甚至语句、语法错讹，则必然给企业带来负面影响。

5. 单证是避免和解决贸易争端的依据

因为国际贸易的实质是单据交易，所以在合同商订和履行过程中都要对相关单据严格把关，不然就可能因单据的不规范、不准确、不及时而引发麻烦，或在发生有关争议后无法利用合法的手段(出示合格的单据)保护自己，更谈不上对对方的不合理要求以理拒绝。

6. 单证受国际法规和惯例的制约，具有法律效力

国际贸易中有很多为国际社会所认同的法规和惯例，不同贸易国家又有各自的特殊法规，这些法规和惯例涉及国际货物买卖合同、国际金融、国际结算、国际运输和保险等领域。单证作为国际流通的商业应用文件必须受到有关国际公约、国际惯例以及贸易国家的国内法的制约。例如，国际商会出版物《跟单信用证统一惯例》目前已经成为世界各地银行和进出口企业处理信用证项下单证的共同准则，如果我们不能正确理解和掌握运用，就会造成工作上的失误，影响外汇资金的结算，甚至蒙受重大的经济损失。即使在正常的贸易中，由于市场的变化，境外商人在到货无利可图的情况下也会在单证中寻找瑕疵，制造借口，拒绝在信用证项下支付货款。因此，作为企业的经营者和从业人员必须熟悉单证的有关法律，重视单证工作，合理、审慎地处理日常业务中的各类单证，才能有效地保护企业的合法权益和经济利益。

第二节　国际贸易单证工作的基本要求

一、对国际贸易单证从业人员的基本要求

国际贸易单证员，作为各外贸企业开展业务的基础人才，在对外贸易结算业务中，凭借在进出口业务中应用的单据、证书来处理货物的交付、运输、保险、商检、结汇等工作，其主要工作有审证、制单、审单、交单与归档等一系列业务活动。对单证从业人员的要求因各个企业的经营规模、经营品种、经营方式等不同，要求有所差异，但有如下基本要求。

1. 单证员要爱岗敬业，具备为国家、为企业奉献的精神

单证工作是企业经营管理的重要环节，直接影响国家、企业和个人的形象和利益。而单证员在一定程度上代表的是一个企业甚至于一个国家的形象，以及企业的业务水平和单证员自身的文化素质。单证工作的这种特殊性，要求从业人员应具有很高的政治、职业、道德素质以及爱岗敬业、无私奉献的精神。

2. 单证员应具有扎实的国际贸易专业知识和娴熟的单证操作能力，以及较强的英语交流和应用能力

单证工作涉及的业务杂、环节多、企业广、部门多，从生产企业到仓库、港口，从银行到检验局，从保险公司到海关、运输公司等，在整个贸易环节中，以及在与各部门、各单位联系的工作中，可能会遇到各种各样的困难和麻烦，必须善于应对。在对外签订、履行合同的过程中，如不熟悉相关的理论和法律知识，很容易出差错，受骗上当。因此，从业人员必须掌握贸易政策和贸易惯例、有关法律并能实际运用；掌握国际贸易实务理论及专业技能；熟悉贸易合同、信用证、单据及运输、保险、报关等各环节的相关知识和业务手续；了解中国人民保险公司及伦敦保险协会的保险险别和相关条款。外语能力应至少达到能看懂、理解和制作所有单证的要求，能够以合同、信用证、单据为主线进行有序的审证、制单、审单和交单等操作。

3. 单证员应具备多种相关技能和技巧

1) 使用计算机处理业务的能力

目前许多单据都是通过计算机制作完成的，从业人员必须具备操作计算机和有关应用软件的能力，同时还要掌握电子报关、电子报检、网上备案核销、退税、网上申领许可证等利用网络进行电子商务活动的知识和技能。

2) 独立制作、协调和管理各种单据的能力

不管一笔合同金额多少，应提交的单据必须在规定的时间内如数提供。有些单据是出口企业制作，有些则由其他部门予以配合。不同的合同或信用证要求的单据可能会有区别，企业在一定的时间内可能同时会有几笔合同要履行，这就要求操作人员在制作单据时应该做到：职责分明、沟通顺畅、先后有序、纵览全局、井井有条。

3) 业务核算能力

能正确运用所学知识进行价格、运费、保险费和汇率等业务内容的精确运算。

4. 单证员应参加从业人员的培训并获得职业资格认证

单证从业人员必须定期或不定期参加相关知识的培训，并取得相关的从业资格证书，持证上岗作业。

二、对单证制作的基本要求

在国际贸易中，单证工作分为审证、制单、审单、交单和归档五大块。对于各种进出口单证，原则上应做到"正确、完整、及时、简洁、清晰"五要素。

(一)正确

正确是单证工作的前提,单证不正确就不能安全结汇和顺利履行合同。在信用证结算中,银行处理的是单据,而不是与单据有关的货物、服务或履约行为,只要提交的单据相符,银行就必须付款,只要单据不符,银行就有权拒付。而在托收业务中,虽然单据的正确性不如信用证业务严格,但如果不符合贸易合同的规定,也可能被进口商找到借口而拒付货款、延迟付款或提出降价等要求。

正确包括两方面的内容。

(1) 各种单据必须做到"四相符",即单据与信用证相符(简称单证相符),单据与单据相符(简称单单相符),单据与贸易合同相符(简称单同相符),单据与实际货物相符(简称单货相符)。

单证相符、单单相符、单同相符、单货相符是信用证业务的要求。依据《跟单信用证统一惯例》(国际商会第 500 号出版物,简称 UCP500)的规定,银行审核单据的标准是"表面上是否与信用证条款相符……单据之间表面互不一致,即视为表面与信用证条款不符",这就是所谓"严格相符"原则(the Doctrine of Strict Compliance)。必须注意的是,最新出版并于 2007 年 7 月 1 日开始实施的《跟单信用证统一惯例》(国际商会第 600 号出版物,简称 UCP600),关于银行审核单据的标准与原 UCP500 相比相对宽松。UCP600 第十四条单据审核标准规定,"按指定行事的指定银行、保兑行(如果有的话)及开证行须审核交单,并仅基于单据本身确定其是否在表面上构成相符交单","相符交单,指与信用证条款、本惯例的相关适用条款以及国际标准银行实务一致的交单","单据中的数据,在与信用证、单据本身以及国际标准银行实务参照解读时,无须与该单据本身中的数据、其他要求的单据或信用证中的数据等同、一致,但不得相矛盾"。UCP600 虽未明确强调"严格相符"原则,但由于 UCP600 的实施正处于过渡阶段,为确保安全收汇,单证制作应尽量严谨。

虽然在信用证方式下,只要做到单证相符、单单相符("相符交单")就能得到付款,但是,只有同时做到单同相符、单货相符,才能在安全收汇的同时保证出口合同的顺利履行。在托收方式下,单同相符、单单相符、单货相符也是安全收汇和顺利履行合同的保证。

(2) 各种单据必须符合有关国际法规、惯例及进出口国的有关法令法规。

所有国际贸易中要求的单据都有相应的法律、惯例和规则相约束,较常见的法规有《联合国国际货物销售合同公约》、《合同法》、《票据法》、《外贸法》、《保险法》和《海商法》等,以及在国际贸易领域影响巨大的 UCP600、ISBP(《审核跟单信用证项下的国际标准银行实务》)、URC522(《托收统一规则》)、URR525(《国际商会跟单信用证项下银行间偿付统一规则》)、INCOTERMS2000(《国际贸易术语解释通则》2000 年版)等国际惯例,所有这些规定都对制单工作具有非常强的指导意义。除此之外,有些国家对出口单据和进口单据有特殊的规定,制单时必须充分注意。

(二)完整

单证完整，首先是指单证群体即种类的完整性。单证在通过银行议付或托收时，一般都是成套、齐全而不是单一的。其次是要求每一种单据本身的内容必须完备齐全，还要求出口人所提供的各种单据的正本或副本的份数要如数交齐，不能短缺。

(三)及时

1. 出单及时

各种单据的出单日期必须合理、可行，也就是说，每一种单据的出单日期不能超过信用证规定的有效期限或按商业习惯的合理日期。例如：保险单日期应早于或等于提单的签发日期；提单日期不得迟于规定的最迟装运期；装运通知书必须在货物装运后立即发出；向银行交单的日期不能超过信用证规定的交单有效期等。

2. 交单及时

向银行交单议付不能超过信用证规定的交单期。UCP600 规定，信用证必须规定一个交单的截止日；受益人或其代表必须在不迟于本惯例所指的发运日之后的 21 个日历日内交单，但是在任何情况下都不得迟于信用证规定的截止日。

(四)简洁

单证的内容应力求简洁，避免不必要的烦琐。简化单证不仅可以减少工作量和提高工作效率，而且也有利于提高单证的质量和减少单证的差错。

(五)清晰

单证的外观质量在一定程度上反映一个国家、一个企业的业务和技术水平。如果说正确和完整是单证的内在质量，那么清晰则是单证的外观质量。

清晰主要是指：单证的表面清洁、美观大方；各项内容清楚、易认；各项内容的记载简洁、明了。

第三节　国际贸易单证的分类与流转程序

一、国际贸易单证的分类

国际贸易单证可根据不同的分类标准分为不同的类别。

1. 根据单证所涉及的贸易双方划分

根据贸易双方的身份不同，分为出口单证和进口单证。

出口单证是指出口地的企业及有关部门涉及的单证，包括贸易合同、商业发票、出口许可证、出口报关单、出口货运单据、包装单据、保险单、汇票、产地证和检验检疫证书等。

进口单证是指进口地的企业及有关部门涉及的单证，包括贸易合同、进口许可证、信用证、保险单和进口报关单等。

2. 根据单证的性质划分

根据《托收统一规则》(国际商会第 522 号出版物，简称 URC522)的分类方式，国际贸易单证按性质不同可分为金融单证和商业单证。

金融单证即汇票、支票、本票或其他类似的用于取得款项的凭证。

商业单证即发票、装箱单、运输单据或其他类似单据及任何非金融单据。

3. 根据单证在贸易工作中的作用划分

根据单证在国际贸易工作中的用途，可分为资金单据、货运单据、商业单据、保险单据、官方单据和随附单据六类。

(1) 资金单据——汇票、支票、本票等信用工具，或其他类似用以取得款项的凭证。

(2) 货运单据——托运单、海运提单、不可转让海运单、租船合约提单、空运单、公路运输单据、铁路运输单据、内河运输单据、专递和邮政收据等，是由托运人或承运人出具的单证。

(3) 商业单据——商业发票、形式发票、装箱单和重量单等，是由出口商签发的单据。

(4) 保险单据——投保单、保险单、预保单和保险证明等国际货物运输保险单据，是由承保人签发的单据和证明。

(5) 官方单据——海关发票、领事发票、产地证、检验检疫证、进出口货物报关单、出口收汇核销单、进口付汇核销单等，是由涉及的有关政府职能部门或外国驻中国使馆签发的单据。

(6) 随附单据——受益人证明、寄单证明、寄样证明、装运通知和船舱证明等。

4. 根据结汇时所需要的单据类型划分

根据单据在结汇时是否需要使用，可将单据划分为结汇单证和非结汇单证。

结汇单证是指在国际贸易结算时所要使用的各种单据、票据以及证明，如发票、装箱单、保险单、产地证、汇票和各类运输单据等。

非结汇单证是指在国际贸易流程中，为了使货物能够顺利出口，在办理相关出口手续时所要使用的各种单据、票据以及证明，如出口许可证、出口报关单、出口收汇核销单、托运单和货物运输保险投保单等。

二、国际贸易单证的流转程序

国际贸易单证的流转程序，由买卖双方所签订的合同决定。在 CIF 术语条件成交、以信用证方式结算的国际贸易合同下，国际贸易单证的业务流程大体分为如下阶段。

1．签订买卖合同

买卖双方通过交易磋商后，一般以合同书(Contract)或确认书(Confirmation)的形式订立合同，合同正本通常一式两份，经买卖双方签章后各执一份，作为履行合同的法律文件。

2．买方开立信用证

买方应根据买卖合同的规定，及时填写开证申请书向开证行办理开证申请手续，请开证行按期将信用证开往卖方，以便其及时备货及制单。

3．卖方组织货源

卖方依照买卖合同和信用证的规定，按时、保质、保量做好货源组织工作，备妥货物后，制作商业发票、装箱单等商业单证，为之后办理报检、托运等手续做准备。

4．报检

出口企业应根据国家有关规定或依照买卖合同的要求，及时填写报检单并向商检机构办理出口货物的报检手续。货物经检验合格后，商检机构出具商检合格证书，为出口货物的顺利通关和顺利结汇打好基础。

5．托运和投保

在 CIF 术语的合同中，卖方要负责办理货物的托运和保险手续。卖方应在合同和信用证规定的装运期前及时填制托运单或订舱委托书并向船公司或委托货运代理办理出口货物的运输手续，取得装货单等货运单证。之后，应填制投保单向保险公司办理投保手续，取得保险单据。

6．出口报关

出口企业在办妥托运手续取得船公司签发的装货单后，就可以填制出口货物报关单，向海关办理货物的出口报关手续，报关时应按海关规定同时提交装货单、出口收汇核销单、商业发票和装箱单等单证，单据和货物经海关审核查验通过后，海关予以放行。

7．装船及装船通知

海关放行后，发货人可以通知船公司将出口货物装船。件杂货装船后，大副签发收货单(大副收据);集装箱货物则由集装箱堆场、集装箱货运站在收到整箱货物或拼箱货后签发场站收据。发货人凭大副收据或场站收据向船公司换取正本提单。按照国际惯例和相关法规的规定,货物装船后,出口方必须将装运情况及时通知进口方,以便其做好接货、付款等准备工作,在 FOB、CFR、FCA、CPT 术语条件下,及时发出装船通知,便于进口商及时投保。

8. 制单结汇

出口企业在完成货物的装运并取得提单后,应集齐信用证规定的全套单证(通常还需填制汇票),并经审核达到单证一致、单单一致后,在信用证规定的交单期内向指定银行交单结汇。

9. 出口收汇核销及退税

出口企业应在国家规定的时间内持经海关签章的出口收汇核销单、结汇水单或收账通知、出口报关单(出口退税专用联)到外汇管理局办理核销,即期支付的应在出口报关之日起 100 天内办理,远期支付的应在合同规定收付日起 10 天内办理。

核销完毕后,出口企业凭核销单(经外汇管理局盖章确认的出口退税专用联)、出口报关单(出口退税专用联)、增值税发票、商业发票(现已改为已输入外管软件的光盘)等向税务机关申请退税。

10. 买方审单及付款赎单

在信用证项下,保兑行(如有的话)或开证行或指定付款行审核全套结汇单证无误后,对外付款,之后,进口方审核无误后付款赎单。在托收项下,托收行和代收行都不负审单之责,由进口方审单无误后对外承兑及付款。

11. 进口复验及报关提货

一方面,进口企业在货物到达目的地后,若发现货物有残损、短量或质量不符等情况,应办理货物的复验手续,以便及时对外索赔;另一方面,依照进口国家的法律规定,进口货物通常须先报检后报关。进口货物报关时,应提交进口货物报关单、提单、发票和装箱单等单证,经海关查验单证和货物相符,征收关税和其他相关税费并放行后,进口方即可凭正本提单向承运人或其代理人提取货物。

12. 进口付汇核销

按照我国有关法规规定,进口单位应在有关货物报关后一个月内到外汇管理局办理进口核销报审手续。

第四节　国际贸易单证业务的发展

近几年来，我国对外贸易额和进出口业务量均在逐年递增，随着贸易额的增加和科学技术的不断进步，对进出口单证的工作提出了更高的要求，使得单证的工作量也在相应增加。

由于在国际贸易中使用的各种单证极为复杂，不仅单证的种类繁多，而且不同的单证又有不同的格式，因此，在实际业务操作过程中，单证工作经常发生错误，导致延迟收款甚至根本收不到货款，给企业和国家均造成严重的损失。由此可见，传统的单证及其制作方式已经不能适应对外贸易的发展，甚至已经成为影响国际贸易发展的障碍。为此，各种国际性贸易组织开始不断对传统的单证业务进行改革，力求做到简化单证工作的手续，取消不必要的环节，统一单证形式，规范单证内容。

1. 单证内容和格式趋向标准化

早在 20 世纪 50 年代，瑞典便开始着手进行单据简化工作，在 1957 年创造了"套合一致"的单据形式。我们知道，各种单据尽管用途不一，但约有 80%的内容相同，如货物名称和数量，收货人和发货人，起运地和发货人等。"套合一致"这种单据形式将各种单据中相同的内容进行集中，放在同一位置，并用打字机打在一张总单据上，同时还统一了单据的大小，这样不仅减少了单据制作的费用，还大大降低了单据工作的差错率。

1978 年，《联合国贸易单据设计样式》(Un-Layout Key for Trade Documents)由联合国正式出版发行，这是一种为实现国际贸易单证标准化和采用"一次制单法"所设计的单证格式，这种单证格式可大大减少各种单证相同内容的重复缮打和重复审核。

为了适应这种"套合一致"的标准单据的制单方法，1993 年，国际商会修订了《跟单信用证统一惯例》，专门指出接受复印、影印技术和自动处理方法制作的单据，并对这种单据的正本格式作出了规定。此后，各国不同程度地采用了"套合一致"的标准单据，使得国际贸易单证工作得到很大程度的简化，促进了单证业务的发展。

2. 推广使用国际标准或代码

由于各国文化背景的不同和贸易习惯的差异，很多国家在数字、文字、货币使用以及贸易手法等方面都存在极大的差异。因此，为了真正实现国际贸易单证工作的简单化、标准化、规范化和国际化，减少国际贸易往来中在单证工作上的争端，提高工作效率，国际商会和联合国有关国际贸易的国际组织一直不断努力，致力于进出口单证的标准化、规范化和国际化。联合国推荐使用的国际标准和代码如下。

(1) 运输标志，也称唛头。由收货人简称、合同号、目的地和件号四部分组成，且不能使用符号或图形。

(2) 国家和地区代码。由两个英文字母组成，如中国为 CN，英国为 GB，美国为 US，日本为 JP 等。

(3) 货币代码。由三个英文字母组成，前两个字母代表国名，后一个字母代表货币币种，如人民币为 CNY，英镑为 GBP，美元为 USD。

(4) 地名代码。由五个英文字母组成，前两个字母代表国名，后三个字母代表地名，如上海为 CNSHG，伦敦为 GBLON，纽约为 USNYC。

(5) 用数字表示日期代码。如 2013 年 1 月 1 日表示为 2013-1-1。

3. 单证工作的制单环节电子化

传统的国际贸易单证都是手工制作，一笔业务通常会有十几种单据，导致单证工作十分烦琐，且容易出现差错。随着科学技术的发展，计算机、打字机、复印机、传真机、E-mail 等电子化设备和技术被逐渐运用到单证工作中。如今，电子数据交换(EDI)也被运用到国际贸易工作中。电子数据交换指的是利用网络和计算机软件技术，将单证工作的各类资料变成计算机程序，用于局域网内部数据的交换和处理。如此一来，数据只要在核对无误后，输入计算机一次，便可自动生成多种单据，真正做到了单证工作的简单化，而且不易出错。EDI 的产生及其在国际贸易工作中的运用，使得买卖双方的各项数据可以简单地通过计算机进行传递和处理，实现了国际贸易的电子化，即"无纸贸易"。

同 步 测 试

一、填空题

1. 在国际贸易实务中，国际贸易的最终完成往往以_____交流的形式实现。

2. 狭义的单证是指_____和_____，广义的单证指各种_____和_____。

3. 根据国际规则，按照 CIF 贸易条件成交的合同，实行单据和付款对流的原则，即卖方_____交货，买方_____付款。

4. 国际贸易合同履行过程中的单证，大致可分为两类：一类具有_____的属性，另一类具有_____的属性。

5. 国际贸易单证的制作原则是正确、完整、及时、简洁、清晰，其中_____最为重要。

6. 单证以性质划分，可分为_____单证和_____单证。

7. 联合国设计使用的国家和地区代码由_____组成。

8. 联合国设计推荐使用的货币代号由_____组成，前_____代表国名，后_____代表货币。

二、判断题

1. 国际贸易的单据化，是指商品买卖可以通过单证买卖来实现。　　　　（　　）
2. 在任何情况下，银行审核单证总是以 UCP 为依据。　　　　　　　（　　）
3. 信用证项下单证不符，开证行可以拒付货款；托收项下单证不符，买方可以拒付货款。　　　　　　　　　　　　　　　　　　　　　　　　　　　　　（　　）
4. 信用证业务中，单证相符以单单相符为前提。　　　　　　　　　　（　　）
5. 联合国设计推荐使用的运输标志代码由收货人简称、合同号、目的地和件号四个部分组成。　　　　　　　　　　　　　　　　　　　　　　　　　　　　　（　　）
6. 装船通知是货物装船后向对方发出的通知，所以只能由出口商发出。　（　　）

三、不定项选择题

1. 根据 UCP600，银行审核单据的标准是(　　)。
   - A. 单据与信用证相符
   - B. 单据与贸易合同相符
   - C. 单据与单据相符
   - D. 单据与货物相符
2. 企业审核单据的标准是(　　)。
   - A. 单据与信用证相符
   - B. 单据与贸易合同相符
   - C. 单据与单据相符
   - D. 单据与货物相符
3. 以下关于信用证项下及时出单表述正确的是(　　)。
   - A. 收到信用证后应立即制作全套单据
   - B. 单据的制作日期应符合商业习惯的合理日期
   - C. 单据的出单日期不能超过信用证规定的效期
   - D. 向银行交单的日期不能超过信用证规定的交单期限
4. 以下关于单证清晰要求表述正确的是(　　)。
   - A. 单证表面清洁、美观、大方
   - B. 内容记载清楚、简洁、明了
   - C. 单证格式力求标准化和规范化
   - D. 更改处加盖校对章或简签
5. 每种单据尽管用途不一，但约有 80%的内容相同。这些相同的内容项目有(　　)。
   - A. 货物名称和数量
   - B. 收货人和发货人
   - C. 起运地和发货人
   - D. 单据签发人
6. 在信用证业务中，各有关方面当事人处理的是(　　)。
   - A. 单据　　　　　B. 货物　　　　　C. 服务　　　　　D. 其他行为
7. 采用信用证支付方式，受益人向客户收取货款的凭据是(　　)。
   - A. 已装运的实际货物

    B. 寄单银行要求开证银行付款的书面通知

    C. 与信用证条款完全相符的全套单据

    D. 与买卖合同内容一致的全套单据

四、简答题

1. 什么是单证？

2. 对国际商务单证员(或国际贸易单证从业人员)的基本要求是什么？

3. 国际贸易单证工作的基本要求是什么？这种工作对企业和国家的经济发展有何意义？

4. 简述国际贸易单证的流转程序。

5. 介绍现代化的单证工作模式。

第二章 进出口合同

【学习指导】

本章介绍进出口合同(Import and Export Contract)的签订，书面合同的意义、形式、内容和基本条款等，要求掌握签订书面合同的要点和草拟合同条款的技能。

【导入案例】

阅读理解样单 2.1 的内容，并翻译成中文。

样单 2.1 销售合同

SALES Contract

S/C No.: JY-HSNSC05

Date: April 1st, 2003

The Seller: SHANGHAI JIEYI INDUSTRIAL

TRADING COMPANY

Address: 906 PUBEI ROAD

SHANGHAI, CHINA

The Buyer: HASSAN ALKAMAR FOR

GENERAL TRADING

Address: P.O.BOX 20242 TAIZ STREET

SANA'A - REPUBLIC OF YEMEN

Item No.	Commodity &Specifications	Unit	Quantity	Unit Price(USD)	AMOUNT(USD)
	TENDER BRAND BABY BLANKET			CIFC5 HODEIDAH	
1	ART. SY001	PIECE	3000	6.59	19,770.00
2	ART. BS007	PIECE	3000	6.83	20,490.00
3	ART. WP101	PIECE	2660	7.45	19,817.00
4	ART. AF022	PIECE	2380	8.19	19,492.20
				TOTAL	79,569.20

TOTAL CONTRACT VALUE:	SAY US DOLLARS SEVENTY NINE THOUSAND FIVE HUNDRED SIXTY NINE AND CENTS TWENTY ONLY

样单 2.1(续)

PACKING: TO BE PACKED IN PLASTIC BAGS WITH ZIP OF ONE PC EACH, 20 PCS TO A CARTON, TOTAL 552 CARTONS ONLY.

SHIPMENT: TO BE EFFECTED BY THE SELLER FROM SHANGHAI TO HODEIDAH. NOT LATER THAN MAY 31ST, 2003 ON CONDITION THAT UPON RECEIPT OF THE RELEVANT L/C WITH PARTIAL SHIPMENT AND TRANSSHIPMENT NOT ALLOWED.

PAYMENT: THE BUYER SHALL OPEN THROUGH A BANK ACCEPTABLE TO THE SELLER AN IRREVOCABLE LETTER OF CREDIT AT 30 DAYS FROM B/L DATE TO REACH THE SELLER BEFORE APRIL 25TH, 2003 AND VALID FOR NEGOTIATION IN CHINA UNTIL THE 15TH DAY AFTER THE DATE OF SHIPMENT.

INSURANCE: THE SELLER SHALL COVER THE INSURANCE FOR 110% OF TOTAL INVOICE VALUE AGAINST ALL RISKS AND WAR RISK AS PER AND SUBJECT TO THE RELEVANT OCEAN MARINE CARGO CLAUSES OF PEOPLE'S INSURANCE COMPANY OF CHINA DATED 1/1/1981.

Confirmed by:

THE SELLER

SHANGHAI JIEYI INDUSTRIAL TRADING COMPANY

×××

THE BUYER

HASSAN AL KAMAR FOR GENERAL TRADING

LAMIA KHASHOGGI

REMARKS:

1. The Buyer shall have the covering letter of credit which should reach the Seller 30 days before shipment, failing which the Seller reserves the right to rescind without further notice, or to regard as still valid whole or any part of this contract not fulfilled by the Buyer, or to lodge a claim for losses thus sustained, if any.

2. In case of any discrepancy in quality, claim should be filed by the Buyer within 30 days after the arrival of the goods at port of destination; while for quantity discrepancy, claim should be filed by the Buyer within 15 days after the arrival of the goods at port of destination.

3. For transactions concluded on C.I.F., basis, it is understood that the insurance amount will be for 110% of the invoice value against the risks specified in the Sales Contract. If additional insurance amount or coverage required, the Buyer must have the consent of the Seller before Shipment, and the additional premium is to be borne by the Buyer.

4. The Seller shall not hold liable for non-delivery or delay in delivery of the entire lot or a portion of the goods hereunder by reason of natural disasters, war or other causes of Force Majeure. However, the Seller shall notify the Buyer as soon as possible and furnish the Buyer within 15 days by registered airmail with a certificate issued by the China Council for the Promotion of International Trade attesting such event(s).

5. All deputies arising out of the performance of, or relating to this contract, shall be settled through negotiation. In case no settlement can be reached through negotiation, the case shall then be submitted to the China International Economic and Trade Arbitration Commission for arbitration in accordance with its arbitral rules. The arbitration shall take place in Shanghai. The arbitral award is final and binding upon both parties.

6. The Buyer is requested to sign and return one copy of this contract immediately after receipt of the same. Objection, if any, should be raised by the Buyer within it is understood that the Buyer has accepted the terms and conditions of this contract.

7. Special conditions:(These shall prevail over all printed terms in case of any conflict.)

第一节　进出口合同的商订

一、合同商订的一般程序

1. 进出口交易前的准备

在开展进出口交易之前，进出口双方都要充分做好相关准备工作，一般包括如下几个环节。

首先，进行国际市场调研，掌握市场行情。进出口商应通过各种途径掌握商品的供求状况、国际价格水平和价格变化趋势。其次，确定交易对象。进出口商应充分了解对方的资信状况、经济实力、经营作风、经营方式和范围等信息，建立起相互信任的关系。再次，双方各自进行成本核算，制定报价策略，把握成交价格、成交量等交易条件。最后，进出口双方各自制定切实可行的进口或出口经营方案，为进入正式交易磋商做好充分准备。

2. 交易磋商

进出口商展开交易的磋商活动，通常是相互试探、摸底，再进行发盘、还盘和再还盘的反复循环的过程，最终以一方对磋商的结果表示接受而达成交易。交易磋商的程序一般包括询盘、发盘、还盘和接受四个环节，其中，发盘和接受是必不可少的环节，发盘一经接受，合同就宣告成立。

二、进出口合同的订立

进出口合同的订立，即合同的成立，是进出口双方当事人意思表示一致的结果。它包括两个法律步骤：一是要约，即订约建议；二是承诺，又称接受，即双方意思一致——合意(Meeting of Minds)。我国《合同法》规定："当事人订立合同，采取要约、承诺方式。"

(一)签订书面合同的意义

在交易磋商过程中，一方发盘经另一方接受后，交易即告成立，买卖双方就构成了合同关系。有的国家法律还承认口头合同(Oral Contract)，《联合国国际货物销售合同公约》规定："销售合同无须以书面订立或书面证明，在形式方面也不受任何其他条件的限制。销售合同可以用包括人证在内的任何方法证明。"但是在国际贸易实践中，当事人双方往往在交易达成后签订具有一定格式的书面合同以充分保障各方利益。签订书面合同具有重要意义。

1. 签订书面合同是合同成立的证明

根据法律要求，凡是合同必须要得到证明，提供证据，包括人证和物证。我国《合同法》虽然也允许合同采用口头形式和其他形式，但同时又规定："法律、行政法规规定采用书面形式的，应当采用书面形式。当事人约定采用书面形式的，应当采用书面形式。"因此，我国外贸企业与国外客户订立买卖合同时，应当尽量采用正式的书面合同，如果是用口头达成交易的，买卖双方再签署正式的书面合同是十分必要的。

2. 签订书面合同是合同正式生效的条件

书面合同虽然不拘泥于某种特定的名称和格式，但在买卖双方磋商交易时，若一方提出以签订书面合同为准，则即使双方已就各项交易条件全部达成一致，在书面合同签署之前合同也不成立。按照我国法律规定，当事人采用合同书包括确认书形式订立合同的，自双方当事人签字或者盖章时合同成立。此外，按规定须经一方或双方所在国政府审核批准的合同，也必须具备一定的书面格式，并经批准后生效。

3. 签订书面合同是合同履行的依据

在外贸业务中，履行买卖合同涉及企业内外众多部门和单位，履行的期限也较长，若口头达成合同，而无书面合同明确责任，合同实际上几乎无法执行。即使是通过来往的信函、电文达成的交易，虽然属书面形式，但作为合同成立的证据，如果不将分散的交易条件集合到有一定格式的规范的书面合同中来，买卖双方也难以准确履行合同的各项义务。因此，交易双方不管以何种方式达成交易，最终都有必要签订规范的书面合同，明确具体地将双方的权利和义务记载下来并签章确认，以利于合同的严格履行。

(二)合同成立的时间

合同成立的时间关系到对当事双方有关权利和义务的认定。双方当事人经过要约与承诺，合同即告成立，各国对此问题的看法都是一致的。但由于要约与承诺生效的原则不同，合同成立的时间也有差别。在英美法国家，合同成立分为两种情况：凡是口头或用电话订立合同的，以要约人收到承诺的时间为合同成立和生效时间；凡是用信件、电报订立合同的，以承诺的信件、电报投交邮局的时间为合同成立的时间。大陆法国家在民法范围内对此问题没作明确规定，但基本上以接受承诺的时间为合同成立时间。

《联合国国际货物销售合同公约》采纳了大陆法国家的做法。该公约第 23 条规定："合同于按照本公约规定对发价的接受生效时成立。"第 18 条第 2 款规定："接受发价于表示同意的通知送达发价人时生效。"

我国在实践中对合同成立的时间一般采取以下原则：如口头订立的合同，口头表示承诺即生效；如用行为承诺，行为做出时合同即告成立；如用信件、电报订立合同的，以收到承诺的时间为合同成立的时间。在实际业务中，如买卖双方对合同成立时间另有约定，以约定的时间为准。例如在合同或确认书签署时合同成立，合同需获得批准的，于获得批准时成立。

三、合同生效的条件

合同成立了，并不一定有效，只有有效的合同才会受到法律保护。依多数国家合同法的规定，合同必须具备以下要件方能生效。

(1) 合同当事人必须具有签约的能力。如未成年人、醉酒者或精神病患者就无订立合同的能力或受到一定限制。

(2) 合同必须具有对价或约因。对价是英美法说法，约因是法国法说法，指合同当事人为得到某种利益而需损失某种利益。卖方的交货和买方的付款就是买卖合同的对价。

(3) 合同的内容必须合法。如合同的标的若为毒品等就绝对不可，因为其内容是各个国家都禁止贸易的。

(4) 合同必须符合法律规定的形式。我国规定国际买卖合同必须采用书面形式，方为有效。

(5) 合同当事人的意思表示必须真实。如采取胁迫或欺诈方式签订的合同就不是当事人真实意思的表示，这样的合同是无效的。

第二节　进出口合同的形式与内容

一、书面合同的形式

进出口贸易书面合同的形式没有特定的限制。买卖双方可以协商采用合同书(Contract)、确认书(Confirmation)、协议书(Agreement)及备忘录(Memo)等形式，还可采用订单(Order)、委托订单(Indent)等形式。

1．合同书和确认书

在外贸实际业务中，我国外贸企业主要采用合同书和确认书的合同形式。如系卖方制作，可称为销售合同(Sales Contract)或销售确认书(Sales Confirmation)，买方制作的则可称为采购合同(Purchase Contract)或购买确认书(Purchase Confirmation)。合同通常一式两份，双方各执一份经签章的正本，作为合同订立和履行的依据。合同书或确认书在格式、条款及措词上有详略之分，但都明确记载了买卖双方协商一致的主要交易条件，在法律上具有同等的效力。

2．协议书

协议书在法律上是合同的同义词。书面合同如果采用协议书的名称，只要其条款内容对买卖双方的权利和义务作了明确具体的规定，对买卖双方就具有法律上的约束力。

3．备忘录

备忘录也可作为书面合同的形式之一，在我国的外贸实践中使用较少。如果买卖双方在备忘录中对各项主要交易条件作出了明确具体的规定并经双方签字确认，则这种备忘录的性质与合同一样。若买卖双方磋商后，只是对某些事项达成一定程度的理解或谅解而以备忘录的形式记录下来，作为双方今后交易或合作的依据，或作为初步协议，供进一步磋商参考，这种通常被称为谅解备忘录(Memorandum of Understanding)的文件在法律上就不具有约束力。

4．订单和委托订单

订单是指由进口商或实际的购货商拟制的货物订购单。委托订单是由代理商或佣金商拟制的代其客户购买货物的订购单。有时国外进口商将其拟就的订单或委托订单寄来一份，以便我方据以履行交货和交单等合同义务；有的寄来正本一式两份，要求我方签署后退回一份。这种经磋商成交后寄来的订单或委托订单，实际就是购货合同或购货确认书。如果国外客户径自寄来订单或委托订单，我方须按其具体内容区别其为发盘还是邀请发盘，经认真研究后，决定是否与之成交，并及时答复对方。若接受对方的订单，则应经双方签字确认，以便合同的顺利履行。

二、书面合同的内容

进出口贸易的书面合同一般包括约首、本文和约尾三部分，参见样单2.1。

(一)约首

约首，即合同的首部，主要包括该份合同的名称、编号、日期及合同当事人相应的信息等。

约首的表述应与合同名称一致。若采用合同书形式，约首应使用第三人称语气，例如"本合同由×××与×××订立"(This contract is made and entered into by and between … and …)或类似的词句；若采用确认书形式，则约首措词应使用第一人称语气，例如"兹确认你方的订单……"(We confirm the order from you …)或类似词句。

合同的成立、履行及解释依据哪一国的法律对双方当事人都十分重要。按包括我国在内的多数国家的法律规定，当事人可以选择处理合同争议所适用的法律，并在合同中加以规定，例如"本合同的订立、履行及解释适用中国法律"(The formation, performance and construction of this contract shall be governed by the laws of China.)。

(二)本文

本文包括商品名称、品质规格、数量、包装、运输、保险、贸易术语及价格、支付、检验、违约与索赔、不可抗力及仲裁等。

1. 货物的名称和质量

合同中的货物名称(Name of Commodity)要使用国际市场上习惯的通用名称，货物名称要明确、具体，适合该货物的特点，注意不要与其他相似货物混淆。货物的质量(Quality)条款是合同中非常重要的条款。为预防卖方因交货品质不符合要求，对合同中的货物规格、标准、品牌、型号等要作出明确具体的规定。凭样品买卖的，由于各国法律的规定不尽相同，如果要求卖方交货品质与样品尽可能一致，在合同中必须订明交货品质与样品严格相符(Quality to be exactly same as the sample submitted by seller on …)。

2. 数量条款

按我国《计量法》规定，进口货物的计量单位，必须符合我国法定的计量单位和标准。数量(Quantity)条款主要包括计量单位、数量(重量)的计量方法，若采用溢短装条款，要规定溢短装机动幅度，并尽可能规定溢短装由买方决定，例如"10,000 M/Ts，3% more or less at buyer's option"。

3. 价格条款

在进出口贸易中，价格(Price)条款是合同中的核心条款之一，包含单价和总值两部分内容。单价由计价货币、单价金额、计量单位和贸易术语四个部分组成，有时价格中还包含佣金或折扣。买卖双方在磋商交易时，若采用灵活作价方法或价格调整条款，在合同中要作具体明确规定。

4. 装运条款

进出口贸易买卖合同中的装运(Shipment)条款也是合同中的基本条款之一。合同应订明卖方装运货物的期限、地点、目的地、是否允许分批装运、如何分批装运、是否允许转运及装船通知等内容。以在 CIF 术语条件下订立的合同为例，合同中的装运条款如："卖方负责将本合同所列货物由装运港装直达班轮至目的港，中途不得转船。货物不得用悬挂买方不能接受的国家的旗帜的船舶装运。"(The seller shall undertake to ship the contracted goods from the port of loading to the port of destination on a direct liner, with no transshipment allowed. The contracted goods shall not be carried by a vessel flying the flag of the countries which the buyer can not accept.)

在 FOB 术语条件下，卖方在装船后，应给予买方关于货物已装上船的充分通知，卖方还应在买方要求下提供办理保险所需的资料，合同中也应对此作出明确规定。例如："在合同货物装船完毕后，卖方应立即以电传、传真或电子邮件的方式通知买方下列内容：合同号、货名、数量、毛重、发票金额、运载船只及起航日期。"(The seller, immediately upon the completion of the loading of the contracted goods, shall notify by telex, fax or E-mail the buyer of the contracted number, name of commodity, quantity, gross weight, invoice value, name of carrying vessel and date of sailing.)

5. 支付条款

在进出口合同中采用的支付(Payment)方式主要有汇付、托收、信用证等。对一些小金额的合同，有时采用交货后汇付或托收的方式，多数采用信用证方式，有时也采用汇付与信用证相结合，信用证与托收相结合，汇付、托收、信用证三者相结合的方式。不管采用什么支付方式，合同都应作出明确具体的规定。例如信用证支付条款："买方在收到卖方按本合同第××款的规定发出的装货通知后，在装运期××天前通过××银行开立以卖方为受益人的不可撤销信用证，其金额相当于装运的总值。该信用证需凭向开证行提交的汇票及本合同第××款所规定的单据向银行收款。信用证有效至装运后第 15 天为止。"(The buyer shall, upon receipt from the seller of the shipping advice specified in clause … hereof, open an irrevocable letter of credit with … bank … days prior to the date of shipment in favour of the seller, for an amount equivalent to the total value of the shipment. The credit shall be payable against the presentation of the draft and the documents stipulated in clause … hereof in the opening bank. The L/C shall be valid until the 15th day after the shipment.)

6. 一般交易条款

一般交易条款又称格式条款，是当事人为了重复使用而预先拟定，并在订立合同时未与对方协商的条款。格式条款是适用于所有合同的共性条款。合同条款中凡属共性的部分，都可以列入格式条款中，例如，品质条款中的品质机动幅度的规定，数量条款中的关于溢短装的规定，商品检验、违约与索赔、仲裁、不可抗力等条款都可列入格式条款中。根据我国《合同法》规定，采用格式条款订立合同的，提供格式条款的一方，应当遵循公平原则确定当事人之间的权利和义务，并采用合理的方式提请对方注意免除或限制其责任的条款，按照对方的要求对该条款予以说明。凡在格式条款中订明的事项，在合同的基本条款中可以不再另作规定。格式条款与非格式条款不一致的，应以非格式条款为准。当事人双方对格式条款的理解发生争议的，应当按照通常的理解予以解释。

(三)约尾

约尾，即合同的尾部，通常包括合同的份数、使用的文字及效力、附件及其效力、签约地点和双方当事人签字等。

书面合同的内容必须符合国家的政策，做到内容完整，条款明确，文字严密，前后一致。书面合同一经签订就成为约束双方当事人的法律文件。外贸业务人员在缮制和签订合同的过程中，必须十分严肃、认真，谨防错漏。

第三节 技 能 实 训

实训模块一：阅读理解合同

1. 背景材料：销售确认书(见样单 2.2)

样单 2.2　销售确认书

SALES CONFIRMATION

S/C No.: SHCH-NOMSC09

Date:　　April 1st, 2003

The Seller: Twins city group int'l trade corp.　　**The Buyer:** N.V. NOM

Address: Suite 508, conch building　　**Address:** Postbus 20101

　　　　　1271 Zhongshan rd(w)　　　　　2800 Ecs-Rotterdam

　　　　　Shanghai, 200051, China　　　　　The Netherlands

样单 2.2(续)

Item No.	Commodity & Specifications	Unit	Quantity	Unit Price (USD)	AMOUNT (USD)
	FORTUNE BRAND ALUMINUM GARDEN FURNITURE			CIFC5 ROTTERDAM	
1	ALUM SET OF 3PC ART. NO. DS-1-A	SET	727	59.60	43,329.20
2	4PC ALUM GARDEN SETTING ART. NO. DS-2	SET	374	106.50	39,831.00
3	ALUM STAND MAIL BOX ART. NO. AS-2	PIECE	177	30.70	5,433.90
4	ALUM FLOWER BASKET 13" ART. NO. AS-1	PIECE	2220	3.90	8,658.00
				TOTAL	97,252.10

TOTAL CONTRACT VALUE: SAY US DOLLARS NINETY SEVEN THOUSAND TWO HUNDRED AND FIFTY TWO AND 10/100 ONLY

PACKING: DS-1-A/DS-2 EACH PC IS PACKED IN A POLY BAG AND ONE SET TO A CARTON.

AS-2 EACH PC IS PACKED IN A POLY BAG AND ONE PC TO A CARTON.

AS-1 4 PCS TO A CARTON.

TOTAL 1833 CARTONS.

EACH SET IS LABELED IN ENGLISH, FRENCH AND GERMAN.

PORT OF LOADING & DESTINATION: FROM SHANGHAI CHINA TO ROTTERDAM, THE NETHERLANDS.

SHIPMENT: TO BE EFFECTED BEFORE THE END OF MAY WITH PARTIAL SHIPMENTS NOT ALLOWED

PAYMENT: THE BUYER SHALL OPEN THROUGH A BANK ACCEPTABLE TO THE SELLER AN IRREVOCABLE LETTER OF CREDIT AT 45 DAYS' SIGHT TO REACH THE SELLER NOT LATER THAN 25 APRIL 2003. AND REMAIN VALID FOR NEGOTIATION IN CHINA UNTIL 15TH DAY AFTER THE DATE OF SHIPMENT.

INSURANCE: THE SELLER SHALL COVER INSURANCE AGAINST ALL RISKS FOR 110% OF THE TOTAL INVOICE VALUE AS PER THE RELEVANT OCEAN MARINE CARGO CLAUSES OF THE PEOPLE'S INSURANCE COMPANY OF CHINA DATED 1/1/1981.

Confirmed by:

THE SELLER	**THE BUYER**
TWINS CITY GROUP INT'L TRADE CORP	N.V. NOM
MANAGER	MANAGER
×× ×	ROEY VAN SANTIBERG

REMARKS:

1. The Buyer shall have the covering letter of credit which should reach the Seller 30 days before shipment, failing which the Seller reserves the right to rescind without further notice, or to regard as still valid whole or any part of this contract not fulfilled by the Buyer, or to lodge a claim for losses thus sustained, if any.

2. In case of any discrepancy in quality, claim should be filed by the Buyer within 30 days after the arrival of the goods at port of destination; while for quantity discrepancy, claim should be filed by the Buyer within 15 days after the arrival of the goods at port of destination.

3. For transactions concluded on C.I.F. basis, it is understood that the insurance amount will be for 110% of the invoice value against the risks specified in the Sales Confirmation. If additional insurance amount or coverage required, the Buyer must have the consent of the Seller before Shipment, and the additional premium is to be borne by the Buyer.

4. The Seller shall not hold liable for non-delivery or delay in delivery of the entire lot or a portion of the goods hereunder by reason of natural disasters, war or other causes of Force Majeure, However, the Seller shall notify the Buyer as soon as possible and furnish the Buyer within 15 days by registered airmail with a certificate issued by the China Council for the Promotion of International Trade attesting such event(s).

5. All deputies arising out of the performance of, or relating to this contract, shall be settled through negotiation. In case no settlement can be reached through negotiation, the case shall then be submitted to the China International Economic and Trade Arbitration Commission for arbitration in accordance with its arbitral rules. The arbitration shall take place in Shanghai. The arbitral award is final and binding upon both parties.

6. The Buyer is requested to sign and return one copy of this contract immediately after receipt of the same. Objection, if any, should be raised by the Buyer within it is understood that the Buyer has accepted the terms and conditions of this contract.

7. Special conditions:(These shall prevail over all printed terms in case of any conflict.)

2. 实训要求

将合同翻译成中文，并理解合同的形式、内容和各项条款。

实训模块二：拟订销售合同条款

1. 背景材料

我国上海某出口公司 ABC TRADE CO.向日本大阪(OSAKA)XYZ TRADE CO.磋商出口

饲料蚕豆，双方达成的主要交易条件如下。

品名及规格：饲料蚕豆(FEEDING BROAD BEANS)，FAQ。

数量：6000 公吨。

包装：单层麻袋装，每袋装 30 千克。

价格：每吨 200 美元 CIF 班轮条件大阪含 2%佣金。

装运：2008 年 10 月和 11 月分两批平均装运。

保险：由卖方向中国人民保险公司投保中国保险条款的一切险和战争险。

支付：即期信用证方式支付，信用证有效期在装运后 15 天。

2. 实训要求

根据上述条件用英文草拟一份销售确认书，背景材料中不足的内容可适当补充完整。

同 步 测 试

一、填空题

1. 交易的磋商一般经历_____、_____、_____和_____四个环节，其中_____和_____为不可缺少的法律步骤。

2. 书面合同的形式主要有_____、_____和_____、_____等。

3. 书面合同的内容主要包括_____、_____、_____三个部分。

4. 合同文本的基本条款主要有_____、_____、_____、_____、_____、_____、_____等。

5. 在合同中列为格式条款的主要有_____、_____、_____、_____等。

二、不定项选择题

1. 邀请发盘属于( )。

　　A. 发盘　　　　　B. 询盘　　　　　C. 还盘　　　　D. 接受

2. 根据《联合国国际货物销售合同公约》规定，发盘内容必须十分确定，所谓"十分确定"，是指在发盘中，应包括( )等要素。

　　A. 标明货物的名称、质量、数量和价格

　　B. 明示或默示地规定货物包装

　　C. 明示或默示地规定货物的到货地点

　　D. 标明货物的交货时间和地点

　　E. 标明支付的办法

3. 根据《联合国国际货物销售合同公约》规定,受盘人对( )提出添加或更改,均可作为实质性变更发盘条件。

    A. 价格
    B. 付款

    C. 品质
    D. 数量

    E. 交货时间与地点

4. 某货物品质条款如下: Feeding horse-bean, moisture(max)15%, admixture(max)2%, 其表示品质的方法为( )。

    A. sale by standard
    B. F.A.Q.

    C. sale by sample
    D. sale by specification

5. 以毛重作为计量和计价的基础,此计重方法为( )。

    A. net weight
    B. gross weight

    C. conditioned weight
    D. net net weight

6. 对溢短装部分的货物的价格,如合同无其他规定,一般按( )计算价格。

    A. 装运时的国际市场价格
    B. 合同价格

    C. 按买方国家市场价格
    D. 买卖双方另行议价

7. 合同中关于装运期的正确规定方式是( )。

    A. 即期装运
    B. 限某年某月某日装运

    C. 某月装运
    D. 收到买方开来的信用证后立即装运

8. 根据我国保险条款的规定,不能单独投保的险别是( )。

    A. F.P.A.
    B. W.P.A.

    C. ALL RISKS
    D. WAR RISK

9. 某合同价格条款规定为 "USD100 PER M/T CIF LONDON",这种价格是( )。

    A. 净价
    B. 含佣价

    C. 折扣价
    D. 离岸价

10. 属于顺汇方式的支付方式是( )。

    A. REMITTANCE
    B. L/C

    C. COLLECTION
    D. L/G

11. 属于银行信用的国际贸易支付方式为( )。

    A. 票汇
    B. 托收

    C. 信用证
    D. 电汇

12. "SHIPPING QUALITY,SHIPPING WEIGHT" 这一术语用于表示国际货物买卖的( )条款。

    A. 仲裁
    B. 索赔

    C. 不可抗力
    D. 检验

三、简答题

1. 进出口企业在与外商进行交易磋商之前应做好哪些准备工作？

2. 在国际贸易中，买卖双方经口头或书面磋商达成交易后，为什么还需签订一份具有一定格式的书面合同？在我国进出口业务中，通常采用的书面合同有哪些形式？其基本内容是什么？

四、操作题

根据下列背景材料，用英文草拟一份销售确认书。

背景材料：我国上海机械进出口公司与新加坡 OVERSEAS COMPANY SINGAPORE 磋商一批货物的出口，就以下主要条件达成交易。

货名及规格： "GOLDEN STAR" BRAND COLOUR TELEVISION SET MODEL S0374

数量：4800 SETS

包装：每台装入一个出口纸箱，每800个纸箱装入一个40英尺集装箱装运。收到信用证后80天内装运，允许在香港转运。装运港为上海，目的港为新加坡。

价格：单价为 USD150.00 PER SET CIF SINGAPORE

总值：USD720 000.00

保险：由卖方按照中国保险条款投保一切险和战争险，投保金额为发票金额的110%。

支付：买方须于2008年5月15日前将不可撤销的即期信用证开到卖方，信用证金额为发票额的100%，该信用证在装运后20天内在中国议付有效。

五、案例分析

1. 我出口企业于6月1日用电传向英国商人发盘销售某商品，限6月7日复到有效。6月2日收到英商发来电传称"如价格减5%可接受"。我出口企业尚未对其作出答复，因该商品国际市场价格上涨，英商于6月3日来电传表示"无条件接受你6月1日发盘，请电告合同号码"。试问在此情况下，我方应如何处理？为什么？

2. 我某公司于3月1日向美商用电传发盘供应某农产品1000公吨，并列明"牢固麻袋装"（PACKED IN SOUND GUNNY BAGS）。美商收到我电传后立即复电表示"接受，新麻袋装运"（ACCEPTED，SHIPPED IN NEW GUNNY BAGS）。我方收到对方复电后，即着手备货，准备于双方约定的6月份装运。数周后，该农产品国际市场价格猛跌，针对我方的催证电传，美商于3月26日来电称"由于你方对新麻袋包装的要求未予确认，双方之间无合同"（NO CONTRACT）。而我方公司则坚持合同已有效成立，于是双方发生争议。试问此案应如何处理？说明理由。

第三章　国际贸易单证业务中的计算

【学习指导】

国际贸易单证业务强调单证的"相符"原则，单证中必然涉及有关数据的计算。数据计算规范、准确，对正确制单起着极其重要的作用。国际贸易单证业务中的数据计算主要包括进出口贸易的成本核算与报价，成交价格的换算，佣金和折扣的运用，运费、保险费的计算，货款结算时的汇率兑换，利息与贴现息及进出口报关的有关税费等的计算。计算的数据准确与否，直接关系到单证是否正确，能否安全、及时收汇的问题。因此，掌握单证业务中的正确计算也是合格的单证员应具备的基本功。

【导入案例】

我方某出口公司拟出口化妆品到中东某国。正好该国中间商主动来函联系，表示愿为推销化妆品提供服务，并要求按每笔成交金额给予5%的佣金。后经该中间商中介与当地某进口商达成了 CIFC 5%总金额为 50 000 美元的交易，合同订后，该中间商即来电要求我方出口公司立即支付佣金 2500 美元。我方出口公司复电称：佣金须待货物装运并收到全部货款后才能支付。双方发生争议。

你认为应如何处理？我方出口公司应接受什么教训？

第一节　进出口贸易中的成本核算与报价

一、出口货物成本的构成

出口商对外报价，需要根据国际市场价格水平、国际生产价格、自身的出口成本、经营意图和应取得的合理利润综合考虑。因报价时有些费用尚未发生，即使已发生的费用，具体分摊也要经过一个时期。因此，成本核算和价格拟订只能是估算，但我们在计算时应尽可能做到与实际相符或接近。

出口货物成本的构成参见图 3.1。

图 3.1　出口成本示意图

二、出口成本的核算与报价

出口货物成本核算主要依据以往和现时的成本资料,对交易业务费用、采购货物、储运、包装、保险、办理报检、报关、结汇到核销退税等业务环节可能发生的费用逐项估算,对一些零星费用则笼统估算，并计入成本。

(一)出口盈亏率的计算

盈亏率是具体考虑出口货物盈利水平的指标，说明出口货物盈亏额在出口总成本中所占的百分比。盈利率高则出口效益好，应抓住机遇把生意做成功；若盈利率低或亏损，则考虑如何降低成本或因盈利率太低作为放弃这笔生意的依据。计算公式如下：

盈亏率=(盈亏额/出口总成本)×100%

=[出口外汇净收入(折算成本币)-出口总成本]÷出口总成本×100%

若计算结果是正数为盈利率，结果是负数则为亏损率。

其中： 出口人民币净收入=FOB价出口外汇净收入×银行外汇买入价

(二)换汇成本的计算

换汇成本是指某出口货物平均每获得一单位外汇收入需要的人民币成本。计算公式如下：

换汇成本=出口总成本(本币)÷出口外汇净收入(外币)

出口外汇净收入为FOB价净收入，若以CIF价成交，则应扣除国外佣金、运保费、银行手续费等。换汇成本的高低一般以人民币外汇牌价作为比较对象，若结果低于当时外汇牌价(买入价)，则为盈；反之为亏。通过换汇成本的计算，可比较同类出口货物对于不同地区、不同商家、不同品牌换汇成本的差异。对于企业的经常性出口业务来说，由于国内总成本变化不大，换汇成本是企业一项主要的经济效益预测指标，具有简单、明了的特点，有利于直接、快速对外报价。

(三)出口创汇率的计算

出口创汇率常用于出口加工贸易企业，指银行实际收汇额扣除以进养出用汇额度后与出口额的百分比，它直接反映以外汇购进原料(含辅料)经加工成成品(半成品)出口的创汇效果。计算公式如下：

出口创汇率=[出口净收入(FOB价)-进口材料外汇支出(CIF价)]÷

进口材料外汇支出×100%

或：

出口收汇率=(银行收汇额-以进养出用汇额)÷出口额×100%

若为采用国产原料的正常出口业务，可以原料的FOB出口价作为原料外汇成本来计算创汇率。

(四)出口报价

报价是交易双方磋商的基础与焦点，在谈判之前出口方必须根据交易成本、费用，依据市场条件及应获得的利润，并结合与客户的历史成交价格等来确定报价。在实际业务中，往往需要根据市场价格水平，客户对货物的规格、包装、数量等的变动，在保持 FOB 净收入不减少的情况下做出灵活的调整。如图 3.1 所示，其计算公式如下：

实际购货成本=外销货物收购价(含税)×[1−退税率÷(1+增值税率)]

FOB 成本价=实际购货成本+国内费用

CFR 成本价=实际购货成本+国内费用+出口运费

CIF 成本价=实际购货成本+国内费用+出口运费+出口保险费

FOB 报价=FOB 成本价+净利润

CFR 报价=CFR 成本价+净利润

CIF 报价=CIF 成本价+净利润

FOB、CFR、CIF 三个价格术语之间的价格换算关系如下：

FOB 价=FOB 成本价+净利润

CFR 价=FOB 价+出口运费

CIF 价=CFR 价÷[1−(1+投保加成率)×保险费率]

【例 3.1】我某出口公司从某企业购进冻虾 10 吨，拟向日本出口，采购价格为 CNY 3900/MT，另付进货费用 CNY1500，国内运费 CNY1600，改换包装费用 CNY180/MT，仓租 CNY2/MT.DAY，预计存租 60 天，其他各项费用分摊共 CNY2200，国际运费至日本神户基本运费为 USD165/FT，燃油附加费为 30%。冻虾用纸箱装，每箱净重 20kg，毛重 23kg，尺码为 60cm×40cm×20cm，运费以 M 为计算标准，按发票价值的 110%投保水渍险和战争险，保险费率分别为 0.65%和 0.04%，预期利润为 12%，以美元报价，当日人民币兑换美元汇率为 8.3/8.32。

若分别以 FOB、CFR、CIF 价格条件，如何对外报价(以公吨为单位)？若按报价与外商达成交易，计算 FOB 价的出口盈亏率和换汇成本。

解：根据题意和有关数据，

FOB 总成本=3900×10+1500+1600+180×10+2×10×60+2200=47 300(元)

FOB 成本价=47 300÷10÷8.32=568.51(美元/吨)

FOB 报价=568.51×(1+12%)=636.73(美元/吨)

CFR 报价=FOB 报价+国际运费/吨

F/MT=(0.6×0.4×0.2)×165×(1+30%)÷20×1000=514.8(美元/吨)

CFR 报价=636.73+514.8=1151.53(美元/吨)

CIF 报价=CFR 报价+保险费

$$=1151.53÷[1-1.1×(0.65\%+0.04\%)]=1160.34(美元/吨)$$

FOB 价的盈亏率=[出口外汇净收入(折算成本币)-出口总成本]÷出口总成本×100%

$$=(636.73×8.3-4730)÷4730×100\%=11.73\%$$

FOB 价的换汇成本=出口总成本(本币)÷出口外汇净收入(外币)

$$=4730÷636.73=7.43(元/美元)$$

从上例计算得知：由于报价的预期利润率较低，在不能降低出口经营成本的情况下，如果谈判时报价遭到对方还价，或者发生实际经营成本稍有增加，预算时数据不很准确，结算时计价货币贬值等情况，就会造成预算时有微利而实际亏损的状况。以上计算的数据为企业经营决策提供重要参考。

三、进口成本的核算与报价

(一)进口货物成本构成

进口业务基本上可分为自营进口和代理进口两种主要形式。进口单位要么自主经营，获取进口货物对外成交价和对内要货单位结算价之间的差价利润，要么接受国内要货单位的委托，利用自己的进口经营权替要货单位对外订货、签约，办理进口业务手续。而进口单位代理进口所需的资金、直接费用和进口生意的盈亏由要货单位自己负责，进口所需外汇、进口许可手续等要由要货单位自备，也可由进口单位代办或提供，相关的费用由要货单位支付，进口单位收取一定比例的手续费，作为间接费用和营业收入。

代理进口还有一种包干形式，由进口单位负责提供进口用汇，负责进口税和其他货交用货单位前的一切费用。这种方式下，进口单位预先考虑了所有进口成本和利润，按对外成交价与要货单位商订的一定的折算汇率结算，而不另行收取手续费。这种方式对进口代理商有一定的吸引力，委托方和代理方均将承担一定风险。

随着越来越多的企业获得进出口经营权，外贸公司或从国外进口适销对路产品，直接卖给国内销售商，或与国内用户签订合同，确定内销价格，到交货期时再组织进口。经营进口业务的外贸公司要承担价格和汇率变动的风险，自办进口许可手续，并需垫付资金。但只要准确预算进口各环节的费用，对内对外以优惠的价格成交，就能获得较理想的经营效益。

(二)进口货物采购成本的计算

不论采用哪种方式进口，均须围绕对外成交价和对内结算价来核定进口业务的利润。为简化进口货物采购成本的计算，消除从单价入手计算所存在的不确定性，可采用付汇成本速算法。进口货物的采购成本包括国外进价和国内进口税两部分。计算公式如下：

进口货物采购成本=国外进价+进口税

其中：　国外进价=CIF 单价×对外付款日的外汇汇价

进口税=关税+消费税+增值税

关税=关税完税价格×关税税率(R1)

消费税=[(关税完税价格+关税)÷(1-消费税税率)]×消费税税率(R2)

增值税=(关税完税价格+关税+消费税)×增值税税率(R3)

设 C 为支付每单位外币进口货物所发生的人民币采购成本(付汇成本)，U 为每单位外币汇价。则：

$$C=U+关税+消费税+增值税$$
$$=[U\times(1+R1)\times(1+R3)]\div(1+R2)$$

进口货物的名义采购价格=完税价格×付汇成本(C)

第二节　佣金和折扣的计算

在国际贸易价格的构成因素中，若包含佣金或折扣，将直接影响实际价格的变动，关系到买卖双方及第三者经济利益。准确计算佣金和折扣是对单证员基本技能的要求。

佣金(Commission)是代理人(Agent)、经纪人(Broker)或中间商(Middleman)因媒介交易或代办有关业务所获得的报酬。含佣价一般采用佣金率表示，例如，CIFC2%。折扣(Discount)指卖方在一定条件下给予买方的价格的减让或优惠。一般在原价的基础上扣除一定的百分比，算出实际应付的价款。折扣价一般采用折扣率表示，例如，CFRD2%，为了避免误解，多采用更为具体的表述方式，例如，"USD 100M/T FOB Shanghai Less 2% Discount"。

一、佣金的计算

(一)按成交价的一定百分比计算

计算公式如下：

佣金额=含佣价×佣金率

含佣价=净价÷(1-佣金率)

净价=含佣价×(1-佣金率)

【例 3.2】"USD 2000 M/T CIFC1.5% LONDON"，求佣金额和净价各是多少？

解：佣金额=含佣价×佣金率

=2000×1.5%=30(美元/吨)

净价=含佣价×(1-佣金率)

　　　=2000×(1-1.5%)=1970(美元/吨)

(二)按成交数量计算

例如：合同中规定每打付佣金 2 美分，共计 10 000 打，则应付佣金额为 200 美元。

(三)按 FOB 或 FCA 价的净价为基数计算佣金

若成交时采用的是 CFR 或 CIF 价，计算佣金时将运费或运费和保险费扣除，换算成 FOB 价后，再按佣金率计算佣金额。计算公式如下：

　　　佣金额=CIF 或 CIP 含佣价×(1-运费、保险费率)×佣金率

【例 3.3】某公司出口一批货物，采用 CIF 条件成交，金额为 70 万美元，运费占发票金额的 20%，保险费占 3%，对方要求给中间商 4%的佣金，出口公司接受只按 FOB 净价为基数付佣金，双方达成协议。求以 FOB 净价为基数的佣金额是多少？

解：佣金额=CIF 价×(1-运费率-保险费率)×佣金率

　　　=70×(1-20%-3%)×4%=2.156(万美元)

(四)按累计佣金办法计算

按累计佣金(Accumulated Commission)计算对佣金商有一定激励作用，累计销售额越大，佣金率越高。累计佣金又可分为金额累进佣金和超额累进佣金两种。

1. 金额累进佣金

金额累进佣金即按一定时期内推销金额达到的佣金等级计算佣金。例如，有一代理协议，一年累总结付，按金额累进方法计算，佣金率随推销量等级有差异，鼓励多推销。例如：

等级	推销额(单位：港元)	佣金率
A	100 万元以下	1%
B	100 万至 200 万元以下	2%
C	200 万至 300 万元以下	3%
D	300 万元及以上	4%

年末结算，若实际推销额为 250 万港元，应按 C 级佣金率计算：250×3%=7.5(万港元)。

2. 超额累进佣金

各等级的超额部分，各按适用等级的佣金率计算，然后将各级佣金额累加，求得累进佣金的总额。例如：

等级	推销额(单位：港元)	佣金率
A	100 万元以下	1%
B	100 万至 200 万元以下	2%
C	200 万至 300 万元以下	3%
D	300 万元及以上	4%

年末结算，若实际推销额为 250 万港元，按累进佣金计算：

A 级佣金：100×1%=1(万港元)

B 级佣金：(200-100)×2%=2(万港元)

C 级佣金：(250-200)×3%=1.5(万港元)

合计佣金：A+B+C=1+2+1.5=4.5(万港元)

二、折扣的计算

折扣习惯上多用原价的一定百分比表示。例如，商品出口价格为 USD2500 M/T CIF LONDON LESS 2% DISCOUNT，数量为 2000 吨，求其实际销售价格和总折扣额。

计算公式如下：

$$净价=原价×(1-折扣率)$$

$$折扣金额=原价×折扣率$$

将有关数据代入公式，则出口商品净价为：2500×(1-2%)=2450(美元/吨)

折扣总额为：2500×2%×2000=100 000(美元)

折扣也有按数量计算的情况。例如，若买方将购买的数量增加到 2 万打，则卖方每打折扣 1 美分，总折扣额为 200 美元。

第三节 运费与保险费的计算

一、运费的计算

运费是承运人对所承运的货物收取的报酬。运价是根据运输契约订立的或者是由轮船公司、承运单位以运价表的形式公布的收费标准。国际货物运输 70% 的运量采用海洋运输方式，运费的计算方法以海运方式为主，本节简要介绍其他运输方式的运费计算。

(一)海洋运输的运费计算

海运运价大体分为班轮运价和租船运价两大类。班轮运价比较稳定，班轮公司以运价表的形式公布。班轮运价通常包括货物从起运港至目的港的运费和装卸费用。而通常出口的零星杂货和集装箱整箱货、拼箱货均按班轮运价支付运费。租船运价的高低取决于当时国际租船市场上的船货供求情况，在租船合同中确定，它的波动性较大，在实际业务中只适合大宗货物的出口，诸如大米、砂糖、钢材、矿砂、饲料等出口货物。

1. 海洋运输基本运费计算标准

(1) 重量法。按货物毛重计算，运价表上标注"W"(WEIGHT)，以吨为运费计算单位，吨以下到小数点后三位。

(2) 体积法。按货物体积计算，运价表上标注"M"(MEASUREMENT)，以立方米作为运费计算单位，立方米以下到小数点后三位。

(3) 从价法。按照货物价格的一定百分比作为运费计算标准，运价表上标注"Ad Val"字样。

(4) 选择法。根据不同货物由承运人择高选用，主要有四种选择的方法。

① W/M，表示在重量法和体积法两种中选择运费高者，在实际业务中较多采用。

② W OR AD VAL，表示在重量法和从价法两者中择高采用。

③ M OR AD VAL，表示在体积法和从价法两者中择高采用。

④ W/M OR AD VAL，表示在重量法、体积法和从价法三者中择高采用。

(5) 综合法。采用综合法计费的货物，除按重量吨或/和尺码吨计费外，还要加上从价费。即 W & AD VAL，表示按重量吨计费并加上从价费；M & AD VAL，表示按尺码吨计费并加上从价费。

(6) 按件数计费法。有些货物无法衡量其重量或测量其体积，又非贵重物品，如活牲畜、汽车等，均按件(只、头、辆)为单位计收运费。

(7) 议价法。有时，运费可由货主和船公司临时议定，在运价表中用"OPEN"表示，适用于运量较大、装卸容易的货物，如粮食、矿石、煤炭等农副产品和矿产品。议价货物的运费一般较低。

2. 附加费

以上费率本中的运价是基本费，一般不常变动，但构成运费的各种因素经常发生变动，船公司为保障收益不受损失，采取征收各种附加费的办法以维护其运营成本。附加费视客观情况随时浮动，主要有六种。

(1) 燃油附加费(Bunker Adjustment Factor)，简称 B.A.F.，是因油价上涨导致营运成本增加，船公司为转嫁额外负担而加收的费用。有的航线按基本费的百分比加收燃油附加费，有的航线按运费吨加收一定金额。

(2) 货币附加费(Currency Adjustment Factor)，简称 C.A.F.，是由于船方用以收取运费的货币贬值，使纯收入降低，船方为补偿这部分损失而加收的费用。

(3) 港口拥挤费(Port Congestion Surcharge)，是由于装卸港口拥挤堵塞，抵港船舶不能很快进行装卸作业，造成船舶延长停泊，增加船期成本，船方根据延误的具体情况，按基本费的不同百分比加收的费用。

(4) 转船附加费(Transshipment Surcharge)，是运往非基本港口的货物，在运输途中经转船后运往目的港，因此而加收的费用。

(5) 直航附加费(Direct Additional)，非基本港货物每港每航次货量达到或超过1000运费吨时，不论船舶直航与否，均按直航计收运费，另加收直航附加费，不再加收转船附加费。

(6) 港口附加费(Port Surcharge)，由于卸货港口费用太高或港口卸货效率低，影响船期造成的损失而向货主加收的费用。

另外，还有超重附加费(Heavy-Lift Additional)，每件货物毛重超过5吨时计收；超长附加费(Long Length Additional)，每件货物长度超过9米时计收；洗舱费(Cleaning Charge)，主要用于散装油舱；熏蒸费(Fumigation Charge)、选港附加费(Optional Charge)、更改卸货港附加费(Alteration Charge)等。

3. 海运运费的计算

海运班轮运费计算公式如下：

$$F=Fb+S$$

式中：F为运费总额；Fb为基本运费额；S为附加费额。

【例 3.4】 某企业以CIF条件出口柴油机一批，共15箱，总毛重5.65吨，总体积10.676m³。在青岛港装上中国远洋运输公司轮船，经香港转船到苏丹港，试计算该批货物应付给轮船公司多少运费？

解： 第一步，查表。按柴油机的英文名称(Diesel Engine)，查阅货物分级表，属于10级货，计费标准为W/M。然后在"中国—中国香港航线费率表"中查得10级货自青岛至香港费率为22美元，香港中转费为13美元。再从"香港—红海航线费率表"中查出10级货费率为95美元。最后查附加费率表，了解到苏丹港要收基本运费10%的港口拥挤附加费。

第二步，计算。W/M选择高者，10.676>5.65，应采用尺码吨计费，每尺码吨运费：

22+13+95+95×10%=139.5(美元/吨)

总运费：139.5×10.676=1489.3(美元)

【例 3.5】 有一批罐头出口，共2430箱，装入3个20英尺集装箱，毛重54 000kg，74.5m³，目的港是瑞典的歌德堡港，由中远公司轮船装运，计算该批货物的运费是多少？

解： 查中远公司运价表，歌德堡为非基本港，应加转船费，基本运费价20英尺集装箱为USD1580，转船费为USD68。则依据公式得

F=Fb+S=(1580+68)×3=4944(美元)

(二)航空运费的基本知识

1. 计费重量

由于飞机装载货物受最大载重量、地板承受力和货舱容积的限制，航空运费根据每票货物所适用的运价和货物的计费重量计算而得。计算公式如下：

$$航空运费=运价×计费重量$$

(1) 计费重量指用以计算货物航空运费的重量，即货物总的实际毛重与总的体积重量两者较高者或以较高重量分界点重量作为货物的计费重量。

$$计费重量=实际毛重(重货)$$
$$计费重量=体积重量(轻泡货物)$$
$$计费重量=较高重量分界点重量$$

(2) 体积重量指将货物体积按一定比例折合成的重量。计算规则为：以 0.006 立方米作为 1 千克来计算。体积重量计算公式如下：

$$体积重量(千克)=货物体积(立方米)÷0.006(立方米/千克)$$

(3) 航空运费计算方法与步骤。

① 先求出货物体积，除以 0.006 折合成体积重量；

② 体积重量与实际毛重比较，择高者为计费重量；

③ 航空运费=运价×计费重量。

2. 级差掌握

航空运费按计费重量大小分为若干个重量等级分界点运价。例如，代号为"M"(Minimun Charge)，即起码运费，表示一票货物自始发地机场至目的地机场航空运费的最低限额。货物将其适用的航空运价和其计费重量计算所得的航空运费，与货物起码运费相比并取高者。代号为"N"(Normal General Cargo Rate)，表示 45 千克以下的普通货物运价。代号为"Q"，表示 45 千克以上的普通货物运价。一般公布为"Q45"、"Q100"、"Q300"等，这里的"Q45"表示 45 千克以上(含 45 千克)普通货物运价；"Q100"表示 100 千克以上(含 100 千克)普通货物运价，以此类推。计费重量越大，运价相对越低。

不同地区重量分界点划分不同，分界点运价也不同。例如，运往日本东京的货物，按现行运价本分三个等级，即 M 为 230.00 元，N 为 30.22 元，Q45 为 22.71 元；运往美国西雅图的运价有六个级别，例如，M 为 420.00 元，N 为 51.58 元，Q45 为 38.70 元等。

由于级次越高费率越低，在实际操作时，就可将按照接近较高重量分界点的较低运价计算的运费与按照实际计费重量计算的运费相比较，一般航空公司同意按两者中较低的运费计收。例如，有 40 千克的货物运往日本，按 N 级运价计算每千克 CNY26.11，其运费为

CNY1044.40，而按"Q45"级别计算 45 千克重的货物按每千克 CNY19.61 计算，其运费只有 CNY882.45，显然按"Q45"级别申报运费合理。

3．拼装

拼装也可称为混载货物，航空运输以一张运单作为计算运费的单位，假如有三批各为 35 千克计费重量的货物，分别运往西雅图，分制三张运单，每批都按 N 级运价 49.12 元计费。若将三批货做成一张运单，则按 100 千克以上运价 34.41 元计费，其运费比分别计费要节省很多。但一张运单只能是一个收货人，因此，有些空运代理商把收集起来的运往同一目的地不同收货人的多批货物，用一张运单送给目的地货运代理人，当货物运到目的地后，由货运代理人按不同货物标志，分交不同的收货人，运输代理商可从运价级差中获利。

(三)铁路运费的基本知识

1．国际铁路联运

国际铁路货物运输的运费计算有三条原则。

(1) 发送路和到达路的铁路运输费用，按发送国和到达国的国内铁路运价规则计收。

(2) 过境路的铁路运输费用，按国际铁路货物联运协定(简称国际货协)统一过境运价规程(统一运价)的有关规定计收。

(3) 未参加国际货协铁路的货物运送费用，按这些铁路所参加的另一铁路联运协定(国际货约)的规定计收。

2．国内(对香港)联运的费用计算

国内(对香港)联运的费用计算分为四种情况：①国内段铁路运费计算；②深圳过轨租车费；③深圳口岸劳务费、中转费、调车费、租车费、装卸费、口岸代理劳务费等；④前三项费用按人民币支付，港段运杂费，包括终点费、装卸费、香港段代理劳务费等。港段各项费用以港币支付。

铁路运费按不同商品归为五大类，每一大类再按整车或零担定出不同费率，根据计费重量(整车按车辆标记载重计算)确定运费。计算公式如下：

$$港段运费总额 = 运费率 \times 计费重量$$

港段终点卸货费按每车若干港元计算，但活畜禽类商品免收；调车费按每车若干港元计收；卸车费分一般杂货、重货、机器三大类定费率计收；劳务费按每车计收。

二、保险费的计算

在 CIF、CIP 价格条件下，保险费是货价的组成部分之一，它是保险金额与保险费率的

乘积。保险费率由保险公司按不同商品、不同运输方式、不同目的地和不同的险别制定，计算时可参阅保险公司所提供的费率表。

在国际贸易业务中，保险金额按惯例是发票金额的110%，这个百分比称为投保加成。加成的目的是一旦投保人的被保险货物灭失，加保部分的赔款可弥补该批货物的本钱和预期的利润损失。

(一)一般保险费的计算

CIF价或CIP价的保险金额计算公式如下：

保险金额(每单位)=CIF价或CIP价×(1+投保加成率)

保险费(每单位)=保险金额(每单位)×保险费率

【例3.6】 有一批出口货物，发票单价金额为USD1200 M/T CIF LONDON，共100公吨，合同规定按发票金额的110%投保一切险和战争险，一切险和战争险的保险费率分别为0.5%和0.02%，求这批货物的保险费是多少？

解：保险金额=发票单价×(1+投保加成率)×数量

=1200×110%×100=132 000(美元)

保险费=保险金额×保险费率

=132 000×(0.5%+0.02%)=686.4(美元)

(二)含折扣价保险费的计算

除非合同或信用证有规定，保险金额应以减除折扣后的净价为基数。计算公式如下：

保险费=CIF/CIP价×(1-折扣率)×投保加成×保险费率

(三)超成保险费的计算

保险金额按照一般习惯做法是按发票金额加成10%，但有时买方提出加成超出10%，这就增加了出口商的费用支出，如买卖合同未规定，其超额部分应由买方负担。超成保险费的计算公式如下：

超成保险费=CIF/CIP价×超成率×保险费率

【例3.7】 某出口商按CIF条件出口一批货物，发票金额为12 000美元，客户要求按130%投保，保险费率为0.6%，超成保险费是多少？

解：超成保险费=CIF价×超成率×保险费率

=12 000×(130%-110%)×0.6%=14.4(美元)

第四节　汇率兑换、利息与贴现息

一、汇率兑换

汇率是一种货币兑换成另一种货币的比率，也就是用一个单位的一种货币能兑换多少另一种货币额。汇率又叫汇价。

(一)外汇买价与卖价的计算

银行经营外汇业务分为买入价和卖出价，外贸公司将出口获得的外汇收入卖给银行，也就是兑换成人民币，银行使用买入价；若使用人民币向银行购买外币，银行使用卖出价。其计算公式如下。

(1) 外汇兑换本币：

$$本币金额=外汇金额×银行买入汇率$$

【例3.8】某公司出口获得外汇收入8万美元，按结汇当日银行美元买入价为每100美元兑换人民币830元，计算对应的人民币金额。

解： 80 000×830/100 = 664 000(人民币元)

(2) 外贸公司用本币购买外汇：

$$外汇金额=本币金额÷银行卖出汇率$$

【例3.9】某外贸公司需进口一批货物，要对外支付8万美元，按结汇日银行美元卖出牌价，每百美元需支付人民币883元，计算所需人民币金额。

解： 80 000×833/100 = 666 400(人民币元)

(二)外币互换的计算

把一种外币折算成另一种外币有两种方法。一是直接折算，即按两种不同外币的直接兑换率进行折算。但我国银行目前尚无外币互换的直接兑换率的牌价，只能采用另一种方法，即间接折算法。它通过人民币牌价把一种外币折算成另一种外币。例如，某外贸企业代美商垫付运费20万日元，该商要求用美元偿付，我方收入美元售给银行按银行买入价结算，购入日元按银行日元卖出价结算。设银行每10万日元卖出价为人民币8588元，银行每百美元买入价为人民币867元，其计算公式如下：

日元×人民币日元卖出价/100 000=美元×人民币美元买入价/100

200 000×8588/100 000÷(867/100)=1981.08(美元)

按间接折算法计算从理论上说是合理的，但折算出来的数字往往大于国际市场两种外币的直接比价，如数量巨大，则差异太大，不易被对方接受。

二、利息与贴现息

(一)利率

利率(Interest Rate)是利息与本金的比率。根据计算时间不同，分为年利率、月利率和日利率等。利率一般用百分率表示。年利率、月利率和日利率之间的折算公式如下：

日利率×30=月利率

月利率×12=年利率

日利率×365=年利率(美国按 360 天计算)

利率的另一种表示方法为分、厘、毫，是我国的一种传统表示法。

(1) 分：年利一分=1/10，月利一分=1/100，日利一分=1/1000。

(2) 厘：年利一厘=1/100，月利一厘=1/1000，日利一厘=1/10 000。

(3) 毫：年利一毫=1/1000，月利一毫=1/10 000，日利一毫=1/100 000。

(二)单利与复利

1. 单利

单利(Simple Interest)计息指不论时期多长都按原本金计息，即"利不生利"。其计算公式如下：

利息=本金×利率×时期数

本利和=本金×(1+利率×时期数)

【例 3.10】某公司出口一批货物，计人民币 10 万元，月利率 0.8%，见票 90 天后付款，到期应收本利是多少？

解：本利和=本金×(1+利率×时期数)

=100 000×(1+0.008×90/30)=102 400(元)

2. 复利

复利(Compound Interest)指每上一期所生的利息并入本金，作为在下一期计息的基础，重复生利，即所谓"利滚利"。计算公式如下：

本利和=本金×(1+利率)^{期数}

期数利息=本金×[(1+利率)^{期数}-1]

【例 3.11】某公司出口商品一批，共计 10 万美元，见票后 2 年到期付款，年利率为5.5%，每年复利计算，求 2 年的复利息额。

解： 将有关数据代入公式，得

$100\,000 \times [(1+5.5\%)^2 - 1] = 100\,000 \times 0.113\,025 = 11\,302.5$(美元)

三、贴现

贴现(Discount)指远期票据的持有人把未到期的票据金额提早向银行兑现。贴现时银行扣除贴现息后，把票款净值给票据持有人。计算公式如下：

贴现利息=票据金额×贴现率×贴现期

票据净值=票据金额-贴现利息

【例 3.12】 某出口商持有一张远期汇票，金额为 15 万美元，于 48 天后到期。该出口商向银行要求提前兑现。银行按贴现率年率 8.5%扣除贴现息后付款给出口商，计算贴现后的汇票净值。

解： 贴现息 = $150\,000 \times 8.5\% \times 48/365 = 1676.71$(美元)

汇票净值 = $150\,000 - 1676.71 = 148\,323.29$(美元)

第五节 技 能 实 训

实训模块一：成本核算与报价

1. 实训目的

掌握进出口货物价格构成及成本核算、价格换算、利润把握和报价等技能。

2. 实训要求

通过实训要求学生运用本章的基本知识，根据进出口业务的具体要求，对具体的进出口货物进行准确的成本核算、价格换算，合理运用佣金和折扣，掌握讲求经济效益、正确对外报价的技能，以及计算运费、保险费、银行利息、贴现等的技能。

(一)出口货物成本核算的操作提示

1. 出口货物价格构成的主要因素

价格构成=成本(离岸)+费用+利润

2. 报价核算

(1) 成本核算。

成本核算有关公式如下：

退税金额=进货成本(含税)÷(1+增值税率)×出口退税率

实际成本=进货成本(含税)-退税金额

=进货成本(含税)×(1+增值税率-出口退税率)÷(1+增值税率)

(2) 核算费用。

核算费用有两种方法：一是费用相加法；二是以进货成本的一定比例计算费用定额率，通常为3%～10%。国内费用主要包括包装费、商检费、报关费、国内运费、国内银行利息及费用、港杂费和业务费等。

(3) 价格换算。

FOB 价为基本出口价格，又叫出口成本价(C)，换算成 CFR 价，CFR 价=FOB 价(C)+国际运费(F)，再由 CFR 价换算成 CIF 价，即

CIF 价=CFR 价(C+F)+国际货物运输保险费(I)

=CFR 价÷[1-(1+投保加成率)×保险费率]

在实际业务中经常运用佣金和折扣，佣金的计算公式如下：

含佣价=净价÷(1-佣金率)

佣金率通常控制在 2%～5%之间，不宜太大。

折扣是出口商促销的常用的策略，折扣的计算公式如下：

折扣价(原价)=实价(净价)÷(1-折扣率)

在具体的业务中，折扣率要从严把握，如果是用 CFR、CIF 价格条件报价，一般是先换算成 FOB 价后，再进行打折。

(4) 核算利润。

利润是考察出口商经营状况的重要指标，一般预先规定这笔生意应取得的利润额或利润率，至于利润的多少要根据实际的市场条件、经营意图来掌握。利润核算的公式如下：

利润额=出口成本×利润率

=销售价格×利润率

对外报价(成交价)=出口成本×(1+利润率)

(二)进口货物成本核算的操作提示

1. 进口货物成本核算计算公式

进口成本=完税价格+关税+增值税+口岸费用+银行费用

进口商品价格=进口成本+销售环节费用及利润

进口费用及利润一般为到岸价的20%左右，可以根据具体的交易情况而定。

2. 进口费用

在 FOB 条件下，进口费用主要包括国际运费、保险费、银行费用、国内运费、仓储费、

到岸港口费用、检验费、报关费、提货费用、进口税费、进口代理手续费及佣金等。

3．进口海关税费

我国海关主要对进口货物征收如下海关税费。

(1)　进口关税：

$$关税税款=完税价格×进口关税税率$$

$$完税价格=进口到岸价(CIF 价)$$

(2)　进口环节税。

对进口应税产品一律按组成计税价格计征海关代征税。

$$组成计税价格=进口完税价+关税$$

$$增值税=(进口完税价+关税)×增值税率$$

$$消费税=[(进口完税价+关税)÷(1-消费税率)]×消费税率$$

(3)　监管手续费。

监管手续费主要是对减免、保税货物提供服务征收的手续费。征收标准为到岸价格的 0.1%～0.3%。

(三)核算操作训练

1．有关进货资料

某出口公司同马来西亚某客户洽谈一笔平板新闻纸的交易。在收到客商洽购新闻纸的询盘后，立即向生产厂家传真询问进货有关事宜。厂家发来如下进货资料。

品名：平板新闻纸

货号：NPP0448809

规格：30.75″×43″/48.8g

包装：木夹板

尺寸：110cm×79cm×54cm

重量：每件毛重 269.72kg，净重 249.72kg

出厂价：6300 元/吨

增值税率：17%；出口退税率：9%

交货期：收到订单后 2 个月内交货

最低起订量：10 吨

样品 3 日内寄出。

2．核算成本

出口企业业务员根据进货资料，核算实际成本。

(1) 退税金额=进货成本÷(1+增值税率)×出口退税率

$$=6300÷117\%×9\%=484.62(元/吨)$$

(2) 实际成本=进货成本−退税金额

$$=6300−484.62=5815.38(元/吨)$$

(3) 测算一个 20 英尺货柜所装新闻纸件数。

每件体积=0.11×0.79×0.54=0.469 26(立方米)，M＞W，按体积计费。

每个 20 英尺货柜可装件数=25 立方米÷0.469 立方米

$$≈53.3(件)，即 53 件。$$

3. 核算费用、利润与报价

(1) 核算费用。

该出口企业向有关部门了解到有关费用支出情况如下。

包装费：包含在进货价中；　　　　内陆交通费：2600 元；

港杂费：450 元；　　　　　　　　仓储费：470 元；

商检、报关费：200 元；　　　　　业务费用：2200 元；

海运费：(大连—巴林港)20 英尺货柜——850 美元，40 英尺货柜——1130 美元；

保险费：投保加成率为 10%，保险费率为 1%；

客户佣金：佣金为报价的 3%；

利润：利润为报价的 10%；

人民币与美元的汇价：1 美元=8.27 元

(2) 核算对外报价。

FOB 报价=实际成本+国内费用+利润

国内费用=2600+450+470+200+2200=5900(元)

平均每吨费用=5900/25=236.8(元/吨)

① FOB 报价=5815.38 +236.8+报价×10%

$$=6052.18/0.9=6724.64(元/吨)$$

折算成美元报价=6724.64/8.27=813.14(美元/吨)

② CFR 报价=FOB 价+运费=813.14+850/25=847.14(美元/吨)

③ CIF 报价=CFR 价+保险费=847.14+报价×(110%×1%)

$$=847.14/0.999=847.99(美元/吨)$$

④ CIFC3%报价=净价/(1−佣金率)=847.99/(1−3%)=874.12(美元/吨)

依据以上核算，我出口公司可向国外客户报出口一个 20 英尺货柜的新闻纸，CIFC3% 的报价为每吨 875 美元。若按 40 英尺货柜数量发货，CIFC3% 每吨 875 美元，对出口商就更有利。

4．进口商核算价格

当我出口公司向国外客户发出报价后，进口商必然要对出口公司报价进行成本核算，其核算资料如下。

数量：1个20英尺货柜的重量；　　　　码头仓租费：300林吉特(马来西亚货币)；

港杂费：500林吉特；　　　　　　　　汇率：1美元=3.8林吉特；

增值税率：13%；　　　　　　　　　　进口关税率：5%；

银行费用：完税价的0.5%；　　　　　　销售费用及利润：进口成本的20%。

进口商具体核算如下。

按照出口商报价 USD 875 M/T CIF C3% KELANG(巴林港)，换算成 CIF 净价，则

CIF 净价=CIF 含佣价×(1-佣金率)=848.75(美元/吨)

完税价格=到岸价×外汇牌价=848.75×3.8=3225.25(林吉特/吨)

关税=完税价格×关税率=3225.25×5%=161.26(林吉特/吨)

增值税=(完税价格+关税)×增值税税率=(3225.25+161.26)×13%

　　　　=440.25(林吉特/吨)

平均口岸费用=(码头仓租费+港杂费)/25=32(林吉特/吨)

平均银行费用=完税价格×0.5%=16.13(林吉特/吨)

平均进口成本=完税价格+关税+增值税+平均口岸费+平均银行费

　　　　　　=3225.25+161.26+440.25+32+16.13=3874.89(林吉特/吨)

进口商品价格=进口平均成本+销售环节费用及利润

　　　　　　=3874.89+3874.89×20%=4649.87(林吉特/吨)

进口商通过以上的核算，再与进口国国内可接受的价格进行比较，若这个测算价格与国内销售价格相等或相近，可考虑接受出口商的报价。若差别太大，微利甚至亏损的话，则要同出口方进行磋商还价。

实训模块二：运费和保险费的计算

(一)件杂货运费的计算

件杂货运费的计算公式为

件杂货运费=基本运费+附加费

常用的运费计费标准有：重量法(重货)，用 W 表示，以吨为单位；体积法(轻泡货)，用 M 表示，以立方米为单位；选择法，用 W/M 表示，采用体积还是重量计收运费，可根据积载因数来定。积载因数是指每一吨货物在正常堆装时实际所占的容积，单位为立方米/吨。

积载因数=M/W

若 W>M 为重货，W<M 为轻货，船公司选择数量大者收取运费。

总运费=基本运费率×货运量+附加费(附加费通常按基本运费的一定百分比计算)

(二)集装箱货运费的计算

集装箱通常有两种型号，20 英尺箱内部尺寸为 238cm×235cm×590cm，装载至少 17.5 吨、25m³，最多 20 吨，31m³；40 英尺箱内部尺寸为 238cm×235cm×1203cm，装载至少 24.5 吨，55m³，最多 30 吨，67m³。

整箱货运费=包箱费率+附加费

拼箱货运费=基本运费+附加费

(三)运费和保险费核算训练

1. 背景资料

我某出口公司通过市场调查了解到在中东地区对鞋类产品的需求不是很稳定，价格忽高忽低，对外交易要有很强的针对性和计划性。有一天，接到中东一客户的询购函，准备向该商出口一批安全靴，于是要求某制鞋厂提供有关供货资料，该厂提供了如下资料。

品名：安全靴，货号 JL608TS

进货价：128 元/双

包装：每纸箱 12 双，50cm×35cm×78cm

交货期：收到订单后 2 个月内

起订量：1000 双

2. 国际运费和保险费计算

出口企业业务员在进行成本核算时对国际运费和保险费进行了计算。

(1) 确定报价基础数量。根据客户要求，核算 20 英尺货柜所装数量。每纸箱体积为 0.1365m³，每纸箱重量为 0.027 吨，积载系数 M/W=5.05，属于轻货，按体积计算运费。

可装数量=货柜体积/单位包装体积=25/0.1365=183.15，即可装 183 箱。

安全靴数量=12×183=2196(双)

(2) 计算运费。客户的询函要货量为一个 20 英尺整箱货，查表得知安全靴属 9 级货，大连—巴林港包箱费率为 2100 美元，支线附加费为 50 美元，合计海运费为 2150 美元，每双平均运费为 0.9737 美元。

(3) 核算保险费。经查表知普通货物保险费率，大连—巴林港，保险加成率按惯例为 10%，一切险费率为 1%，战争险费率为 0.3%。

保险费=报价×(1+保险加成率)×保险费率

(注：报价数据要根据成本核算和预期利润来确定)

实训模块三：根据背景材料进行核算

1．背景材料

红光陶瓷进出口公司和英国伦敦某客户洽谈出口1个20英尺货柜陶瓷娃娃到英国的利物浦。包装为2打装一个纸箱，纸箱尺码为60cm×30cm×40cm，毛重29kg，净重25kg。陶瓷娃娃进货成本为每打576元(含17%的增值税)，出口退税率为9%，出口公司组织出口一个20英尺货柜的货物，国内费用3800元(40英尺货柜的费用为7000元)，公司经营费用为采购成本的2%。如果客户出价每打CIFC3%利物浦46.6英镑。(注：整箱20英尺货柜的国际运费是2180英镑，40英尺货柜是4032英镑，投保按CIF报价的110%计算，保险费率是1.3%，1英镑=13.4元人民币。)

2．核算

在老师的指导下，分步骤完成下列各题的核算，为正式同外商磋商交易做好基础性工作，并掌握有关的具体数据。

(1) 出口1个20英尺货柜的陶瓷娃娃能获得多少利润额？换汇成本是多少？

(2) 若出口公司要保持不少于5%的利润率，应如何报CIFC5%的含佣价？

(3) 如果汇率变化为1英镑兑换13.30元人民币，出口商按客户的报价成交能获利多少？

(4) 如果汇率不变，进口商增加订货量为1个40英尺的整箱货，在出口退税率下调1个百分点的情况下，计算出口商的利润率和总利润。

(5) 若出口商5%的利润率不变，在问题(4)的条件下，出口公司应如何向客户还价？

3．实训辅导

教师在学生独立完成上述核算的训练之后，进行实训辅导，及时排除学生在核算练习中遇到的疑难。

同 步 测 试

一、填空题

1．出口商对外报价需依据_____、_____和经营意图等多方面因素综合考虑。

2．换汇成本是指某出口商品每换回一个单位的外汇需花费若干_____，反映的是出口商品获取_____的能力。

3．出口商品盈亏率是出口商品盈亏额与_____的比率，反映的是出口商品的_____。

4. _____是代理商、中间商因媒介商品交易或代买代卖服务所得的报酬。

5. _____是卖方在一定条件下给买方的价格减让。

6. 海运班轮运价可分为_____和_____两部分。

7. 佣金额是含佣价与_____的乘积。

8. 保险费是_____与_____的乘积。

9. 汇率是一种货币兑换另一种货币的_____。

10. 20 英尺集装箱至少装载货物_____吨、_____ m^3，最多_____吨、_____ m^3。

二、判断题

1. 出口外汇净收入意指 FOB 净收入。　　　　　　　　　　　　　　　　（　　）

2. 换汇成本是指某出口商品平均一单位本币可换回多少外汇收入。　　　（　　）

3. 出口商品盈亏率指出口商品盈亏额与出口总成本之比。　　　　　　　（　　）

4. 佣金和折扣的运用能起到促进和扩大出口销售的作用，但也会直接影响到实际价格的高低，关系到买卖双方以及第三者的经济利益。　　　　　　　　　　　　（　　）

5. 班轮运价由班轮公司以运价表的形式公布，通常包括货物从起运港到目的港的运费和装卸费用。　　　　　　　　　　　　　　　　　　　　　　　　　　　　（　　）

6. 某种货物其每箱体积为 30cm×40cm×50cm，毛重为 62kg，班轮运费计收标准为 W/M，则班轮公司按尺码吨计收运费最有利。　　　　　　　　　　　　　　　　　　（　　）

7. 在海运业务中，活牲畜、汽车等商品都是按重量法计收运费。　　　　（　　）

8. 航空运输运费计收方法是在货物的实际毛重或体积两者中选择高者作为计费依据。　　　　　　　　　　　　　　　　　　　　　　　　　　　　　　　　　　（　　）

9. 佣金是中间商因媒介交易所获得的酬金，佣金率一般控制在 2%～5%之间，不宜太高。　　　　　　　　　　　　　　　　　　　　　　　　　　　　　　　　（　　）

10. 完税价格是为进出口货物缴纳关税而由海关审核确定的价格，它一般是按照 CIF 价或类似商品成交价计算的到岸价。　　　　　　　　　　　　　　　　　　　　（　　）

三、单项选择题

1. 出口总成本指(　　)。

　　A. 国内购货成本

　　B. 对外销售价格

　　C. 国内购货成本与出口前所有费用之和

　　D. 国内购货成本与国内税金之和

2. 如果一批普通航空货物的计费重量很小，以下表述正确的是(　　)。

　　A. 航空公司规定按指定运价计收运费

　　B. 航空公司规定按特种运价计收运费

　　C. 航空公司规定按起码运费计收运费

　　D. 航空公司规定按声明价值费用计收运费

3. 采用航空运输，如果货物的计费重量以实际毛重表示，则计费重量的最小单位是(　　)。

　　A. 0.5 千克　　　　　B. 1 千克　　　　C. 5 千克　　　　　D. 45 千克

4. 采用班轮运输的出口货物，如果用 "AD VAL" 的方法规定运费计收标准，这种方法应是(　　)。

　　A. 按货物体积计收　　　　　　　B. 按货物重量计收

　　C. 按货物价值计收　　　　　　　D. 按货物件数计收

5. 远期票据的持有人将未到期的远期票据提早向银行兑现，银行扣除贴现息后，把票款净值付给持票人，这种业务叫(　　)。

　　A. 出口押汇　　　　　B. 贴现　　　　C. 议付　　　　　　D. 结汇

6. 采用海洋运输方式，如果单件货物超长又超重，以下表述正确的是(　　)。

　　A. 附加费以超长计收　　　　　　B. 附加费以超重计收

　　C. 附加费按两者中择大计收　　　D. 附加费按两者相加数计收

7. 有一笔出口交易表明属于盈利的是(　　)。

　　A. 换汇成本高于银行外汇买入价

　　B. 换汇成本低于银行外汇买入价

　　C. 换汇成本高于银行外汇卖出价

　　D. 换汇成本低于银行外汇卖出价

8. 在班轮运输条件下，关于运费责任的表述正确的是(　　)。

　　A. 装货费用由班轮公司负担

　　B. 卸货费用由班轮公司负担

　　C. 装货和卸货费用由班轮公司负担

　　D. 运费和装卸费均由班轮公司负担

9. 采用班轮运输出口货物，如果用 "W/M" 的方法规定运费计收标准时，则指(　　)。

　　A. 按货物重量计收　　　　　　　B. 按货物的体积计收

　　C. 按重量和体积两者选高者计收　D. 按重量和体积两者之和计收

10. 对于国内对香港铁路联运费用计收表述正确的是(　　)。

　　A. 国内段运费、深圳过轨租车费、劳务费和港段运杂费均用美元支付

B. 国内段运费、深圳过轨租车费、劳务费和港段运杂费均用港币支付

C. 国内段运费、深圳过轨租车费、劳务费和港段运杂费均用人民币支付

D. 国内段运费、深圳过轨租车费、劳务费以人民币支付，港段运杂费以港币支付

四、简答题

1. 简述什么是外汇增值率。

2. 列出海洋班轮运输的七种运费计收标准。

3. 佣金支付有哪几种方式？实际业务中常用哪种方式？

4. 航空运输货物运费计收方法有哪些规定？

5. 简述国内对香港铁路联运有关费用的计收方法。

五、计算题

1. 甲公司出口货物 10 吨，400 箱装，每箱毛重 30kg，体积为 20cm×30cm×40cm，单价 CFR 巴黎每箱 55.00 美元。查运价表该货为 8 级，按 W/M 方式计收，每运费吨为 80 美元，另加收转船附加费 20%、燃油附加费 10%，该货物出口总成本为 15 万元人民币，外汇牌价为 100 美元/826 元人民币，计算出口盈亏率是多少？换汇成本是多少？(保留 2 位小数)

2. 甲公司出口货物 2000 吨，出口价格为每吨 1000 美元 CIF 东京。后应日本客户要求改报 FOB 南京 3% 的佣金价，该货物运费为每吨 140 美元。原报价投保一切险，加成率为 10%，保险费率为 1%，求在出口商不降低收益的前提下，FOBC 3% 的价格是多少？

3. 杭州某玩具厂收到法国某外商订购玻璃器皿的订单，数量为 1 个 40 英尺的货柜，经协商以每套 11.30 美元 CIFC5% 马赛条件成交。经查国内生产成本每套 88 元人民币，纸箱装，内补海绵，12 个纸箱装 1 个木箱，规格为 60cm×48cm×36cm，海运费查表 40 英尺货柜为 3350 美元，国内包干费用为 6200 元，按成交价的 110% 投保一切险，保险费率为 0.5%(注：增值税率为 17%，出口退税率为 9%，汇率为 1 美元=8.27 元人民币)，请计算杭州玩具厂能否做成这笔生意？能获多少利润？

第四章　开证、审证与改证

【学习指导】

　　本章以信用证的含义、性质、特征和条款内容等专业知识为主导，要求掌握信用证结算方式下的开证、审证与改证的业务程序及相关结汇单据缮制的业务技能。

【导入案例】

　　某年4月20日，某省进出口公司到A银行申请开出以美国出口商为受益人的信用证。信用证规定最迟装船期为当年4月30日，4月27日该公司收到美国客户的通知，指责其迟开信用证，买方违约，要求撤销合同。因为买卖双方在合同中规定："信用证必须在装运月前即在4月份以前开到卖方，信用证的有效期为装船期后15天在上述装运口岸到期，否则卖方有权取消本售货合同并保留因此而发生的一切损失的索赔权。"经过双方协商，出口商坚持以进口商迟开信用证为由而拒绝出货，并要求撤销信用证，鉴于此时市场行情看涨，进口公司担心因进口货物落空而撤销国内售货合同，损失更大，不得不用更高的价格买进货物。

　　问：进口公司有何失误？有哪些经验教训？

第一节　进口人申请开立信用证

一、进口人申请开证

(一)缮制开证申请书

　　买卖双方在签订了以信用证方式支付货款的合同后，进口方履行合同的第一步就是向银行申请开证，填写开证申请书(Application for Letter of Credit)。开证申请书是申请人与开证行之间的书面契约，也是申请人对银行的委托书。开证申请书的填制主要以合同条款为依据，填制完毕后，最好将合同副本一并提交以供开证行参考及核对。开证行根据申请书的内容开出信用证。

　　开证申请人根据银行规定的格式填写开证申请书，一般是一式三份，一份留业务部门，一份留财务部门，一份交银行。填写开证申请书时，必须按合同条款的具体规定，写明对信用证的各项要求，内容要明确、完整，无词意不清的记载。

开证申请书是银行开立信用证的依据，也是进口人凭以审查收到的单据并据以向开证行付款赎单的依据。开证申请书包括两部分内容。

1. 开证申请书正面的内容

开证申请书正面的内容(参见样单 4.1)如下所述。

(1) 申请开证的日期：在申请书右上角。

(2) 传递方式：有四种，即信开(航空邮寄)、电开(电报)、快递和简电后随寄电报证实书，需要哪一种方式，在前面的括号中打"×"。如：选用信开本航空邮寄，在"Issue by airmail"前的括号中打"×"。

(3) 信用证性质：如要增加保兑或可转让等内容，可加上。信用证号码由开证行填写，信用证有效期及到期地点由申请人填写。

(4) 申请人：必须填写全称及详细地址，要注明联系电话、传真等号码，便于有关当事人之间联系。

(5) 受益人：必须填写全称及详细地址，要注明联系电话、传真等号码，便于联系。

(6) 通知行：通常由开证行填写。

(7) 信用证金额：必须用数字和文字两种形式表示，并且要表明币种。信用证金额是开证行付款责任的最高限额，必须根据合同的规定表示清楚，如果有一定比率的上下浮动幅度，也应表示清楚。

(8) 分批与转运：应根据合同的规定明确表示"允许"或"不允许"，在选择的项目前的括号中打"×"。

(9) 装运条款：应根据合同规定填写装运地(港)及目的地(港)，最晚装运日期，如有转运地(港)也应写清楚。

(10) 贸易术语：有 FOB、CFR、CIF 及"其他条件"四个备选项目，根据合同成交的贸易术语在该项前括号中打"×"，如是"其他条件"，则在该项目后面写明。

(11) 兑付方式：信用证有效兑付方式有四种选择，即即期支付、承兑支付、延期支付和议付，应根据合同规定，在所选方式前的括号中打"×"。

(12) 汇票要求：应根据合同的规定，填写信用证项下应支付发票金额的百分之几。如合同规定所有货款都用信用证支付，则应填写信用证项下汇票金额是发票金额的 100%；如合同规定该笔货款由信用证和托收两种方式支付，各支付 50%，则应填写信用证项下汇票金额是全部发票金额的 50%，以此类推。另外，还应填写汇票的支付期限，如即期或远期。如是远期汇票，必须填写具体的天数，如 30 天、60 天、90 天等。最后是填写付款人，根据 UCP 的规定，信用证项下汇票的付款人必须是开证行或指定付款行。

(13) 单据条款：印制好的单据(详见样单 4.1)要求共 11 条，它们针对具体的单据，第 12

条是"其他单据",即以上 11 种单据以外的单据要求,可填在第 12 条中。有几条就按顺序添加几条。填制单据条款时应注意以下几点。

① 在所需单据前的括号里打"×"。

② 在该单据条款后填上具体的要求,如一式几份,应包括什么内容等,印制好的要求不完整的,可在该单据条款后面补充填写清楚。

③ 必须注意的是,申请人必须根据合同规定填写单据条款,既不可随意提出超出合同规定的要求,也不能降低或减少合同规定的要求。

(14) 合同项下的货物:包括货物的名称、规格、数量、包装、单价条款、唛头等。所有内容必须与合同规定一样,尤其是单价条款、数量条款不得有误。包装条款如有特殊要求,如对包装规格、包装物等有要求的,应具体、明确、表示清楚。

(15) 附加条款:印制好的有 6 条,它们是具体的条款要求,如需要可在前面的括号里打"×",内容不完整的,可根据合同规定和买方的需要填写清楚。第 7 条是"其他条款",即除以上 6 条以外还有附加条款的,可填在该条款中,有几条就按顺序添加几条。

(16) 申请书下面是有关申请人的开户银行(填银行名称)、账户号码、执行人、联系电话、申请人(法人代表)签字等内容。

2. 信用证申请书背面的内容

信用证背面是申请人对开证行的声明,用以明确双方责任,主要有以下几项内容。

(1) 声明申请人同意按照有关国际惯例(UCP600)办理该信用证项下一切事宜,并承担由此产生的一切责任。

(2) 声明委托银行开立信用证,并保证向银行按时支付货款、手续费、利息等一切费用。

(3) 明确在收到单据后,申请人在×个工作日内复审单据,并在规定期限内通知银行接受与否。

(4) 声明该信用证及其项下业务往来函电及单据如因邮、电或其他方式传递过程中发生遗失、延误、错漏等银行概不负责。

(5) 声明若信用证需要修改,应由申请人及时通知银行,并及时核对信用证副本或修改书副本是否与原申请书相符。

(6) 声明如申请书字迹不清或词意含混而引起的后果由申请人负责。

国际商会第 516 号出版物为开证申请人和开证银行制定了申请书标准格式,并已开始推广使用。但迄今为止,各银行尚未完全采用该标准格式。

(二)进口人申请开证时应注意的问题

进口人申请开证时应注意以下问题。

(1) 开证时间:如合同规定了开证日期,就必须在规定限期内开立信用证;如合同有装运期的起止日期，那么最迟必须让卖方在装运期开始前的最后一天收到信用证；如合同只规定最后装运期，那么买方应在合理的时间内开证，一般在合同规定的交货期的前半个月或一个月将信用证开到卖方。总之，要让卖方在收到信用证以后能在合同规定的装运期内装运货物。

(2) 申请开证前，要落实进口批准手续及外汇来源。

(3) 开证时要注意证与合同一致，必须以对外签订的买卖合同(包括修改后的买卖合同)为依据，合同中规定要在信用证上明确的条款都必须列明，一般不能使用"参阅第××号合同"或"第××号合同项下货物"等条款。也不能将有关合同作为信用证附件附在信用证后，因为信用证是一个独立的文件，不依附于贸易合同。

(4) 如合同规定远期付款时，要明确汇票期限，价格条款必须与相应的单据要求以及费用负担、表示方法等相吻合。如在 CIF 价格条件下，开证申请书应表明要求卖方提交"运费已付"的提单，要求卖方提交保险单据，表明保险内容、保险范围及投保金额。

(5) 由于银行是凭单付款，不管货物质量如何，也不受买卖合同的约束，所以为使货物质量符合合同规定，买方可在合同以及相应的信用证中要求卖方提供商品检验机构出具的装船前检验证明，并明确规定货物的规格质量，指定检验机构。这样，交单时如发现检验结果与证内规定不一致，可拒付货款。

(6) 信用证内容必须准确无误，应明确规定各类单据的出单人(商业发票、保险单和运输单据除外)和各单据应表述的内容。

(7) 在信用证支付方式下，只要单据表面与信用证条款相符合，开证行就必须按规定付款，而新实施的 UCP600 对单据审核标准的规定更趋宽松。所以，进口人对卖方的要求，在申请开证时，应按合同有关规定转化成有关单据，并在信用证中作出具体规定。如开证申请书中含有某条件而未列明应提交与之相应的单据，银行将认为未列此条件，对此将不予理会。

(8) 一般信用证都应明确表示可撤销或不可撤销。如无此表示，根据 UCP500 规定，应视作不可撤销的信用证，我国基本上都使用不可撤销信用证；而 UCP600 明确规定信用证是不可撤销的，即使未如此表明。

(9) 国外通知行由开证行指定，进口方不能指定。但如果出口商在订立合同时，坚持指定通知行，进口商可在开证申请书上注明，供开证行在选择通知行时参考。

(10) 不准分批装运、不准中途转运、不接受第三者装运单据，均应在信用证中明确规定。否则，将被认为允许分批、允许转运、接受第三者装运单据。

(11) 对我(进口人)方开出的信用证，如对方(出口人)要求其他银行保兑或由通知行保兑，我方原则上不能同意(在订立买卖合同时，应说服国外出口人免除保兑要求，以免开证时处于被动地位)。

(12) 我国银行一般不开可转让信用证(因为对第二受益人资信难以了解，特别是对于跨地区和国家的转让更难掌握)。但在特殊情况下，如大额合同项下要求多家出口商交货，照顾实际需要可与银行协商开出可转让信用证。另外，我国银行一般也不开列有电报索偿条款(T/T Reimbursement Clause)的信用证。

样单 4.1 为开证申请书示例。

样单 4.1 开证申请书(Application for L/C)

TO: NEW YORK BANK, OSAKA

Beneficiary(full name and address) JIAHE INTER.TRADING CO., 60,NONGJU RD, NANTONG, JIANGSU, CHINA		L/C NO.: ×××××××××××× Ex-Card No.: Contract No.: GDS90882
		Date and place of expiry of the credit MAR. 30, 2001 AT BENEFICIARY'S COUNTRY
Partial shipments ( ) allowed ( ) not allowed	Transshipment ( ) allowed ( ) not allowed	( ) Issue by airmail ( ) With brief advice by teletransmission ( ) Issue by express delivery ( ) Issue by teletransmission(which shall be the operative instrument)
Loading on board/dispatch/taking in charge at/from SHANGHAI PORT Not later than MAR.10, 2001 for transportation to OSAKA, JAPAN		Amount(both in figures and words) USD26,520.00 SAY US DOLLARS TWENTY SIX THOUSAND FIVE HUNDRED AND TWENTY
Description of goods: 100PCT RAYON DISH CLOTH 30SX30S/56X54/45X45CM 2PLY CIF BUSAN CHINA ORIGIN		Credit available with ( ) by sight payment ( ) by acceptance ( ) by negotiation ( ) by deferred payment at against the documents detailed herein ( ) and beneficiary's draft for 100 % of the invoice value at sight on NEW YORK BANK,OSAKA ( ) FOB ( ) CFR ( ) CIF ( ) or other terms
Documents required:(marked with X) (X) Signed Commercial Invoice in 5 copies indicating invoice No., contract No.. (X) Full set of clean on board ocean Bills of Lading made out to order and blank endorsed, marked "freight[ ] to collect /[ ] prepaid[X] showing freight amount" notifying ACCOUNT.		

( ) Air Waybills showing "freight[ ] to collect /[ ] prepaid[ ] indicating freight amount" and consigned to _____.

( ) Memorandum issued by _____ consigned to _____.

(X) Insurance Policy/Certificate in 3 copies for 110 % of the invoice value showing claims payable in China in currency of the draft, blank endorsed, covering([ ] Ocean Marine Transportation /[ ] Air Transportation /[ ] Over Land Transportation) All Risks, War Risks/[ ].

(X) Packing List/Weight Memo in 3 copies indicating quantity/gross and net weights of each package and packing conditions as called for by the L/C.

( ) Certificate of Quantity/Weight in 2 copies issued by an independent surveyor at the loading port, indicating the actual surveyed quantity/weight of shipped goods as well as the packing condition.

(X) Certificate of Quality in 3 copies issued by[ ] manufacturer /[X] public recognized surveyor /[ ]

(X) Beneficiary's certified copy of FAX dispatched to the accountees with 3 days after shipment advising[X] name of vessel /[X] date, quantity, weight and value of shipment.

( ) Beneficiary's Certificate certifying that extra copies of the documents have been dispatched according to the contract terms.

( ) Shipping Co's Certificate attesting that the carrying vessel is chartered or booked by accountee or their shipping agents:

(X) Other documents, if any:

a) Certificate of Origin in 3 copies issued by authorized institution.

b) Certificate of Health in 3 copies issued by authorized institution.

Additional instructions:

(X) All banking charges outside the opening bank are for beneficiary's account.

(X) Documents must be presented with 15 days after the date of issuance of the transport documents but within the validity of this credit.

( ) Third party as shipper is not acceptable. Short Form/Blank Back B/L is not acceptable.

(X) Both quantity and amount 10 % more or less are allowed.

( ) Prepaid freight drawn in excess of L/C amount is acceptable against presentation of original charges voucher issued by Shipping Co./Air line/or it's agent.

( ) All documents to be forwarded in one cover, unless otherwise stated above.

(X) Other terms, if any:

Advising bank: BANK OF CHINA, NANTONG BRANCH

Account No.:

Transacted by:

(Applicant: name, signature of authorized person)

二、开证行开立信用证

开证行根据开证申请书要求开立信用证，并收取开证手续费和保证金/抵押/担保，正本寄交通知行，副本交至进口企业。

(一)信用证的开立方式

信用证开立方式有信开和电开两种。目前在实际业务中经常采用的是电开信用证中的SWIFT 信用证。

1．信开信用证

信开信用证的文本，称为信开本，其英文名称为 Letter of Credit，体现了信用证初创时是采用信函(Letter)方式开立的。一般信开本都有印刷好的信用证格式，开证行根据申请人的指示，在格式中填制各种条款、条件和其他有关内容。信用证开立后以航空挂号或快递邮寄给通知行。

2．电开信用证

电开信用证是指通过电报(Cable)、传真(Telex)或环球银行电讯协会网络系统(SWIFT)开立的信用证，分为简电本和全电本两种。

(1) 简电本(Brief Cable)。简电本是进口商为了使出口商能早些备货，用仅有信用证金额、有效期等主要内容的简单电报预先通知出口商。由于简电本内容简单，不足以作交单议付的依据，因此简电本中都说明"随寄证实书"(Mail confirmation follows)。开证行在发出电报以后，应立即将内容完整的信开本形式的"证实书"寄出。简电本只是作预先通知(pre-advice)之用，证实书才是信用证的有效文本。

(2) 全电本(Full Cable)。由于电传(Telex)的广泛使用，电讯(Telecommunication)费用大大降低，又由于计算机的广泛使用，已不需要手工将信号输入，计算机可直接开证，大大节省了劳动力，因此全电本越来越多，有些银行甚至不用信开本了。由于全电本本身就是一个内容完整的信用证，因此是交单议付的依据。有些银行在电文中注明"有效文本"(Operative Instrument)以明确该全电本的性质。如在电文中注明"随寄证实书"，那么就以邮寄的证实书作为有效文本，交单议付以证实书为依据。由于目前电传的可靠性高，因此对全电本加寄证实书的情况越来越少。

(3) SWIFT 信用证。SWIFT 是"全球银行金融电讯协会"(Society for Worldwide Interbank Financial Telecommunication)的简称，于 1973 年在比利时的布鲁塞尔成立，该组织设有自动化的国际金融电讯网，该协会的成员银行可以通过该电讯网办理信用证业务以及外汇买卖、证券交易、托收等业务。目前，该组织已有 1000 多家成员银行，凡参加 SWIFT 组织的成员银行，均可使用 SWIFT 办理信用证业务。

凡按照国际商会所制定的电讯信用证格式,利用 SWIFT 系统设计的特殊格式(Format),通过 SWIFT 系统传递的信用证的信息(Message),即通过 SWIFT 开立或通知的信用证称为 SWIFT 信用证,也有称为"全银电协信用证"的。

采用 SWIFT 信用证,必须遵守 SWIFT 使用手册的规定,使用 SWIFT 手册规定的代号 (Tag),信用证必须按国际商会制定的《跟单信用证统一惯例》(UCP600)的规定,在信用证中可以省去银行的承诺条款(Undertaking Clause),但不能免去银行所应承担的义务。目前开立 SWIFT 信用证的格式代号为 MT700 和 MT701,如对开出的 SWIFT 信用证进行修改,则采用 MT707 标准格式传递信息。

采用 SWIFT 信用证后,使信用证具有标准化、固定化和统一格式的特性,且传递速度快捷,成本也较低,现在已被西北欧、美洲和亚洲等国家与地区的银行广泛使用。我国银行在电开信用证或收到的信用证电开本中,SWIFT 信用证也已占很大比重。

SWIFT 电文表示方式:SWIFT 由项目组成,项目由两位数字的代号组成,或由两位数字代号加上一个英文大写字母组成。如"44C"作为项目代码的英文全称为"LATEST DATE OF SHIPMENT"(最迟装运期),在实际单证业务中,通过直接查 SWIFT 电文常用项目表,得知该项目的含义。SWIFT 电文的日期表示为 YYMMDD(年月日),如 2013 年 5 月 23 日,表示为 130523。SWIFT 电文中的数字的表示方式,千位以上数字不使用分格号,小数点用逗号","来表示,如:8123286,45。

(二)信用证的内容

1. 信用证样例

先看一份潮州华利陶瓷洁具厂与塞浦路斯的客户所开立并顺利支付的信用证(样单 4.2),"( )"里标明的是该词或该句的中文意思。

样单 4.2　信用证

TO:BANK OF CYPRUS LTD
LETTERS OF CREDIT DEPARTMENT
NTCOSIA COMMERCIAL OPERATIONS CENTER
INTERNATIONAL DIVISION
TEL:******
FAX:******
TELEX: *****& ***** KYPRIA CY
SWIFT:BCYPCY2N
DATE:23 MARCH 2005
APPLICATION FOR THE ISSUANCE OF A LETTER OF CREDIT

样单 4.2(续)

SWIFT MT700 SENT TO(MT700 转送至):

STANDARD CHARTERD BANK

UNIT 1-8 52/F SHUN NIND SQUARE O1 WANG COMMERCIAL CENTRE, SHENNAN ROAD EAST,

SHENZHEN 518008, CHINA

渣打银行深圳分行 深南东路 5002 号信兴广场地王商业大厦 52 楼 1-8 单元

电 话：********

SEQUENCE OF TOTAL(序列号)*27:1/2(电文共 2 页，目前所处第 1 页)

FORM OF DOCUMENTARY CREDIT(跟单信用证性质)*40A: IRREVOCABLE(不可撤销 L/C)

DOCUMENTARY CREDIT NUMBER(信用证号码)*20: 00143-01-0053557

DATE OF ISSUE(开证日)*31C:050523(年月日共 6 位)

DATE AND PLACE OF EXPIRY(信用证到期日和地点)*31: 050622 IN CHINA

APPLICANT(信用证开证申请人)*50: ******* NICOSIA

BENEFICIARY(受益人)*59:

　　　　　CHAOZHOU HUALI CERAMICS FACTORY(潮州华利陶瓷洁具厂)

　　　　　FENGYI INDUSTRIAL DISTRICT, GUXIANG TOWN, CHAOZHOU CITY,

　　　　　GUANGDONG PROVINCE, CHINA

CURRENCY CODE, AMOUNT(信用证项下的币别和金额)*32B: USD***7841.89

AVAILABLE WITH...BY...(信用证的使用范围及信用证的类型。WITH 后指该证应在有效期内交到指定的银行，BY 后接信用证的类型，如即期付款、延期付款、承兑和议付等)*41D: STANDARD CHARTERED BANK，CHINA AND/OR ANY BANK AS BELOW BY NEGOTIATION(渣打银行或以下的任何议付行)

DRAFTS AT(开汇票)*42C: SIGHT(即期)

DRAWEE (付款人)*42A: BCYPCY2NO10 BANK OF CYPRUS LTD 塞浦路斯的 BCYPCY2NO10 银行

PARTIAL SHIPMENTS(是否允许分批)*43: NOT ALLOWED(不允许)

TRANSSHIPMENT(转运)*43T: ALLOWED(允许)

LOADING ON BOARD/DISPATCH/TAKING IN CHARGE AT/FROM.(装船、发运或接受监管的地点)*44A: SHENZHEN PORT

FOR TRANSPORTATION TO(货物发运的最终目的地)*44B: LIMASSOL PORT

LATEST DATE OF SHIPMENT(最后装船期)*44C: 050601

DESCRIPTION OF GOODS AND/OR SERVICES(货物/服务描述)*045A:

SANITARY WARE(陶瓷洁具)FOB SHENZHEN, INCOTERMS 2000

DOCUMENTS REQUIRED(提交哪些单据及具体要求)*046A:

*COMMERCIAL INVOICE FOR USD11,202.70 IN 4 COPIES DULY SIGNED BY THE BENEFICIARY/IES, STATING THAT THE GOODS SHIPPED:

A)ARE OF CHINESE ORIGIN.

B)ARE IN ACCORDANCE WITH BENEFICIARIES PROFORMA INVOICE NO. HL050307 DATED 07/03/05.

*PACKING LIST IN 3 COPIES.

*FULL SET(AT LEAST THREE) ORIGINAL CLEAN SHIPPED ON BOARD BILLS OF LADING ISSUED TO THE ORDER OF BANK OF CYPRUS PUBLIC COMPANY LTD, CYPRUS, NOTIFY PARTIES APPLICANT AND OURSELVES, SHOWING FREIGHT PAYABLE AT DESTINATION AND BEARING THE NUMBER OF THIS CREDIT.

*CERTIFICATE ISSUED BY THE SHIPPING COMPANY/CARRIER OR THEIR AGENT STATING THE B/L NO(S) AND THE VESSEL(S) NAME CERTIFYING THAT THE CARRYING VESSEL(S) IS/ARE:

A) HOLDING A VALID SAFETY MANAGEMENT SYSTEM CERTIFICATE AS PER TERMS OF INTERNATIONAL SAFETY MANAGEMENT CODE AND

B) CLASSIFIED AS PER INSTITUTE CLASSIFICATION CLAUSE DATED 01/01/2001 BY AN APPROPRIATE CLASSIFICATION SOCIETY.

ADDITIONAL CONDITIONS(附加条件)*047A:

* THE NUMBER AND DATE OF THE CREDIT AND THE NAME OF OUR BANK MUST BE QUOTED ON ALL DRAFTS(IF REQUIRED).

*TRANSPORT DOCUMENTS TO BE CLAUSED: "VESSEL IS NOT SCHEDULED TO CALL ON ITS CURRENT VOYAGE AT FAMAGUSTA, KYRENTA OR KARAVOSTASSI, CYPRUS."

*INSURANCE WILL BE COVERED BY THE APPLICANTS.

*ALL DOCUMENTS TO BE ISSUED IN ENGLISH LANGUAGE.

*DISCREPANCY FEES USD80, FOR EACH SET OF DISCREPANT DOCUMENTS PRESENTED UNDER THIS CREDIT,WHETHER ACCEPTED OR NOT, PLUS OUR CHARGES FOR EACH MESSAGE CONCERNING REJECTION AND/OR ACCEPTANCE MUST BE BORNE BY BENEFICIARIES THEMSELVES AND DEDUCTED FROM THE AMOUNT PAYABLE TO THEM.

*TRANSPORT DOCUMENTS BEARING A DATE PRIOR TO THE L/C DATE ARE NOT ACCEPTABLE.

CHARGES*71B: BANK CHARGES OUTSIDE CYPRUS INCLUDING THOSE OF THE REIMBURSING BANK ARE FOR BEN. A/C.

PERIOD FOR PRESENTATION(单据提交期限)*48: DOCUMENTS MUST BE PRESENTED WITHIN 21 DAYS AFTER B/L DATE, BUT WITHIN THE VALIDITY OF THE CREDIT.

CONFIRMATION INSTRUCTIONS(保兑指示)*49: WITHOUT(不保兑)

REIMBURSING BANK(偿付行)*53A: BCYPGB2L BANK OF CYPRUS UK INTERNATIONAL

样单 4.2(续)

> DEPARTMENT, 87/93 CHASE SIDE, SOUTHGATE N14 5BU LONDON, UNITED KINGDOM.
> INSTRUCTIONS TO THE PAY/ACCEP/NEG BANK(议付行)*78: NEGO OF DOCS THRU BANK OF CHINA IS ALLOWED. PLEASE DEDUCT FROM YOUR PAYMENT TO BENEFICIARIES THE AMOUNT OF USD1500.
> SENDER TO RECEIVER INFORMATION(附言)*72: CREDIT IS SUBJECT TO U.C.P. 1993 I.C.C. PUBL. NO. 500.

注：信用证适用的最新版本为UCP600，2006 年修订，2007 年 7 月 1 日正式生效。

2. 信用证内容归纳

分析样单 4.2 中的信用证，可发现，信用证主要包括以下几部分内容。

(1) 信用证本身的说明。包括信用证的类型、编号、开证日、到期日与地点。

(2) 信用证的关系人。包括开证申请人、受益人、开证行、通知行、议付行、付款行和保兑行等。

(3) 信用证的金额。信用证金额的大小写，有时还规定了金额的伸缩度。如

Amount：USD…(金额：……美元)

Amount：USD…Pos./Neg.Tol.(%)(金额：……美元，正负……%)

For an amount not exceeding total of USD …/Up to an aggregate amount of USD…

(总金额不超过……美元)

(4) 汇票条款。主要包括汇票的付款期限、付款人及受款人等。

(5) 货物说明。通常包括货物的名称、品质规格、数量，贸易术语及单价，合同号码及包装要求等。

(6) 装运条款。包括装运期、装运港、目的港及是否允许分批和转船。

(7) 单据条款。这是信用证的核心内容之一，银行付款与否主要由是否达到了"相符交单"规定。信用证规定受益人提交的单据通常有商业发票(Commercial Invoice)、装箱单(Packing List)、提单(Bill of Lading)、保险单(Insurance Policy)、汇票(Draft)、原产地证(Certificate of Origin)、检验证书(Inspection Certificate)、受益人证明书(Beneficiary's Certificate)、装船通知(Shipping Advice)、船公司证明(Shipping Company's Certificate)等。

单据条款，一般都具体说明提交的份数，常见的词组有 in duplicate/triplicate/quadruplicate/quintuplicate/sextuplicate/septuplicate/octuplicate/nonuplicate/decuplicate 一式两份/三份/四份/五份/六份/七份/八份/九份/十份(一式几份也可直接表示为 "in (数字)-folds")。

对单据制作的基本要求，详见第一章相关内容。

(8) 特别条款。主要包括费用，议付与偿付，交单期，不符点费用等。

(三)银行"三查一保"

在进口人申请开证时,银行为减轻自身的风险,通常进行"三查一保"。"三查"是指:审查开证申请书和开证申请人声明,审查开证申请人的资信情况,查验有关进口开证必须提供的有效文件。"一保"是指开证申请人必须向开证行缴纳开证保证金。

1. 审查开证申请书和开证人声明

开证申请书既是开证行开立信用证的根据,又是开证行与开证人之间法律性的书面契约。开证人声明是开证申请人申请开立信用证应承担的义务和责任的书面承诺。开证行收到申请人填制好的开证申请书以后,必须对以上两个内容进行审查。

审核重点是申请书正面的内容,具体包括以下方面。

(1) 申请书的内容有无违反国际惯例的条款。

(2) 申请人、受益人的名称和地址是否齐全。

(3) 申请开证的金额大小写是否齐全、一致。

(4) 货物描述中的单价与数量的乘积与总价是否一致,有无折扣、佣金。

(5) 货物的规格是否齐全,有无附件说明等。

(6) 申请书中的单据条款是否合理,有无前后矛盾之处。

(7) 申请书中的附加条款及其他说明是否合理,有无前后矛盾之处。

(8) 申请书下面的企业公章、法人代表签字(章)和财务专用章等是否齐全。

2. 审查开证申请人的资信情况

开证申请人的资信好坏直接关系到开证银行的利益,因此,开证行要严格审核申请人的资信情况,一般要掌握以下原则。

(1) 如果申请人是首次申请开证,开证银行应严格审核申请人的注册情况、经营状况、财务状况及经济效益,以及申请人是否有进出口经营权。

(2) 如果申请人不是首次申请开证或与开证行有业务往来关系,主要审查以往的业务往来中有无不良记录以及目前的经营状况、财务状况和经济实力等。

3. 审查开证时应提供的有效文件

开证行在接受开证申请书时,应查验申请人同时提供的有效文件,如进口许可证、贸易进口付汇核销单、有关部门的登记文件等。

4. 收取开证保证金

信用证一经开出,开证行就要承担第一性付款的责任,所以,开证行为了保证自身资金的安全和信誉,对不同的开证申请人采取不同的办法,收取不同比例的保证金或抵押品,或第三者出具的担保等，主要是为了防范申请人违约、破产或因为市场行情的变动导致申请人无力付款赎单的风险。

开证行向申请人收取保证金一般有以下几种办法。

(1) 申请人与开证行有业务往来，资信好，或办理了抵押、质押手续的，或有其他金融机构、有实力的公司为其出面担保的，开证银行免收保证金。

(2) 申请人与开证行有业务往来，但账户金额有限，或有过不良记录、信誉欠佳的，或首次申请开证又无担保和抵押品、质押品的，开证银行要收取全额保证金。

(3) 申请人在开证行的账户余额或抵押品或质押品小于开证金额，或担保人不愿全额担保时，开证银行要收取一定比例的保证金。

(四)电开信用证样例

电开(SWIFT)信用证样例参见样单 4.3。

样单 4.3　电开信用证

Issue of a Documentary Credit		BKCHCNBJA08E SESSION: 000 ISN: 000000
		BANK OF CHINA
		LIAONING
		NO. 5 ZHONGSHAN SQUARE
		ZHONGSHAN DISTRICT
		DALIAN
		CHINA
Destination Bank		KOEXKRSEXXX MESSAGE TYPE: 700
		KOREA EXCHANGE BANK
		SEOUL
		178.2 KA, ULCHI RO, CHUNG-KO
Type of Documentary Credit	40A:	IRREVOCABLE
Letter of Credit Number	20:	LC84E0081/2008
Date of Issue	31G:	080816
Date and Place of Expiry	31D:	081015 KOREA
Applicant Bank	51D:	BANK OF CHINA LIAONING BRANCH
Applicant	50:	DALIAN WEIDA TRADING CO., LTD.

Beneficiary	59:	SANGYONG CORPORATION
		CPO BOX 110
		SEOUL
		KOREA
Currency Code, Amount	32B:	USD 1,146,725.04
Available with...by...	41D:	ANY BANK BY NEGOTIATION
Drafts at	42C:	45 DAYS AFTER SIGHT
Drawee	42D:	BANK OF CHINA LIAONING BRANCH
Partial Shipments	43P:	NOT ALLOWED
Transshipment	43T:	NOT ALLOWED
Shipping on Board/Dispatch/Packing in Charge at/ from	44A:	RUSSIAN SEA
Transportation to	44B:	DALIAN PORT, P.R. CHINA
Latest Date of Shipment	44C:	080913
Description of Goods or Services	45A:	

FROZEN YELLOWFIN SOLE WHOLE ROUND(WITH WHITE BELLY) USD770/MT CFR DALIAN

QUANTITY: 200MT

ALASKA PLAICE(WITH YELLOW BELLY) USD600/MT CFR DALIAN

QUANTITY: 300MT

Documents Required 46A:

1. SIGNED COMMERCIAL INVOICE IN 5 COPIES.

2. FULL SET OF CLEAN ON BOARD OCEAN BILLS OF LADING MADE OUT TO ORDER AND BLANK ENDORSED, MARKED "FREIGHT PREPAID" NOTIFYING LIAONING OCEAN FISHING CO., LTD. TEL:(86)411-3680288

3. PACKING LIST/WEIGHT MEMO IN 4 COPIES INDICATING QUANTITY/GROSS AND NET WEIGHTS OF EACH PACKAGE AND PACKING CONDITIONS AS CALLED FOR BY THE L/C.

4. CERTIFICATE OF QUALITY IN 3 COPIES ISSUED BY PUBLIC RECOGNIZED SURVEYOR.

5. BENEFICIARY'S CERTIFIED COPY OF FAX DISPATCHED TO THE ACCOUNTEE WITH 3 DAYS AFTER SHIPMENT ADVISING NAME OF VESSEL, DATE, QUANTITY, WEIGHT, VALUE OF SHIPMENT, L/C NUMBER AND CONTRACT NUMBER.

6. CERTIFICATE OF ORIGIN IN 3 COPIES ISSUED BY AUTHORIZED INSTITUTION.

7. CERTIFICATE OF HEALTH IN 3 COPIES ISSUED BY AUTHORIZED INSTITUTION.

Additional Instructions 47A:

1. CHARTER PARTY B/L AND THIRD PARTY DOCUMENTS ARE ACCEPTABLE.

2. SHIPMENT PRIOR TO L/C ISSUING DATE IS ACCEPTABLE.

3. BOTH QUANTITY AND AMOUNT 10 PERCENT MORE OR LESS ARE ALLOWED.

Charges	71B:	ALL BANKING CHARGES OUTSIDE THE OPENNING BANK ARE FOR BENEFICIARY'S ACCOUNT.
Period for Presentation	48:	DOCUMENTS MUST BE PRESENTED WITHIN 15 DAYS AFTER THE DATE OF ISSUANCE OF THE TRANSPORT DOCUMENTS BUT WITHIN THE VALIDITY OF THE CREDIT.
Confimation Instructions	49:	WITHOUT

Instructions to the Paying/Accepting/Negotiating Bank 78:

1. ALL DOCUMENTS TO BE FORWARDED IN ONE COVER, UNLESS OTHERWISE STATED ABOVE.

2. DISCREPANT DOCUMENT FEE OF USD 50.00 OR EQUAL CURRENCY WILL BE DEDUCTED FROM DRAWING IF DOCUMENTS WITH DISCREPANCIES ARE ACCEPTED.

"Advising Through" Bank	57A:	KOEXKRSEXXX MESSAGE TYPE: 700 KOREA EXCHANGE BANK SEOUL 178.2 KA, ULCHI RO, CHUNG-KO

********other wordings between banks are omitted********

第二节 信用证的审核与修改

一、审核信用证的必要性

在国际贸易实务中，出口方及银行对信用证仔细而认真地审核非常必要。受益人能否认真审核和处理信用证，直接影响到处理信用证项下单证的主动权，是出口合同能否顺利履行和收汇是否安全的重要保证。如果信用证条款与合同规定不一致，而受益人又没有提出修改意见，就等于接受了信用证条款。因此只有认真审核信用证，才能及早发现信用证中存在的问题。

审证是出口企业的责任，但国内通常由通知行和出口企业共同进行。

1．出口企业审核

出口企业审证从两方面进行：一是以货物买卖合同为依据，将信用证条款与合同条款逐项逐句进行对照，审核信用证内容与买卖合同条款是否一致；二是审核信用证中的条款是否"软条款"，是否可行、可接受。

2．银行审核

银行审查信用证的真实性，对开证行的名称、地址和资信情况与银行年鉴进行比较分析，发现疑点，立即向开证行或代理行查询，以确保来证的真实性、合法性和开证行的可靠性，它的审核与买卖合同无关。如我国的中国银行常常为通知行，它有责任谨慎地核验所通知的信用证的表面真实性，往往要掌握开证银行的签字样本，运用"环球银行金融电讯协会电讯系统"(SWIFT)确定信用证真伪。

二、信用证审核的范围

审核信用证时，主要依据合同、UCP600、ISBP 及其他相关的惯例和法规。审核的内容包括如下方面。

(一)开证行的资质和国家风险

渠道：通过通知行调查。

如调查发现有疑义，可要求信誉好的银行加具保兑或确认偿付行偿付或要求加列 T/T 索偿条款或要求对方交押金等。

(二)信用证的类型

(1) 若合同已规定为保兑信用证，应检查信用证上是否注明"Confirmed"（已保兑），并须有保兑行行名及保兑行明确的保兑条款或声明及签章。如：

"Confirmed

Confirmed BANK：× × ×

We confirmed the credit and thereby undertake that all draft…"

以上三项如有缺少，应申请改正。

(2) 若合同规定为可转让信用证，须注明：

① "Transferable"。

② 如为自由议付信用证，还要注明特别授权的转让行的名称。

(3) 若合同规定为循环信用证，须注明：

① "Revolving"字样。

② L/C 循环的恢复条件。

③ 相应的功能条款。

若上述内容不完整，受益人有权要求改证。

(三)信用证当事人

若开证申请人或受益人公司名称或地址与合同不符，将会给今后的收汇带来不便。受益人注册地与实际办公场所不一致时，应以实际办公场所为受益人地址，以确保通知行通知及时送达和方便交单。

UCP600 第十四条 j 款规定："当受益人和申请人的地址出现在任何规定的单据中时，无须与信用证或其他规定单据中所载相同，但必须与信用证中规定的相应地址同在一国。联络细节(传真、电话、电子邮件及类似细节)作为受益人和申请人地址的一部分时将被不予理会。然而，如果申请人的地址和联络细节为第十九、二十、二十一、二十二、二十三、二十四或二十五条规定的运输单据上的收货人或通知方细节的一部分时，应与信用证规定的相同。"

(四)信用证中时间的合理性

1. 审核信用证的付款时间是否与有关合同规定相一致

(1) 信用证中规定有关款项须在向银行交单后若干天内或见票后若干天内付款等情况。对此，应检查此类付款时间是否符合合同规定。

(2) 是否将开证行或指定银行作为汇票的付款人，不应以开证申请人作为汇票付款人。

(3) 到期地点(Expiry Place)。到期地点是指开证行或其指定银行向受益人付款、承兑或议付的地点，一般在受益人所在地。如果信用证在国外到期，有关单据必须寄送国外，由于我们无法掌握单据到达国外银行所需的时间且容易延误或丢失，有一定的风险，通常我们要求修改为在国内交单付款。在来不及修改的情况下，必须提前一个邮程(邮程的长短应根据地区远近而定)以最快方式寄送。

2. 审核装运期的有关规定是否符合要求

(1) 确保在信用证规定的装期内备妥有关货物并按期出运。如装期太近，无法按期装运，应及时与客户联系修改，要求延期，同时注明信用证的有效期和交单期相应顺延。

(2) 出口方如考虑到仓储费用或商品保质期等原因，而信用证又规定不能提前装运时，也可要求改证，将装期提前。

(3) 实际装期与规定的交单期相距时间不能太短。

(4) 信用证中若规定了分批出运的时间和数量，出口方若办不到，应修改；否则，任何一批未按期出运，以后各期即告失效。

(5) 如信用证中无装运期，则理解成装运期和信用证的有效期是同一天，即通常所称的"双到期"。在实际业务操作中，应将实际装期提前一定的时间(一般在效期前 10 天)，以便有合理的时间来制单结汇。如不能确保在该"双到期"日之前完成备货装运、制单、交单，则应要求改证，同时展延该两期和交单期。

3. 审核能否在信用证规定的交单期交单

信用证必须规定一个交单的截止日(Expiry Date for Presentation)。规定的承付或议付的截止日将被视为交单的截止日。可在其处兑用信用证的银行所在地即为交单地点(Place for Presentation)。可在任一银行兑用的信用证其交单地点为任一银行所在地。除规定的交单地点外，开证行所在地也是交单地点。

交单期通常按下列原则处理。

(1) 信用证有规定的，应按信用证规定的交单期向银行交单。

(2) 信用证没有规定的，向银行交单的日期不得迟于装运日期后 21 个公历日，但无论如何不得迟于信用证的有效期。

4. 信用证的有效期

通常有效期(Expiry Date)是信用证"三期"(装运期、交单期和有效期)中最晚的日期；当与最迟装运期为同一天时，称为"双到期"；有时，有效期也可以与最迟交单期为同一天。

未规定有效期的信用证无效。我国的出口业务，一般要求有效期至少在装运期后 15 天。

UCP600 第四条规定：

除非要求在单据中使用，否则诸如"迅速地"、"立刻地"或"尽快地"等词语将被不予理会。

"在或大概在"(on or about)或类似用语将被视为规定事件发生在指定日期的前后五个公历日之间，起讫日期计算在内。"至"(to)、"直至"(until、till)、"从……开始"(from)及"在……之间"(between)等词用于确定发运日期时包含提及的日期，使用"在……之前"(before)及"在……之后"(after)时则不包含提及的日期。"从……开始"(from)及"在……之后"(after)等词用于确定到期日期时不包含提及的日期。

"前半月"及"后半月"分别指一个月的第一日到第十五日及第十六日到该月的最后一日，起讫日期计算在内。

一个月的"开始"(beginning)、"中间"(middle)及"末尾"(end)分别指第一日到第十日、第十一日到第二十日及第二十一日到该月的最后一日，起讫日期计算在内。

UCP600 第二十九条规定：

截止日或最迟交单日的顺延：

a. 如果信用证的截止日或最迟交单日适逢接受交单的银行非因第三十六条所述原因(编者注："所述原因"指不可抗力)而歇业，则截止日或最迟交单日，视何者适用，将顺延至其重新开业的第一个银行工作日。

b. 如果在顺延后的第一个银行工作日交单，指定银行必须在其致开证行或保兑行的电函中声明交单是在根据第二十九条 a 款顺延的期限内提交的。

c. 最迟发运日不因第二十九条 a 款规定的原因而顺延。

(五)信用证的金额、币制是否符合合同规定

(1) 信用证金额与币制是否正确。

(2) 信用证中的单价与总值要准确，大小写内容要一致。

(3) 如数量上可以有一定幅度的伸缩，那么，信用证也相应规定在支付金额时允许有一定幅度的伸缩。

(4) 如果在金额前使用了"大约"一词，其意思是允许金额有 10%的伸缩。

(六)装运条款

(1) 部分支款或部分发运(Partial Shipments or Drawings)规定与合同规定是否相符。

除信用证另有规定外，货物是允许分批付运、分批支款的。

UCP600 第三十一条规定：

a. 允许部分支款或部分发运。

b. 表明使用同一运输工具并经由同次航程运输的数套运输单据在同一次提交时，只要显示相同目的地，将不视为部分发运，即使运输单据上表明的发运日期不同或装货港、接管地或发运地点不同。如果交单由数套运输单据构成，其中最晚的一个发运日将被视为发运日。

含有一套或数套运输单据的交单，如果表明在同一种运输方式下经由数件运输工具运输，即使运输工具在同一天出发运往同一目的地，仍将被视为部分发运。

(2) 分期支款或分期发运(Installment Drawings or Shipments)。

UCP600 第三十二条规定："如信用证规定在指定的时间段内分期支款或分期发运，任何一期未按信用证规定期限支取或发运时，信用证对该期及以后各期均告失效。"

(3) 转运规定与合同规定是否相符。

① 对禁止转运的信用证，银行将不接受转运提单，如出口方不能确保取得直达提单，应改证为"允许转运"。

② 来证如规定转船港口、转运船只等事项时，如造成受益人费用大量增加或其他麻烦，可要求对此规定做更改。

UCP600 第二十条规定：

a. 提单可以表明货物将要或可能被转运(will or may be transhipped)，只要全程运输由同一提单涵盖。

b. 即使信用证禁止转运，注明将要或可能发生转运的提单仍可接受，只要其表明货物由集装箱、拖车或子船运输。

c. 提单中声明承运人保留转运权利的条款将被不予理会。

(4) 装运港口和目的地港口与合同规定或成交条件是否相符。

① 起运港应与合同一致。也可以是笼统的范围，如"Chinese Ports"、"Asian Ports"等(但不能是内陆城市)，这时只需按合同或确定的港口装货即可，不必改证。

② 目的港应与合同一致。也可以是笼统的范围，如"EMP"(European Main Port)，这时只需按合同或买方通知的港口发货即可，不必改证。

(5) 装运期限与合同规定是否相符。

买卖合同中的装运期通常有某月份装运、跨月装运、某个日期之前装运等，也有采用收到信用证后若干天装运的。信用证的装运期一般应规定为与合同规定相符合的最迟某月某日。来证若没有规定装运期，根据惯例，可理解为双到期，即装运期与信用证有效期相同。

(七)货物相应的条款内容

(1) 证中援引的合同号码与日期是否与合同相符。

(2) 货物品名规格、数量、包装、单价、贸易术语与合同是否相符。

如果合同中有关于数量、金额有溢短装规定，则信用证应该列明相应规定。

另外，UCP600 第三十条规定：

a. "约"或"大约"用于信用证金额或信用证规定的数量或单价时，应解释为允许有关金额或数量或单价有不超过 10%的增减幅度。

b. 在信用证未以包装单位件数或货物自身件数的方式规定货物数量时，货物数量允许有 5%的增减幅度，只要总支取金额不超过信用证金额。

c. 如果信用证规定了货物数量，而该数量已全部发运，及如果信用证规定了单价，而该单价又未降低，或当第三十条 b 款不适用时，则即使不允许部分装运，也允许支取的金额有 5%的减幅。若信用证规定有特定的增减幅度或使用第三十条 a 款提到的用语限定数量，则该减幅不适用。

(八)单据条款

1. 审核所要求单据的本身是否存在问题

主要审核单据的种类、出单机构是否存在问题，例如：发票种类不当，要求提交的是形式发票或临时发票；商业发票要求领事签证；漏列必须提交的单据(如 CIF 成交条件下的保险单)；产地证明出具机构有误(国外机构或无授权机构)；保险单据种类不对；提交的检验证书种类与实际不符等。

UCP600 规定：用诸如"第一流的"、"著名的"、"合格的"、"独立的"、"正式的"、"有资格的"或"本地的"等词语描述单据的出单人时，允许除受益人之外的任何人出具该单据。……如果信用证要求提交运输单据、保险单据或者商业发票之外的单据，却未规定出单人或其数据内容，则只要提交的单据内容看似满足所要求单据的功能，且其他方面符合第十四条 d 款，银行将接受该单据。……提交的非信用证所要求的单据将被不予理会，并可被退还给交单人。……如果信用证含有一项条件，但未规定用以表明该条件得到满足的单据，银行将视为未作规定并不予理会。

2. 审核所要求单据的内容是否存在问题

主要审核所要求单据的内容是否与合同规定相符，是否与相关法规、惯例相符，前后是否矛盾等。如保险险别范围与合同规定不一致；投保金额未按合同规定；提单收货人一栏的填制要求不当；提单运费条款规定与成交条件矛盾，例如 FOB 术语时要求注明"FREIGHT PREPAID"，而 CFR、CIF 术语时要求注明"FREIGHT COLLECT"；提单抬头和背书要求有矛盾；保险单投保的险别与保险条款相矛盾，例如由中国人民保险公司承保，依据的条款却是 ICC(A)，等等。

3. 审核所要求的单据在实际操作中可否执行

如在可转让信用证和背对背信用证中经常遇到一个条款："除发票外其他任何单据均不允许出现发票号码"，当信用证要求提供普惠制产地证时就会遇到问题，因为根据相关惯例，普惠制产地证必须注明发票号码。

如国外开来的信用证规定，要求投保伦敦协会的保险和中国人民保险公司的保险条款，根据信用证要求投保伦敦协会的一切险(All Risks)和中国人民保险公司的战争险(War Risk)，虽然这两种险别可以同时投保，但根据中国人民保险公司的规定，不能同时投保中外两个保险机构，只能取其一。因此，中方出口商应及时联系客户，删除其中一个机构，然后再投保。

如信用证规定，要求受益人提供"由商检局出具品质、数量和价格检验证明"，根据中国商品检验局的规定，商检局只能出具品质和数量的检验证明，但不能出具价格的检验证明。因此，非卖方所能获得，应及时要求买方通过银行修改，取消有关价格检验的词句。

又如信用证规定要求提交"一份由商检部门出具的检验证书，并同时提交一份受益人证明以证明正本商检证已直接寄给开证申请人"。我国商检部门往往只出具一份正本商检证，这就使受益人很为难：若向银行提示正本商检证，则给申请人只能寄副本，这与信用证要求不符；若将正本寄给申请人则无法在信用证项下提交正本，同样会结不了汇；若寄商检证的副本，提交正本商检证和符合信用证要求的受益人证明则形成对开证行和开证申请人的欺诈。因此，碰到此类情形，必须联系进口方修改信用证。

4.审核单据的份数

UCP600 第十七条规定：

a. 信用证规定的每一种单据须至少提交一份正本。

b. 银行应将任何带有看似出单人的原始签名、标记、印戳或标签的单据视为正本单据，除非单据本身表明其非正本。

c. 除非单据本身另有说明，在以下情况下，银行也将其视为正本单据：i. 单据看似由出单人手写、打字、穿孔或盖章；ii. 单据看似使用出单人的原始信纸出具；iii.单据声明其为正本单据，除非该声明看似不适用于提交的单据。

d. 如果信用证使用诸如"一式两份"(in duplicate)、"两份"(in two fold)、"两套"(in two copies)等用语要求提交多份单据，则提交至少一份正本，其余使用副本即可满足要求，除非单据本身另有说明。

(九)信用证的付款保证是否有效

有下列情况之一的，不是一项有效的付款保证或该项保证是有缺陷的。

(1) 信用证明确表明是可以撤销的。此信用证由于无须通知受益人或未经受益人同意可以随时撤销或变更，对受益人没有付款保证，故一般不予接受。而 UCP600 明确规定信用证是"不可撤销的"，即使未如此表明。

(2) 应该保兑的信用证未按要求由有关银行进行保兑。

(3) 信用证未生效。

(4) 有条件的生效的信用证，如"待获得进口许可证后才能生效"。

(5) 信用证密押不符。

(6) 信用证简电或预先通知。

(7) 由开证人直接寄送的信用证。

(8) 由开证人提供的开立信用证申请书。

(十)信用证中有无软条款

软条款又称陷阱条款，它是指信用证中加入一些特殊条款，使受益人无法控制其执行情况。它赋予开证行或申请人单方面的主动权，使得信用证项下的付款责任可随时因开证行或申请人的单方面行为而解除，从而变相地成为可撤销信用证或银行付款责任不明确的信用证。如：

(1) "1/3 正本提单直接寄送客人的条款"(1/3 original clean shipped on board marine bill of lading issued to order and endorsed in blank, marked "freight prepaid" and notify the applicant.) 由于正本提单本身具有"物权凭证"性质，如果接受此条款，出口方将随时面临货、款两空的危险。

(2) "装运只有在收到本证修改书，指定运输船名和装运日期时，才能实施。"(Shipment can only be effected upon receipt of an amendment of this credit advising name of carrying vessel/and shipment date.)接受此条款，受益人正常处理信用证业务的主动权很大程度上掌握在对方手里，影响安全收汇。故出口方通过审证一旦发现有"软条款"，应立即以最快的通信方式与买方协商，要求改证，对"软条款"不予接受。

(十一)有关信用证是否受 UCP600 的约束

信用证中应该有"本证依据 UCP600 开立"(This credit is subject to UCP600)等类似字样，有了该约束，可使我们对于信用证的有关规定有一个公认的解释和理解，避免产生争议。如果开立的是 SWIFT 信用证，则默认为受 UCP600 约束，可不必在证中注明该字样。

三、信用证的修改

信用证的修改(Amendment to Credit)，是指对已开立的信用证中的某些条款进行修改的行为。修改信用证可由开证申请人提出，也可由受益人提出。但修改申请只能由开证申请人提出。如由开证申请人提出修改，经开证银行同意后，由开证银行发出修改通知书，通过原通知行转告受益人，经各方接受修改书后，修改方为有效；如由受益人提出修改要求，则应首先撰写改证函征得开证申请人同意，再由开证申请人按上述程序办理修改。

(一)修改流程

1. 申请修改

开证申请人以书面形式向开证行提出修证申请，如果涉及货物、单价、数量、金额、受益人等与合同条款有关的变更，还须提供合同的副本，合同也须重新签署。

2. 履行修改

开证行审核并接受修改申请后，按修改申请作出相应修改并向原通知行发出修改通知。

3. 通知修改

原通知行验明修改通知书的表面真实性后及时转交受益人。

信用证修改通知书参见样单 4.4。

信用证修改通知书

通知行编号＿＿＿＿＿＿＿＿

致＿＿＿＿＿＿＿＿公司

　(受益人)

　兹收到＿＿＿＿＿＿＿＿＿＿＿银行＿＿＿＿年＿＿月＿＿日

电文一件，内容如下：

　兹对＿＿＿＿＿＿＿＿＿＿＿＿银行＿＿＿＿＿＿＿＿＿号不可撤销跟单

信用证作如下修改：

　总金额增加 USD＿＿＿＿＿＿＿＿＿　(大写＿＿＿＿＿＿＿＿＿＿＿＿＿＿＿＿)

　最迟装船日期至＿＿＿＿＿年＿＿月＿＿日

　议付最迟日期至＿＿＿＿＿年＿＿月＿＿日

　其余条款维持不变

　此修改生效。

　请书面回复可否接受此修改。

通知行名称　＿＿＿＿＿＿＿＿＿＿＿

地址＿＿＿＿＿＿＿＿＿＿＿＿＿＿＿

签章＿＿＿＿＿＿＿＿＿＿＿＿＿＿＿

4. 修改生效

受益人如未在合适的期限内表示异议，则表示接受。

(二)UCP600 第十条的规定

第十条　修改

a. 除第三十八条另有规定者外，未经开证行、保兑行(如有的话)及受益人同意，信用证既不得修改，也不得撤销。

b. 开证行自发出修改之时起，即不可撤销地受其约束。保兑行可将其保兑扩展至修改，并自通知该修改时，即不可撤销地受其约束。但是，保兑行可以选择将修改通知受益人而不对其加具保兑。若然如此，其必须毫不延误地将此告知开证行，并在其给受益人的通知中告知受益人。

c. 在受益人告知通知修改的银行其接受该修改之前，原信用证(或含有先前被接受的修改的信用证)的条款对受益人仍然有效。受益人应提供接受或拒绝修改的通知。如果受益人未能给予通知，当交单与信用证以及尚未表示接受的修改的要求一致时，即视为受益人已作出接受修改的通知，并且从此时起，该信用证被修改。

d. 通知修改的银行应将任何接受或拒绝的通知转告发出修改的银行。

e. 对同一修改的内容不允许部分接受，部分接受将被视为拒绝修改的通知。

f. 修改中关于除非受益人在某一时间内拒绝修改否则修改生效的规定应不予理会。

(三)改证函

(1)　确认收到信用证，同时指出其中不符点。

(2)　详述不符点的内容并作出明确修改。

(3)　要求尽快修改。

改证函如：

Dear sirs,

Thank you for your L/C No. 1234. After checking the L/C, we have found the following discrepancies:

(1)　"3000 sets" should be "300 sets".

(2)　Delete/Add the clause "Partial shipments and transshipments prohibited".

(3)　Delete the word "not" in the clause "Partial shipments are not allowed".

We look forward to your early L/C amendments.

Yours truly

×××

【案例分析】

根据合同样本(样单 2.1)，审核下列信用证(样单 4.5)存在的问题，并向开证申请人草拟一份修改函。

样单 4.5　信用证通知

信用证通知

BANQUE INDOSUEZ

东 方 汇 理 银 行

SHANGHAI BRANCH P.R.C.　　　　　　　　　DATE : 2008/04/20

BENEFICIARY　　　　　　　　　　　　　**L/C NO.**

SHANGHAI JIEYI INDUSTRIAL TRADING COMPANY　　HSN-JYLC05

906 PUBEI ROAD, SHANGHAI 200233, CHINA　　**DATE OF ISSUANCE**

TEL: 64759723 FAX: 0086 21 64759800　　　　APRIL 14TH 2003

ISSUING BANK　　　　　　　　　　　　**AMOUNT**

CREDIT AGRICOLE INDOSUEZ SANA'A　　　　USD79, 569.20

　　　　　　　　　　　　　　　　　　　OUR REFERENCE

　　　　　　　　　　　　　　　　　　　NO.SHG2891622

Dear sirs,

At the request of the above issuing bank and without any responsibility on our part, we enclose herewith the following(marked(X)):

(X)an authenticated cable advice of the above credit.

( ) an authenticated cable advice of amendment No. _____ dated _____ to the above credit.

( ) an authenticated airmail advice of the above credit.

( ) an authenticated airmail advice of amendment No. _____ dated _____ to the above credit.

( ) This credit/ amendment bears our confirmation.

( ) Please let us have your consent to this amendment.

( ) This credit appears to have been authenticated by and transmitted to us from Bank of China, Shanghai. As we are unable to verify the authenticity of their pre-printed chop, we would like to draw your attention that we are not responsible for ultimate authenticity of this credit.

( )Kindly note that this letter is solely an advice and does not constitute any engagements on our part unless this credit bears our confirmation. This letter and the attached must accompany the documents at time of presentation. In case the message has been advised by cable, we assume no responsibility for any error and/or omission in the transmission and/or translation of the cable and reserve the right to make any such corrections or amendments as may be necessary upon receipt of the relative cable confirmation. Please acknowledge receipt by signing and returning to us the attached copy of this letter.

(X)Upon presentation of your documents to us, we will deduct USD 39.78 being our advising/confirmation/amendment commission and related charges.

( ) We have debited your account for _____ being our advising/confirmation/amendment commission and related charges.

Yours faithfully, JANNEY W. GRENEALED

for BANQUE INDOSUEZ

ROOM 2003-2004, 2008-2010, 20TH FLOOR UNION BUILDING, 100 YAN AN DONG LU, 200002 SHANGHAI, P. R. C.

TEL: 86 21 63292228, 63293279 FAX: 86 21 63219002, 63292911 TELEX: 33130 INSU CN(INCORPORATED IN FRANCE WITH LIMITED LIABILITY, GOVERNED BY A BOARD OF MANAGEMENT AND A SUPERVISORY BOARD)

2110 18:55

63130 INSU CN

2413 INDOBK YE

ZCZCMSG 11/5501 L/C HSN-JYLC05

TO: CREDIT AGRICOLE INDOSUEZ SHANGHAI

FM: CREDIT AGRICOLE INDOSUEZ SANAA

TEST: DT: APRIL 14TH 2003

-WE OPEN OUR IRREVOCABLE LETTER OF CREDIT NUMBER HSN-JYLC05

-AMOUNT : USD 79,569.20 CIFC5 HODEIDAH PORT

(U.S. DOLLAR SEVENTY NINE THOUSAND FIVE HUNDRED SIX NINE AND CENTS TWENTY ONLY)

-BY ORDER OF : HASSAN AL KAMAR FOR GENERAL TRADING

          P.O. BOX 20242 TAIZ STREET SANA'A, REPUBLIC OF YEMEN

-IN FAVOUR OF : SHANGHAI JIEYI INDUSTRIAL TRADING COMPANY

         906 PUBEI ROAD SHANGHAI 200233, CHINA

         TEL: 64759723 FAX: 0086 21 64759800

-LATEST DATE OF SHIPMENT : MAY 31ST 2003

-LATEST DATE NEGOTIATION: JUNE 15TH 2003(AT OUR COUNTERS)

COVERING

TENDER BRAND BABY BLANKET

ART. SY001, ART. BS007, ART. WP101 & ART. AF022

AS PER APPLICANTS ORDER DATED MARCH 27TH 2003 AND S/C NO. HSN-JYSC05

-PARTIAL SHIPMENTS : NOT ALLOWED

-TRANSSHIPMENT : NOT ALLOWED

THIS DOCUMENTARY CREDIT IS AVAILABLE FOR ACCEPTANCE AGAINST PRESENTATION OF THE FOLLOWING DOCUMENTS AT LEAST IN DUPLICATE UNLESS OTHERWISE SPECIFIED:

1. DRAFT AT 30 DAYS FROM B/L DATE IN DUPLICATE DRAWN ON CREDIT AGRICOLE INDO SUEZ SANA'A Y.R. BEARING THE CLAUSE: DRAWN UNDER OUR L/C NO. HSN-JYLC05.

2. SIGNED COMMERCIAL INVOICE IN 5 COPIES ORIGINAL OF WHICH MUST BE CERTIFIED BY THE CCPIT.

3. CERTIFICATE OF ORGIN(ORIGINAL OF WHICH MUST BE CERTIFIED BY THE CCPIT) STATING THE NAME OF THE MANUFACTURERS/PRODUCERS AND SHIPPER CONFIRMING THAT THE GOODS RELEVANT TO THIS LC ARE SOLELY OF CHINESE ORIGIN.

4. FULL SET OF "CLEAN" SHIPPED ON BOARD MARINE BILL OF LADING STAMPED "LINER TERMS" ISSUED TO THE ORDER AND ENDORSED IN FAVOUR OF CREDIT AGRICOLE INDOSUEZ SANAA MARKED "FREIGHT PREPAID" AND NOTIFY OPENERS EVIDENCING SHIPMENT FROM ANY CHINESE PORT TO HODEIDAH PORT.

5. SHIPPING COMPANY'S CERTIFICATE IN TRIPLICATE ISSUED BY THE SHIPPING CO. OR THEIR AGENTS CERTIFYING THAT THE VESSEL IS A FULLY CLASSIFIED REGULAR LINER VESSEL UNDER 15 OPERATING YEARS OF AGE AND IS NOT OWNED BY ANY ISRAELI NATIONAL OR RESIDENT AND WILL NOT CALL AT OR PASS THROUGH ANY ISREALI PORT IN ROUTE TO YEMEN REPUBLIC.

6. PACKING LIST IN 3 COPIES .

7. INSURANCE POLICY/CERTIFICATE MADE OUT FOR INVOICE VALUE PLUS 110% AND COVERING ALL RISKS AND WAR RISK AS PER I.C.C. DATED 1/1/1980.

8. INSPECTION IS TO BE EFFECTED BEFORE SHIPMENT AND RELEVANT CERTIFICATES ARE REQUIRED FROM THE INSPECTING AGENCY OR INSPECTOR DESIGNATED BY THE OPENER.

SPECIAL CONDITIONS

1. ALL BANK CHARGES OUTSIDE YEMEN REPUBLIC ARE FOR THE ACCT OF BENEFICIARY INCLUDING REIMBURSING BANKS COMMISSION USD 40.00.

2. NEGOTIATION UNDER THIS LC IS RESTRICTED TO: YOURSELVES

3. DISCOUNT/INTEREST IF ANY PRIOR TO REIMBURSEMENT BY US FOR A/C OF BENEFICIARIES.

4. ALL DOCUMENTS MUST BE MADE OUT IN ENGLISH LANGUAGE AND MUST INDICATE OUR L/C NO. HSN-JYLC05.

5. BILL OF LADING MUST INDICATE NAME AND ADDRESS OF THE CARRYING VESSEL'S AGENT AT THE PORT OF HODEIDAH.

6. GOODS TO BE PACKED 20 PCS IN CARTON AND ONE PC IN PLASTIC COLORED BAG INVOICE TO SO EVIDENCE.

7. SHIPPING MARKS: H.S. AL KAMAR/ SANA'A/TEL 245757/C/NO 1-UP

GENERAL INSTRUCTIONS

- THE NEGOTIATING BANK MUST FORWARD THE DOCUMENTS TO US IN TWO SETS(ORIGINAL BY DHL COURIER SERVICE AND DUPLICATE BY REGISTERED AIRMAIL) CHARGES OF WHICH ARE FOR ACCT OF BENEFICIARY.

- IN RESPECT OF ANY NEGOTIATION THE NEGOTIATING BANK MUST CONFIRM BY TLX THAT THE DOCUMENTS COMPLY WITH THE LC TERMS AND CONDITIONS AND INDICATE VALUE AND DATE DOCUMENTS DISPATCHED.

- IN CASE OF ANY DISCREPANCY THE NEGOTIATING BANK MUST INFORM US BY A TESTED TELEX AND FORWARD THE DOCUMENTS TO US ONLY ON COLLECTION BASIS.

- IN REIMBURSEMENT PROVIDED DOCUMENTS PRESENTED FULLY COMPLY WITH L/C TERMS YOU MAY CLAIM FROM B.T.C. NEW YORK AT MATURITY.

- WE HEREBY ENGAGE WITH DRAWERS AND/OR THE BONAFIDE HOLDERS THAT DRAFT(S) DRAWN AND NEGOTIATIED IN CONFORMITY WITH THE TERMS OF THIS CREDIT WILL BE DULY HONOURED ON MATURITY.

- THIS TELEX IS THE OPERATIVE CREDIT INSTRUMENT AND NO MAIL CONFIRMATION WILL FOLLOW.

REGARDS

This Cable/telex copy, authenticated by us is recorded under our reference

BANQUE INDOSUEZ SANAA

AKS   No. 2891622

NNN   for BANQUE INDOSUEZ Shanghai branch P.R.C.

33130 INSU CN

2413 INDOBK YE

MMMM

接收完毕，电文名： DOC 394 RA

经过受益人对信用证的审核，发现主要有以下几点与合同条款有差别，应考虑是否要求修改。

(1) 信用证现定有效期为 2003 年 6 月 15 日，并注明在进口国到期，与合同规定不符。

(2) 信用证中要求提单注明班轮条件等内容，是否可接受应考虑。

(3) 信用证中要求运输公司的证明条件是否合理。

(4) 包装条款中添加了每件装入一个彩色塑料袋里，发票上要给予证明，是否过分。

(5) 其他。受益人对信用证审核后，对所有的需要修改的内容，按改证函的要求，及时向开证申请人发送改证函。

(四)信用证修改通知书

不可撤销信用证开出后，对其中条款的修改，关系到各有关当事人的权利和义务的改变，所以，在信用证有效期内，任何一方的任何修改，都必须经买卖双方协商一致同意后，由申请人通过开证行办理修改。开证行可依据申请人提交的信用证修改申请书受理该笔业务。具体手续如下。

1．申请人提交信用证修改申请书

信用证修改申请书必须由原信用证的申请人填写，并提交到原开证行办理修改业务。信用证修改申请书的主要内容如下。

(1) 信用证修改申请书提交的日期。

(2) 所需修改的原信用证编号。

(3) 修改的内容，一般先列出原信用证的有关条款，再写出相应的修改条款。例如，

原证：最晚装运期为 2013 年 3 月 15 日。

修改为：最晚装运期为 2013 年 4 月 15 日。

2．开证行审查并受理

原开证行接到原信用证申请人的信用证修改申请书后，必须按照申请书所列信用证编号，调出原信用证副本对照审核，审核的主要内容如下。

(1) 信用证修改申请书中的编号是否正确。

(2) 所要求修改的条款内容是否符合国际惯例和本国法律。

(3) 所要求修改的条款对开证行有无不利之处。

(4) 所要求修改的条款之间有无相互矛盾之处，与原信用证其他条款有无相互矛盾之处，如有应提醒申请人同时作相应的修改，使修改后的信用证各条款相互吻合，前后协调。

(5) 如果提出增加信用证总金额，则要增收保证金。

开证行审核无误后，根据修改申请书的要求，按原信用证的传递路线向各有关当事人

发出信用证修改通知书(Notification of Amendment to Documentary Credit)(见样单 4.6)。开证行应收取修改手续费，如修改手续费由受益人支付，应在修改通知书中列明，待单到付款时一并扣除。

3. 受益人审核信用证修改通知书

当开证行将信用证修改通知书通过通知行递交给受益人后，受益人应对其进行认真审核。受益人在审核信用证修改通知书时，要么全部接受，要么全部拒绝，而不能接受其中一部分而拒绝其余部分。对于不能全部接受的信用证修改通知书，受益人可以要求开证申请人再次向开证行申请修改，直到能完全接受为止；对于已接受的信用证修改通知书，受益人应将其与原证附在一起，构成信用证的完整条款，便于执行信用证的规定，保证安全收汇。

样单 4.6　信用证修改通知书

中　国　银　行

BANK OF CHINA SHANGHAI BRANCH

ADDRESS: 50 HUQIU ROAD
CABLE: CHUNGKUO
TELEX: 33062 BOCSH E CN　　　　信 用 证 修 改 通 知 书
SWIFT: BKCHCMBJ300
FAX: 021-63232071

YEAR/MONTH/DAY　　2003/04/29

ISSUING BANK		DATE OF THE AMENDMENT
Chemical Bank New York. 55 Water Street, Room 1702, New York ,U.S.A.		APRIL 28, 2003
BENEFICIARY LIDA TRADING CO. LTD. NO.1267 EAST NANJING ROAD, SHANGHAI, CHINA		**APPLICANT** DRAGON TOY CO. LTD., 1180 CHURCH ROAD NEWYORK, PA 19446 U.S.A
L/C NO. DRG-LDLC01	**DATED** APRIL 14TH, 2003	THIS AMENDMENT IS TO BE CONSIDERED AS PART OF THE ABOVE MENTIONED CREDIT AND MUST BE ATTACHED THERETO.

Dear Sirs,

We have pleasure in advising you that we have received from the above mentioned bank an amendment to Documentary Credit No. DRG-LDLC01 contents of which are as follows:

-**The place of expiry: In China, in stead of 'In U.S.A.'.**

-**The date of the expiry should be 'June 15, 2003', instead of 'June 10, 2003'.**

-The draft(s) should be sight draft(s) instead of 'at 30 days sight'.

-The Article number of the goods is '18819' in stead of '18818'.

-The insurance value should be total invoice value plus 10% instead of 'plus 110%'.

-The quantity of ART NO.18812 & 18819 should be '2400 pieces' instead of '2000 pieces'.

-The beneficiary should be 'LIDA TRADING CO. LTD.' instead of 'LIDA CO. LTD'.

ALL OTHER TERMS AND CONDITIONS REMAIN UNCHANGED.

THE ABOVE MENTIONED DOCUMENTARY CREDIT IS SUBJECT TO THE UNIFORM CUSTOMS AND PRACTICE FOR DOCUMENTARY CREDITS(1993 REVISION, INTERNATIONAL CHAMBER OF COMMERCE, PUBLICATION NO. 500)

PLEASE ADVISE THE BENEFICIARY:	ADVISING BANK'S NOTIFICATIONS:
LIDA TRADING CO. LTD.	CHU KONG HOU

第三节　技　能　实　训

实训模块一：填制开证申请书

1．背景资料

第二章的销售合同(样单 2.1)。

2．实训要求

按照本章所附的开证申请书格式，以第二章的销售合同为背景资料，以开证申请人的身份填制开证申请书。

实训模块二：信用证审核及修改

1．背景资料

销售合同(样单 4.7)和信用证(样单 4.8)。

样单 4.7　销售合同

SALES CONTRACT
BUYER：JAE&SONS PAPERS COMPANY
NO. ST05-016 203 LODIA HOTEI，OFFICE 1546，DONG-GU，BUSAN，KOREA
SELLER：WONDER INTERNATIONAL COMPANY LIMITED
NO. 529, QIJLANG ROAD, HE DONG DISTRICT, NANJING, CHINA

样单 4.7(续)

DATE：AUGUST 08, 2005
SIGNED AT：NANJING CHINA

This Contract is made by the Seller；whereby the Buyer agrees to buy and the Seller agrees to sell the under-mentioned commodity according to the terms and conditions stipulated below：

1. COMMODITY：UNBLEACHED KRAET LINEBOARD.

UNIT PRICE：USD390.00/PER METRIC TON, CFR BUSAN KOREA

TOTAL QUANTITY：100 METRIC TONS，±10% ARE ALLOWED.

PAYMENT TERM：BY IRREVOCABLE L/C 90 DAYS AFTER B/L DATE

2. TOTAL VALUE：USD39,000.00(SAY U.S. DOLLARS THIRTY NINE THOUSAND ONLY.***10% MORE OR LESS ALLOWED.)

3. PACKING：To be packed in strong wooden case(s)，suitable for long distance ocean transportation.

4. SHIIPPING MARK：The Seller shall mark each package with fadeless paint the package number, gross weight, measurement and the wording："KEEP AWAY FROM MOUSTURE", "HANDLE WITH CARE", etc. and the shipping mark：ST05-016　　BUSAN KOREA

5. TIME OF SHIPMENT：BEFORE OCTOBER 02, 2005

6. PORT OF SHIPMENT：MAIN PORTS OF CHINA

7. PORT OF DESTINATION：BUSAN KOREA

8. INSURANCE：To be covered by the Buyer after shipment. (F.O.B. Terms)

9. DOCUMENT：

+Signed invoice indicating LC No. and Contract No..

+Full set(3/3)of clean on board ocean Bill of Lading marked "Freight to Collect"/"Freight Prepaid" made out to order blank endorsed notifying the applicant.

+Packing List/Weight List indicating quantity/gross and net weight.

+Certificate of Origin.

+No solid wood packing certificate issued by manufacturer.

10.OTHER CONDITIONS REQD IN LC：

+All banking charges outside the opening bank are for beneficiary's a/c.

+Do not mention any shipping marks in your L/C.

+Partial and transshipment allowed.

11.REMARKS：The last date of L/C opening：20 August, 2005.

样单 4.8　信用证

BANK OF KOREA LIMITED, BUSAN		
SEQUENCE OF TOTAL，	*27:	1/1
FORM OF DOC. CREDIT	*40A:	IRREVOCABLE
DOC. CREDIT NUMBER	*20:	S 100-108085
DATE OF ISSUE	*31C:	20050825

EXPIRY	*31D: DATE 20051001 PLACE APPLICANT'S COUNTRY
APPLICANT	*50: JAE & SONS PAPERS COMPANY 203 LODIA HOTEL OFFICE 1564.DONG-GU, BUSAN, KOREA
BENEFICIARY	*59: WONDER INTERNATIONAL COMPANY LIMITED N0.529，QIJIANG ROAD, HE DONG DISTRICT, NANNING, CHINA
AMOUNT	*32B: CURRENCY HKD AMOUNT 39,000.00
AVAILABLE WITH/BY	*41D: ANY BANK IN CHINA BY NEGOTIATION
DRAFTS AT…	*42C: DRAFT AT 90 DAYS AT SIGHT FOR FULL INVOICE COST
DRAWEE	*42A: BANK OF KOREA LIMITED, BUSAN
PARTIAL SHIPMENTS	*43P: NOT ALLOWED
TRANSSHIPMENT	*43T: NOT ALLOWED
LOADING IN CHARGE	*44A: MAIN PORTS OF CHINA
FOR TRANSPORT TO…	*44B: MAIN PORTS OF KOREA
LATEST DATE OF SHIP.	*44C: 20051031
DESCRIPT.OF GOODS	*45A:

COMMODITY：UNBLEACHED KR AET LINEBOARD. U/P：HKD 390.00/MT

TOTAL：100MT±10% ARE ALLOWED.

PRICE TERM：CIF BUSAN KOREA

COUNTRY OF ORIGIN：P.R. CHINA

PACKNG：STANDARD EXPORT PACKING

SHIPPING MARK：ST05-016　BUSAN KOREA

DOCUMENTS REQUIRED　*46 A：

1. COMMERCIAL INVOICE IN 3 COPIES：INDICATING LC No.& CONTRACT No.ST05-018.

2. FULL SET OF CLEAN ON BOARD OCEAN BILL OF LADING MADE OUT TO ORDER AND BLANK ENDORSED，MARKED FREIGHT TO COLLECT NOTIFYING THE APPLICANT.

3. PACKING LIST/WEIGHT LIST IN 3 COPIES INDICATNG QUANTITY/GROSS AND NET WEIGHTS.

4. CERTIFICATE OF ORIGIN IN 3 COPIES.

ADDITIONAL COND.	* 47 B： ALL DOCUMENTS ARE TO BE PRESENTED TO US IN ONE LOT BY COURIER/SPEED POST.
DETAILS OF CHARGES	*71B： ALL BANKING CHARGES OUTSIDE OF OPENNING BANK ARE FOR BENEFICIARY'S ACCOUNT.
PRESENTATION PERIOD	*48: DOCUMENTS TO BE PRESENTED WITHIN 21 DAYS AFTER THE DATE OF SHIPMENT BUT WITHIN THE VALIDITY OF THE CREDIT.
CONFIRMATION	*49: WITHOUT
INSTRUCTIONS	*78: WE HEREBY UNDERTAKE THAT DRAFTS DRAWN UNDER AND IN COMPLY WITH THE TERMS AND CONDITIONS OF THIS CREDIT WILL BE PAID AT MATURITY.
SEND TO REC. INFO.	*72：/SUBJECT　U.C.P.1993 ICC PUBLICATION 500

2. 实训要求

依据上述合同(样单 4.7)以及 UCP600 等国际惯例和有关法规审核信用证(样单 4.8)。要求列出信用证存在的问题，提出修改理由，并撰写改证函。

实训模块三：案例分析

(1) 我国甲公司与法国乙公司签订合同出口一批货物到法国，采用信用证方式结算货款。乙公司通过其开证银行 BANK Ⅰ巴黎分行申请开立了非保兑的信用证(适用 UCP500)，通知行为中国银行江苏省分行。信用证规定："DATE AND PLACE OF EXPIRY：041105 FRANCE；AVAILABLE WITH ISSUING BANK BY PAYMENT；LATEST DATE OF SHIPMENT：041102；PRESENTATION PERIOD：WITHIN 15 DAYS AFTER THE DATE OF SHIPMENT"。甲公司于 2004 年 11 月 1 日将货物装船，并于 2004 年 11 月 5 日将信用证要求的全套单据提交中国银行江苏省分行，中国银行江苏省分行立刻于当日使用 DHL 将单据寄往法国的开证行。收到单据后，开证银行 BANK Ⅰ巴黎分行以"信用证已过期"为由拒付。请问：BANK Ⅰ巴黎分行的拒付理由是否成立？为什么？

(2) 出口公司甲公司收到国外开来不可撤销自由议付信用证，证中规定最迟装运日期为 2005 年 5 月 9 日，有效期为 2005 年 6 月 1 日，到期地点为中国，要求提交的运输单据为海运提单。信用证对交单期无任何规定。甲公司于 2005 年 4 月 28 日将货物装船并取得已装船提单。甲公司于 2005 年 5 月 25 日将全套单据向议付行交单。议付行以单据存在不符点(迟交单)为由拒绝议付单据。请问：议付行指出的不符点成立吗？为什么？

(3) 充分利用"允许分批装运"条款。

案例：利用信用证中的"允许分批装运条款"

【案情】我方某公司收到一国外来证，货物为 1×20′ 集装箱装载各式运动鞋和塑料底布面库存拖鞋，价值分别为 45 154 美元和 2846 美元，允许分批装运。信用证规定我方必须提供由中国商品检验局签发的品质检验证书。货物备妥发运前，我方商检局认为该批拖鞋品质未达到国家标准，不能为其签发质检证。为此，我方立即要求客户修改信用证(即删除库存拖鞋的质检证条款)，客户以改证费用太高且可能影响交货期为由拒绝改证，但表示只要货物和封样一致，他仍会接受货物。

【分析】此时，我方采取如下操作：根据信用证要求如期装运货物，并要求船公司出具两套海运提单，分别代表运动鞋和库存拖鞋，然后将其会同各自出口单据，先后(日期差距应稍大，但都应在规定的交单期内)分套向银行议付。因信用证允许分批装运，银行便视每套单据为每批货物单据。经先后分套审核单据，议付行认为运动鞋项下的单据完全符合信用证要求，而库存拖鞋项下的单据缺少质检证。议付行先后向国外寄单，根据 UCP500 第十条 d 款和第十四条 b 款规定，运动鞋的货款安全收回，而库存拖鞋的货款可能会因单证不符遭到开证行拒付，事实上，该客户还是接受了上述不符点而履行付款。如果该证规定"不允许分批装运"，我方就不可能作出上述处理从而达到安全收汇的目的。

综上所述，我们不难看出充分利用"允许分批装运"条款对解决上述实际问题具有十分重要的意义。它不仅可以为进出口双方省却修改信用证等诸多麻烦及银行费用(有时进口商会借机要求改变付款方式，如采用装船后 T/T 或 D/P 等)，而且可以为出口商分散收汇风险。因此，我方在与外商签订出口合同时应尽量争取信用证允许分批装运，这将有利于我方在履行合同过程中解决一些实际问题。

(4) 以下为几则较为常见的信用证诈骗案例，试分析针对信用证诈骗有哪些防范对策。

① 信用证欺诈案例 1。某中行曾收到一份由印尼雅加达亚欧美银行(ASIAN UERO-AMERICAN BANK, JAKARTA, INDONESIA)发出的要求纽约瑞士联合银行保兑的电开信用证，金额为 600 万美元，受益人为广东某外贸公司，出口货物是 200 万条干蛇皮。但查银行年鉴，没有该开证行的资料，稍后，又收到苏黎世瑞士联合银行的保兑函，但其两个签字中，仅有一个相似，另一个无法核对。此时，受益人称货已备妥，急待装运，以免误了装船期。为慎重起见，该中行一方面劝阻受益人暂不出货，另一方面抓紧与纽约瑞士联合银行和苏黎世瑞士联合银行查询，先后得到答复："从没听说过开证行情况，也从未保兑过这一信用证，请提供更详细资料以查此事。"至此，可以确定该证为伪造保兑信用证，诈骗分子企图凭此骗我方出口货物。

② 信用证欺诈案例 2。某中行曾收到香港 BD 金融公司开出的以海南某信息公司为受益人的信用证，金额为 USD992 000.00 元，出口货物是 20 万台照相机。信用证要求发货前由申请人指定代表出具货物检验证书，其签字必须由开证行证实，且规定 1/2 的正本提单在装运后交予申请人代表。在装运时，申请人代表来到出货地，提供了检验证书，并以数张大额支票为抵押，从受益人手中拿走了其中一份正本提单。后来，受益人将有关支票委托当地银行议付，但结果被告知："托收支票为空头支票，而申请人代表出具的检验证书签名不符，纯属伪造。"更不幸的是，货物已被全部提走，下落不明。受益人蒙受重大损失，有苦难言。

③ 信用证欺诈案例 3。有一份金额为 USD1 092 000.00 的信用证，受益人为海南某外贸公司。来证含有这样一个"软条款"："只有在收到我行加押电报修改书并经通知行通知的买方装运指示、指定运输船名、装运日期时，才可装运，而且该修改书必须包括在每套单据中议付"(SHIPMENT CAN ONLY BE EFFECTED UPON RECEIPT OF BUYER'S SHIPMENT INSTRUCTIONS, NOMINATION NAME OF CARRYING VESSEL, DATE OF SHIPMENT IN THE FORM OF OUR AUTHENTICATED CABLE AMENDMENT

THROUGH ADVISING BANK AND COPY OF SUCH AMENDMENT MUST BE INCLUDED IN EACH SET OF DOCUMENTS FOR NEGOTIATION)，同时，规定："1/3 的正本提单在装船后特快邮寄给申请人。"该中行在将来证通知受益人时，提请其关注这些条款，并作好防范。稍后，该中行又收到原证项下电开修改书一份，修改书指定船名、船期，并将原证允许分批装运改为禁止分批装运，但其密押却是沿用原证密码。该中行马上警觉起来，并迅速查询开证行，在确认该电文为伪造修改书后立即通知受益人停止发货。而此时，受益人的出口货物(70 吨白胡椒)正整装待发，其风险不言而喻。

④　信用证欺诈案例 4。某中行曾收到一份由香港 KP 银行开出的金额为 USD1 170 000.00 的信用证，受益人为广西某进出口公司，出口货物为木箱。来证有如下"软条款"："本证尚未生效，除非运输船名已被申请人认可并由开证行以修证书形式通知受益人"(THIS CREDIT IS NON-OPERATIVE UNLESS THE NAME OF CARRYING VESSEL HAS BEEN APPROVED BY APPLICANT AND TO BE ADVISED BY L/C OPENING BANK IN FORM OF AN L/C ANENDMENT TO BENEFICIARY)。

该中行在将来证通知受益人时提醒其注意这一"软条款"，并建议其修改信用证，以避免可能出现的风险。后来经磋商，申请人撤销该证，另由香港 IB 银行开出同一金额、同一货物、同一受益人的信用证，但证中仍有这样的"软条款"："装运只有在收到本证修改书，指定运输船名和装运日期时，才能实施"(SHIPMENT CAN ONLY BE EFFECTED UPON RECEIPT OF AN AMENDMENT OF THIS CREDIT ADVISING NAME OF CARRYING VESSEL/AND SHIPMENT DATE)。可谓"换汤不换药"，主动权仍掌握在申请人手中，而受益人却面临若申请人拒发装运通知，则无法提交全套单据给银行议付的风险，此时，该中行了解到与该进出口公司联营的某工贸公司已将 40 万元人民币质保金汇往申请人在深圳的代表，而且该进出口公司正计划向其申请人民币打包贷款 600 万元作订货之用。于是，该中行果断地采取措施，一方面暂停向该公司贷款，另一方面敦促其设法协助工贸公司追回质保金。后经多方配合，才免遭损失。

⑤　信用证欺诈案例 5。某中行曾收到一份由加拿大 AC 银行 ALERTA 分行电开的信用证，金额约 100 万美元，受益人为安徽某进出口公司。银行审证员发现该证存在以下疑点：该证没有加押证实，仅在来证中注明"本证将由××行来电证实"；该证装效期在同一天，且离开证日不足一星期；来证要求受益人发货后，速将一套副本单据随同一份正本提单用 DHL 快邮寄给申请人；该证为见票 45 天付款，且规定受益人可按年利率 11%索取利息；信用证申请人在加拿大，而收货人却在新加坡；来证电传号不合常理。针对这几个疑点，该中行一方面告诫公司"此证密押不符，请暂缓出运"，另一方面赶紧向总行国际部查询，回答："查无此行"。稍后，却收到署名"美洲银行"的确认电，但该电文没有加押证实，于是该中行设法与美洲银行驻京代表处联系，请示协助查询，最后得到答复："该行从未发出确认电，且与开证行无任何往来"。至此，终于证实这是一起盗用第三家

银行密押的诈骗案。

同 步 测 试

一、单项选择题

1. 根据 UCP600 规定，除非信用证另有规定，银行不接受的提单是(　　)。

    A. 转运提单

    B. 直达提单

    C. 过期提单

    D. 多式联运提单

2. 某公司与日商签订出口饲料 12 000 公吨的合同，来证规定 7 月至 10 月每月平均装运一批，出口商 7 月装运 3000 公吨，8 月因未备齐货物未予装运，则(　　)。

    A. 9 月可装 6000 公吨

    B. 8 月未装部分可不补，9、10 月按原规定装运

    C. 从 8 月起该证失效，不得继续使用

    D. 8 月未装运的货可推迟到 11 月装运

3. 信用证支付方式实际是把进口商履行付款的责任转移给(　　)。

    A. 出口商

    B. 银行

    C. 供货商

    D. 最终用户

4. 在信用证支付方式下，银行保证向其受益人履行付款责任的条件是(　　)。

    A. 受益人按期履行买卖合同

    B. 受益人如期如数交货

    C. 受益人严格按信用证要求提交单据

    D. 开证申请人主动付款赎单

5. 属于银行信用的国际贸易支付方式是(　　)。

    A. 汇付

    B. 托收

    C. 信用证

    D. 票汇

6. 一份信用证若经另一银行保证对符合信用证要求的单据履行付款的义务，则该信用证就成为(　　)。

    A. 不可撤销的信用证

    B. 不可转让的信用证

    C. 保兑的信用证

    D. 议付信用证

7. 接受汇出行的委托将款项解付给收款人的银行是(　　)。

    A. REMITTING BANK

    B. COLLECTING BANK

    C. PAYING BANK

    D. ADVISING BANK

8. 假远期信用证的远期汇票的利息由(　　)承担。

    A. 受益人

    B. 付款行

    C. 议付行

    D. 开证申请人

9. 在外贸业务中，出口公司开出的汇票在信用证结算方式下，出票原因栏应填写(　　)。

    A.　CONTRACT NO. AND ITS DATE

    B.　COMMERCIAL INVOICE NO. AND ITS DATE

    C.　B/L NO. AND ITS DATE

    D.　L/C NO. AND ITS DATE

10. 开立信用证必须以对外签订的正本合同为依据。为保证"证同一致"，正确的做法是(　　)。

    A.　在信用证中注明"参阅*****号合同"

    B.　在信用证中列明合同要求明确的所有条款

    C.　在信用证中注明"系*****号合同项下货物"

    D.　将合同副本作为附件附在信用证后

11. 以下关于通知行的说法正确的是(　　)。

    A.　由开证申请人指定   B.　由开证行指定

    C.　由受益人选择   D.　由进口商和出口商在订立合同时商定

二、多项选择题

1. 通知行对于信用证的审核重点包括(　　)。

    A.　从政策上审核

    B.　对信用证本身说明的审核

    C.　对信用证有关货物记载的审核

    D.　对信用证性质和开证行付款责任的审核

2. 进出口公司对信用证的审核要点包括(　　)。

    A.　对信用证本身说明的审核   B.　对信用证有关货物记载的审核

    C.　对开证行资信的审核   D.　对单据要求的审核

    E.　对信用证有关时间说明的审核

3. 对于信用证与合同的关系表述正确的是(　　)。

    A.　信用证的开立以买卖合同为依据

    B.　信用证的履行不受买卖合同的约束

    C.　有关银行只根据信用证的规定办理信用证业务

    D.　合同是审核信用证的依据

4. 按UCP600规定，信用证(　　)。

    A.　未规定是否保兑，即为保兑信用证

    B.　未规定可否转让，即为可转让信用证

    C.　未规定是否保兑，即为不保兑信用证

D. 未规定可否撤销，即为不可撤销信用证

5. 假远期信用证与远期信用证的区别是( )。

    A. 开证基础不同　　　　　　　　B. 信用证条款不同

    C. 利息的负担者不同　　　　　　D. 收汇的时间不同

三、判断题

1. 如信用证未注明"不可转让"字样，则此信用证可视为可转让信用证。　　( )

2. 可转让信用证与汇票一样，可以多次转让。　　( )

3. 对国外开来的信用证，审证时对其中与合同不符的条款，应一律要求修改。

                                                      ( )

4. 采用信用证方式结算货款，只对卖方有利。　　( )

5. 开证行在得知开证申请人即将破产的消息后，仍需对符合其所开的不可撤销信用证项下的单据承担付款、承兑的责任。　　( )

6. 当买卖合同与信用证的规定有差异时，卖方只要按合同履行义务，就能得到银行的足额货款。　　( )

7. 可转让信用证只能转让一次，因此，受让人即第二受益人只能有一个。　　( )

8. 受益人可以接受同一信用证修改书中的部分修改内容。　　( )

9. 根据国际贸易惯例，凡信用证上未注明可否转让字样，即可视为可转让信用证。

                                                      ( )

10. 按 UCP600 规定，信用证未禁止转运，即视为允许转运。　　( )

11. 在票汇情况下，买方购买银行汇票径寄卖方，因采用的是银行汇票，故这种付款方式属于银行信用。　　( )

12. 凡装在同一航次的同一条船上的货物，即使装运时间与装运地点不同，也不作为分批装运论。　　( )

13. 只要在 L/C 有效期内，不论受益人何时向银行提交符合 L/C 所要求的单据，开证行一律不得拒收单据和拒付货款。　　( )

14. 如果受益人要求开证申请人将信用证的有效期延长一个月，在 L/C 未规定装船期的情况下，同一 L/C 上的装运期也可顺延一个月。　　( )

15. 根据 UCP600 的规定，如果信用证条款对受益人提出了某项要求，则不管其是否已将此要求转化为单据，在交单结汇时，受益人都必须针对这项要求出具相应的单据。　　( )

四、简答题

1. 进口商申请开立信用证时，应注意哪些问题？

2. 信用证主要有哪些内容？

3. 为什么必须对国外开来的信用证进行仔细的审查？审核依据是什么？

4. 受益人对开证行开来的信用证应主要从哪些方面审核?

5. 何为信用证的"软条款"? 试举例进行说明。

6. 简述修改信用证的业务程序。

五、案例分析

1. 某信用证中的装运条款规定如下: shipment from JAPANESE port To EUROPEAN port(货物装运自日本港口至欧洲港口),日本的出口商在所有单据(包括提单)上均缮打上 "from JAPANESE port To EUROPEAN port" 这样的字样。问单至国外会怎样? 为什么?

2. 某出口方收到信用证,其特别条款规定 "All documents must indicate the contract number and order number" (所有单据都必须打上合同和订单号码),出口地银行审核了信用证项下所有单据,无误,议付。单寄国外,开证行发来电报拒付,称"Drafts without showing contract number and order number" (汇票没有显示合同和订单号码)。问该种情形下,开证行是否有理由拒付?

3. A 公司对 B 公司出口一批罐头食品,B 公司来证有关条款规定: "1460 cartons of canned top-shell, shipment to be effected by container not later than April 30, 2001.Partial shipment prohibited."。A 公司有关运输人员于 4 月 28 日进行集装箱装运完毕,并向单证人员交付,但单证人员发现该单据上的数量仅为 1456 箱,即询问运输人员为何少装了 4 箱。据介绍 40 英尺集装箱装载该商品的最大数量为 1456 箱,剩下 4 箱实在无法再装进去。经过公司研究要求 B 公司修改信用证。请分析,你如果是 B 公司的当事人,你会修改信用证吗? 为什么? 你如果是 A 公司的当事人,你会采取什么方法?

4. 某公司从国外采购一批特殊器材,该器材指定由国外某检验机构负责检验合格后才能收货,后接到此检验机构的报告,报告称质量合格,但在其报告附注内说明,此项报告的部分检验记录由制造商提供。这种情况下,买方能否以为质量合格而接受货物?

5. 我方某公司向外国某商进口钢材一批,货物分两批装运,支付方式为不可撤销即期 L/C,每批分别由中国银行开立一份 L/C。第一批货物装运后,卖方在有效期内向银行交单议付,议付行审单后,即向该商议付货款,随后中国银行对议付行作了偿付。我方在收到第一批货物后,发现货物品质不符合同规定,因而要求开证行对第二份 L/C 项下的单据拒绝付款,但遭到开证行拒绝。你认为开证行这样做是否有理? 为什么?

六、制单练习

根据下述合同资料(样单 4.9)以开证申请人身份填写开证申请书。

样单 4.9　销售确认书

SALES CONFIRMATION

S/C No.: AD-MASSC02

Date: April 1st, 2007

The Seller: SHANGHAI ANDE INTERNAT-
IONAL TRADE CORP.

Address: 16(B) NO.1 BUILDING,
2005 LANE HUANGXING RD.,
SHANGHAI, CHINA

The Buyer: MASRI BRO.CO., LTD.

Address: P.O. BOX: 14/5873,
ALEXANDRIA EGYPT
HOT LINE: 019112575, FAX: 024782432

Item No.	Commodity &Specifications	Unit	Quantity	Unit Price (USD)	AMOUNT (USD)
	THREE FIVES BRAND STAINLESS STEEL			CIFC5 ALEXANDRIA	
1	SERVER SET ART NO.S9420-7	SET	365	57.03	20,815.95
2	TABLE WARE ART NO. S8310	SET	3650	7.97	29,090.50
3	WHISTLING KETTLE ART NO.S6320	PIECE	1800	17.31	31,158.00
4	4-PIECE TEA SET ART NO.5130	SET	1800	21.31	38,358.00
				TOTAL:	119,422.45

TOTAL CONTRACT VALUE:	SAY US DOLLARS ONE HUNDRED AND NINTEEN THOUSAND FOUR HUNDRED AND TWENTY TWO AND CENTS FORTY FIVE.

PACKING:　ART NO. S9420-7, ONE SET PER CARTON, 365 CARTONS TO ONE 20'FCL. ART NO.S8310, 10 SETS PER CARTON, 365 CARTONS TO ONE 20'FCL. ART NO. S5130, 6 SETS PER CARTON, 300 CARTONS TO ONE 20'FCL. ART NO. S6320, 6 PIECES PER CARTON, 300 CARTONS IN ONE 20'FCL. TOTAL: 1330 CARTONS

SHIPMENT:　TO BE EFFECTED BY THE SELLER FROM SHANGHAI TO ALEXANDRIA NOT LATER THAN MAY 31ST 2007. WITHIN 30 DAYS ON RECEIPT OF THE RELEVANT L/C WITH PARTIAL SHIPMENT AND TRANSSHIPMENT NOT ALLOWED.

PAYMENT:　THE BUYER SHALL OPEN THROUGH A BANK ACCEPTABLE TO THE SELLER AN IRREVOCABLE SIGHT LETTER OF CREDIT TO REACH THE SELLER BEFORE APRIL 25TH 2007, AND REMAIN VALID FOR NEGOTIATION IN CHINA UNTIL THE 15TH DAY AFTER THE DATE OF SHIPMENT.

INSURANCE: THE SELLER SHALL COVER THE INSURANCE FOR 110% OF TOTAL INVOICE VALUE AGAINST ALL RISKS AND WAR RISK AS PER AND SUBJECT TO THE RELEVANT OCEAN MARINE CARGO CLAUSES OF PEOPLE'S INSURANCE COMPANY OF CHINA DATED 1/1/1981.

Confirmed by:

THE SELLER	THE BUYER
SHANGHAI ANDE INTERNATIONAL TRADE CORP.	**MASRIBRO. CO., LTD.**
×××	*ALEXANDRIA HUSSID*
SALES MANAGER ASSISTANT	MANAGER

第五章 出口备货单证

【学习指导】

出口方落实好信用证后，就要着手履行出口业务流程的操作，首先就是备货并制作相关单据，如发票、装箱单等。发票是全套单据的中心单据，其日期往往是全套单据中最早的，内容比较完整，它不仅是缮制其他单据的依据，也是办理报检、报关等手续时的必备文件。装箱单是发票的附属单据，补充说明货物的包装的方式、数量、重量、体积等内容。通过本章的学习，要求熟练掌握发票和装箱单的含义、作用、内容及缮制技能。

【导入案例】

某粮油食品进出口公司出口一批商品。1996 年 3 月 1 日国外开出信用证，粮油食品进出口公司在 3 月 4 日收到从通知行转来的信用证，信用证中条款规定： "…Amount: USD 1 232 000.00…800M/Tons(quantity 5% more or less allowed)of ×××, Price: @USD1,540.00 per M/Ton net, CIF A Port. Shipments to A port immediately. Partial shipments are not allowed." (……总金额 1 232 000.00 美元。……某商品 800 公吨，溢短装不超过 5%。价格：每公吨净重 1540.00 美元，CIF A 港。立即装运至 A 港。不许分批装运。)粮油食品进出口公司根据信用证条款，备妥信用证项下所需单据向议付行交单办理议付。议付行经审单发现：信用证规定总金额 USD1 232 000.00，而发票和汇票金额却为 USD1 268 960.00，议付金额比信用证规定总金额超额 USD36 960.00。原来粮油食品进出口公司认为信用证规定 800 公吨货物的数量，又规定装运数量可允许增减 5%。按 800 公吨的增减 5%计算，即最高可以装 840 公吨，最低可以装 760 公吨，实际装 824 公吨，仅增装了 3%，不超出信用证规定的 5%范围。信用证规定每公吨单价 USD1540.00，按 824 公吨计算，其总金额即 USD1 268 960.00，是信用证允许的。

问：该公司这样的装船数量是否合理？银行认为单证不符是否成立？当发票金额高于信用证金额时，到底应如何处理？

后议付行认为货既已装运又无法更改，所以建议采取部分信用证支付部分托收方式 (Part L/C and part collection)，即汇票分两套缮制，信用证总金额项下 USD1 232 000.00 缮制一套，在信用证项下正常办理议付；其超额部分 USD36 960.00 另缮制汇票办理光票托收。

问：按议付行的这种做法，当单据到达国外开证行，能否正常收汇？为什么？

第一节　商业发票

一、商业发票概述

(一)商业发票的含义及作用

商业发票(Commercial Invoice)简称发票，是卖方开立的凭以向买方索取货款的价目清单，是对整个交易和货物有关内容的总体说明，包括商品的名称、规格、价格、数量及金额等。

商业发票是进出口结汇单据中的核心单据，其他单据均参照商业发票缮制，其作用主要有以下五点。

(1) 发票是货运单据的中心，也是装运货物总的说明。

(2) 发票是买卖双方收付货款和记账的依据。

(3) 发票是买卖双方办理报关以及纳税的依据。

(4) 发票有时可代替汇票作为付款的依据。

(5) 发票是出口人缮制其他单据的依据。

(二)信用证有关商业发票条款举例

【例5.1】Manually signed commercial invoice in 3 folds indicating applicant's ref. No. XL-MONSC10。

手签的商业发票一式三份，并在发票上显示开证人的参考号码 XL-MONSC10。

【例5.2】3% discount should be deducted from total amount of the commercial invoice.

商业发票的总金额扣除 3%折扣。

【例5.3】Beneficiary's original signed commercial invoice at least in triplicate issued in the name of the buyer indicating the merchandise,country of origin and any other relevant information.

商业发票正本至少一式三份，以买方的名义抬头、注明商品名称、原产国及其有关资料，并经受益人签署。

【例5.4】An amount equal to 5% of the invoice value to be deducted from the amount payable to beneficiaries,this amount not to be shown on the invoice,but a separate credit note(statement)in the name of XYZ CO.covering his commission to be presented.

5%发票金额从付给受益人的款项中扣除，且该部分金额不得在发票上显示(发票开列全部金额)，另外以 XYZ 公司名义出具一个贷记账单或声明，支付其所得的佣金。

【例 5.5】 Commercial invoice must indicate the following: A) That each item is labeled "made in China". B)That one set of non-negotiable shipping documents has been aimailed in advance to buyer.

商业发票必须注明以下内容：A)每件商品标明"中国制造"。B)一套副本装运单据已预先航邮给买方。

二、商业发票的缮制

缮制发票是一项复杂而细致的工作，由于它是缮制其他单据的主要依据，因而如何保证发票质量，是整个制单工作的前提。

商业发票由出口企业自行拟制，无统一格式，但基本栏目相同，分首文、本文和结文三部分。首文包括发票名称、号码、出票日期、地点、抬头人、合同号及运输路线等；本文包括货物描述、单价、总金额及唛头；结文包括货物产地、包装材料等各种证明、发票制作人签章等。

现参照样单 5.1 介绍其缮制方法。

1. 单据名称

不同的发票名称表示不同的发票种类，常见的发票种类及缮制方法有如下三种。

(1) 信用证要求提交"Invoice"而未作进一步定义，则提交任何形式的发票都是可接受的(如 Commercial Invoice、Customs Invoice、Tax Invoice、Final Invoice、Consular Invoice 等)。然而，除非信用证另有授权，标明为"Provisional"(临时发票)、"Preforma"(形式发票)或类似的发票是不可接受的。

(2) 在信用证要求提交商业发票(Commercial Invoice)时，标明为"Invoice"的单据也是可以接受的。

(3) 若信用证规定提交的是"详细发票"(Detailed Invoice)，如发票内印有"Invoice"字样，前面须加"Detailed"字样，发票内应将货物名称、规格、数量、包装、单价、价格条件、总值等详细列出。

2. 卖方名称、地址

卖方名称、地址(Seller's Name and Address)也就是受益人(一般为出口商)的名称与地址，一般为公司自己设计好的发票或函头形式，可置于发票顶端，也可单独列示于右下角。

3. 买方名称、地址

买方名称、地址(Buyer's Name and Address)是发票抬头人，该栏前通常印有"To, Sold To , For Account Of"等字样。买方名称必须与信用证申请人名称严格一致(除非信用证另有规定）；在其他支付方式下，可以按合同规定列入买方名称与地址；如果该信用证是可转让的，则银行也可接受由第二受益人提交的以第一受益人为抬头的发票。

样单 5.1 商业发票

COMMERCIAL INVOICE

ISSUER (2)		COMMERCIAL INVOICE		
TO (3)				
		NO.	DATE (4)	
TRANSPORT DETAILS (6)		S/C NO.	L/C NO. (5)	
		TERMS OF PAYMENT (7)		
Marks and Numbers (8)	Description of Goods (9)	Quantity (10)	Unit Price (11)	Amount (12)
	(15)			
				(13)
Total:(14)				
SAY [(15)] Signed By (16) Signature (17)				

依据 UCP600 的规定，当受益人和申请人的地址出现在发票上时，无须与信用证或其他规定单据中所载相同，但必须与信用证中规定的相应地址同在一国；联络细节(传真、电话、电子邮件及类似细节)作为受益人和申请人地址的一部分时将被不予理会。

在公司名称中使用普遍认可的缩略语并不导致单据不符，例如用"Ltd."代替"Limited"、"Int'l"代替"International"、"Co."代替"Company"、"Corp."代替"Corporation"等，反之亦然。但当事人的名称还是应与信用证相符，如我国某出口企业信用证上受益人的名称为："× native produce, and animal by-products import and export corporation"(× 土畜产进出口公司)，而发票上却显示为："× national native produce, and animal by-products import and export corporation"(× 土畜产进出口总公司)，多加了一个"national"，被国际商会认定为与信用证不符。

4. 发票号码与日期

发票号码(Invoice No.)是整套单据的中心号码，因此尤其重要。发票日期(Date)一般是在合同日期后，装运之前，不晚于汇票日和交单日。依 UCP600 的规定，银行可接受签发日期早于开证日的发票。

日期的写法：如 2007 年 3 月 7 日，月份用英文表示为妥，如"Mar. 7，2007"、"March 7，2007"、"Mar. 7th，2007"或"March 7th，2007"，不要写成 03/07/07，这在美国解释成 2007 年 3 月 7 日，在欧洲解释成 7 月 3 日。

5. 信用证及合同号码、日期

托收方式下的发票，应列明合同号码(Contract No.)；信用证方式下的发票，一般都填列信用证号码(因为信用证是出具发票的依据)；信用证中未指明要求列出合同号者，则可以不填合同号。

6. 运输情况

运输情况(Transport Details)栏中应填明起运港和抵运港，以及运输工具或运输方式。运输路线即起运港和抵运港应严格与信用证一致。如果在中途转运，在信用证允许的条件下，应表示转运及其地点。

7. 价格术语

价格术语(Price Term)应表明交易方式，如是 FOB 则在其后注明装运港名称，如是 CFR 或是 CIF 则在其后注明目的港名称。

8. 唛头

唛头(Marks 或 Shipping Marks)即运输标志，既应与实际货物一致，还应与提单一致，并符合信用证的规定。当为散装货时，表示为"N/M"。若信用证未规定唛头，则出口商可自拟。

9. 商品名称

UCP600 规定，"除商业发票外，其他单据中的货物、服务或履约行为的描述，如果有的话，可使用与信用证中的描述不矛盾的概括性用语。"也就是说，发票上的商品名称(Description of Goods)不得使用统称，必须完全与信用证相符。有些国家开来的信用证中，商品名称以英语以外的第三国文字表述，则发票亦应严格按信用证照抄该文字。

值得注意的是，发票中的货物描述必须与信用证规定的相符，但并不要求如同镜像(Mirror Image)般的一致。例如，货物细节可显示在发票中的若干地方，综合看起来与信用证的规定一致即可。

国际商会发布了多个关于货物描述的意见，其中有如下两个值得注意的引述。

(1) R475：信用证规定的货物为"A.B.C"，发票上显示的是"XYZ(A.B.C)"。其中"X.Y.Z."是这种商品的技术/化学成分，国际商会认为发票与信用证相符。

(2) R456：信用证规定的货物为"Single core copper conductor PC insulated cable 450-750 olts to BS6004.1975"，提交的发票显示为"Single core copper conductor PC insulated cable 450-750 olts to BS6004.1975 - Eurocab Brand on reels each 85 yards"。国际商会认为 UCP 并没有规定单据上的货物描述应局限于信用证的规定或与其完全一样。该附加内容(Eurocab Brand on reels each 85 yards)并没有改变货物的性质。单据没有不符。

发票中的货物描述必须反映实际装运的货物。例如，信用证显示有两种货物，如 10 辆卡车和 5 辆拖拉机，只要信用证不禁止分批装运，表明只装运了 4 辆卡车的发票是可以接受的。列明信用证规定的全部货物描述，然后注明实际装运货物的发票也是可以接受的。

第 R472 号意见就属于类似情况，发票首先引述信用证规定的数量："5000 MT(plus or minus 5pct.)..."，然后再显示实际装运的数量"4787.650 MT"，国际商会认为发票的这种出具方式不应视为不符。

如贸易术语是货物描述的一部分，或与货物金额联系在一起表示，则发票必须显示信用证指明的贸易术语。而且如果货物描述提供了贸易术语的来源，则发票还须标明相同的来源。如信用证条款规定"CIF Singapore Incoterms 2000"，那么"CIF Singapore Incoterms"或"CIF Singapore"等就不满足信用证的要求。

10. 数量

数量(Quantity)栏填写货物的包装件数、商品规格、重量及包装情况。如果货物有各种不同规格，或不同规格价格不同，则应分别列出各种规格的数量和重量。

UCP600 规定，如果信用证明确规定了数量增减幅度，则不能超出规定的增减幅度；若无明确规定，而仅在数量前冠以"about"(约)、"approximately"(近似)、"circa"(大约)等词语时，则允许货物数量有不超过 10% 的增减幅度；如果货物数量的计量不是按照包装单位或个数，而是以长度(米、码)、体积(立方米)、容量(升、加仑)或重量(吨、磅)计数，在信用证未规定数量不得增减且支取金额不超过信用证金额的条件下，数量允许有 5% 的增减。

11. 价格与金额

国际贸易价格(Price)由四部分组成：计价单位、单价金额、货币名称和价格术语，这些都必须完全与信用证规定一致。

值得注意的是，根据 UCP600 规定，按指定行事的指定银行、保兑行(如有的话)或开证行可以接受金额大于信用证允许金额的商业发票，其决定对有关各方均有约束力，只要该银行对超过信用证允许金额的部分未作承付或者议付。因此，由于实际支付的金额仍然不能超过信用证允许金额，发票上计算出来的总金额应尽量不超过信用证规定的总金额。

发票是否扣佣也必须按信用证规定办理。发票的总值要与汇票金额一致，除非信用证另有规定。当信用证金额有"大约"等字样时，可按 10% 的增减幅度掌握。

12. 折扣、佣金和预付款

若信用证的价格条件中含有佣金(如 CIFC3%)，并明确规定要在发票中扣除，则应列式予以扣除；若价格中含有佣金，信用证虽没有规定扣减，却规定发票金额必须是减佣后的净值，则此时也应在发票上显示减佣。

13. 总量说明

总量说明包括总重量、总包装件数和总价值，其中总价值用大写的英文字母表示。如小写金额为 USD765 000，则大写表示为"SAY U.S. DOLLARS SEVENTY HUNDRED AND SIXTY FIVE THOUSAND ONLY"。

14. 发票上加注各种证明

国外来证常常要求加注各种特定号码及证明文句，一般将这些内容缮打在"Description of goods"栏的空白处或签署之前，具体有以下几种。

(1) 特定号码：如信用证号、进口许可证号码(Import Licence No.)、外汇管理编号(Exchange Permit No.)或其他参考号。

(2) 缮打声明文句：许多国家开出的信用证要求在发票上证明或声明某些条款，譬如证明发票内容正确、真实、货物产地等，这时均应照信用证要求办理。现举几例供参考：

"We hereby certify that the contents of invoice herein are true and correct."(兹证明发票中的内容正确真实。)

"We hereby certify that this invoice is true and correct in all particulars including value and origin."(兹证明本发票的所有项目，包括价格和原产地是真实正确的。)

"It is hereby certified that this invoice shows the actual price of the goods described, that no other invoice has been or will be issued and that all particulars are true and correct."(兹证明本发票的价格系所述商品的真实价格，亦未签发其他发票。所有项目均真实、正确。)

(3) "有错当查"字句。"有错当查"(E.&.O.E.)系签发人事先声明，一旦发票有误，可以更正。若发票上加注了证实内容真实无误的句子，则"有错当查"的字句应删除。有些国家的进口商按国家的法令和商业习惯，要求在发票上加注："证明所列内容真实无误"字样或"货款已收讫"字样，这是一种"证实发票"，不能有"E.&.O.E"字样。

15. 受益人签章

名称必须与信用证规定的受益人(Beneficiary)名称一致。根据 UCP600 第十八条规定，发票无须签字，但如果信用证规定提交"Signed Invoice"，则必须签字；若规定"Manually Signed"，则须手签。

三、缮制商业发票应注意的事项

缮制商业发票应注意如下事项。

(1) 发票要与信用证或合同相符，除了信用证规定的货物外，发票不能再显示其他货物或免费样品。

(2) 缮打买卖双方的名称、地址时，名称不应换行，地址应合理分行。

(3) 货物描述一定要准确，应与信用证或合同相符。

(4) 数量一栏包括数量和计量单位两部分，应按照实际出运情况进行填写，缮制时注意与左边"规格"对应整齐，并且在"Total"处要写明总的数量。

(5) 单价项下，应包括金额、币制、贸易术语及计量单位四项；若没有专门的一栏表示"Price terms"时，一定要记得在单价下面注明贸易术语；若有多种商品或规格时，注意与左边的数量栏对齐。

(6) 通常将数量乘以单价所得出的总值填入总值一栏。注意要将多种商品或多规格的价值加总；大小写要一致；大写通常用"SAY … ONLY"表示"计……整"，以避免别人篡改。

(7) 信用证上列明的特别要求一定要注明。

(8) 发票是否要签署由信用证规定，如未规定签名，无须签名。实务中，我国出具的商业发票往往要求签名。

第二节　其他形式的发票

一、海关发票

海关发票(Customs Invoice)是根据某些进口国海关的规定，由出口商填制的一种特定格式的发票，进口商凭此向海关办理进口报关、纳税等手续。进口国海关根据海关发票查核进口商品的价值和产地，以确定该商品是否可以进口、是否可以享受优惠税率，查核货物在出口国市场的销售价格，以确定出口国是否属低价倾销而征收反倾销税，并据此计算进口商应纳的进口税款。因此，对进口商来说，海关发票是一种很重要的单据。海关发票由出口方填制，有些国家或地区称其为"Combined Certificate of Value And Origin"(价值与原产地联合证明书)，或"Certified Invoice"(证实发票)等。目前，要求提供海关发票的主要国家(地区)有美国、加拿大、澳大利亚、新西兰、牙买加、加勒比共同市场国家、非洲的一些国家等。

目前使用较多的是加拿大海关发票，其他的少见。下面以加拿大海关发票(参见样单 5.2)为例，说明海关发票的缮制。

(1) 卖方、发货人。一般为信用证的受益人，若非信用证，则为出口商。

(2) 直接运往加拿大的日期。与运输单据上的装运日期一致。

(3) 其他编号。一般填合同号或商业发票号。

(4) 收货人。一般是目的港的收货人，应填加拿大最终收货人的名称与地址。

(5) 买方名称与地址。必须是进口商的名称与地址，许多时候与收货人一致，这时填"Same as consignee"。

(6) 转船国家是指转船地点所在国，若无转船，则填"N/A"(not applicable)。

(7) 货物的原产地。一般是出口国名。

(8) 运输指直接运往加拿大的方式和起讫地点，通常采用"From…to…by…"的格式。

(9) 销售方式和支付条款。销售方式通常采用价格术语表示，支付条款，将具体的支付方式表示出来。

(10) 结算货币与其他单据中的货币一致。

(11) 件数指的是外包装的件数，与装箱单或其他单据保持一致。

(12) 货物内容包括品名、规格、包装单位和唛头，与商业发票或信用证中规定一致。

(13) 数量指的是该批货物的具体数量，它与前面的件数不同。

(14) 单价与商业发票或信用证规定一致。

(15) 金额是将单价与数量相乘所得数值，与商业发票一致。

(16) 总重量与装箱单保持一致。

样单 5.2 加拿大海关发票

CANADA CUSTOMS INVOICE		Page of

1. Vendor(Name and Address)	2. Date of Direct Shipment to Canada
	3. Other References (Include Purchaser's Order No.)

4. Consignee(Name and Address)	5. Purchaser's Name and Address(If other than Consignee)
	6. Country of Transshipment
	7. Country of Origin of Goods

8. Transpotation:Give Mode and Place of Direct Shipment to Canada	9. Conditions of Sale and Terms of Payment (i.e. Sale, Consignment shipment, Leased Goods, etc.)
	10. Currency of settlement

11. No. Of Pkgs	12. Specification of Commodities(Kind of Packages, Marks and Numbers, General Description and Characteristics, i.e. Grade, Quality)	13. Quantity (State Unit)	Selling Price	
			14. Unit Price	15. Total

18. If any of fields 1 to 17 are included on an attached commercial invoice, check this box Commercial Invoice No. _____☐	16. Total Weight		17. Invoice Total
	Net	Gross	

19. Exporter's Name and Address(If other than Vendor)	20. Originator(Name and Address)

21. Departmental Ruling(If applicable)	22. If fields 23 to 25 are not applicable, check this box ☐

23. If included in field 17 indicate amount: (i)Transportation charges, expenses and Insurance from the place of direct shipment to Canada $_____ (ii)Costs for construction, erection and assembly insured after importion into Canada $_____ (iii)Export pecking $_____	24. If not included in field 17 indicate amount: (i)Transportation charge, expenses and insurance to the place of direct shipment to Canada $_____ (ii)Amounts for commissions other than buying commissions $_____ (iii)Export packing $_____	25. Check(If applicable) (i)Royalty payments or subsequent proceeds are paid or payable by the purchaser ☐ (ii)The purchaser has supplied goods or services for use in the production of these goods ☐

(17) 发票总金额是将第 15 栏内各商品的金额相加, 所得数值应与商业发票一致。

(18) 如第 1 栏至第 17 栏所填内容都已填写在所附的商业发票中, 则查对各栏所显示的内容与信用证或其他单据不矛盾即可。在方格内打 "√", 表明第 1 至 17 栏内容已包括在出口商业发票中, 同时在横线上填发票号。

(19) 出口商的名称和地址一栏应照实填写出口商的名称与地址, 若与第 1 栏一致, 可直接填 "Same as Vendor"。

(20) 原产地负责人填出口公司的名称、地址及负责人名字。

(21) 主管部门的规定通常直接填 "N/A"。

(22) 如果第 23 栏至第 25 栏不适用, 查看本栏目。查对有关栏目和其他单据, 只要不矛盾即可。若第 23 栏至第 25 栏都不适用, 则在方格内打 "√"。

(23) 下列金额是否已经包括在第 17 栏内, 查对有关栏目, 只要不矛盾即可。

(24) 以下项目如不包括在第 17 栏发票总额内, 应注明金额。

① 按实际填运费和保费, 没有就填 N/A;

② 购买佣金之外的佣金, 若无就填 N/A;

③ 按实际填包装费或 N/A。

查对有关项目, 只要不矛盾即可。

(25) 核对。

① 已付专利费或售后支付款项, 一般出口业务直接打 "N/A";

② 买方提供的货物或服务, 一般进口业务直接打 "N/A"。

二、厂商发票

厂商发票(Manufacturer's Invoice)是出口货物的制造厂商所出具的以本国货币计算, 用来证明出口国国内市场的出厂价格的发票。其目的是供进口国海关估价、核税及检查是否有削价倾销行为及征收反倾销税。

三、领事发票

有些国家法令规定, 进口货物必须要领取进口国驻出口国的领事签证的发票, 这种发票就是领事发票(Consular Invoice)。有些国家有固定格式的领事发票, 有的规定由其领事在出口人的商业发票上认证即可。领事发票的作用是进口国凭以了解并证实货物的原产地, 审核有无倾销; 作为进口征税的依据; 认证费还可作为领事馆收入来源的一部分。

领事发票是一份官方的单证, 其格式各国有不同规定。有些国家有固定格式, 而有些国家仅要求卖方出具的商业发票上须由该国领事签证, 称 "领事签证发票", 这种签证会给国际贸易带来不便, 因而我国除首都外, 一般不接受该种发票, 或改为贸促会/商检局签之。

四、形式发票

形式发票(Preforma Invoice，P/I)又叫预开发票，是指出口商应进口商的要求，发出一份货物的名称、规格、单价等内容的非正式的参考性发票，供进口商向其本国外汇管理当局或贸易管理当局申请进口许可或批汇之用。

形式发票，不是一种正式的发票，不能用于托收和议付，其所列内容是双方就某种商品达成的意向，对双方无最终约束力。正式成交后，须另外重新缮制合同，作为议付凭证时还须缮制正式的商业发票。UCP600 规定"开证行应劝阻申请人试图将基础合同、形式发票等文件作为信用证组成部分的做法。"实际业务中，有时信用证在货物描述后面有"按照某月某日之形式发票"等条款，对此援引，只要在商业发票上注明"As Per Preforma Invoice No...Dated..."即可。假如来证附有形式发票，则形式发票构成信用证的组成部分，制单时要按形式发票内容全部打上。

形式发票一般包括以下几个要约：货物品名、数量、成交价格及方式、装运期、运输方式、付款方式及出口方公司的详细的银行资料等，缮制时按进口方的具体要求即可。

第三节　包装单据与出口货物明细单

一、包装单据概述

出口企业不仅在出口报关时需要提供装箱单、重量单等包装单据(Packing Documents)，信用证或合同往往也将之作为结汇单据。装箱单、重量单和尺码单(Packing List, Weight List and Measurement List)等包装单据是商业发票的一种补充单据，是商品的不同包装规格条件、不同花色和不同重量逐一分别详细列表说明的一种单据。它是买方收货时核对货物的品种、花色、尺寸、规格和海关验收货物的主要依据。

各式包装单据的制作方法与主要内容基本一致，只是着重点有所区别，如装箱单着重表示包装情况，需列明每批货物的逐件花色搭配；重量单着重说明重量情况，需列明每件货物的净重和毛重；尺码单则着重商品体积的描述。

本节主要分析装箱单。

二、信用证中包装单据条款的具体示例

【例 5.6】Mannually signed Packing List in duplicate detailing the complete inner packing specification and contents of each package.

手签装箱单一式两份，详注每件货物内部包装的规格和内容。

【例 5.7】Signed Packing List in triplicate showing gross weight, net weight, .net/net weight, measurement, color, size and quantity breakdown for each packing,if applicable.

签名的装箱单一式三份，如果适用请标明每个包装的毛重、净重、净净重、尺码、颜色、尺寸和数量。

【例 5.8】Assortment list in detail the colors,sizes and quantities in each carton and also N.W. and G.W..

花色搭配单，详注每箱货物的颜色、尺寸和数量及毛重和净重。

三、装箱单的具体缮制内容

因缮制的出口公司不同，装箱单所包含的内容也不尽相同，主要有包装单据名称、编号、日期、唛头、货名、规格、包装单位、件数、每件的货量、毛重、净重、尺码以及包装材料、包装方式、包装规格及签章等，见样单 5.3，缮制时还要按照进口方的具体要求操作。

样单 5.3　装箱单

PACKING LIST　(1)						
TO:		No.:(2)　　DATE:(3)　　S/C No.:(4)　　S/C DATE:				
FROM: _____　TO: _____						
Letter of Credit No.:　　　　　　　　　　Date:						
Shipping Marks(5)	Case Number (6)	Description of Goods (7)	Quantity (8)	G.W. (9)	N.W. (10)	Meas. (11)
		Total:　(12)				
SAY TOTAL:						
Signature　(13)						

1. 装箱单名称

装箱单名称(Name)应按照信用证规定使用，通常用"Packing List"、"Packing Specification"、"Detailed Packing List"。如果来证要求用中性包装单(Neutral Packing List)，则装箱单名称打"Packing List"，但装箱单内不能出现买卖方名称，也不能签章。

2. 编号

编号(No.)与发票号码一致，或者直接以发票号码表示，如"Invoice No.: JY20080320"。

3. 日期

填写装箱单的缮制日期(Date)，应与发票日期一致或稍晚于发票日期，有时可以直接以发票日期表示，如"Invoice Date: March 20, 2008"。

4. 合同号或销售确认书号

合同号或销售确认书号(Contract No./ Sales Confirmation No.)一栏中应注明此批货的合同号或者销售合同号。

5. 唛头

唛头(Shipping Mark)与发票一致，有的注明实际唛头，有时也可以只注"as per invoice No. ×××"。

6. 箱号

箱号(Case No.)又称包装件号码。在单位包装货量或品种不固定的情况下，装箱单需注明每个包装件内的包装情况，因此包装件应编号。

有的来证注明"Case No.1-Up"，Up 是指总箱数。当缮制单据时，出口方已经清楚总箱数为多少(如为 500 箱)，故这时应该缮打具体的箱数，如"Case No.1-500"。

案例：唛头未标明具体的箱号导致的纠纷案

【案情】国内 A 公司与国外客户 B 公司在 2001 年 1 月份签订了 1×20′ 集装箱产品 P2(货号 934)的合同。此 1×20′ 集装箱的 934 货号中，按客户要求有两种规格，每一规格有 2 种不同的包装，卖给两个不同的最终用户，意味着 4 种不同样式的产品包装。每种包装的产品 100 箱，共计 400 箱。

唛头如下。

唛头：　　　　　　　　　　侧唛：

STL-953　　　　　　　　　QTY.:　　　PCS(每箱多少支)

ITEM No. 934　　　　　　　G.W.:　　　KGS(毛重)

C/NO.1-UP　　　　　　N.W.:　　　KGS(净重)

MADE IN CHINA　　　　MEAS.:　　　CM

A 公司以为工厂会在正唛上按照箱子的流水号来编,因此 A 公司在下订单时没有注明在正唛的 "C/NO.1-" 后按照流水号来编写具体的箱号,结果工厂没有在正唛上按照箱子的流水号来编写,而产品货号又全部一样。货物到达目的港后,客户无法区分货物。该客户不得不一箱箱打开包装找货,浪费了客户人工费,造成了很严重的损失。客户提出索赔,A 公司相应给予客户赔款。但是此客户从此断绝了与我们的贸易往来。

【分析】

(1) A 公司在给工厂下订单时,在生产清单上若需工厂填写的内容,需要在英文旁边注明中文,因为很多工厂的英文水平一般,要考虑到工厂的具体情况。

(2) 在给工厂下订单时需考虑到客户的具体要求,站在客户的立场上考虑收到货后如何区分货物的问题。特殊的要求,除在生产清单上注明以外,还要跟工厂的有关人员特别强调,以防工厂对 A 公司的具体要求没有引起足够的注意,造成生产的产品不符合要求,返工,延误按期交货。

(3) A 公司须要求质检人员验货时对箱号进行严格核实,以防工厂误填。

7. 货物描述

货物描述(Description & Specification)要求与发票一致,可以使用统称。

8. 数量

数量(Quantity)一栏中可分别注明对应编号的包装件内每件所包装的货物个数和总个数,例如,第 1~10 箱,每箱装 100 Pieces,则"1~10"后对应的数量应注明"100/1000 Pieces"。"Total"栏同时注明合计总数量。

9. 毛重

毛重(G.W)一栏中应注明对应编号的单个包装件的毛重和总毛重(Sub Total),最后在合计栏处注明整批货的总毛重。如信用证或合同未要求,不注明单个包装件的毛重亦可。如为"Detailed Packing List",则此处应逐项列明。

10. 净重

净重(Net Weight)一栏中应注明对应编号的单个包装件的净重和总净重(Sub Total),最后在合计栏处注明整批货的总净重。如信用证或合同未要求,不注明单个包装件的净重亦可。如为"Detailed Packing List",则此处应逐项列明。

11. 尺码

尺码(Measurement)一栏中应注明每个包装件的对应编号的单个包装件的尺寸和总尺

寸，此单据上的尺码，应与提单上注明的尺码一致。

12. 合计

合计(Total)栏是对 7、8、9、10 四栏的合计。

13. 出票人签章

出票人签章(Signature)应与发票相同，如信用证规定包装单为"Neutral Packing List"或"Plain Paper"，则在包装单内不应出现买卖双方的名称，也不能签章。

四、装箱单缮制的注意事项

缮制装箱单应注意以下事项。

(1) 单据的名称，必须与来证要求相符，如信用证规定为"Weight Memo"，则单据名称不能用"Weight List"。

(2) 号码和日期。装箱单、重量单和尺码单等为了保持与发票一致，号码一般就注明发票号，日期也往往与发票相同。

(3) 装箱单、重量单和尺码单一般不显示收货人、价格、装运情况，对货物描述一般都使用统称概述。

(4) 装箱单着重表现货物的包装情况。从最小包装到最大包装的包装材料、包装方式一一列明。而对于重量和尺码内容，一般只体现累计总额。重量单在装箱单的基础上，详细表示货物的毛重、净重、皮重等。

(5) 特殊条款，如果信用证上要求在装箱单、重量单和尺码单上填写一些特殊条款，应照办。

(6) "中性包装单"，如进口方要求提供"中性包装单"(Neutral Packing List)时，不要注明受益人或出口人的名称，也不能盖章和签字。这是由于进口商在转让单据时，不愿将原始数据透露给其买主，故才要求出口商出具中性单据。如进口方要求使用"空白纸张"(Plain Paper)时，在单据内一般不要表现出进出口双方的任何信息，也不要加盖任何签章。

(7) 合计(Total)在数量、件数、毛重、净重及尺码这几栏，注意左右对齐和上方加总。运输包装的件数要用大写形式表示。

五、出口货物明细单

出口货物明细单用于企业内部使用及订舱或报检，其填法参照商业发票和托运单相应的内容，见样单 5.4。

样单 5.4　出口货物明细单

出口货物明细单 2001 年 9 月 9 日			银行编号		外运编号	DS2001INV205
			核销单号		许可证号	
经营 单位 (装船人)		×××××× CO.,LTD. Room 2901, HuaRong Mansion, GuanJiaQiao 85#, Shanghai 200005, P.R.China TEL:021-4711363 FAX:021-4691619	合同号	DS2001SC205		
			信用证号	LC010986		
			开证日期	2001-04-03	收到日期	2001-04-04
提 单 或 承 运 收 据	抬 头 人	TO ORDER	金额	USD29920.00	收汇方式	L/C AT SIGHT
			货物性质		贸易国别	SAUDI ARABIA
	通 知 人	SAMAN AL-ABDUL KARIM AND PARTNERS CO. POB 13552, RIYADH 44166, KSA TEL:4577301/4577312/4577313 FAX:4577461	出口口岸	TIANJIN PORT	目的港	DAMMAM PORT
			可否转运	Yes	可否分批	Yes
	运 费	Freight Prepaid	装运期限	2001-06-05	有效期限	2001-06-15

标记 唛头	货名规格及货号	件数	数量或尺码	毛重 (KG)	净重 (KG)	价格(成交条件)	
						单价	总价
N/M	CFR DAMMAM PORT, SAUDI ARABIA CANNED APPLE JAM 24 TINS X 340 GMS	2200 CARTONS	2200 CARTONS	19747.00	17952.00	USD 6.80	USD 14960.00
	CANNED STRAWBERRY JAM 24 TINS X 340 GM S	2200 CARTONS	2200 CARTONS	19747.00	17952.00	USD 6.80	USD 14960.00
	TOTAL:	4400 CARTONS	4400 CARTONS	39494.00 KGS	35904.00 KGS		USD 29920.00

SAYTOTAL: FOUR THOUSAND FOUR HUNDRED CARTONS ONLY.

本公司注 意事项		总体积		45.60CBM
	保 险 单	险别		
		保额		
		赔款地点		
外运外轮 注意事项		船名		
		海关编号		3201010101
		放行日期		
		制单员		李岩

第四节　技　能　实　训

实训模块一：商业发票的缮制

1. 实训要求

根据下述信用证(样单 5.5)的要求及相关资料缮制商业发票(样单 5.6)。

样单 5.5　信用证

```
ISSUING BANK: BANCA INTESA S.P.A., HONG KONG
ADVISING BANK: BANK OF CHINA, ZHEJIANG BRANCH.
SEQUENCE OF TOTAL        *27:   1/1
FORM OF DOC. CREDIT      *40A:  IRREVOCABLE TRANSFERABLE
DOC. CREDIT NUMBER       *20:   540370
DATE OF ISSUE            *31C:  080318
EXPIRY                   *31D:  DATE 080515 PLACE CHINA
APPLICANT                *50:   ORCHID TRADING LTD.
UNIT 513, CHINACHEM BLDG., 78 MODY ROAD, TST, KOWLOON,   HONG KONG
BENEFICIARY              *59:   ZHEJIANG CLOTHING IMP. AND EXP. CO., LTD.
902 WULIN ROAD, HANGZHOU, CHINA
AMOUNT                   *32B:  CURRENCY USD AMOUNT 18188.80
POS./NEG. TOL.(%)    39A: 05/05
AVAILABLE WITH/BY        *41D:  ANY BANK
BY PAYMENT
DRAFT AT ...             42C:   AT SIGHT
PARTIAL SHIPMENT         43P:   ALLOWED
TRANSSHIPMENT            43T:   ALLOWED
LOADING IN CHARGE        44A:   SHANGHAI CHINA
FOR TRANSPORT TO....     44B:   ROTTERDAM
DESCRIPT. OF GOODS       45A:
LADIES WEARS
STYLE NO.  P/O NO.  DESCRIPTION     QTY.        UNIT PRICE
1484020    100025   ROUNDNECK       1568PCS     USD5.40/PC
1484521    100024   JACKET          1568PCS     USD6.20/PC
CIF ROTTERDAM INCOTERMS 2000
MODE OF SHIPMENT: BY SEA
DOCUMENTS REQUIRED     46A:
```

+SIGNED COMMERCIAL INVOICE IN QUADRUPLICATE FOR CIF VALUE OF GOODS, SHOWING SEPARATELY THE L/C NO., P/O NO., STYLE NO., FREIGHT CHARGE AND INSURANCE PREMIUM.

+ORIGINAL 3/3 OF CLEAN ON BOARD OCEAN BILL OF LADING MADE OUT TO OUR ORDER AND BLANK ENDORSED, MARKED FREIGHT PREPAID AND NOTIFY LERROS MODEN GMBH, IM TAUBENTAL 35, D-41468 NEUSS, GERMANY FAX: 49-2131-3600999.

+PACKING LIST IN TRIPLICATE.

+CERTIFICATE OF CHINESE ORIGIN IN ORIGINAL.

+BENEFICIARY'S LETTER EVIDENCING THAT THE FOLLOWING DOCUMENTS HAVE BEEN DISPATCHED TO LERROS MODEN GMBH, IM TAUBENTAL 35, D-41468 NEUSS, GERMANY.

ADDITIONAL COND. 47A:

+ALL DOCUMENTS PRESENTED TO BANK SHOULD SHOW STYLE NO. AND P/O NO.

+DOCUMENTS PRESENTED WITH DISCREPANCY WHETHER INDICATED OR FOUND IS SUBJECT TO A HANDLING FEE FOR USD45.00 WHICH IS PAYABLE BY THE BENEFICIARY AND WILL BE DEDUCTED FROM PROCEEDS UPON PAYMENT.

+THIRD PARTY SHIPMENTS AND DOCUMENTS ARE ALLOWED.

+THIS L/C IS TRANSFERABLE AND L/C ADVISING BANK IS NOMINATED AS THE TRANSFERRING BANK.

+THIS CREDIT IS SUBJECT TO THE U.C.P. FOR DOCUMENTARY CREDITS(1993 REVISION) I.C.C., PUBLICATION NO. 500.

+5PCT MORE OR LESS BOTH IN CREDIT AMOUNT AND QUANTITY ARE ACCEPTABLE.

DETAILS OF CHARGES	71B:	ALL BANK CHARGES OUTSIDE CYPRUS ARE FOR THE ACCOUNT OF THE BENEFICIARY.
PRESENTATION PERIOD	48:	WITHIN 15 DAYS AFTER THE DATE OF SHIPMENT BUT WITHIN THE VALIDITY OF THE CREDIT.
CONFIRMATION	*49:	WITHOUT
INSTRUCTION	78:	ON RECEIPT OF DOCUMENTS IN ORDER AT OUR COUNTER, WE SHALL REMIT IN ACCORDANCE WITH THE NEGOTIATING BANK'S INSTRUCTION IN THE SAME CURRENCY OF THE CREDIT.

有关资料：

发票号码：04DL0F015   发票日期：2008 年 4 月 24 日   提单号码：DL930200899

提单日期：2008 年 4 月 28 日   集装箱号码： COCU5627621

集装箱封号： 2856309   CFS/CFS

船名：APL CORAL   航次：V. 034W

圆领衫，ROUNDNECK, 1568PCS, 14pcs/箱, 共 112 箱

纸箱尺码：56×38×25cms，毛重：8KGS/箱，净重：6.5KGS/箱。

拉链衫，JACKET， 1568PCS， 14PCS/箱，共 112 箱。
纸箱尺码：56×38×30cms， 毛重：0.5KGS/箱，净重：9KGS/箱。

唛头：
STACK
STYLE No.
MADE IN CHINA
C/No. 1-224

2. 空白商业发票样单

样单 5.6 COMMERCIAL INVOICE

ISSUER		COMMERCIAL INVOICE	
TO			
		No.	DATE
TRANSPORT DETAILS		S/C No.	L/C No.
		TERMS OF PAYMENT	

Marks and Numbers	Description of Goods	Quantity	Unit Price	Amount
Total:				
SAY				
Signed By				
	Signature			

实训模块二：出口货物明细单的缮制

1. 实训要求

以第二章的买卖合同背景资料(销售合同样单 2.1)缮制出口货物明细单(样单 5.7)。

2. 出口货物明细单空白样单

样单 5.7　出口货物明细单

出口货物明细单			银行编号		外运编号		
			核销单号		许可证号		
经营单位 (装船人)			合同号				
			信用证号				
			开证日期		收到日期		
提单或承运收据	抬头人		金额		收汇方式		
			货物性质		贸易国别		
	通知人		出口口岸		目的港		
			可否转运		可否分批		
	运费		装运期限		有效期限		
标记唛头	货名规格及货号	件数	数量或尺码	毛重 (kg)	净重 (kg)	价格(成交条件)	
						单价	总价
本公司注意事项			总体积				
			保险单	险别			
				保额			
				赔款地点			
外运外轮注意事项			船名				
			海关编号				
			放行日期				
			制单员				

实训模块三：单证改错

1. 信用证中有关资料如下：

ORDER	STYLE	QTY/PCS	USD/PCS
152-038	28367-J	1200	3.95
152-068	27247-W	1500	1.72

WOMENS 100PCT POLYESTER KNIT SPRING JACKET FOB SHANGHAI，CHINA

COMMERCIAL INVOICE CERTIFY THAT COMMODITES ARE OF CHINA ORIGIN

AND H.S.CODE6109.1000

已制作的商业发票(局部)如下：

MARKS & NUMBEIRS	DESCRIPTION OF GOODS	QUANTITY	UNIT PRICE	AMOUNT
	WOMENS JACKET	1500pcs 1200pcs	USD3.95/pc USD1.72/pc	USD7989.00

根据上述资料用英文改正商业发票(局部)上错误的地方，并将应添加的内容补齐：

MARKS & NUMBEIERS	DESCRIPTION OF GOODS	QUANTITY	UNIT PRICE	AMOUNT

2. 信用证条款(1)：

FM：HANG SENG BANK，HONGKONG

TO：BANK OF CHINA，NANJING

DD：040206

L/C NO：1234

L/C AMT：FOB NANJING USD350,000.00

APPLICANT：XYZ COMPANY，HONGKONG

BENEFICIARY：ABC COMPANY，NANJING

DESCRIPTION OF GOODS：4780 M/TONS OF GROUNDNUT OIL GRADES I/II/III AT

USD 700.00 PER M/TON AND ALL GRADES REQUIRED

SHIPMENT FROM NANJING TO HONGKONG

PARTIAL SHIPMENT AND TRANSSHIPMENT NOT ALLOWED

DOCUMENTARY REQUIRED：COMMERCIAL INVOICES IN 6 COPIES

信用证未对发票作任何其他规定。

受益人的有权签字人为王刚。

发票显示：

TO：XYZ COMPANY，HONGKONG(A)　　　　INVOICE NO.B122

　　　　　　　　　　　　　　　　　　　　DATE: APRIL 28,2004

GOODS：4780 M/TONS OF GROUNDNUT OIL GRADES Ⅰ/Ⅲ(B)

PRICE TERMS：USD 700.00 PER M/TON　　　TOTAL AMT：USD350,000.00(C)

PACKED IN 50 BARRELS.

ABC COMPANY，NANJING(D)

错误选项为：(　　)

正确写法为：＿＿＿＿＿＿＿＿＿

3．信用证条款(2)：

FM：HANG SENG BANK，HONGKONG

TO：BANK OF CHINA，NANJING

DD：040206

L/C NO：1234

L/C AMT：USD5,000.00

APPLICANT：XYZ COMPANY，HONGKONG

BENEFICIARY：ABC COMPANY，NANJING

DESCRIPTION OF GOODS AND/OR SERVICES：CHILDREN'S SHOES

PRICE TERMS：CIF HONGKONG

DOCUMENTARY REQUIRED：COMMERCIAL INVOICES IN 6 COPIES SHOWING BREAKDOWN OF CIF VALUE.

信用证未对发票作任何其他规定。

受益人的有权签字人为王刚。

发票显示：

TO：XYZ COMPANY，HONGKONG(A)　　　　INVOICE NO.B122

　　　　　　　　　　　　　　　　　　　　DATE: APRIL 28,2004

GOODS：CHILDREN'S SHOES(B)

PRICE TERMS：CIF HONGKONG TOTAL AMT：USD5,000.00

PACKED IN 500CTNS.

COST：USD4,550.00　　INSURANCE PREMIUM：USD40.00(C)　FREIGHT：USD400.00

ABC COMPANY，NANJING

AUTHORIZED SIGNATURE：　　　　　　　　　　　　　(D)

错误选项为：(　　)

正确写法为：＿＿＿＿＿＿＿＿＿

同 步 测 试

一、填空题

1. 发票的收货人又称发票抬头，如信用证没有指定，通常应填写_____。

2. 发票的抬头是_____，提单的抬头是_____，保险单的抬头是_____，汇票的抬头是_____。

3. 厂商发票的签发人是_____。

4. 厂商发票上的货物价格应_____商业发票上的货物价格。

5. 领事发票的签发人是_____。

6. 领事发票对进口方/国的作用有_____、_____、_____。

7. 海关发票的格式由_____的海关规定。

8. 装箱单的日期一般应_____发票日期。

9. 包装单据中，最常使用的是_____。

二、单项选择题

1. 发票上的货物数量应与信用证一致，如信用证数量使用"约、大约"字眼时，应理解为(　　)。

　　A. 货物数量有不超过 5%的增减幅度

　　B. 货物数量有不超过 10%的增减幅度

　　C. 货物数量有不超过 3%的增减幅度

　　D. 货物数量不得增减

2. 信用证要求提供厂商发票的目的是(　　)。

　　A. 查验货物是否已经加工生产

　　B. 核对货物数量是否与商业发票相符

　　C. 检查是否有反倾销行为

　　D. 确认货物数量是否符合要求

3. 国外来证规定，数量为 10 000 公吨散装货物，总金额 90 万美元，未表明可否溢短装，不准分批装运，根据 UCP600 规定，卖方发货的(　　)。

　　A. 数量和总金额均不可增减

　　B. 数量和总金额均可增减 10%以内

　　C. 数量和总金额均可增减 5%以内

D. 数量可以有 5%的伸缩，金额不得超过 90 万美元

4. 结汇单据中最重要的单据，能让有关当事人了解一笔交易的全貌，其他单据都是以其为缮制依据的单据是(　　)。

    A. 装箱单　　　　　　　　　　　B. 产地证书

    C. 发票　　　　　　　　　　　　D. 提单

5. 在信用证方式下，缮制发票时(　　)。

    A. 信用证号码可以标明，也可以省略

    B. 必须标明该笔交易中的信用证号码

    C. 必须标明该笔信用证的性质

    D. 必须标明该笔信用证对所有单据的要求

6. 目前经常使用的是(　　)。海关发票，其他的已不多见。

    A. 美国海关发票　　　　　　　　B. 日本海关发票

    C. 加拿大海关发票　　　　　　　D. 英国海关发票

7. 来证要求提供厂商发票，其目的是(　　)。

    A. 检查是否有削价倾销行为，以便确定应否征收反倾销税

    B. 是按某些国家法令规定，出口商对其国家输入货物时必须取得进口国在出口国或其邻近地区的领事签证的、作为装运单据一部分和货物进口报关的前提条件之一的特殊发票

    C. 为进口商向其本国单据申请进口许可证或请求核批外汇之用

    D. 作为国际商务单据中的基础单据，是缮制报关单、产地证、报检单、投保单等其他单据的依据

8. 包装单据一般不应显示货物的(　　)。

    A. 品名、数量　　　　　　　　　B. 单价、总金额

    C. 包装件数、品名　　　　　　　D. 品名、包装方式

9. 信用证条款如下。

L/C AMT: USD25,000.00

PARTIAL SHIPMENTS AND TRANSSHIPMENTT NOT ALLOWED.

DESCRIPTION OF GOODS AND/OR SERVICES:

MEN'S LEATHER SHOES AT USD25.00/DOZEN

PRICE TERMS: CIP NANJING

DOCUMENTS REQUIRED:SIGNED COMMERCIAL INVOICE IN 6 COPIES.

ADDITIONAL CONDITIONS: 5 PCT OF INVOICE VALUE BEING AGENT'S COMMISSION SHOULD BE DEDUCTED FROM THE GROSS VALUE OF THE GOODS AND COMMERCIAL INVOICE MUST EVIDENCE THE DEDUCTION TO THAT EFFECT.

THE GROSS VALUE OF THE GOODS BEFORE DEDUCTION OF AGENT'S COMMISSION, IF ANY, MUST NOT EXCEED THE CREDIT AMOUNT.

信用证未对货物数量及金额作其他规定。

以下为发票货物描述显示，哪一项正确？（　　）

A.

MEN'S LEATHER SHOES,1000 DOZENS,AT USD25.00/DOZEN

PRICE TERMS: CIP NANJING

TOTAL AMT: USD25,000.00

B.

MEN'S LEATHER SHOES,1050 DOZENS,AT USD25.00/DOZEN

PRICE TERMS: CIP NANJING

TOTAL AMT:　　　　　　　　　USD26,250.00

LESS 5PCT AGENT'S COMMISSION USD1312.50

　　　　　　　　　　　USD24,937.50

C.

MEN'S LEATHER SHOES,1000 DOZENS,AT USD25.00/DOZEN

PRICE TERMS: CIP NANJING

TOTAL AMT:　　　　　　　　　USD25,000.00

LESS 5PCT AGENT'S COMMISSION USD1250.00

　　　　　　　　　　　USD23,750.00

D.

MEN'S LEATHER SHOES,1000 DOZENS,AT USD25.00/DOZEN

PRICE TERMS: CIP NANJING

TOTAL AMT:　　　　　　　　　USD25,000.00

LESS 5PCT AGENT'S COMMISSION USD125.00

　　　　　　　　　　　USD24,875.00

三、多项选择题

1. 以下单据中作为发票的附属单据，对发票起着补充说明作用的是(　　)。

　　A. 运输单据　　　　　B. 保险单据　　　　　C. 装箱单　　　　D. 重量单

2. 商业发票是(　　)。

　　A. 出口方向进口方开列的发货价目清单

　　B. 买卖双方记账的依据，也是进出口报关交税的总说明

　　C. 它是结汇单证中最重要的单据，能让有关当事人了解一笔交易的全貌

D. 其他单据都是以发票为缮制依据

3. 商业发票由出口企业自行缮制，无统一格式，但基本栏目大致相同，包括以下几个部分( )。

A. 信用证介绍

B. 首文部分包括发票名称、号码、出票日期地点、抬头人、合同号、运输线路等

C. 本文部分包括货物描述、单价、总金额、唛头等

D. 结文部分包括有关货物产地、包装材料、各种证明句、发票制作人签章等

4. 唛头是货物的识别标志，运输企业在装卸、搬运时，根据唛头来识别货物，作为交货清单的发票，必须正确显示这一装运标志。唛头一般包括( )。

A. 收货人简称   B. 合同号、目的港、件号等

C. 重量、单价等   D. 体积和总价等

5. 在显示发票抬头人时，必须注意的事项有( )。

A. 抬头可以是空白的

B. 如果信用证指定了其他抬头人的，按来证规定制单

C. 如果该信用证已转让，则银行也可接受由第二受益人提交的以第一受益人为抬头的发票

D. 必须做成信用证的申请人名称、地址

6. 发票中的价格条件十分重要，以下说法正确的是( )。

A. 因为它涉及买卖双方责任的承担、费用的负担和风险的划分问题，另外，也是进口地海关核定关税的依据

B. 来证价格条件如与合同中规定的有出入，应及时修改信用证，如事先没有修改，还是应该照信用证规定制单，否则会造成单证不符

C. 也是进口地海关核定关税的依据

D. 价格可以根据具体情况酌情修改

7. 国外来证有时要求在发票上加注各种费用金额、特定号码、有关证明句，一般可将这些内容打在发票商品栏以下的空白处，大致有以下几种: ( )。

A. 唛头

B. 运费、保险费等

C. 缮打证明句。如澳大利亚来证要求加注原料来源证明句，有些国家要求加注非以色列证明句等

D. 注明特定号码，如进口许可证号等

8. 形式发票也称预开发票或估价发票，通常在未成交之前，为进口商向本国当局申请进口许可证或请求核批外汇之用。下列说法正确的是( )。

A. 形式发票不是一种正式发票

B. 能用于托收和议付，正式成交后不要另外重新缮制商业发票

C. 形式发票与商业发票的关系密切，信用证在货物描述后面常有"按照某月某日之形式发票"等条款

D. 假如来证附有形式发票，则形式发票构成信用证的组成部分，制单时要按形式发票内容全部打上

四、判断题

1. 商业发票上的货物描述应详细，与信用证严格一致，不可像其他单据那样使用统称。　　　　　　　　　　　　　　　　　　　　　　　　　　　　（　　）

2. 如果发票的货物涉及不止一个合约的，发票上显示合约号必须包括全部合约。
　　　　　　　　　　　　　　　　　　　　　　　　　　　　　　　　（　　）

3. 在出口发票上必须明确显示数量、单价、总值和贸易术语等。　　　（　　）

4. 出口发票的出票日期可以迟于装运日。有的商品，如矿砂、煤等散装货物，必须装完后才能根据装货实际重量制作商业发票。如信用证有规定，不能早于信用证的开证日。
　　　　　　　　　　　　　　　　　　　　　　　　　　　　　　　　（　　）

5. 出口货物的重量，在单据中是一项可忽视的内容，除了重量单、装箱单上应注明毛、净重外，商业发票可不必标明总的毛重、净重。　　　　　　　　　　（　　）

6. 来证规定的数量已装完，而发票金额还有一些多余，在议付行表示接受的情况下，可采取"扣除"、"放弃"的办法处理，即在总额下面减除差额零头，减除后的发票总额不超过信用证所允许的金额。　　　　　　　　　　　　　　　　　（　　）

7. 领事发票和商业发票是平行的单据，领事发票是一份官方的单证，有些国家规定了领事发票的固定格式，这种格式可以从领事馆获得。　　　　　　　　（　　）

五、问答题

1. 如果信用证没有作规定，则商业发票不需要签署。当信用证要求"signed invoice"，这时发票就需要签署；而要求"manually signed invoice"，该发票必须是手签。如果发票上有证明的字句(We certify that …)，此类发票必须签署。另外还需注意什么事项？

2. 包装单据的作用是什么？

六、操作题

依据下列合同资料缮制发票、装箱单。

(1) 出口商公司名称：SHANGHAI JINHAI IMP&EXP CORP.LTD.

(2) 进口商公司名称：ANTAK DEVELOPMENT LTD.

(3) 支付方式：20%T/T BEFORE SHIPMENT AND 80% L/C AT 30 DAYS AFTER

SIGHT

(4) 装运条款：FROM SHANGHAI TO SINGAPORE NOT LATER THAN SEP.30,2005

(5) 价格条款：CIF SINGAPORE

(6) 货物描述：MEN'S COTTON WOVEN SHIRTS

货号/规格	装运数量及单位	总金额	毛重/净重(件)	尺码
1094L	700 DOZ	USD19 180.00	33KGS/31KGS	68CM*46CM*45CM
286G	800 DOZ	USD31 680.00	45KGS/43KGS	72CM*47CM*49CM
666	160 DOZ	USD5440.00	33KGS/31KGS	68CM*46CM*45CM

包装情况：一件一塑料袋装，6件一牛皮纸包，8打或10打一外箱。

尺码搭配：

	M	L	XL
1094L:	3	3	4=10 打/箱
286G:	1.5	3	3.5=8 打/箱
666:	1.5	3.5	3=8 打/箱

(7) 唛头由卖方决定(要求使用标准化唛头)。

(8) L/C NO.123456 DATED AUG.18,2008 ISSUED BY BANK OF CHINA SINGAPORE BRANCH.

ADVISING BANK：BANK OF CHINA，SHANGHAI.

(9) 船名：HONGHE V.188

B/L NO.: ABC123   B/L DATE: 2008 年 9 月 20 日

(10) S/C NO.: 00SHGM:3178B   DATE AUG. 2, 2008

(11) INVOICE NO.SHGM:7056I

(12) Insurance Policy No.: SA05354

(13) 保险：按发票金额的 110%依中国人民保险公司 1981/1/1 的海洋货物运输保险条款投保一切险和战争险，依照仓至仓条款。

第六章　出口货运与保险单证

【学习指导】

在 CFR 和 CIF 术语条件下，由卖方负责租船订舱，在准备好货物后，为了能在合同或信用证规定的装运期内交货，出口商必须及时办理出口货物的运输手续。如果以 CIF 条件成交，应该由卖方作为投保人办理保险手续和支付保险费，保险单据的出具日期不得晚于货物在合同或信用证规定的地点装船的日期和不晚于提单签发的日期，除非保险单据表明保险责任最晚于货物在信用证规定的地点装船、发运或接管之日起生效。本章应重点掌握货运单证的流转，提单的种类、内容和缮制及保险单缮制技能。

【导入案例】

2001 年 3 月，国内某公司(以下简称甲方)与加拿大某公司(以下简称乙方)签订一份设备引进合同。根据合同规定，甲方于 2001 年 4 月 30 日开立以乙方为受益人的不可撤销的即期信用证。

信用证中要求乙方在交单时，提供全套已装船清洁提单。

2001 年 6 月 12 日，甲方收到开证银行的付款通知书。甲方业务人员审核议付单据后发现乙方提交的提单存在以下疑点。

(1) 提单签署日期早于装船日期。

(2) 提单中没有已装船字样。

根据以上疑点，甲方断定该提单为备运提单，并采取以下措施。

(1) 向开证行提出单据不符点，并拒付货款。

(2) 向有关司法机关提出诈骗立案请求。

(3) 查询有关船运信息，确定货物是否已装船发运。

(4) 向乙方发出书面通知，提出甲方疑义并要求对方做出书面解释。

乙方公司在收到甲方通知及开证行的拒付函后，知道了事情的严重性并向甲方做出书面解释并片面强调船务公司方面的责任。在此情况下，甲方公司再次发函表明立场，并指出由于乙方原因，设备未按合同规定期限到港并安装调试，已严重违反合同并给甲方造成了不可估量的损失。要求乙方及时派人来协商解决问题，否则，甲方将采取必要的法律手段解决双方的纠纷。乙方遂于 2001 年 7 月派人来中国。在甲方出具了充分的证据后，乙方承认该批货物由于种种原因并未按合同规定时间装运，同时承认了其所提交的提单为备运提单。最终，经双方协商，乙方同意在总货款 12.5 万美元的基础上降价 4 万美元并提供三年免费维修服务作为赔偿并同意取消信用证，付款方式改为货到目的港后以电汇方式支付。

请对此案例进行分析并总结经验教训。

第一节 货 运 单 证

一、托运概述

1. 托运的含义

托运是指出口企业自己或委托外运公司或有权受理对外货运业务的单位向承运单位或其代理人办理对外运输业务。

如果出口货物数量大，需要整船运输，出口企业可办理租船运输，如果出口数量不大，则可租订班轮舱位或租订非班轮的部分舱位。

海洋运输有两种方式：传统散杂货运输和现代集装箱运输。两种运输方式分别使用不同格式的托运单。

2. 托运单

托运单(Booking Note)，是托运人根据贸易合同和信用证条款内容填制的，向承运人或货运代理人办理货物托运手续的单证。承运人根据托运单内容，并结合船舶的航线、挂靠港、船期和舱位等条件考虑，认为合适后即接受托运。目前，集装箱运输越来越普遍，集装箱货物托运单一式数联，如下所述。

第1联：货主留底；

第2联：船代留底；

第3联：运费通知(1)；

第4联：运费通知(2)；

第5联：装货单；

第6联：场站收据副本大副联；

第7联：收货单(场站收据)；

第8联：货代留底；

第9、10联：配舱回单；

第11、12联：货主机动联；

附页：港务费缴纳申请书。

其中，以装货单(Shipping Order，S/O)、收货单(又称大副收据，Mate's Receipt，M/R)和场站收据(Dock Receipt，D/R)为核心。

目前第1~4联均已不用。

二、出口托运流程

1. 件杂货托运流程

(1) 托运人申请，递交托运单 S/N(Shipping Note)。

(2) 船公司承运，签发配舱回单和装货单 S/O(Shipping Order)。

(3) 托运人报检。

(4) 托运人报关。

(5) 船公司编制装货清单 L/L(Loading List)。

(6) 大副依 L/L 编制货物积载图(Cargo Plan)。

(7) 送货到码头准备装货。

(8) 货物装船后，大副签 M/R 收货单(Mate's Receipt)。

(9) 托运人凭 M/R 换提单(Bill of Lading，B/L)。

(10) 议付结汇。

(11) 装船完毕后，编出口载货清单即舱单，并对船报出口手续。

(12) 代收运费，寄单，发出装船通知。

(13) 目的港代理人收船舶抵港电报，通知收货人到港日期，做好提货准备。

(14) 付清货款取 B/L。

(15) 依货运单证编进口载货清单及有关单证，联系泊位，做好接船及卸货准备。

(16) 办理船舶进口手续并卸货。

(17) 收货人凭 B/L 换提货单 D/O(Delivery Order)。

(18) 进口报检、报关，缴纳进口税。

(19) 提货。

2. 集装箱货物货代托运程序

(1) 货代接受货主委托。

(2) 办理托运手续(填制托运单)。

(3) 订舱并取得配舱回单。

(4) 货物装箱并进港。

(5) 代理报检并取得通关单或检验证书。

(6) 代理报关并取得盖有海关放行章的装货单。

(7) 货代安排将集装箱号/封箱号/件数填入托运单，在集装箱进入指定的港区、场站后，在 24 小时内交场站的业务员加批实际收箱数并签收，即签发场站收据。

(8) 场站业务员在装船前 24 小时分批送外轮理货员，理货员于装船时交大副。然后第一联收据由场站业务员交还托运人，作为向外轮代理公司换取收货待运提单的凭证，或装船后换取装船提单。

(9) 提单交给货主。

(10) 货主发装船通知给指定人。

三、托运单的填制

托运单内容(见样单 6.1)与提单类似，其缮制参见本章第二节。

样单 6.1　托运单

1. SHIPPER		10)D/R No.
		COSCO
2)CONSIGNEE		中国远洋运输(集团)总公司
		CHINA OCEAN SHIPPING(GROUP) CO.
3)NOTIFY PARTY		
4)PLACE OF RECEIPT	5)OCEAN VESSEL	集装箱货物托运单
6)VOYAGE No.	7)PORT OF LOADING	
8)PORT OF DISCHARGE	9)PLACE OF DELIVERY	
11) CONTAINER　12) MARKS　13) No. OF CONTAINERS　14) KIND OF PACKAGES;　15)G.W.(KG) 16)MEAS(M3)/SEAL No.　　　OR PACKAGES　　　DESCRIPTION OF GOODS		

17)

18)TOTAL NUMBER OF CONTAINERS OR PACKAGES(IN WORDS)

FREIGHT & CHARGES	REVENUE TONS	RATE	PER	PREPAID	COLLECT

Ex. Rate	Prepaid at	Payable at		Place of Issue
	Total　Prepaid	No. of Original B(s)/L		

Service Type on Receiving □-CY,□-CFS,□-DOOR	Service Type on Delivery □-CY,□-CFS,□-DOOR	Reefer Temperature Required	℉	℃

TYPE OF GOODS	□ Ordinary, □ Reefer, □ Dangerous, □ Auto. (普通)　(冷藏)　(危险品)　(裸装车辆) □ Liquid, □ Live Animal, □ Bulk, □ _____. (液体)　(活动物)　(散货)	危险品	Class: Property: Imco code page: Un code No.

可否转船:	装船期:	托运人签名、盖章:
可否分批:	结汇期:	
FOB 金额:		
制单日期:		电话/传真:

注意:

(1) "No. of Original B(s)/L" 处填写所需提单数量。

(2) "Place of Issue" 处填写提单签发地点。

(3) 应标明托运货物的交接方式(如 CY-CY、CFS-CFS 等)和集装箱货物的种类(如普通、冷藏、液体等),冷藏货物注明所要求的温度。

(4) 凡危险品必须写明化学名称,注明国际海上危险品运输规则号码(Imco code page)、联合国危险品运输规则号码(Un code No.)和危险品等级(Class No.)。

(5) 填写装船期时,可以等于或早于合同、信用证规定的最迟装运期,为避免发生突发状况导致延误,最好早于规定的最迟装运期。

四、海洋运输中与实际业务相关的其他货运单证

1. 装货单

装货单(Shipping Order，S/O)是接受了托运人托运申请的船公司签发给托运人，凭以命令船长将承运的货物装船的单据。装货单既可用做装船依据，又是货主凭以向海关办理出口货物申报手续的主要单据之一，所以装货单又称"关单"。对托运人而言，装货单是办妥货物托运的证明。对船公司或其代理而言，装货单是通知船方接受装运该批货物的指示文件。

2. 收货单

收货单(Mate's Receipt，M/R)又称大副收据，是承运人收到货物的收据及货物已经装船的凭证。大副根据理货人员在理货单上所签注的日期、件数及舱位，并与装货单进行核对后，签署大副收据。托运人凭大副签署过的大副收据，向承运人或其代理人换取已装船提单。

由于托运单、装货单和收货单三份单据的主要项目基本一致，我国一些主要口岸的做法是将托运单、装货单、收货单和运费通知单等合在一起，制成一份多达 9 联甚至更多联的单据。货物装船完毕后，港区凭以向托运人收取港杂费。

3. 海运提单

海运提单(Ocean Bill of Lading，B/L)简称提单(Bill of Lading)，是一种货物所有权凭证。提单持有人可据以提取货物，也可凭此向银行押汇，还可在载货船舶到达目的港交货之前进行转让。提单的相关知识将在后文重点讲解。

4. 装货清单

装货清单(Loading List，L/L)是承运人根据装货单留底，将全船待装货物按目的港和货物性质归类，依航次、靠港顺序排列编制的装货单汇总清单，其内容包括装货单编号、货名、件数、包装形式、毛重、估计尺码及特种货物对装运的要求或注意事项的说明等。装货清单是船上大副编制配载计划的主要依据，又是供现场理货人员进行理货，港方安排驳运，进出库场以及承运人掌握情况的业务单据。

5. 舱单

舱单(Manifest)是按照货港逐票罗列全船载运货物的汇总清单。它是在货物装船完毕之后，由船运公司根据收货单或提单编制的。其主要内容包括货物详细情况、装卸港、提单号、船名、托运人和收货人姓名、标记号码等，此单作为船舶运载所列货物的证明。

6. 货物积载图

货物积载图(Cargo Plan)是按货物实际装舱情况编制的舱图。它是船方进行货物运输、保管和卸货工作的参考资料，也是卸货港据以理货、安排泊位、货物进舱的文件。

7. 提货单

提货单(Delivery Order，D/O)是收货人凭正本提单或副本提单随同有效的担保向承运人或其代理人换取的、可向港口装卸部门提取货物的凭证。

第二节　提　　单

一、提单概述

(一)提单的定义

提单(Bill of Lading)是承运人或船长或他们的代理人签发的证明已收受货物或装船，并保证在指定的目的港交付货物给指定人的单证。

(二)提单的性质

提单的性质如下。

(1)　货物收据。提单是承运人或其代理人签发的货物收据，证实已按提单所列内容收到货物。

(2)　物权凭证。提单是代表货物所有权的凭证，收货人或提单的合法持有人有权凭提单向承运人提取货物。由于提单是一种物权凭证，因而可以转让或抵押。

(3)　运输合同的证明。它是承运人与托运人之间运输协议的证明，是承运人与托运人处理双方在运输中的权利和义务问题的主要依据。

(三)提单种类

提单主要种类参见表 6.1。

表 6.1　提单种类

分类方法	提单种类	英文名称
按货物是否已装船分类	已装船提单	On Board B/L
	收讫待运提单	Received for Shipment B/L

分类方法	提单种类	英文名称
按货物外包装状况分类	清洁提单	Clean B/L
	不清洁提单	Unclean B/L
按提单收货人分类	记名提单	Straight B/L
	不记名提单	Open B/L
	指示提单	Order B/L
按不同运输方式分类	直达提单	Direct B/L
	转船提单	Transhipment B/L
	多式联运提单	Combined Transport B/L
按提单签发人分类	船公司提单	Master B/L
	货代提单	House B/L
按提单签发时间分类	预借提单	Advanced B/L
	倒签提单	Antidated B/L
	顺签提单	Postdated B/L

下面具体介绍不同种类提单的含义。

(1) 根据货物是否已装船分为已装船提单和收妥备运提单。

① 已装船提单(On Board B/L, Shipped B/L)。已装船提单是货已装船后签发的提单。除非 L/C 有特别约定,银行不接受"货装舱面"的 B/L。但可以接受"货可装舱面"的提单。

② 收妥备运提单(Received for Shipment B/L)。又称收讫待运提单,是收到托运货物后在待装船期间签发的提单。由于收妥备运提单无装船日期,银行一般不予接受。

货装船后,凭其换取已装船提单或通过加注装船批注(如 On Board May 24, 2005)转变为已装船提单。

关于装船批注,在提单缮制部分详述。

(2) 根据是否有不良批注分为清洁提单和不清洁提单。

① 清洁提单(Clean B/L)。货装船时表面状况良好,船公司未在提单上加注任何有关货物受损或包装不良等批注的提单。

② 不清洁提单(Unclean B/L, Foul B/L)。船公司在提单上对货物表面状况或包装加有不良或存在缺陷等批注的提单。如:

"… packages in damaged condition"　　　　　"……件损坏"

"iron strap loose or missing"　　　　　　　"铁条松失"

但并非所有加有批注的提单都是不清洁提单。例如:a.标注"旧包装"、"旧箱";b.强调承运人对风险不负责任;c.否认承运人知悉货物的内容、重量、容积、质量、技术规格等。

银行只接受清洁的已装船的提单。

(3) 根据提单抬头(提单"收货人")不同,分为记名提单、不记名提单和指示提单。

① 记名提单(Straight B/L)。又称收货人抬头提单,即提单上的"收货人"(Consignee)栏内填明了特定的收货人名称,只能由该特定收货人提货。此种提单不能转让。

② 不记名提单(Open B/L, Bearer B/L)。又称空白提单,来人式提单。指提单"收货人"栏内没有任何收货人或 Order 字样,而是"To Bearer",提单的任何持有人均可凭之向承运人提货,承运人交货凭单不凭人。该提单不需背书即可转让,由于风险很大,极少使用。

③ 指示提单(Order B/L)。指在提单的"收货人(抬头人)"栏内填写"To Order"("凭指定",又称空白抬头)或"To Order Of …"("凭……指定")。指示提单可经背书转让流通,这种提单既安全又便利,在实际业务中使用最为广泛。

背书的方法有以下几种。①空白背书:仅由背书人在提单背面签字,而不注明被背书人名称。②记名背书:既有背书人签章,又列明被背书人名称,即有"Deliver To …"字样。③记名指示背书:"to order of …(被背书人名称、地址)"。

目前,实际业务中使用最多的是"空白抬头、空白背书"提单。

(4) 根据不同运输方式分为直达、转船、联运和多式联运提单。

① 直达提单(Direct B/L):货物自装运港直达目的港。

② 转船提单(Transhipment B/L):是联运提单的一种,货运全程至少由两艘轮船承运,中途港换装船。

③ 联运提单(Through B/L):是指须经海运和其他运输方式联合运输(海陆、海河、海空、海海),由第一程承运人所签发的包括全程运输并能在目的港或目的地凭以提货的提单。

此种联运提单由第一程承运人收取全程运费,各程承运人的责任,只限于其本人经营船舶或其他运输工具所完成的运输。

④ 多式联运提单(Multimode Transport B/L 或 Combined Transport B/L)。

(5) 根据提单格式、内容框架不同,分为全式提单和略式提单。

① 全式提单(Long Form B/L)。亦称繁式提单,是指提单背面载有承运人和托运人权利、义务的详细条款的提单。运用较广。

② 略式提单(Short Form B/L)。也称简式提单,与全式提单的区别在于其略去了背面全部条款,或仅摘要列出。简式提单又可分为以下两种。

● 租船项下的简式提单:注有运费及其他条款根据某月某日签订的租船合同办理字样。

● 班轮项下的简式提单:一般加注类似"本提单货物的收受、保管、运输和费用等事项,均按本公司全式提单正面、背面的铅印、手写印章和打字等书面的条款和例外条款办理"的文句。

(6) 根据轮船公司经营方式不同，分为班轮提单和租船合约提单。

① 班轮提单(Liner B/L, Regular Line B/L)。采用班轮运输，由班轮公司签发的提单，船方责任以提单所定条款为准。如在价格条件中加注了班轮条件，则交单时必须提供班轮提单。

② 租船合约提单(Charter Party B/L)。采用租船运输方式，船方根据租船合约签发的提单，通常是简式提单。租船合约提单须受租船合同的制约，当事人的权利和义务以租船合同为准，所以租船合约提单并非一份完整的独立文件。

实务中，除非 L/C 明确规定接受租船合约提单，银行将不接受此类性质的提单。接受时，也常要求提供租船合同的副本。

(7) 根据提单签发日与交单日之间的关系，分为过期提单、正常提单、预签提单、倒签提单和顺签提单。

① 过期提单(Stale B/L)。UCP600 规定，受益人或其代表必须在不迟于本惯例所指的发运日之后的二十一个日历日内交单，但是在任何情况下都不得迟于信用证的截止日。凡不符合上述交单时间的提单均属于过期提单。银行一般不接受过期提单，但过期提单并非无效提单，提单持有人仍可凭以提货。

也有人把晚于载货船舶到达的提单称为过期提单。由于过期提单有时会造成货比单早到的局面，进口商可能须向船方支付过期保管费，故一般不愿接受。

② 正常提单(Un-stale B/L)。指不迟于载货船舶到达目的港或不迟于信用证规定的交单日所提交的提单。

③ 预签提单(Advanced B/L)。又称预借提单，无货提单。是指因信用证规定的装运期和交单期即将过期，而货物因故未能及时装船，但已在承运人掌握之下或已开始装船，由托运人出具保函要求承运人预签的已装船提单。

④ 倒签提单(Anti-Dated B/L；Back-Dated B/L)。指货物装船完毕后，因实际装船日晚于信用证规定的最晚装期，托运人要求承运人签发的日期早于实际装船完毕日期的提单。

就承运人而言，预借提单的风险更大。许多国家规定，承运人签发预借提单，将丧失享受责任限制和免责的权利。

预签提单和倒签提单两者都违反了提单法和海上货运法，属于欺诈行为。买方如有证据证明此类行为，有权拒付货款，拒收货物或要求退还已付货款。

⑤ 顺签提单(Post-Dated B/L)。货已交承运人(并装船完毕)掌握，托运人要求承运人签发的日期晚于实际装船日期的提单。

二、信用证中的提单条款

【例 6.1】Full set of clean on board B/L, made out to order of ABC Co., marked "Freight prepaid" notifying applicant.

全套清洁已装船提单，做成以 ABC 银行指示为抬头，注明"运费预付"并通知开证申请人。

【例 6.2】Full set of clean shipped on board marine B/L, made out to our order, marked "Freight prepaid" notifying opener, indicating L/C No., "received for shipment" B/L not acceptable.

全套清洁已装船提单，做成以开证行指示为抬头，注明"运费预付"并通知开证申请人。标明信用证号码，不接受"备运提单"。

三、提单的缮制

样单 6.2 为提单的一般结构，具体如下所述。

样单 6.2　提单

BILL OF LADING

1)SHIPPER		10)B/L No. _CARRIER_ COSCO 中国远洋运输(集团)总公司 CHINA OCEAN SHIPPING(GROUP) CO.
2)CONSIGNEE		
3)NOTIFY PARTY		
4)PLACE OF RECEIPT	5)OCEAN VESSEL	
6)VOYAGE No.	7)PORT OF LOADING	_ORIGINAL_
8)PORT OF DISCHARGE	9)PLACE OF DELIVERY	Combined Transport BILL OF LADING

11) CONTAINER　12) MARKS　13) No. OF CONTAINERS　14) KIND OF PACKAGES;　15)G.W.(KG) 16)MEAS(M3) /SEAL No.	OR PACKAGES	DESCRIPTION OF GOODS

17)					
18)TOTAL NUMBER OF CONTAINERS OR PACKAGES(IN WORDS)					
FREIGHT & CHARGES	REVENUE TONS	RATE	PER	PREPAID	COLLECT
PREPAID AT	PAYABLE AT		22)PLACE AND DATE OF ISSUE		
TOTAL PREPAID	19)NUMBER OF ORIGINAL B(S)L				
			23)SIGNED FOR THE CARRIER		
LOADING ON BOARD THE VESSEL 20)DATE	21)BY				

1) 托运人(Shipper)

托运人一般为出口企业，也就是信用证中的受益人。而 UCP600 规定："在任何单据中注明的托运人或发货人无须为信用证的受益人。"如果开证人为了贸易上的需要，要求做第三者提单(Third Party's B/L)，也可照办，UCP600 允许银行接受第三者提单。

2) 收货人(Consignee)

这是提单中的重要栏目，应严格按照信用证规定填制，一般分为三种。

(1) 记名抬头。直接写明收货人名称，例如"Full set of B/L Consigned To×××"，它的特点是收货人已经确定，不得转让。

(2) 不记名抬头。又称来人抬头提单，如"To bearer"。这种提单不需要任何背书手续即可转让或提取货物，极为简便。承运人交付货物只凭单，不凭人。这种提单若丢失或被窃，风险极大，若转入恶意的第三者手中时，极易引起纠纷，故国际上极少使用这种提单。

(3) 指示性抬头。即在"收货人"栏内有指示(Order)字样的，意即承运人凭指示付货，它可以通过指示人的背书而进行转让，有利于资金的周转，所以在国际贸易中应用较普遍。它又按照表示指示人的方法不同而分为以下三种。

① 托运人指示提单：在"收货人"栏内只填记"凭指示"(To Order)字样，由托运人背书后转让，又称空白抬头提单。

② 记名指示提单："收货人"栏内填记"凭某某指示"(To Order Of ...)，根据指示方不同分为凭托运人指示、凭收货人指示或凭进口方银行指示等情况，分别需托运人、收货人或进口方银行背书后方可转让或提货，又称记名指示抬头提单。

③ 选择指示人提单：如果在"收货人"栏内填记"某某或指示"(×××Or Order)，则称为选择指示人提单。记名指示提单中"某某"相当于记名指示提单，"或指示"相当于托运人指示提单。

背书分空白背书(Blank Endorsement)和记名背书(Special Endorsement)两种。

● 空白背书是由提单转让人在提单背面签上背书人单位名称及负责人盖章，但不注明被背书人的名称，此种流通性强，采用较普遍。

● 记名背书除同空白背书需由背书人签章外，还要注明被背书人的名称。如被背书人再进行转让，必须再加背书(如在信用证方式的出口业务中，信用证规定提单收货人是议付行，在寄单前，议付行做成记名背书给开证行，进口商付款赎单时，再由开证行背书给进口商)。

注：如果信用证要求记名提单，如"consigned to Bank"，而不是"to order"或"to order of Bank"等，则提单不得在"收货人"一栏具名人的名称前出现"to order"或"to order of"的字样，不论该字样是打印还是预先印就的。同样，如果信用证要求凭指示提单，如"to order"或"to order of"，提单就不能做成以该具名人为收货人的记名形式。

3) 被通知人(Notify Party)

一般情况下，该栏与托运单相同，主要牵涉以下四种情形。

(1) 信用证中指明了具体的被通知人，如"Notify applicant"或"Notify LERROS MODEN GMBH, IM TAUBENTAL 35, D-41468 NEUSS, GERMANY FAX: 49-2131-3600999"，则直接将"×××"的名称、地址及联系方式("LERROS MODEN GMBH, IM TAUBENTAL 35, D-41468 NEUSS, GERMANY FAX: 49-2131-3600999")写在该栏。

(2) 如果来证中没有说明哪一方为被通知人，则应将开证申请人的名称、地址填入 B/L 副本的这一栏中，而 B/L 正本的这一栏目为空白。

(3) 如"Consignee"一栏为记名式的，则该栏的内容可不填。

(4) 如来证要求两个或两个以上的公司为被通知人，出口公司应把这两个或两个以上的公司的名称和地址填写在这一栏目中。若写不下，可在结尾部分做上记号"＊"，然后在"货物描述"栏的空白地方做上同样的记号"＊",接着填写剩余的内容。

4) 前段运输(Pre-carriage by)

若是港至港提单,该栏不填;若是多式联运,则填运输工具统称,如 Train 或 Truck 等。

5) 收货地(Place of receipt)

货物如需转运,该栏填写收货的港口名称或地点,如无转运,则该栏不填。

6) 船名、航次(Ocean vessel, Voyage No.)

若是港至港提单,该栏填承运船舶的船名;若是转运提单,该栏填第二程船的船名。

7) 装货港(Port of loading)

如有转运,该栏填中转港名称;如无转运,该栏填装运港名称。

8) 卸货港(Port of discharge)

该栏应填写货物实际卸下的港口名称。如是同名港口须加注国名。

9) 交货地(Place of delivery)

该栏填船公司或承运人的交货地。如交货地就是目的港,则该栏不填。

(1) "收货地点"(place of receipt)和"交货地点"(place of delivery)这两个栏目,供提单用做"多式联运"(multi-modal transport)或"联合运输"(combined transport)运输单据时用,因为在这两种方式下,装运港、目的港和装运地、目的地不同。如是单纯的海运,则不要填这两栏。

(2) 如果收货地为集装箱堆场(CY)或集装箱货运站(CFS),且与规定的装运港相同,例如,收货地为香港集装箱堆场,装运港为香港,这些地点将被视为同一地点,因此,无须在装船批注中注明装运港和船名。

(3) 如果信用证规定了装货港及/或卸货港的地理区域或范围(如"任一欧洲港口"),则提单必须表明实际的装货港及/或卸货港,而且该港口必须位于信用证规定的地理区域或范围之内。

10) 提单号码(B/L No.)

提单号码一般列在提单右上角。这个号码与装货单、大副收据或场站收据的号码是一致的。

11) 唛头(Marks)

提单上的唛头(即运输标志)必须与其他单据上的相一致。如信用证规定有唛头,则应按信用证上的规定制作。如无唛头,散装货应注明"N/M"字样,不能填写"As Per Invoice No…"。

12) 包装件数及种类(Nos.& Kinds of Pkgs.)

该栏按货物装船的实际情况填写包装种类及总外包装件数。包装种类如木箱(Wooden case)、纸箱(Carton)、袋装(Bag)、纸板箱(Cardboard box)等,不可笼统填为件(Packages);裸装有捆(Bundle)、件(Package);散装货填"In bulk"。一张提单如果有几种不同包装应分别列明,在总数及大写部分,如果有不同的外包装类别,则可以使用 Packages。托盘及集装箱也可作为包装填列，使用托盘时，要同时显示托盘数和托盘上的小件数，如：5 Pallets(S.t.c 30 cartons)。

13)　货物描述(Description)

该栏填写对货物的描述。UCP600 允许提单使用与信用证中的描述不矛盾的概括性用语。

14)　货物毛重(Gross weight)

该栏填写承运货物的总毛重，除信用证另有规定者外一般以千克为重量单位，船公司据以计算运费。

15)　货物尺码(Measurement)

该栏填写承运货物的总体积，以立方米为体积单位，船公司据以计算运费。

有关运费计算的内容，详见第三章。

16)　特殊条款(Special Clauses)

该栏主要填写信用证或合同里要求的一些特殊内容，如：

(1)　强调显示 L/C No.、Contract No.等特殊号码。

(2)　注明不显示发票金额、单价、价格等的条款。

(3)　出现"预计"的条款。

(4)　指定船名或指定承运人。

(5)　提单要按信用证规定加注运费条款。即"Freight Prepaid"或"Freight To Collect"，并且注意与所用贸易术语的一致性。

17)　货物总包装件数的大写(Total number of containers or packages(in words))

该栏的内容要与第 12)栏一致。

18)　正本提单份数(Number of original B(S)L)

正本提单份数应按信用证规定签发，一般是 1~3 份，并用大写数字如 ONE、TWO、THREE 等。如 L/C 仅规定 Full Set，可按习惯做两份或三份正本，正本提单都要提交银行作为议付单据。

19)　已装船批注的日期和签署(Date,By)

(1)　根据 UCP600 规定，如果提单为备运提单(一般有预先印就的"received by the carrier …"等类似文字)，将备运提单转化成已装船提单的方式之一就是在该栏加注必要内容：船名、装船日期并签字或简签。此时，装船批注中所显示的日期即视为货物的装运日期。

(2)　如果提交的是预先印就"shipped on board"的提单，提单的出具日期视为装运日，除非提单带有加注日期的单独的装船批注。

(3)　"Shipped in apparent good order"、"Laden on board"、"clean on board"或其他包含"shipped"或"on board"之类用语的措词与"Shipped on board"具有同样效力。

(4) 如果提单载有"预期船只"或类似的关于船名的限定语，则需以已装船批注明确发运日期以及实际船名。

(5) 如果提单没有表明信用证规定的装货港为装货港，或者其载有"预期的"或类似的关于装货港的限定语，则需以已装船批注表明信用证规定的装货港、发运日期以及实际船名。即使提单以事先印就的文字表明了货物已装载或装运于具名船只，本规定仍适用。

20) 提单的签发地点和签发日期(Place and date of issue)

除备运提单外签发日期均为装货完毕日期，装货日期不得迟于信用证规定的装运期。提单的签发地点应按装运地点填列，除非信用证另有规定。

21) 有效的签章(Stamp&Signature)

UCP600 规定，"提单，无论名称如何，必须看似：

i. 表明承运人名称，并由下列人员签署：

● 承运人或其具名代理人；

● 船长或其具名代理人。

承运人、船长或代理人的任何签字必须标明其承运人、船长或代理人的身份。代理人的任何签字须标明其是代表承运人还是船长签字。……"

具体表示方式如下。

(1) 承运人签字。如承运人为 COSCO，则该栏显示为：

COSCO(如提单表面已有其身份和名称，则此栏可省)

(承运人代表签字)

As Carrier/The Carrier

(2) 船长签字。如承运人为 COSCO，则该栏显示为：

COSCO(如提单表面已有其身份和名称，则此栏可省)

(船长签字)

As Master/The Master

(3) 代理人签字。如承运人为 COSCO，代理人为 XYZ Shipping Co.，则该栏显示为：

XYZ Shipping Co.

(代理人代表签字)

As agent for/On behalf of the Carrier COSCO(如提单表面已有其身份和名称，则"COSCO"可省)

四、提单缮制应注意的问题

缮制提单应注意以下问题。

(1) 托运人、收货人及被通知人的填写，应严格依照信用证的要求或合同要求。见本章实训模块一。

(2) 若信用证要求注明"Freight Prepaid"或"Freight to Collect"，则一定要标注。

(3) 运输单据上可以以印戳或其他方法提及运费之外的费用。

(4) 载有诸如"托运人装载和计数"或"内容据托运人报称"条款的运输单据可以接受。

(5) 信用证或合同中要求显示的特殊条款，通常显示在货物描述栏的下面空白处。

(6) 提单的日期，如是"On board"B/L，则该时间要与最迟装运期相吻合，但注意不可使用欺诈性的预借提单和倒签提单。

(7) 除非信用证特准，提单显示"货物已装或将装舱面"(The goods are/will be on deck.)是不允许的，但显示"货物可以装舱面"(The goods may be on deck.)是可以接受的。如信用证条款容许货装舱面时，应投保舱面险。

(8) 提单必须未表明受租船合同约束。

(9) 提单上的文字如有更改时，应有提单签署人的签字，或签发提单的公司的签章。

(10) "清洁提单"的表示。

① 载有明确声明货物或包装状况有缺陷的条款或批注的提单是不可接受的，如"××包撕破"(××Bales Torn)或"××辆汽车车体表面擦刮/凹痕"(××Car Body Surfaces Scratched/ Dented)等字样。

② 即使信用证要求"清洁已装船提单"，提单也无须显示"清洁"字样。

③ 如果提单上出现"清洁"字样，但又被删除，并不视为有不清洁批注或不清洁，除非提单载有明确声明货物或包装有缺陷的条款或批注。

案例：埋下隐患的装运条款——未明确转运港

【案情】国内 A 公司从香港 B 公司进口×套德国设备，合同贸易条件为 CFR 广西梧州，装运港是德国汉堡，装运期为开出信用证后 90 天内，提单通知人是卸货港的外运公司。

合同签订后，A 公司于 7 月 25 日开出信用证，10 月 18 日香港 B 公司发来装船通知，11 月上旬 B 公司将全套议付单据寄交开证行，A 公司业务员经审核未发现不符并议付了货款。

船运从汉堡到广西梧州包括在香港转船正常时间应为 45～50 天。12 月上旬，A 公司屡次查询梧州外运公司都无货物消息，公司怀疑 B 公司倒签提单，随即电询 B 公司，B 公司答复确已如期装船。

12 月下旬，A 公司仍未见货，再次电告 B 公司要求联系其德国发货方协助查询货物下落。B 公司回电说德国正处圣诞节假期，德方无人上班，没法联络。A 公司无奈只好等待。

元月上旬，圣诞假期结束，B 公司来电，称货物早已在去年 12 月初运抵广州黄埔港，请速派人前往黄埔办理报关提货手续。此时货物海关滞报已40多天，待A公司办好所有报关提货手续已是次年元月底，发生的滞箱费、仓储费、海关滞报金、差旅费及其他相关费用达十几万元。

【分析】造成上述结果的原因主要有以下几个方面。

(1) 合同未列明转运港。A公司按经验想当然认为转运港是香港，卸货港是梧州。可德国发货方并不知道香港—梧州有船来往，他们安排了汉堡—香港—广州—梧州的运输路线，而上述路线是合理的。

(2) 原合同规定提单通知人为卸货港的外运公司较笼统。货抵黄埔后，黄埔外运不知货主是谁。按原外贸公司进口合同标准核实，提单"收货人"通常为"凭指定"，"通知人"为"目的港外运公司"。A公司认为合同目的港是梧州，因此他们只和梧州外运公司联系，根本没想到黄埔外运公司。

解决办法如下。

今后对采用 INCOTERMS "C"组术语(如 CFR，CIF，CPT，CIP)，即由合同卖方安排运输、支付运费条款的进口合同，如目的港是内河或内陆口岸，或装运港与目的港间无直达航线需要周转的。

(1) 可允许转船但要明确规定转船的地点。转船地点的选择要考虑经济和便捷的原则，最好在中国关区以外(如中国香港、新加坡等)，以避免在异地办理报关或转关手续。

(2) 合同和信用证最好要求在提单"通知人"栏打上收货人或外贸代理公司的名字、联系人姓名、电话号码等以便联系。

(3) 如有可能，进口合同尽可能采用 FOB 术语，由买方自行寻找船公司安排运输。

五、其他海运单据

1. 不可转让的海运单

海运单(Sea Waybill)是一种运输单据，在跟单信用证项下银行接受这类单据适用 UCP600 第二十一条。它意味着承运人宣称货物已经收妥待运，并且该单据是不可流通转让的，因此它不能背书给指定人。

2. 租船合约提单

(1) 在装运方式采取海运或多式联运(包括一段海运航程的情况下)，如开证申请人同意允许运输单据表示它是受到租船合约的约束，则他必须在开证指示中如此说明。如开证行同意，该行必须在信用证中加注这项条件。

(2) 根据 UCP600 第二十二条规定，银行将不审核租船合同，即使信用证要求提交租船合同。

第三节　航空运单及其他货运单证

一、航空运单

(一)航空运单概述

1. 含义

航空运单(Air Waybill)是由航空运输货物承运人或其代理人出具的、表明托运人与承运人之间运输合同的凭据。货物运抵目的地后，承运人向收货人发出"到货通知"，收货人凭"到货通知"提取货物，并在货运单上签收。

2. 性质

航空运单是承运人出具的货物收据(Cargo Receipt)，也是承运人与托运人签订的运输契约的证明。但不能凭以提货，因而不是货权凭证，不能背书转让。

(二)航空运单的填制

样单 6.3 是航空运单的基本结构，具体如下。

(1)　航空运单号(The Air Waybill Number)。

航空运单号通常印在每份运单的左上角或右下角。由 11 位数字构成。前 3 位表示航空公司的数字代号，如我国的国际航空公司的代码就是 999。第 4～10 位表示货运单序号，最后一位是检验号。

航空运单分为两种：一种是航空公司的运单，又称总运单 MAWB(Master Air Waybill)；另一种是航空货运代理公司的运单，又称分运单 HAWB(House Air Waybill)。

(2)　托运人姓名、住址(Shipper's Name and Address)。

该栏填写托运人的姓名、地址、所在国家及联络方法。

①　托运人可以是货主，也可是货运代理人。如采用的是集中托运，则通常托运人是货运代理人；如采用的是直接托运，则托运人是货主。

②　当托运的是危险货物时，必须由货主直接托运，因而托运人填写的是货主，航空公司不接受货运代理人的托运。

③　在信用证结汇方式下，托运人一般填受益人相应的信息；在托收方式下，一般填合同中买方相应的信息。

(3)　托运人账号(Shipper's Account)。

该栏只在必要时填写，以便承运人在收货人拒付运费时向托运人索偿。

样单 6.3 航空运单

Shipper's Name and Address	Shipper's Account Number	Not negotiable Air Waybill ISSUED BY Copies 1,2 and 3 of this Air Waybill are originals and have
Consignee's Name and Address	Consignee's Account Number	It is agreed that the goods described herein are accepted in apparent good order and condition for carriage SUBJECT TO THE CONDITIONS OF CONTRACT ON THE REVERSE HEREOF ALL GOODS MAY BE CARRIED BY ANY OTHER MEANS INCLUDING ROAD OR ANY OTHER CARRIER UNLESS SPECIFIC CONTRARY INSTRUCTIONS ARE GIVEN HEREON BY CONCERNING CARRIER'S ATTENTION IS DRAWN TO THE NOTICE CONCERNING CARRIER'S LIMITATION OF LIABILITY

Issuing Carrier's Agent Name and City	Accounting Information

Agent's IATA Code	Account Number

Airport of Departure (Addr of First Carrier) and Requested Routing	Optional Shipping Information

To	By First Carrier	Routing and Destination	To	By	To	By	Currency	CHGS Code	WT/VAL	Other	Declared

Airport of Destination	Flight/Date	For Carrier's Use Only

Handling Information

No. of Pieces RCP	Gross Weight	Kg	Rate Class Commodity Item No.	Chargeable	Rate/ Charge	Total	Nature and Quantity of Goods. Dimensions of Volume

Prepaid	Weight Charge	Collect

Valuation Charge

Tax

Total Other Charges Due Agent

Total Other Charges Due Carrier

Total Prepaid

Currency Conversion Rates	CC Charges in Dest Currency

For Carrier's Use Only at Destination	Charges at Destination	Total Collect Charges

ORIGINAL 3 (FOR SHIPPER)

(4)　收货人姓名、住址(Consignee's Name and Address)。

该栏应填写收货人姓名、地址、所在国家及联络方法。

①　与海运提单不同，航空运单必须是记名抬头，不得填写"To order"或"To order of shipper"字样，因为航空运单不可转让。

②　收货人可以是实际收货人，也可是货运代理人。集中托运时收货人通常是货代，直接托运时为实际收货人。

③　承运人一般不接受一票货物有两个及以上的收货人。若在实际业务中有，则在该栏内填写第一收货人，同时在通知栏内填写第二收货人。

(5)　收货人账号(Consignee's account)。

同第 3 栏一样只在必要时填写。

(6)　填写货运单的代理人名称和所在城市(Issuing Carrier's Agent Name and City)。

如该份运单由航空公司代理人 ABC Co.(Shanghai)填开，则直接将 ABC Co.(Shanghai)填在该栏即可。

(7)　代理人的 IATA 代号(Agent's IATA Code)。

该栏填写的航空公司代理人 IATA 代号，具体为代理人代码/城市代码，如 ABC/SHA。

(8)　代理人账号(Agent's Account)。

填写如前面第 3 栏。

(9)　始发站机场及所要求的航线(Airport of Departure and Requested Routing)。

该栏填写始发站机场的英文全称和所要求的运输路线。实务中一般仅填写起航机场的名称或所在城市的全称。具体填写如下。

①　当始发站机场全称不清楚时，只填始发站所在城市名称。

②　不同国家的相同城市，需填国家名称。

③　同一城市的不同机场，需填机场名称。

注意：与前面所有的单据填写一样，当 L/C 上要求"Any Chinese Airport"时，不能照填，必须写具体的机场，如"Shanghai Airport"，或写其代码"PVG"。

(10) To(by first carrier)。

该栏填写目的站机场或第一个转运点的 IATA 三字代号。

(11) By(first carrier)。

该栏填写第一个承运人的名称或 IATA 两字代号。

(12) To(by second carrier)。

该栏填写目的站机场或第二个转运点的 IATA 三字代号。

(13) By(second carrier)。

该栏填写第二个承运人的名称或 IATA 两字代号。

(14) To(by third carrier)。

该栏填写目的站机场或第三个转运点的 IATA 三字代号。

(15) By(third carrier)。

该栏填写第三个承运人的名称或 IATA 两字代号。

(16) 目的港(Airport of Destination)。

该栏填最后目的站机场的名称或三字代码，具体来说：

① 机场的三字代码按 IATA 规范标准填报，如上海浦东国际机场填为"PVG"。

② 机场名称不明确时，可填城市名称，当城市名称有重名时，应加上国名。如悉尼，当是加拿大悉尼时，填写为"SYD,CA."；当是澳大利亚悉尼时，则填写为"SYD, AU"。

(17) 航班/日期(Flight/Date for Carrier's Use Only)。

该栏填写飞机航班号及实际起飞日期。

(18) 财务说明(Accounting Information)。

该栏填写运费缴付方式及其他财务说明事项，具体包括以下几项。

① 运费支付方式：Freight Prepaid 或 Freight Collect。

② 付款方式：现金(Cash)、支票(Check)或旅费证(MCO)(用该证付款时，要填 MCO 号码、旅客客票号码、航班及日期)等。

③ 货物飞离后运费更改，将更改通知单号(CCA No.)填在本栏内。

(19) 货币(Currency)。

该栏填写 ISO 货币代码。

(20) 收费代号(CHGS Code)。

该栏一般不需填写，仅供电子传送货运单信息时用。

(21) 运费及声明价值费(WT/VAL，Weight Charge/Valuation Charge)。

此时可以有两种情况：预付(PPD，Prepaid)或到付(COLL，Collect)。如预付在 Prepaid 中填入"*"，否则填在 Collect 中。需要注意的是，航空货物运输中运费与声明价值费支付的方式必须一致，不能分别支付。

(22) 其他费用(Other)：也有预付和到付两种支付方式。

(23) 运输声明价值(Declared Value for Carriage)。

该栏填写托运人向承运人办理货物声明价值的金额。

在该栏填入发货人要求的用于运输的声明价值。当托运人不办理货物声明价值时，此栏必须打上"NVD"(No Value Declaration)。

(24) 海关声明价值(Declared Value for Customs)。

该栏填写托运人向海关申报的货物价值，当托运人不办理此项声明，则填入"NCV"(No Customs Valuation)，表明没有声明价值。

(25) 保险金额(Amount of Insurance)。

该栏只有在航空公司提供代保险业务而客户也有此需要时才填写。中国民航不代理国际货物运输保险，则该栏须打上"×××"或"NIL"(nothing)。

(26) 操作信息(Handling Information)。

该栏一般填写承运人对货物处理的有关注意事项，具体填写如下。

① 当有两个收货人时，第二通知人相应信息填写在该栏中。

② 货运单有随附文件的如"Attached Files Including Commercial Invoice, Packing List"，则显示文件的名称。

③ 货物上的标志、号码、包装方法等。

④ 如是危险品，有两种情况：需要附托运人危险品申报单时，本栏一般打上"Dangerous Goods as per Attached Shipper's Declaration"；不需要附托运人危险品申报单时，本栏则打上"Shipper's Declaration not required"。

⑤ 货物所需的特殊处理，如未完税交付"DDU"。

⑥ 其他事项。

(27) 货物件数(No. of Pieces)和运价组成点(Rate Combination Point，RCP)。

该栏填写货物包装件数。如 10 包即填"10"。当需要组成比例运价或分段相加运价时，在此栏填写运价组成点机场的 IATA 代码。

(28) 毛重(Gross Weight)。

该栏填写货物总毛重，以千克为单位时可保留小数点后一位。

(29) 重量单位(kg/lb)。

该栏可选择千克(kg)或磅(lb)。以千克为单位时代码为"K"，以磅为单位时代码为"L"。

(30) 运价等级(Rate Class)。

依航空公司的资料，该栏按实际填写运价等级的代码，其代号见表 6.2。

表 6.2　运价等级代码

代　码	运价英文名称	运价中文名称
M	Minimum	起码运费
N	Normal	45 千克以下货物适用的普通货物运价
Q	Quantity	45 千克以上货物适用的普通货物运价
C	Specific Commodity Rates	特种运价
S	Surcharge	高于普通货物运价的等级货物运价
R	Reduced	低于普通货物运价的等级货物运价
U	Unit Load Device Basic Rate	集装化设备基本运费

续表

代　码	运价英文名称	运价中文名称
E	Unit Load Device Additional Rate	集装化设备附加运费
X	Unit Load Device Additional Information	集装化设备附加说明
Y	Unit Load Device Discount	集装化设备折扣

(31) 商品代码(Commodity Item No.)。

① 在使用指定商品运价时，在该栏打印指定商品品名代码，如水果蔬菜为"0007"；

② 对等级货物运价，该栏应打印附加或附减的比例，如书报等减按 67%，则填"N67"。

(32) 计费重量(Chargeable Weight)。

该栏填写航空公司据以计算运费的计费重量，该重量可以与货物毛重相同，也可以不同。

① 当货物是重货时，可以是货物的实际毛重。

② 当货物是轻泡货时，可以是货物的体积重量。

③ 可以是较高重量较低运价的分界点的重量。

从这里我们发现，计费重量=实际毛重(重货)

计费重量=体积重量(轻泡货)

计费重量=较高重量分界点重量

(33) 费率(Rate/Charge)。

该栏填写该货物适用的费率。

① 当使用最低运费时，填写与"M"相对应的最低运费。

② 当使用代号"N"、"Q"、"C"运价代码时，填写相对应的运价。

③ 当货物为特级货物时，填写与运价"S"、"R"对应的附加、附减后的运价。

(34) 运费总额(Total)。

该栏数值应为起码运费值或者是运价与计费重量两栏数值的乘积。

(35) 货物的品名、数量，含尺码或体积(Nature and Quantity of Goods incl. Dimensions or Volume)。

该栏填写合同或信用证中规定的货物名称、数量及尺码，应注意以下事项。

① 当托运货物中含有危险货物时，应分别填写，并把危险货物列在第一项。

② 当托运货物为活动物时，应依照 IATA 活动物运输规定填写。

③ 对于集合货物，填写"Consolidation As Per Attached List"。

④ 货物的体积，表示为"长×宽×高"，如"DIMS：50×30×20"。

⑤ 当合同或信用证要求标明原产地国时，可在该栏标出货物的原产地国。

(36) 计费重量(Weight Charges)(Prepaid/Collect)。

在对应的"预付"或"到付"栏内填入按重量计算的运费额。其运费额与上述"运费总额"中的金额一致。

(37) 声明价值附加费(Valuation Charge)。

如托运人对托运货物声明价值，则在对应的"预付"或"到付"栏内填写声明价值附加费金额，其公式为：

$$声明价值附加费金额=(声明价值-实际毛重×最高赔偿额)×0.5\%$$

(38) 税款(Tax)。

在对应的"预付"或"到付"栏内填写适当的税款。

(39) 由代理人收取的其他费用(Total Other Charges Due Agent)。

在对应的"预付"或"到付"栏内填写由代理人收取的其他费用，通常填"AS ARRANGED"。

(40) 由承运人收取的其他费用(Total Other Charges Due Carrier)。

在对应的"预付"或"到付"栏内填写由承运人收取的其他费用，通常填"AS ARRANGED"。

(41) 预付费用总额(Total Prepaid)。

该栏通常填写"AS ARRANGED"。

(42) 到付费用总额(Total Collect)。

该栏填写第 37~41 栏有关预付费用之和，通常填"AS ARRANGED"。

(43) 货币兑换比例(Currency Coversation Rates)。

该栏填写目的站国家货币代码及兑换比率。

(44) 用目的站国家货币付费(CC Charges in Destination Currency)。

该栏填写目的站国家货币到付的费用总额。

(45) 仅供承运人在目的站使用(For Carrier's Use only at Destination)。

该栏一般不填。

(46) 在目的站的费用(Charges at Destination)。

该栏填写最后承运人在目的站发生的费用金额(包括利息)等。

(47) 到付费用总额(Total Collect Charges)。

该栏填写到付费用总额。

(48) 其他费用(Other Charges)。

其他费用是指除运费和声明价值附加费以外的其他费用。根据 IATA 规则各项费用分别用三个英文字母表示。其中前两个字母是某项费用的代码，如运单费就表示为 AW(Air Waybill Fee)。第三个字母是 C 或 A，分别表示费用应支付给承运人(Carrier)或货运代理人(Agent)。

(49) 发货人或其代理人签名(Signature of Shipper On His Agent)。

签名后以示保证所托运的货物并非危险品。

(50) 承运人或其代理人签字及签发运单的日期、地点(Executed on Date at Place，Signature of Issuing Carrier or It's Agent)。

签单以后正本航空运单方能生效。该栏所表示的日期为签发日期，也就是本批货物的装运日期。如果信用证规定运单必须注明实际起飞日期，则以该栏所注的实际起飞日期作为装运日期。该栏的日期不得晚于信用证规定的装运日期。

以代理人身份签章时，如同提单一样，需在签章处加注"As Agents"；承运人签章则加注"As Carrier"。

(三)航空运单填制的注意事项

根据 UCP600 第二十三条规定，填制航空运单应当注意以下几点。

(1) 收货人或指示方栏。

因航空运单不是物权凭证，是不可流通的单据，故不应要求航空运单做成"空白抬头"、"凭某具名人指示"及/或"予以背书"，通常做成记名收货人。

航空运单是直交式(Straight consigned manner)单据，当货物到达目的地机场，经证明身份，货物即可交给收货人，不需交出正本航空运单。

(2) 空运单据必须标明信用证要求的出发地机场和目的地机场。

用 IATA(International Air Transport Association，国际航空运输协会)代码而非机场全称(如用 LHR 代替伦敦西思罗机场)。

(3) 转运和分批装运。

在空运方式下，转运是指在信用证规定的出发地机场到目的地机场的运输过程中，将货物从一架飞机上卸下再装上另一架飞机的运输。如果卸货和再装不是发生在出发地机场和目的地机场之间，则不视为转运。

(4) 货物收妥待运与装运日期(空运单据)。

空运单据必须表明货物已收妥待运。

如果信用证不要求单据显示实际的发运日期，则空运单据的出具日期将被视为发运日期，即使单据在"仅供承运人使用"或类似栏位中标明了航班日期和/或航班号。如果在单据上单独批注了实际的航班日期，但信用证并未要求，则不以该日期来确定装运日期。

(5) 只需提交银行一张表明是发货人/托运人正本的单据即可。

这就说明受益人不必提交全套正本空运单或航空货运单。国际航空运输协会(IATA)对每批托运货物签有 3 份正本及 9 份副本空运单，这 3 份正本空运单分别为：

第 1 张正本空运单(交承运人)；

第 2 张正本空运单(交收货人)；

第 3 张正本空运单(交发货人)。

只有发货人才能取得第三张正本空运单，同时签发以下正式的副本，即：

第 4 张副本(交货收据)；

第 5 张副本(交目的地的航空港)；

第 6 张副本(交第三承运人)；

第 7 张副本(交第二承运人)；

第 8 张副本(交第一承运人)；

第 9 张副本(交销售代理人)；

第 10 张副本(额外的副本)；

第 11 张副本(发票)；

第 12 张副本(交发运地航空港)。

二、铁路运单

(一)对港铁路运单

对香港的铁路运输是一种特殊的租车方式的两票运输，全过程由内地段和港段两部分组成，由中国对外贸易运输公司各地分支机构和香港中国旅行社联合组织进行。其具体做法是：从发货地至深圳北站的内地段运输，由发货人或发货地外运公司依照对港铁路运输计划的安排，填写内地段铁路运单，先行将货物运往深圳北站，收货人为中国对外贸易运输公司深圳分公司。深圳外运分公司作为各外贸企业的代理，负责在深圳与铁路局办理货物运输单据的交换，并向深圳铁路局租车，然后向海关申报出口，经查验放行后，将货物运输至九龙港。货车过轨后，由深圳外运分公司在香港的代理人——香港中国旅行社向香港九龙铁路公司办理港段铁路运输的托运、报关等工作，货车到达九龙目的站后，由香港中国旅行社将货物卸交给香港收货人。由于去香港的货物中鲜活商品较多，为争取时间，并按配额发运，外贸与铁路双方协作，先后开辟了"751"、"753"、"755"三次快运货物列车，分别由湖北、上海和郑州发车，直达深圳，从而加快了运送速度，保证了商品质量，并有利于对香港市场的均衡供应，做到"优质、适量、均衡和应时"的要求。

对港铁路的两段运输，分别由内地铁路部门与香港九龙铁路当局签发内地段铁路运单与广九铁路货物运单。上述运单是铁路部门承运货物的依据，亦构成发货人或外运公司与铁路部门之间的运输契约。由于内地段铁路运单不是全程运输单据，不能作为收汇凭证，所以，目前均由各发货地的外运公司凭铁路运单以联运承运人的身份签发从起运地至香港的凭证，即承运货物收据(Cargo Receipt)，它是出口企业通过银行向进口人收取货款和香港收货人凭以提货的凭证。外运公司要对该批货物的全程运输负责。

(二)国际铁路联运单

1. 《国际货约》与《国际货协》

国际铁路货物联运是指两个或两个以上不同国家铁路当局联合起来完成一票货物的铁路运送。它使用一份统一的国际联运单据,由铁路部门经过两国或两个以上国家铁路的全程运输,并在由一国铁路向另一国铁路移交货物时不需发货人、收货人参加的一种运输方式。它通常是依据有关的国际条约如《国际铁路货物运送公约》(简称《国际货约》)、《国际铁路货物联运协定》(简称《国际货协》)等进行的。参加《国际货约》的国家共有 24 个:德国、奥地利、瑞士、法国、希腊、意大利、列支敦士登、卢森堡、比利时、荷兰、西班牙、葡萄牙、英国、土耳其、前南斯拉夫、芬兰、瑞典、挪威、丹麦、匈牙利、波兰、保加利亚、罗马尼亚和前捷克斯洛伐克。我国于 1954 年 1 月加入了苏联与东欧七国签订并实行的《国际货协》,接着蒙古、朝鲜、越南也参加了这一协定。当时参加《国际货协》的国家除中、蒙、朝、越、苏联外,还有欧洲的罗马尼亚、保加利亚、匈牙利、民主德国、波兰、阿尔巴尼亚和捷克斯洛伐克,共 12 个国家。20 世纪 90 年代,德国、波兰、捷克、斯洛伐克和匈牙利先后退出《国际货协》,但是仍采用《国际货协》的规定。

2. 国际铁路联运的范围

国际铁路联运的范围如下。

(1) 参加《国际货协》的国家之间的货物运送。发货人使用一张运单在发货站向铁路托运,即可由铁路以连带责任办理货物的全程运输,在最终到达站将货物交付收货人。

(2) 同未参加《国际货协》的国家铁路间的货物运送。发货人在发送路用国际货协运单办理至参加国际货协的最后一个过境路的出口国境站,由该站站长或收货人、发货人委托的收转人办理转运至未参加《国际货协》的国家的最终到站。反向运输亦可。

(3) 通过参加《国际货协》国的铁路港口向其他国家运送货物。使用国际货协运单将货物运至《国际货协》国港口,由港口收转人办理转发至目的地的手续。

3. 国际铁路联运的优越性

国际铁路联运具有如下优越性。

(1) 简化手续,方便收、发货人。发货人只需在始发站一次性办理托运手续,即可将货物运至另一个国家的铁路到站。发货人或收货人无须在国境站办理托运的烦琐手续。

(2) 便于在国际贸易中充分利用铁路运输的优势。实行国际铁路联运后,参加联运国的铁路连成一体,形成国际铁路运输网络,便于发货人根据货物的运输要求,充分利用铁路运输优势选择运输路径。加快国际物流速度,并节省有关费用支出。

(3) 可以及早收汇。发货人利用国际联运办理出口货物的托运手续后,即可凭车站承运后开具的有关联运凭证和其他商务单证办理结汇。保证了发货人尽早收取货款,加速资金的周转。

(4) 促进铁路沿线外向型经济及铁路运输企业的发展。通过开展国际联运，为铁路沿线的外向型经济的开发提供了有利的条件。尤其是新亚欧大陆桥的贯通，为我国沿线地区及中亚国家的经济发展提供了良好的发展机遇(新亚欧大陆桥从我国华东沿海的连云港市经新疆阿拉山口至荷兰鹿特丹港，全长 10 900 千米，是连接亚洲太平洋和整个欧洲最快捷、最廉价的重要运输通道，在跨越亚欧两大陆的国际物流中具有重要的战略地位)。

4. 国际铁路联运单

国际铁路联运单正本和运单副本是国际铁路联运的主要运输单据，它是发货人与发送国铁路之间缔结的运输合同，具体规定了参加联运的各国铁路和收、发货人之间的权利和义务，对收、发货人和铁路都具有法律效力。当发货人向始发站提交全部货物，并付清应由发货人支付的一切费用，经始发站在运单正本和副本上加盖始发站承运日期戳记，证明货物已被接妥承运后，即认为运输合同已经生效。

国际铁路货物联运单共有一式五联，除运单正本和副本外，还有运行报单、货物交付单和货物到达通知。运单正本随同货物自始发站到终点站运行，货到终点站，运单作为通知、清点和交付货物的凭证连同货物一并交给收货人。运单副本在始发站经铁路加盖承运日期戳后，退回发货人，是发货人证明货物已经发运并连同其他单证向银行办理结汇的主要单据之一。货物交收货人时，收货人在货物交付单上签收，作为收妥货物的收据，退车站备查。运行报单则为铁路内部使用。

第四节　保　险　单　证

一、保险概述

如果以 CIF 条件成交，应该由卖方作为投保人办理保险手续和支付保险费。

(一)常用海洋运输货物保险条款和险别

常用海洋运输货物保险条款和险别参见表 6.3。

表 6.3　常用海洋运输货物保险条款和险别

中国保险条款	英国伦敦协会货物运输保险条款
FPA	ICC(C)
WPA/WA	ICC(B)
ALL RISKS	ICC(A)
附加险(一般附加险、特殊附加险)	ICC 战争险、ICC 罢工险、ICC 恶意损害险

(二)我国海运货物承保责任的起讫期限

1. 基本险

平安险、水渍险和一切险的承保责任的起讫期限是采用国际保险业中惯用的"仓至仓条款"(Warehouse to Warehouse Clause，W/W)规定方法。它规定保险责任自被保险货物运离保险单所载明的起运地发货人仓库开始时生效，包括正常运输过程中的海上运输和陆上运输，直至该项货物到达保险单所载明的目的地收货人仓库为止。该条款中所指的"运离"，是指货物一经离开发货人仓库，保险责任即为开始；所指"到达"，是指货物一经进入收货人最后仓库，保险责任即告终止，对在仓库中发生的损失概不负责。如果被保险货物从海轮卸下后放在码头仓库、露天或海关仓库，而没有运到收货人仓库，保险责任继续有效，但最长负责至卸离海轮 60 天为限。如在上述 60 天内被保险货物需转运到非保险单所载明的目的地时，则以该项货物开始转运时终止。另外，被保险货物在运至保险单所载明的目的地或目的地以前的某一个仓库而发生分配、分派的情况，则该仓库就作为被保险人的最后仓库，保险责任也自货物运抵该仓库时终止。

此外，被保险人可以要求扩展保险期限，例如，我们对某些内陆国家的出口业务，如在港口卸货转运内陆，无法按保险条款规定的保险期限在卸货后 60 天内到达目的地时，即可申请扩展，经保险公司出具凭证予以延长，但需加收一定的保险费。但是，在办理扩展责任时，必须注意：在买卖合同的保险条款中对扩展期限和扩展地点应做出具体明确的规定。对于没有铁路、公路、内河等正常运输路线的地区，除非事先征得保险公司同意，一般不能规定扩展保险责任。对于散装货物一般也不办理扩展责任。

2. 战争险

海运战争险的责任起讫是自保险单所载明的起运港装上海轮或驳船时开始生效，直至到达保险单所载明的目的港卸离海轮或驳船时为止。如果货物不卸离海轮或驳船，则保险责任最长延至货物到达目的港之当日午夜起 15 天为止。如果在中途转船，则不论货物在当地卸载与否，保险责任以海轮到达港或卸货地点的当日午夜起算满 15 天为止，等到再装上续运海轮时责任恢复有效。

(三)投保流程

出口商备妥货物，并确定了装运日期和运输工具后(收到经船公司签署的配舱回单后)，即可填制投保单向保险公司投保。保险公司接受投保后签发保险单。

投保流程有两种。

投保流程一：填制投保单(Application for Insurance)(保险公司印制的一种用于办理投保

手续的业务单据)，随附信用证、发票等单证向保险公司投保，保险公司审核无误后签发保险单据。

投保流程二：以出口货物明细单或商业发票代替投保单，再加上办理保险的其他内容向保险公司投保，保险公司承保后签发保险单据。

投保人按信用证或合同的保险条款进行投保，没有规定险别的，则投保最低险别，即平安险(Free from Particular Average，FPA)。

(四)索赔流程

收货方发现货损后，应及时通知保险公司的目的港代理人查勘现场，要求第三方检验机构检验，要求承运人或者货代公司签发损坏货物证明或短装记录或货物残损清单；如果发现集装箱破损，还应要求理货公司出具损失/残损报告副本，采取保留破损的铅封等相应的措施。之后，保险公司查勘代理人出具的检验报告，收货方提交索赔单证，由查勘代理人将材料寄到国内保险公司，国内的保险公司理赔。

(五)保险单证

保险单据是保险公司在接受投保人投保后签发的，证明保险人(即保险公司)与被保险人(即投保人)之间订有保险合同的文件。当货物出险后，它是投保人索赔和保险公司理赔的主要依据。

1. 保险单

保险单(Insurance Policy)是最正式的保单形式，俗称大保单。正面印了海上保险的基本事项，背面还列明了一般保险条款的全文(当事人双方的权利和义务)。

2. 保险凭证

保险凭证(Insurance Certificate)只有正面的基本内容，无背面的保险条款，俗称小保单。在国际保险业务中，一般认定保险单与保险凭证具有同等的法律效力。

3. 联合凭证

联合凭证(Combined Certificate)又称承保证明(Risk Note)，比保险凭证更简化，保险公司仅将承保险别和保险金额以及保险编号加注在我国进出口公司开具的出口货物发票上，并正式签章即作为已经承保的证据，主要用于对港澳地区。

4. 预约保险单

预约保险单(Open Policy)是保险公司承保被保险人在一定时期内发运的，以 CIF 贸易条件成交的出口货物或以 FOB 贸易条件成交的进口货物的保险单。上面载明保险货物的范围、险别、保险费率、每批运输货物的最高保险金额以及保险费的结付方法等。货物一经起运，保险公司自动按预约保险单所列条件承保。

5. 保险单批单

保险单批单(Endorsement)是专用于修改保险单据的一种修改书，是保险条款的一个组成部分。

6. 保险声明

预约保险单项下的货物一经确定装船，要求被保险人立即以保险声明书(Insurance Declaration)的形式，将该批货物的名称、数量、保险金额、船名、起讫港口、航次、开航日期等通知保险人，保险人据以承保。银行可将保险声明书当作一项单据予以接受。

UCP600 规定"可以接受保险单代替预约保险项下的保险证明书或声明书"。

7. 暂保单

暂保单(Cover Notes)又称"临时保险书"，是保险单或保险凭证签发之前，保险人发出的临时单证。暂保单的内容较为简单，仅表明投保人已经办理了保险手续，并等待保险人出立正式保险单。使用暂保单一般有以下三种情况：①保险代理人在争取到业务，还未向保险人办妥保险单手续之前，给被保险人的一种证明；②保险公司的分支机构，在接受投保后，还未获得总公司的批准之前，先出立的保障证明；③在签订或续订保险合同时，订约双方还有一些条件需商讨，在没有完全谈妥之前，先由保险人出具给被保险人的一种保障证明。暂保单具有和正式保险单同等的法律效力，但一般暂保单的有效期不长，通常不超过 30 天。当正式保险单出立后，暂保单就自动失效。如果保险人最后考虑不出立保险单时，也可以终止暂保单的效力，但必须提前通知投保人。

必须注意，UCP600 明确规定"暂保单将不被接受"。

二、投保单

投保人办理投保，提出投保申请时，通常要填制投保单。投保单一般是保险人根据不同险种事先设计好的内容格式，由投保人在投保时填写，投保人应根据贸易、运输、货物的实际情况和信用证的要求，明确投保的险别，提出相关的保险要求，并告之货物装运等情况，保险人据此作为风险衡量、保费计算、保险合同订立的依据。各企业投保单的格式不一，但通常会包括以下内容(参见样单 6.4)。

(1) 投保人名称；

(2) 发票号码；

(3) 货物名称、包装和数量及标记;

(4) 保险金额;

(5) 运输工具、开航日期和运输路程;

(6) 赔付地及货币;

(7) 投保单位签章和投保日期。

这些内容的缮制类似于保险单,我们将在后文重点分析保险单的缮制。

样单 6.4　投保单

<table>
<tr><td colspan="5" align="center">海运出口货物投保单</td></tr>
<tr><td colspan="2">1)保险人:
中国人民保险公司</td><td colspan="3">2)被保险人:
　　　　　上海安德国际贸易公司</td></tr>
<tr><td>3)标记</td><td>4)包装及数量</td><td>5)保险货物项目</td><td colspan="2">6)保险金额</td></tr>
<tr><td rowspan="4">MASRI BRO
ALEXANDRIA
NO. 1-1330</td><td rowspan="4">1330 CTNS</td><td>**THREE FIVES BRAND STAINLESS STEEL**</td><td colspan="2" rowspan="4">USD 131,365.00</td></tr>
<tr><td>SERVER SET 　　 ART NO.S9420-7</td></tr>
<tr><td>TABLE WARE 　　 ART NO.S8310</td></tr>
<tr><td>WHISTLING KETTLE 　ART NO.S6320</td></tr>
<tr><td colspan="2"></td><td>4-PIECE TEASET 　ART NO.S5130</td><td colspan="2"></td></tr>
<tr><td colspan="5">7)总保险金额: (大写)
SAY US DOLLARS ONE HUNDRED AND THIRTY ONE THOUSAND THREE HUNDRED AND
SIXTY-FIVE ONLY.</td></tr>
<tr><td colspan="5">8)运输工具: 　　(船名) 　　　(航次)
　　　　　　　　DONGFENG 　　 V.513</td></tr>
<tr><td colspan="2">9)装运港: 　　 SHANGHAI</td><td colspan="3">10)目的港: 　　　　　 ALEXANDRIA</td></tr>
<tr><td colspan="2">11)投保险别:
ALL RISKS AND WAR RISKS AS PER OCEAN
MARINE CARGO CLAUSES OF PICC DATE 1/1/1981</td><td colspan="3">12)货物起运日期: 　　 MAY 20, 2008</td></tr>
<tr><td colspan="2">13)投保日期:

May 15, 2008</td><td colspan="3">14)投保人签字:

　　　上海安德国际贸易公司 　××××××</td></tr>
</table>

三、信用证中有关保险条款举例

【例6.3】Insurance policies or certificate, name of assured to be showed: ABC Co. Ltd.

保险单或凭证须做成以 ABC 有限公司为被保险人。

【例6.4】Air and war risks for full landed value of invoice.

按发票金额投保空运险和战争险。

【例6.5】Insurance effected by seller for account of buyer. We understand that the cost of insurance premium will be settled directly between buyer and seller outside the letter of credit.

由出口商代办保险，保险费的支付由买卖双方在信用证外解决。

【例6.6】Insurance policies issued in duplicate endorsed in blank for full invoice value plus 10 percent covering institute cargo clauses(A), institute strikes clauses(cargo), institute war clauses(cargo) with claim payable at destination in the currency of this credit.

保险单一式两份，空白背书，按发票的金额加10%投保 ICC(A)、协会罢工险和协会战争险，在目的地以信用证的货币赔付。

【例6.7】Insurance policy/certificate endorsed in blank of 110% of invoice value covering ALL Risks & War Risks as per CIC with claims payable at Singapore in the currency of draft(irrespective of percentage), including 60 days after discharge of the goods at port of destination(of at station of destination)subject to CIC.

保险单或保险凭证空白背书，按发票金额的 110%投保中国保险条款的一切险和战争险，按汇票所使用的货币在新加坡赔付(无免赔率)，并根据中国保险条款，保险期限在目的港卸船(或在目的地车站卸车)后 60 天为止。

【例6.8】Insurance policy/certificate, issued to the applicant, covering risks as per "institute cargo clauses(A) and institute war clauses(cargo)" including Warehouse to Warehouse Clause up to final destination at Bremen for at least 110 pct of CIF-Value, marked "Premium Paid", showing claims if any payable in Germany, naming settling agent in Germany.

保险单或凭证签发给开证申请人，按照伦敦保险协会条款投保 ICC(A)和协会战争险，包括"仓至仓"条款到达最后目的地不来梅港，至少按 CIF 价发票金额的 110%投保，标明保费已付、注明在德国赔付，同时表明在德国的理赔代理人的名称。

四、保险单的缮制

各家保险公司都有自己固定的保险单格式，以样单6.5为例，内容及缮制方法如下。

(1) 保险人(Nane of Insurance Company)。

填写承保此批货物的保险公司的名称。通常各个保险公司会在自己公司的保险单上事先印就以其自身为保险人。此栏应根据信用证和合同要求相应的保险公司办理，如信用证中规定"Insurance Policy by PICC"，此时表明该保险单只能由中国人民保险公司出具。

样单6.5 保险单

中国人民保险公司

THE PEOPLE'S INSURANCE COMPANY OF CHINA

总公司设于北京　　　　　一九四九年创立

Head Office:BEIJING　　　Established in 1949

保 险 单

INSURANCE POLICY

保险单号次

POLICY No.

中国人民保险公司

THIS POLICY OF INSURANCE WITNESSES THAT PEOPLE'S INSURANCE COMPANY OF

　(以下简称本公司)根据

CHINA(HEREIN AFTER CALLED"THE COMPANY") AT THE REQUEST OF ___SHANGHAI___

　　　　　　　　　　　　　　　(以下简称被保险人)的要求，

　ANDE　INTERNATIONAL TRADE CORP.___(HEREIN AFTER CALLED "THE

由被保险人向本公司缴付约定的保险费，

INSURED") AND IN CONSIDERATION OF THE　AGREED PREMIUM　PAID　TO　THE

按照本保险单承保险别和背面

COMPANY BY THE INSURED UNDERTAKES TO INSURE THE UNDERMENTIONED

所载条款与下列特款承保

GOODS IN TRANSPORTATION SUBJECT TO THE CONDITIONS OF THIS POLICY AS PER

下述货物运输保险，特立本保险单。

THE CLAUSES PRINTED OVERLEAF AND OTHER SPECIAL CLAUSES ATTACHED HEREON.

标记	包装及数量	保险货物项目	保险金额
MARKS&No.S	QUANTITY	DESCRIPTION OF GOODS	AMOUNT INSURED
MASRI BRO ALEXANDRIA NO. 1-1330	1330 CTNS	THREE FIVES BRAND STAINLESS STEEL	USD 131365.00

保险金额:

TOTAL AMOUNT INSURED: <u>SAY US DOLLARS ONE HUNDRED AND THIRTY ONE THOUSAND THREE HUNDRED AND SIXTY FIVE ONLY.</u>

保费	费率	装载运输工具

PREMIUM <u>AS ARRANGED</u>　　　RATE <u>AS ARRANGED</u>　　　PER CONVEYANCE S.S. <u>DONGFENG V.123</u>

开航日期　　　　　　　　　　　　　自　　　　　　　　至

SLG. ON OR ABT <u>AS PER BILL OF LADING</u>　FROM <u>SHANGHAI</u>　TO <u>ALEXANDRIA</u>

承保险别:

CONDITIONS:

<u>ALL RISKS AND WAR RISKS(INCLUDING WAREHOUSE TO WAREHOUSE) AS PER OCEAN MARINE CARGO CLAUSES OF P.I.C.C. DATED 1/1/1981</u>

所保货物，如遇出险，本公司凭本保险单及其他有关

CLAIMS IF ANY PAYABLE ON SURRENDER OF THIS POLICY TOGETHER WITH OTHER

证件给付赔偿。所保货物，如果发生本保险单

RELEVANT DOCUMENTS IN THE EVENT OF ACCIDENT WHEREBY LOSS OR DAMAGE

项下负责赔偿的损失或事故，应立即通知

MAY RESULT IN A CLAIM UNDER THIS POLICY IMMEDIATE NOTICE APPLYING FOR

本公司下属代理人查勘。

SURVEY MUST BE GIVEN TO THE COMPANY AGENT AS MENTIONED HEREUNDER.

<u>BROWN BROTHERS INSURANCE</u>
<u>455 COCONUT STREET</u>
<u>PENANG, MALAYSIA</u>
<u>TEL: 060-547039</u>

中国人民保险公司上海分公司
THE PEOPLE'S INSURANCE COMPANY OF CHINA
SHANGHAI BRANCH
General manager　何静芝

赔款偿付地点

CLAIM PAYABLE AT/IN <u>ALEXANDRIA IN USD</u>

日期

DATE <u>May 18，2008 SHANGHAI</u>

地址：中国上海中山东一路 23 号　TEL:3234305 3217466-44

Telex:33128 PICCS CN.

Address: 23 Zhongshan Dong Yi Lu, Shanghai, China. Cable: 42003 Shanghai

(2) 保险单据名称。

此栏依照信用证和合同填写，如来证规定"Insurance Policy In Duplicate"，此时出具的应是保险单(Insurance Policy)而非保险凭证(Insurance Certificate)。

UCP600 第二十八条规定："c. 暂保单将不被接受。d. 可以接受保险单代替预约保险项下的保险证明书或声明书。"

(3) 发票号码(Invoice No.)。

此栏直接填写商业发票的号码。

(4) 保险单号(Policy No.)。

此栏填写保险公司的保险单号码。

(5) 被保险人(Insured)。

① 托收方式下，填出口商；信用证项下，除非有特别规定，此栏一般为信用证的受益人，并由其背书。

② 若信用证要求"to order of ×××　bank"或"in favour of ×××　bank"，此时有两种填写方法。

a. 填"×××(出口公司名称) held to order of ×××　bank"或"×××(出口公司名称)in favour of ×××　bank"，并由该出口公司背书。

b. 直接填写"×××　bank"，且不需要背书。

③ 信用证要求以×××为抬头人，则直接填×××，并不可背书。如信用证规定"name of assured to be showed: DEF Co.Ltd"，则直接填"DEF Co.Ltd"。

④ 信用证规定保险单据做成指示抬头"To order"，则在该栏直接显示"To order"，并由受益人背书。

⑤ 信用证规定，保单抬头为第三者名称即中性名义，则在该栏可填为"To whom it may concern"。

⑥ 在 FOB、CFR、FCA、CPT 术语条件下，本应由外商买保险，若对方委托我方进行，如"Insurance effected by seller for account of buyer"，该种情形下：若为汇付、托收方式，直接填出口商；若为信用证结算方式，填"×××(出口公司名称)on behalf of(外商名称)"。

(6) 标记(Marks)。

标记即"唛头"，填写货物的装运标志。如唛头较复杂，也可以简单填写"As per Invoice No.×××"。

(7) 保险货物项目(Description of Goods)。

此栏填写商品的名称，如果品名繁多，可用商品的统称，与提单上该项内容保持一致。

(8) 包装及数量(Packing Unit and Quantity)。

此栏填写商品外包装的数量及种类。

(9) 保险金额(Amount Insured)。

① 按信用证规定的金额及加成率投保。如信用证对此未做具体规定，则按 CIF 或 CIP 或发票金额的 110%投保。

② 采用"进一取整"法，即计算出的保险金额只要有小数，一律往前进一位，注意不是采用"四舍五入法"，如算出的金额为 123.001 与 123.988，这两种情形下，都填为 124。

关于投保金额，UCP600 第二十八条"保险单据及保险范围"作了明确规定："……f.i.保险单据必须表明投保金额并以与信用证相同的货币表示。ii.信用证对于投保金额为货物价值，发票金额或类似金额的某一比例的要求，将被视为对最低保额的要求。

如果信用证对投保金额未做规定，投保金额须至少为货物的 CIF 或 CIP 价格的 110%。

如果从单据中不能确定 CIF 或者 CIP 价格，投保金额必须基于要求承付或议付的金额，或者基于发票上显示的货物总值来计算，两者之中取金额较高者。"

(10) 总保险金额(大写)(Total Amount Insured)。

此栏应填写保险金额的大写，与第 9 栏的金额一致。

(11) 投保险别(Conditions)。

此栏填写信用证规定的投保险别，除注明险别名称外，还应注明险别适用的文本及日期。例如：

Covering All Risks and War Risk as per PICC(CIC) dated 1/1/1981.

Covering Marine Risks Clause as per ICC(A) dated 1/1/1982.

如信用证允许货物装在舱面，而提单亦已载明"On Deck"的，保险单亦应注明"On Deck"。此时，应加保"Jettison and /or Washing Overboard"(抛弃和浪击落海)附加险，保险公司才负赔偿责任。

UCP600 规定：信用证应规定所需投保的险别及附加险(如有的话)。如果信用证使用诸如"通常风险"或"惯常风险"等含义不确切的用语，则无论是否有漏保之风险，保险单据将被照样接受。

(12) 保费(Premium)。

此栏一般已由保险公司填制或已经印好"AS ARRANGED"。但若来证要求"Insurance Policy endorsed in blank full invoice value plus 10% marked Premium paid USD ×××"，此时应将原有的"AS ARRANGED"删除，加盖校对章后打上"paid"或"paid USD ×××"。

(13) 运输工具(Per Conveyance S.S.)。

此栏填写运输工具名称。如采用海运则根据配舱回单填写相应的承运船名及航次。如运输由两程完成，则分别填写第一程船名/第二程船名，如"Dongfanghong/Ndyas"。

(14) 货物起运日期(Sailing on or about)。

此栏填写提单日期(on)，或填写提单签发日前 5 天内的任何一天的日期，或直接填"As per B/L"。

(15) 装运港(From)。

此栏按信用证规定的货物的装运港口填写。

(16) 目的港(To)。

此栏按信用证规定的货物的卸货港口填写。

若货物经过中转，则使用"W/T"或"VIA"，表明进行了中转，如"From Shanghai to Hamburg via Singapore"。若海运至目的港，保险承保至内陆的城市，则在目的港后继续注明"转运至××"，如"From Shanghai to Hamburg in transit to Berlin"。

(17) 赔款偿付地点(Claim payable at)。

如来证无具体规定，此栏则填目的港或目的地，因为货到目的地后，才会发现货物损坏问题，才会有赔偿问题。同时须载明赔款支付币种，赔款货币一般为与投保金额相同的货币。

(18) 日期(Date)。

日期是指保险单的签发日期。由于保险公司提供"仓至仓条款"，故保险手续应在货物离开出口方仓库前办理。保险单据的出具日期不得晚于货物在信用证规定的地点装船、发运或接管的日期和不晚于提单签发的日期，除非保险单据表明保险责任最晚于货物在信用证规定的地点装船、发运或接管之日起生效。

(19) 保险人签字。

此栏要有保险公司的公章并由保险公司授权签字人签字。

关于保险单据的签发人，UCP600 规定：保险单据，例如保险单或预约保险项下的保险证明书或者声明书，必须看似由保险公司或承保人或其代理人或代表出具并签署。如果保险单据表明其以多份正本出具，所有正本均须提交。

缮制保险单据应注意以下事项。

(1) 如来证无其他规定，保险单的被保险人应是信用证上的受益人，并加空白背书。

(2) 保险的险别与保险金额应与来证规定相符。

(3) 保单签发日期不能晚于提单。

(4) 银行不接受由保险经纪人开出的暂保单。

(5) 如果从信用证或单据明显可知最终发票金额仅仅是货物总价的一部分(例如由于折扣、预付或类似情况，或者由于部分价款将晚些支付)，则保险金额应以货物的总价为基础来计算。参见本章实训模块二。

(6) 保险单的背书可分为空白背书(该种背书可自由转让)和记名背书(该种背书不便转让)，如未指明，通常理解为空白背书。

第五节 技能实训

实训模块一：提单缮制

1. 实训要求

根据第五章"实训模块一"的信用证(样单 5.5)及相关补充资料填制提单。

2. 空白提单样本

空白提单样本参见样单 6.6。

样单 6.6 提单

BILL OF LADING

1)SHIPPER		10)B/L No. *CARRIER*
		COSCO
2)CONSIGNEE		中国远洋运输(集团)总公司
3)NOTIFY PARTY		CHINA OCEAN SHIPPING(GROUP) CO.
4)PLACE OF RECEIPT	5)OCEAN VESSEL	
6)VOYAGE No.	7)PORT OF LOADING	*ORIGINAL*
8)PORT OF DISCHARGE	9)PLACE OF DELIVERY	Combined Transport BILL OF LADING

样单 6.6(续)

11) CONTAINER 12) MARKS 13) No. OF CONTAINERS 14) KIND OF PACKAGES 15) G.W.(KG) 16) MEAS(M3) SEAL No.	OR PACKAGES	DESCRIPTION OF GOODS
17)		

18)TOTAL NUMBER OF CONTAINERS
    OR PACKAGES(IN WORDS)

FREIGHT & CHARGES	REVENUE TONS	RATE	PER	PREPAID	COLLECT

PREPAID AT	PAYABLE AT	22)PLACE AND DATE OF ISSUE
TOTAL PREPAID	19)NUMBER OF ORIGINAL B(S)L	
		23)SIGNED FOR THE CARRIER
LOADING ON BOARD THE VESSEL		
20)DATE	21)BY	

实训模块二：保险单缮制

1．实训要求

根据第五章"实训模块一"的信用证(样单 5.5)及相关补充资料填制保险单。

2．空白保险单样本

空白保险单样本参见样单 6.7。

样单 6.7　保险单

中国人民保险公司

THE PEOPLE'S INSURANCE COMPANY OF CHINA

总公司设于北京　　　　一九四九年创立

Head Office:BEIJING　　　Established in 1949

保 险 单

INSURANCE POLICY

保险单号次

POLICY No.

中国人民保险公司

THIS POLICY OF INSURANCE WITNESSES THAT PEOPLE'S INSURANCE COMPANY OF

(以下简称本公司)根据

CHINA (HEREIN AFTER CALLED"THE COMPANY") AT THE REQUEST OF ＿＿＿＿＿＿＿

　　　　　　　　　　(以下简称被保险人)的要求，

＿＿＿＿＿＿＿＿＿＿＿＿＿＿＿＿＿＿＿＿＿＿(HEREIN AFTER CALLED "THE

由被保险人向本公司缴付约定的保险费，

INSURED") AND IN CONSIDERATION O F THE AGREED PREMIUM　PAID　TO　THE

按照本保险单承保险别和背面

COMPANY BY THE INSURED UNDERTAKES TO INSURE THE UNDERMENTIONED

所载条款与下列特款承保

GOODS IN TRANSPORTATION SUBJECT TO THE CONDITIONS OF THIS POLICY AS PER

下述货物运输保险，特立本保险单。

THE CLAUSES PRINTED OVERLEAF AND OTHER SPECIAL CLAUSES ATTACHED HEREON.

标记 MARKS&No.S	包装及数量 QUANTITY	保险货物项目 DESCRIPTION OF GOODS	保险金额 AMOUNT INSURED

保险金额:

TOTAL AMOUNT INSURED:_____

保费	费率	装载运输工具
PREMIUM <u>AS ARRANGED</u>	RATE <u>AS ARRANGED</u>	PER CONVEYANCE S.S._____

开航日期 自 至

SLG. ON OR ABT _____ FROM_____ TO_____

承保险别:

CONDITIONS:

所保货物, 如遇出险, 本公司凭本保险单及其他有关

CLAIMS IF ANY PAYABLE ON SURRENDER OF THIS POLICY TOGETHER WITH OTHER

证件给付赔偿。所保货物, 如果发生本保险单

RELEVANT DOCUMENTS IN THE EVENT OF ACCIDENT WHEREBY LOSS OR DAMAGE

项下负责赔偿的损失或事故, 应立即通知

MAY RESULT IN A CLAIM UNDER THIS POLICY IMMEDIATE NOTICE APPLYING FOR

本公司下属代理人查勘。

SURVEY MUST BE GIVEN TO THE COMPANY AGENT AS MENTIONED HEREUNDER.

中国人民保险公司×××分公司

THE PEOPLE'S INSURANCE COMPANY OF CHINA

×××BRANCH

General manager ××××

赔款偿付地点

CLAIM PAYABLE AT/IN_____

日期

DATE_____

地址: ××× TEL: ××× TELEX: ×××

Address: ×××

实训模块三：单据改错

1．信用证条款(1)

APPLICANT: XYZ COMPANY，PITTSBURG

BENEFICIARY: ABC COMPANY，NANJING

SHIPMENT FROM: SHANGHAI

FOR TRANSPORTATION TO: NEW YORK

TRANSHIPMENT: ALLOWED

DOCUMENTS REQUIRED: FULL SET OF CLEAN ON BOARD OCEAN B/L MADE OUT TO ORDER BLANK ENDORSED NOTIFYING APPLICANT MARKED FREIGHT PREPAID.

信用证未对提单作任何其他规定。

提单显示：

SHIPPER: GOOD FORTUNE COMPANY，SHANGHAI(A)　　CONSIGNEE: TO ORDER

NOTIFY PARTY: APPLICANT(B)　　　　　　PLACE OF RECEIPT: NANJING(C)

PORT OF LOADING: SHANGHAI(D)　　　　　PORT OF DISCHARGE: NEW YORK

错误选项为：(　　)

正确写法为：_____

2．信用证条款(2)

SHIPMENT FROM: NANJING

FOR TRANSPORTATION TO: LONDON

L/C AMOUNT: CIF LONDON USD10,000.00

DOCUMENTS REQUIRED: FULL SET OF CLEAN ON BOARD OCEAN B/L; MADE OUT TO ORDER OF SHIPPER BLANK ENDORSED.

ADDITIONAL CONDITIONS:

FREIGHT TO BE PREPAID AND INSURANCE TO BE PROCURED BY BENEFICIARY.

信用证未对提单作任何其他规定。

提单显示：

CONSIGNEE: TO ORDER OF SHIPPER(A) PORT OF LOADING: NANJING(B)

PORT OF DISCHARGE: LONDON(C)　　　FREIGHT: FREIGHT TO BE PREPAID(D)

错误选项为：(　　)

正确写法为：_____

3．信用证条款(3)

DOCUMENTS REQUIRED: INSURANCE POLICY COVERING MARINE TRANSPORTATION

ALL RISKS AS PER INSTITUTE CARGO CLAUSES(A) WITH CLAIMS PAYABLE AT NEW YORK.

保险单据显示：

<u>CERTIFICATE OF INSURANCE</u>
　　　　　　　　　　A

COVERING MARINE TRANSPORTATION <u>ALL RISKS</u> AS PER <u>INSTITUTE CARGO</u>
　　　　　　　　　　　　　　　　　B　　　　　　　　　C

<u>CLAUSES(A)</u> WITH CLAIMS PAYABLE <u>AT NEW YORK.</u>
　　　　　　　　　　　　　　　　D

错误选项为：（　　）

正确写法为：_____

4．信用证条款(4)

SHIPMENT FROM SHANGHAI TO NEW YORK BY SEA

TRANSHIPMENT: ALLOWED IN HONGKONG ONLY

DOCUMENTS REQUIRED: INSURANCE POLICY COVERING MARINE TRANSPORTATION ALL RISKS AS PER INSTITUTE CARGO CLAUSES(A).

信用证未对保险单据作出任何其他规定。

保险单据显示：

<u>INSURANCE POLICY</u>
　　　　A

COVERING SHIPMENT FROM <u>SHANGHAI</u> TO <u>HONGKONG</u>
　　　　　　　　　　　　B　　　　　C

RISKS COVERED: MARINE TRANSPORTATION <u>ALL RISKS AS PER ICC(A)</u>
　　　　　　　　　　　　　　　　　　　D

错误选项为：（　　）

正确写法为：_____

实训模块四：案例分析

(1) 我国某出口公司 G 收到国外来证，其中在"DOCUMENT REQUIRED"中要求如下："BENEFICIARY'S SIGNED DECLARATION STATING THAT: 1/3 ORIGINAL MARINE B/L AND ONE SIGNED ORIGINAL OF EACH OTHER DOCUMENT PRESENTED AT THE BANK WERE SENT DIRECTLY TO BLL HAIFA BY SPECIAL COURIER(IF SHIPMENT EFFECTED BY SEA) OR PHOTOCOPY OF ORIGINAL CERTIFICATE OF ORIGIN AND

ONE SIGNED ORIGINAL OF EACH DOCUMENT PRESENTED AT THE BANK WAS ATTACHED TO ATD ACCOMPANYING THE GOODS(IF SHIPMENT EFFECTED BY AIR)"(受益人签署的声明书,证明 1/3 正本提单和其他正本单据通过特快直接寄给 BLL HAIFA(如果是通过海运)或原产地证书的副本和其他正本单据已随货物(若通过空运))。

G 公司将全套单据(3 份)正本提单及所要求的发票、装箱单及其他 REQUIRED DOCUMENTS 交给中国深圳通知行,后经中行复审无异后,交全套单据寄往国外开证银行承兑。

中行于到期日收到开证行通知,"因所交单据与信用证要求不符,拒付货款。不符之处为:信用证在所需单据第(7)款中要求,若为海运,1/3 的正本单据需用特快专递直接寄往 BLL HAIFA"。

因此,G 公司立即与客户联系,说明由于工作疏忽没有按信用证要求办理,请其尽快付款赎单。不日客户办理了付款赎单,终于顺利解决了此案。

请分析:① "1/3 正本提单"条款对受益人有何风险?②进口方为何要求在信用证中列入 "1/3 正本提单"条款?③如信用证中出现 "1/3 正本提单"条款,出口方该如何妥善处理?

(2) 中国甲公司进口一批日产空调,合同规定以信用证支付。甲公司开出的信用证规定装船期为 7 月 10~20 日,由承运人所属的 "SALA" 号货轮承运上述货物。"SALA" 号货轮在装货港外锚地因遇大风走锚,与另外一艘在锚地待泊的油轮相撞,使 "SALA" 号不能如期装货。"SALA" 号最后于 8 月 15 日完成装货,船长在接受了托运人出具的保函的情况下签发了与信用证一致的提单,并办理了结汇。由于船舶延迟到港,错过了空调的销售季节,给甲公司造成了很大损失。甲公司为此向承运人提出了索赔要求。你认为承运人是否应承担责任?

(3) 某份即期付款信用证(适用 UCP500),规定提交全套海运提单,禁止分批装运,起运港为中国港口,卸货港为美国港口,最迟装运日期为 2005 年 4 月 10 日。受益人甲公司按照信用证规定于 4 月 1 日将一部分货物在上海港装上 "胜利" 号轮,又于 4 月 5 日将剩余货物从黄埔港装上同一轮船,目的港均为美国纽约港。因此,甲公司取得了上海港和黄埔港签发的两套提单。甲公司在交单期内将单据交开证银行要求付款,但是遭到拒付,理由是分批出运。请问,开证行的拒付理由是否成立?

(4) G 公司以 CIF 价格条件引进一套英国产检测仪器,因合同金额不大,合同采用简式标准格式,保险条款一项只简单规定 "保险由卖方负责"。到货后,G 公司发现一部件变形影响其正常使用。G 公司向外商反映要求索赔,外商答复仪器出厂经严格检验,有质量合格证书,非他们责任。后经商检局检验认为是运输途中部件受到振动、挤压造成的。G 公司于是向保险代理索赔,保险公司认为此情况属 "碰损、破碎险" 承保范围,但 G 公司提供的保单上只保了 "协会货物条款"(C),没保 "碰损、破碎险",所以无法赔付。G 公司无奈只好重新购买此部件,既浪费了金钱,又耽误了时间。

问：G 公司的失误在哪里？当合同保险条款只简单规定"保险由卖方负责"时应该注意哪些事项？

同 步 测 试

一、填空题

1. 国际货物运输的主体是_____、进出口货物收发货人和_____。

2. 合同规定保险负责到卸货港，L/C 规定保险至内陆目的地，如果来不及修改信用证，投保单的保险目的地一栏应填为_____。

3. 从法律规定看，提单的基本作用是_____、_____和_____。

4. 提单常见的背书分为_____和_____。

5. 装船日期是由提单日期证明的。根据 UCP600，已装船提单的_____为装运日，备运提单的_____为装运日。

6. 如果提单的抬头为"TO ORDER OF SHIPPER"，则提单首先应由_____背书。

7. 保险单是一种权利凭证，和提单一样可以_____转让。

二、单项选择题

1. 必须经过背书才能进行转让的提单是（　　）。

   A. 记名提单　　　　　　　　　　B. 来人提单

   C. 指示提单　　　　　　　　　　D. 一般提单

2. 根据 UCP600，除非信用证另有规定，银行不接受的提单是（　　）。

   A. 转运提单　　　　　　　　　　B. 第三方托运人提单

   C. 多式联运提单　　　　　　　　D. 注明货装舱面的提单

3. 根据 UCP600 的规定，以下所注内容可以被接受的提单是（　　）。

   A. 提单显示 SHIPPED ON DECK

   B. 提单显示 THE GOODS MAY BE CARRIED ON DECK

   C. 提单显示 FOUR CARTONS ARE BROKEN

   D. 提单显示 PACKAGES IS NOT SUFFICIENT FOR THE SEA JOURNEY

4. 信用证规定：装货港为 NEW YORK，卸货港为 NANJING，不允许转运，要求提供全套海运提单。

提单显示：

(1) PORT OF LOADING: NEW YORK

(2) ON BOARD OCEAN VESSEL: FREEDOM V. 123 AT NEW YORK

(3) PORT OF DISCHARGE: NANJING

(4) ON BOARD OCEAN VESSEL: YANGZIJIANGV.345 AT NANJING FOR TRANSPORTATION TO PLACE OF FINAL DESTINATION:WUHU

以下关于提单陈述正确的是( )。

A. 提单可以接受，因为在整个航程中未发生转运

B. 提单可以接受，因为在信用证规定的装运港及卸货港之间未发生转运

C. 提单有不符点，因为在整个航程中发生了转运

D. 提单有不符点，因为最终目的地与信用证不符

5. 某份可转让信用证开证金额为USD22,000.00，同时规定保险单据的投保金额是发票金额的110%，禁止分批装运。第一受益人拟将USD12,100.00通过银行转让给第二受益人。为了满足原信用证规定的保额，应规定保险单据的投保比例为( )。

A. 100%   B. 110%   C. 200%   D. 210%

6. 出口商安排海运托运的正确排序是( )。

A. 办理托运，领取装运凭证/装货、装船/换取提单/向买方发出装船通知

B. 向买方发出装船通知/办理托运/领取装运凭证/装货、装船/换取提单

C. 办理托运/装货、装船/领取装运凭证/换取提单/向买方发出装船通知

D. 向买方发出装船通知/办理托运/装货、装船/领取装运凭证/换取提单

7. 以下不属于货运单证的是( )。

A. 国际货物托运委托书

B. 海运装货单

C. 集装箱场站收据

D. 装运通知

8. 租船运输是相对于班轮运输的另一种江海运输方式，租船运输又被称为( )运输。

A. 航程租船   B. 定期租船

C. 光船租船   D. 不定期租船

9. 投保单上的投保金额如为发票金额的( )以上，需征得保险公司同意方可投保。

A. 110%   B. 130%   C. 100%   D. 105%

10. 国外来证规定装运期为"于或约于9月15日"(On or about September 15)，并注明按UCP600规定办理，则我方装船期应为( )。

A. 9月12日—9月18日

B. 9月10日—9月20日

C. 9月5日—9月25日

11. 我方与泰国客户成交出口机器200台，来证规定不得分批装运，并受UCP600约束。但我方货100台在上海，100台在厦门，适有船从天津开往泰国，途经上海、厦门停靠，

我们可(　　)。

  A.　请客户改证允许分批装运

  B.　将上海的 100 台机器运厦门装船

  C.　在上海、厦门分别装上这一航次的轮船

12. 来证规定大米 1000 公吨, 不准分运, 我因备货关系, 10 月 1 日装 500 公吨取得一份提单, 10 月 3 日又将 500 公吨装上同一轮船, 取得另一份提单, 这样做(　　)信用证规定。

  A.　违反　　　　　　　　B.　不违反　　　　　　　　C.　不完全违反

13. 我方出口孟加拉国一批货物, 以 CFR 价格条件成交, 该货于 8 月 15 日开始装船, 8 月 18 日装毕, 8 月 20 日起航, 9 月 6 日抵达目的港, 9 月 8 日客户提货, 我方交货日期是(　　)。

  A.　8 月 15 日　　　　　　B.　8 月 18 日　　　　　　C.　8 月 20 日

  D.　9 月 6 日　　　　　　E.　9 月 8 日

14. 信用证要求提供空运单, 显示运费到付, 但未对空运单的收货人一栏提具体要求, 实际操作中一般做法是将收货人做成(　　)。

  A.　to order of 开证行　　　　　　　　B.　to order of shipper

  C.　consigned to applicant　　　　　　D.　consigned to 开证行

15. 采用班轮运输货物, 其运费(　　)。

  A.　应包括装卸费, 但不计滞期费和速遣费

  B.　应包括装卸费和滞期费, 但不计速遣费

  C.　应包括装卸费和速遣费, 但不计滞期费

  D.　应包括杂费, 但不包括装卸费、速遣费和滞期费

16. 下列单据中, 只有(　　)才可用于结汇。

  A.　大副收据　　　　　　　　　　B.　公路运单

  C.　场站收据　　　　　　　　　　D.　公路运单副本

17. 多式联运提单作为提单使用时, 一般在装船批注内加上实际船名, 并且加上(　　)。

  A.　ON BOARD 字样　　　　　　　B.　提单号

  C.　接货地　　　　　　　　　　　D.　交货地

三、多项选择题

1. 以下关于保险凭证的叙述, 正确的是(　　)。

  A.　俗称"小保单", 是一种简化的保险单

  B.　既有正面内容, 又有背面条款

  C.　与保险单具有同等效力

  D.　在实务中, 保险凭证可以代替保险单

2. 以下属于货权单据的是( )。

    A. 空运运单　　　　　　　　　　　　B. 海运提单

    C. 货物收据　　　　　　　　　　　　D. 最后一程为海运的多式联运单据

3. 根据 UCP600 的规定，在出口业务中，卖方可以凭以结汇的装运单据有( )。

    A. 海运提单　　　B. 不可转让海运单　　C. 租船提单　　　　D. 收货单

    E. 空运单　　　　F. 报关单　　　　G. 内河运单

4. 下列货物的运输适合采用租船运输方式的是( )。

    A. 矿石　　　　B. 煤炭　　　　　C. 小麦　　　　　　D. 茶叶

5. 装运期的规定方法很多，其中比较明确合理的规定方法是( )。

    A. 立即装运　　　　　　　　　　　　B. 某年某月装运

    C. 某年某月以前装运　　　　　　　　D. 收到信用证后 20 天装运

6. 信用证要求提供"全套清洁已装船做成凭指示和空白背书的提单"，其含义是出口方提供的提单( )。

    A. 必须是三份提单　　　　　　　　　B. 必须是清洁提单

    C. 要记载装船时间　　　　　　　　　D. 提单收货人为"凭指示"

7. 出口货物托运人缮制国际货物托运委托书的依据是( )。

    A. 外销出仓单　　B. 信用证　　　C. 合同　　　　　D. 配舱回单

8. 以下四种提单收货人的填制，( )需要发货人背书方可提货。

    A. to order　　　　　　　　　　　　B. to order of shipper

    C. to order of applicant　　　　　　　D. to order of issuing bank

四、判断题

1. 海洋运输单据都是物权凭证，可背书转让，而其他运输单据，则为非物权凭证，不得转让。　　　　　　　　　　　　　　　　　　　　　　　　　　　　　　( )

2. 承运人在提单上加注任何批注均构成不清洁提单。　　　　　　　　　　( )

3. 空运单据与海运提单都是物权凭证。　　　　　　　　　　　　　　　　( )

4. 国外开来信用证规定装运期为某年 7 月 31 日，议付有效期为 8 月 15 日，我方提供的提单签发日期为 7 月 20 日。我公司于 8 月 14 日向议付行交单，按惯例，银行应予以议付。　　　　　　　　　　　　　　　　　　　　　　　　　　　　　( )

5. 如信用证中未明确规定必须提供装船提单，银行可以接受备运提单。　　( )

6. 由我国大连港出口至香港的运单上，显示装运港为"中国大连"是合适的。　( )

7. 运输标志必须在有关的托运单据、装运单据、结汇单据上显示，而指示性标志、警告性标志不需要。　　　　　　　　　　　　　　　　　　　　　　　　　　　( )

8. FOB 条件下，如合同中未规定"装船通知"条款，卖方则在货物装船后允许不发装

船通知。　　　　　　　　　　　　　　　　　　　　　　　　　　　　　（　　）

9. 货物装船后，托运人持船公司的装货单换取已装船提单。　　　　　　（　　）

10. 按 UCP600 规定，除非另有约定，银行不接受卖方提供的租船提单。　（　　）

11. 出口人完成装运后，凭以向船公司换取已装船提单的单据是 Mate's Receipt。

　　　　　　　　　　　　　　　　　　　　　　　　　　　　　　　　（　　）

12. 航空公司一般不接受货运代理人关于危险货物的间接托运。　　　　　（　　）

13. 空运托运单与海运托运单一样，应按照合同或信用证来缮制。如果合同规定收货人为 "TO ORDER"，则空运托运单上的收货人应显示为 "TO ORDER"。　　（　　）

14. 国际多式联运可以实现 "门到门" 运输，因此，国际多式联运经营人的责任范围也是 "门到门"。　　　　　　　　　　　　　　　　　　　　　　　　　　（　　）

15. 签发国际多式联运提单的承运人的责任是只对第一程运输负责。　　　（　　）

16. 如果以 FOB 术语成交，进口商待收到出口商发来的装船通知后，即向保险公司办理投保手续。　　　　　　　　　　　　　　　　　　　　　　　　　　　　（　　）

17. 在 CIF 贸易术语下，出口商在投保时若以进口商为被保险人，那么进口商在收到保险单后，如需转让，直接背书转让即可。　　　　　　　　　　　　　　　（　　）

五、简答题

1. 简述海运出口托运的工作程序。

2. 什么是 "装运日期/装船日期"？它与提单日有何区别与联系？

3. 提单的作用有哪些？

4. 提单按抬头不同分为哪几种？各是什么含义？使用最广泛的是哪种？

5. 某出口商收到的信用证上规定以下条款。

APPLICANT: NISSHO IWAI CORPORATION

　　　　　　NO.4-5 AKAASAKA 2-CHOME MI-NATO-KU TOKYO, JAPAN

BENEFICIARY: CHINA NATIONAL MINE IMPORT AND EXPORT CORP.

　　　　　　BEIJING, P. R. CHINA

PRE-ADVICE: BANK OF CHINA, BEIJING BRANCH

FULL SETS OF CLEAN ON BOARD MARINE BILL OF LADING MADE OUT TO ORDER OF SHIPPER AND BLANK ENDORSED AND MARKED FREIGHT PREPAID AND NOTIFY APPLICANT.

请问:（1）该提单的发货人、收货人和通知人如何填制？

　　　　（2）提单上运费的支付方式如何填报？

　　　　（3）该提单属于哪一种类？

6. 某提单显示: SHIPPER: ABC CO. LTD.

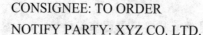

CONSIGNEE: TO ORDER

NOTIFY PARTY: XYZ CO. LTD.

请问：(1) 该提单属于哪一种类型的提单？

(2) 该提单是否可以转让？如果可以转让，通过什么方式进行转让？

(3) 该提单由谁首先背书？

(4) 该提单是否一定要经过 XYZ CO. LTD. 背书？为什么？

六、案例分析

1. 信用证规定：提交海运提单，货物从上海至科威特。交单时，提单上显示"起运港：上海，卸货港：科威特"，议付行将单寄开证行后的第 4 天收到开证行拒付电称："COMBINED TRANSPORT B/L WAS PRESENTED WHEREAS ROUTING STATES PORT TO PORT TRANSPORT."。

请问：开证行拒付理由是否成立？理由是什么？

2. 1997 年，我国 WK 外贸公司向香港出口罐头一批共 500 箱，按照 CIF HONGKONG 向保险公司投保一切险。但是因为海运提单上只写明进口商的名称，没有详细注明其地址，货物抵达香港后，船公司无法通知进口商来货场提货，又未与 WK 公司的货运代理联系，自行决定将该批货物运回起运港天津新港。在运回途中因为轮船渗水，有 229 箱罐头受到海水浸泡。货物运回新港后，WK 公司没有将货物卸下，只是在海运提单上补写进口商详细地址后，又运回香港。进口商提货后发现罐头已经生锈，所以只提取了未生锈的 271 箱罐头，其余的罐头又运回新港。WK 外贸公司发现货物有锈蚀后，凭保险单向保险公司提起索赔，要求赔偿 229 箱货物的锈损。保险公司经过调查发现，生锈发生在第二航次，而不是第一航次。投保人未对第二航次投保，不属于承保范围，于是保险公司拒绝赔偿。

请对此例进行讨论分析。

七、操作题

依据下列合同资料缮制提单和保险单。

1. 出口商公司名称：SHANGHAI JINHAI IMP & EXP CORP. LTD.

2. 进口商公司名称：ANTAK DEVELOPMENT LTD.

3. 支付方式：20% T/T BEFORE SHIPMENT AND 80% L/C AT 30 DAYS AFTER SIGHT

4. 装运条款：FROM SHANGHAI TO SINGAPORE NOT LATER THAN SEP. 30, 2005

5. 价格条款：CIF SINGAPORE

6. 货物描述：MEN'S COTTON WOVEN SHIRTS

货号/规格	装运数量及单位	总金额	毛重/净重(件)	尺码
1094L	700 DOZ	USD19 180.00	33KGS/31KGS	68CM×46CM×45CM
286G	800 DOZ	USD31 680.00	45KGS/43KGS	72CM×47CM×49CM

| 666 | 160 DOZ | USD5440.00 | 33KGS/31KGS | 68CM×46CM×45CM |

包装情况：一件一塑料袋装，6件一牛皮纸包，8打或10打一外箱。

尺码搭配：1094L:　　　M　　　L　　　XL

　　　　　　　　　　　3　　　3　　　4=10打/箱

　　　　　286G:　　　M　　　L　　　XL

　　　　　　　　　　　1.5　　　3　　　3.5=8打/箱

　　　　　666:　　　　M　　　L　　　XL

　　　　　　　　　　　1.5　　　3.5　　　3=8打/箱

7. 唛头由卖方决定(要求使用标准化唛头)。

8. L/C NO. 123456 DATED AUG. 18, 2008 ISSUED BY BANK OF CHINA SINGAPORE BRANCH

ADVISING BANK：BANK OF CHINA，SHANGHAI

9. 船名：HONGHE　V.188

B/L NO.: ABC123　　　　　B/L DATE: 2008年9月20日

10. S/C NO.:00SHGM3178B　　　DATE: AUG. 2, 2008

11. INVOICE NO.: SHGM7056I

12. INSURANCE POLICY NO.: SA05354

13. 保险: 按发票金额的110%依中国人民保险公司1981/1/1的海洋货物运输保险条款投保一切险和战争险，依照仓至仓条款。

第七章 官方单证

【学习指导】

官方单证是指涉及政府职能部门或外国驻中国使领馆签发的单证，包括进出口许可证、海关发票、领事发票、商检单证、原产地证书、报关单、出口收汇核销单、进口付汇核销单等。为使教材内容连贯统一，海关发票、领事发票已在第五章讲解，故本章主要讲述进出口许可证、核销单、商检单证和原产地证书、报关单的相关知识和缮制。

【导入案例】

宁波一外贸企业因在普惠制原产地证中使用了不规范的台湾称谓，被宁波出入境检验检疫局产地证签证官员予以退单。检验检疫部门提醒，外贸企业应在国际贸易单证中谨慎使用台湾称谓，以免影响外贸业务的顺畅开展。该企业是按照信用证要求，在产地证中单独使用了"TAIPEI"字样。而外交部在[2005]第598号文件中明确要求必须在产地证中规范使用台湾称谓。允许使用的台湾称谓有：

"中国台湾"，英译文为 TAIWAN PROVINCE OF CHINA 或 TAIWAN,CHINA 或 CHINESE TAIWAN;

"中国台北"，英译文为 TAIPEI,CHINA 或 CHINESE TAIPEI。

以上英文 TAIWAN 或 TAIPEI 和 CHINA 之间必须有标点，且只能用逗号(，)，而不能用其他任何符号。

第一节 进出口许可证

进出口许可证管理是指国家职能管理部门根据商务部、海关总署等制定和调整的进出口许可证管理货物目录，以签发进出口许可证的形式，对该目录商品实行的行政许可管理。

一、出口许可证

(一)出口许可证的含义

出口许可证(Export Licence)是由国家对外经贸行政管理部门代表国家统一签发的、批准某项商品出口的且具有法律效力的证明文件。

凡是国家宣布实行出口许可证管理的商品，出口前均须按规定申领出口许可证，海关凭出口许可证接受申报和验放，无证不得出口。

(二)出口许可证的申领和签发

我国进出口许可证由商务部及其授权机构发证。申领单位向发证机关出示单位公函、出口合同副本或复印件、主管部门(厅、局级)的批准件以及其他证明材料。发证机关收到上述有关申请材料后进行审核，同意后，由领证人按规定要求填写"中华人民共和国出口许可证申请表"。发证机关在申请表送交后的三个工作日内，签发"中华人民共和国出口许可证"交领证人，凭以向海关办理货物出口报关和银行结汇手续。

(三)《出口货物许可证申请表》的缮制

出口货物许可证申请表(Export License Application)由出口企业填制，以中华人民共和国出口许可证申请表(见样单 7.1)和输欧盟纺织品出口许可证/产地证申请表(见样单 7.2)为例，主要内容与缮制方法如下。

1. 出口商单位及编码

出口商单位及编码一栏填写出口商全称，注明在海关注册的企业代码。

2. 发货单位

发货单位按信用证或合同规定填写，并与运输单据中显示的托运人相符。

3. 出口许可证编号

此栏留空，由签证机关填制。

4. 许可证有效期

"一批一证"制的商品为 3 个月，其他情况下的商品为 6 个月，应根据装运的实际需要填写。

5. 贸易方式

根据实际情况填写贸易方式一栏，如一般贸易、进料加工、来料加工等，与报关单相同项目一致。

6. 合同号

合同号一栏应填入该批出口合同的编号，长度不超过 20 个字节。

样单 7.1　许可证申请表

中 华 人 民 共 和 国 出 口 许 可 证 申 请 表

No.

1. 出口商： Exporter		3. 出口许可证号： Export license No.		
2. 发货人： Consignor		4. 出口许可证有效截止日期： Export license expiry date		
5. 贸易方式： Terms of trade		8. 进口国(地区)： Country/Region of purchase		
6. 合同号： Contract No.		9. 支付方式： Payment conditions		
7. 报关口岸： Place of clearance		10. 运输方式： Mode of transport		
11. 商品名称： Description of goods		商品编码： Code of goods		
12. 规格型号 Specification	13. 单位 Unit	14. 数量 Quantity	15. 单价 Unit Price	16. 总值 Amount	17. 总值折美元 Amount in USD
18. 总计 Total					
初审意见 经办人		备注		
处领导意见		申请单位 申请日期		

缮制要点参照下文输欧盟纺织品出口许可证。

样单7.2 输欧盟纺织品出口许可证/产地证申请表

1. Exporter(EID, name, full address, country)	2. 申请表号	
	3. 许可证号	
	4. 产地证号	
5. Consignee(name, full address, country)	(Textile products)	
	6. Category number	
	7. Country of origin CHINA	8. Country of destination
9. Place and date of shipment	10. Supplementary details	
11. Description of Goods	12. Quantity(单位)	13. FOB Value(币别)
1)		
2)		
3)		
4)		
5)		
6)		
7)		
14. Marks		
	15. MID CODE	
	16. 许可数量来源： ☐ 招标 ☐ 业绩分配	
	17. 童装标志： ☐ 是 ☐ 否	
联系人： 联系电话： 申请日期： 申请单位盖章	签证机构审批： 经办人：	

商务部配额许可证事务局 监制

7．报关口岸

报关口岸栏中填写实际装运口岸，与报关单中的"出口口岸"一致，注明全称。

8．进口国家(地区)

进口国家(地区)栏中填写目的港(地)国家(地区)的全称。

9．支付方式

按合同支付条款的规定填写支付方式，填报结汇方式的名称或缩写或代码，与报关单中的"结汇方式"一致。

10．运输方式

运输方式栏中填写合同或信用证规定的运输方式，如海运、空运等。

11．商品名称及编码

商品名称与发票、装箱单、报关单等一致。商品编码根据《中华人民共和国海关统计商品目录》规定的统一编码填写，未列入的，一律用"9999"表示。

12．规格、型号

规格、型号一栏填写实际规格，不同规格应分行表示，计量单位按 H.S.编码规定填写。

13．单位

单位栏填写合同或信用证规定的计量单位名称。

14．数量

数量栏填写实际出运的数量，并与发票的相关内容一致。

15．单价

单价栏按合同成交的单价填制，并与发票的相关内容一致。

16．总值

总值栏按合同成交的总额填写，并与发票总金额一致。

17．总值折美元

总值折美元栏按外汇牌价折算为美元计入。

18．总计

将各栏的合计数分别填入本栏内。

19．备注

如有特别要求或说明，在此栏注明。

20．发证机关盖章及发证日期

发证机关审核无误后盖章，由授权人签名，并注明签证日期。

(四)出口许可证的缮制

1. 中华人民共和国出口许可证

中华人民共和国出口许可证(见样单 7.3)的缮制要点参照上文中华人民共和国出口许可证申请表。

样单 7.3　出口许可证

中 华 人 民 共 和 国 出 口 许 可 证

EXPORT LICENCE OF THE PEOPLE'S　REPUBLIC OF CHINA

No.

1. 出口商： Exporter	3. 出口许可证号： Export license No.			
2. 发货人： Consignor	4. 出口许可证有效截止日期： Export license expiry date			
5. 贸易方式： Terms of trade	8. 进口国(地区)： Country/Region of purchase			
6. 合同号： Contract No.	9. 支付方式： Payment conditions			
7. 报关口岸： Place of clearance	10. 运输方式： Mode of transport			
11. 商品名称： Description of goods	商品编码： Code of goods			
12. 规格型号 Specification	13. 单位 Unit	14. 数量 Quantity	15. 单价 Unit Price	16. 总值 Amount	17. 总值折美元 Amount in USD

18. 总计 Total				

19. 备注	20. 发证机关签章:
Supplementary Details	Issuing Authority's Stamp & Signature
	21. 发证日期:
	License Date

商务部监制(2006)   TZ QL No.241-118

2. 输欧盟纺织品出口许可证

样单 7.4 为输欧盟纺织品出口许可证。

第 1 栏 出口企业名称、地址、国家：出口企业的全称和详细地址，十三位企业代码。

第 2 栏 证书号码：进口国代码，一律用英文大写。

第 3 栏 年度：货物实际出运年度(当年配额只能当年使用)，以货物离开中国最后一个港口时间为限。年度打全称，不得用简称。

第 4 栏 类别号：实际出口纺织品类别号，一份证只打一个类别号。

第 5 栏 收货人名称、地址、国家：目的国进口商名称和地址。

第 6 栏 原产地国家：已印制。

第 7 栏 目的地国家：货物最终到达的国家名称。

第 8 栏 装运日期、地点、运输方式：实际装运日期(年、月)，具体港口名称，运输方式。

第 9 栏 加注内容：

(1) 4 类童装(小于 130cm)按 5 件童装折 3 件成人装计算，此栏应加注 "The conversion rate for garments of a commercial size of not more than 130 cm must be applied"。

(2) 如有遗失加注原许可证证号。

第 10 栏 唛头及包装号、包装种类及件数、商品说明：

(1) 按照发票上的唛头填写完整的图案、文字标志及包装号；如无唛头，须填 "N/M"。

(2) 商品名称应具体，并标明协调分类制编码。

(3) 生产厂商代码、名称及地址。

(4) 总计 TOTAL：英文的数量及计量单位大写。

样单 7.4 输欧盟纺织品出口许可证

1. Exporter(EID, name, full address, country)	ORIGINAL	2. No.CN
	3. Year	4. Category No.
5. Consignee(name, full address, country)	EXPORT LICENCE (Textile products)	
	6. Country of origin CHINA	7. Country of destination
8. Place and date of shipment	9. Supplementary details	

10. Marks and numbers-Number and kind of packages-DESCRIPTION OF GOODS	11. Quantity(1)	12. FOB Value(2)

13. CERTIFICATION BY THE COMPETENT AUTHORITY

I, the undersigned, certify that the goods described above have been charged against quantitative limit established for the year shown in box No.3 in respect of the category shown in box No.4 by the provisions regulating trade in textile products with the European Community.

14. Competent Authority(name,full address,country)	At _____ on _____
	Signature Stamp

第 11 栏 数量：按实际出运货物的数量填写。

第 12 栏 离岸价值：FOB 价，以元为单位，小数保留两位，币别应与发票一致。

第 13 栏 有关当局证明：发证机构所在城市名称。由发证机构经办人手签日期和姓名(签字人员的姓名不再实行备案制)。

第 14 栏 有关当局的名称、地址、国家：发证机构的具体名称和地址。

二、进口许可证

(一)进口许可证概述

实行许可证管理的进口商品，除进料加工、来料加工、来件装配、外商投资企业的进口及其他特殊规定外，都必须按国家规定的审批权限进行审批并凭批准文件向发证机关申领进口货物许可证。没有许可证一律不准进口，这就是进口许可证制(Import License System)。

实行进口许可证制，由国家事先公布进口商品管理目录表，凡表中所列商品，进口商需向有关机关提出申请，取得批准，发给许可证，然后凭此办理报关手续。这种制度可以直接控制进口数量和进口国别。凡实行进口管制的商品，企业在签约前，应事先向有关审批机关办理进口许可证的申领手续，交纳手续费用，在许可证的有效期内报关进口，否则，即使货物按照合同从出口国装运到达进口国，如果得不到进口许可证，货物在进口地也是不能报关的。

目前，我国实行进口许可证管理的货物品种，由商务部会同国务院有关部门制定、调整并公布。

(二)办理进口许可证手续的流程

办理进口许可证手续的流程如下。

(1) 进口商品如是国家限制进口的商品，除国家另有规定外，都必须领取进口货物许可证。

(2) 进口商向发证机关提交进口货物许可证申请表(见样单 7.5)和有关单证，申请签发进口货物许可证。

(3) 发证机关对其审核无误后，签发进口货物许可证。

(三)进口许可证的填制

进口许可证(参见样单 7.6)填制的具体要求如下。

(1) 我国对外成交单位(Importer)：我国具备该商品进口经营权、对外签订进口合同的单位名称及其编码。

(2) 收货人(Consignee)：实际收货人名称。

样单 7.5 进口货物许可证申请表

中华人民共和国进口货物许可证申请表

1. 我国对外成交单位及编码 (成交单位或指标单位盖章)	3. 进口许可证编号：				
2. 收货单位：	4. 许可证有效期： 至_____年___月___日止				
5. 贸易方式：	8. 进口国别(地区)：				
6. 外汇来源：	9. 商品原产地：				
7. 到货口岸：	10. 商品用途：				
11. 商品名称：	商品编码：				
12. 商品规格. 型号	13. 单位	14. 数量	15. 单价(币制)	16. 总值	17. 总值折美元
18. 总　计					
填表须知：1. 本申请表一式两联，由领证人填写，未经盖章本表无效，申领许可证时两联均需交给发证机关。 2. "商品名称"栏，每份申请表只能填写一种商品，或同一品种不同型号的商品。 3. 商品用途：指自用、生产用、内销、维修、样品、外销。 4. 外汇来源：指中央、留成、贷款、外资、调剂、劳务、赠送、索赔、无偿援助、不支付外汇。 5. 贸易方式：指一般、易货、国际租赁、华侨捐赠、友好赠送、经贸往来赠送、外商投资企业进口、补偿贸易、进料加工、对销、国际招标、国际援助、劳务补偿、来料加工、国际贷款、其他贸易	领证人姓名： 领证人驻京电话： 下次联系日期：				

商务部监制

样单 7.6　进口许可证

中华人民共和国进口许可证

IMPORT LICENCE OF THE PEOPLE'S REPUBLIC OF CHINA

1. 我国对外成交单位： Importer	3. 进口许可证号： Import license No.			
2. 收货人： Consignee	4. 进口许可证有效截止日期： Import license expiry date			
5. 贸易方式： Terms of trade	8. 进口国(地区)： Country/Region of export			
6. 外汇来源： Terms of foreign exchange	9. 原产国(地区)： Country/Region of origin			
7. 到货口岸： Port of destination	10. 商品用途： Use of goods			
11. 商品名称： Description of goods	商品编码： Code of goods			
12. 规格型号 Specification	13. 单位 Unit	14. 数量 Quantity	15. 单价 Unit Price	16. 总值 Amount	17. 总值折美元 Amount in USD
18. 总　计 Total					
19. 备　注 Supplementary details	20. 发证机关签章： Issuing authority's stamp & signature			
	21. 发证日期： License date			

商务部监制

(3)　进口许可证编号(Import license No.)：签证机关的指定编号。

(4)　许可证有效期(Expiry date)：进口许可证的有效截止日期。

(5)　贸易方式(Terms of trade)：根据国际贸易惯例在合同中使用的贸易方式。

(6)　外汇来源(Terms of foreign exchange)：进口商品所需外汇的获得管道。

(7)　到货口岸(Port of destination)：商品进口时进口商报关的口岸名称。

(8)　进口国(地区)(Country/Region of export)：最初向我国发货，在中转国内不发生任何商业交易的国家或地区。

(9) 原产地(Country/Region of origin)：根据原产地规则生产或制造商品的国家(地区)。

(10) 商品用途(Use of goods)：商品进口后的用途。

(11) 商品名称(Description of goods)：进口商品的名称，根据国家商务部公布的商品名称填写。

(12) 商品编码、规格(Code And Specification)：进口商品的具体编码和规格。

(13) 单位(Unit)：进口商品计量单位。

(14) 数量(Quantity)：第 12 项下各规格进口商品的数量值。

(15) 单价(Unit Price)：第 12 项下各规格进口商品的单位数量价格，括号内填写币别，币别按照国家标准表示。

(16) 总值(Amount)：第 12 项下各规格商品的货币金额，括号内填写币别，币别按照国家标准填写。

(17) 总值折美元(Amount in USD)：由签证机关根据国家定期公布的汇率和统计方法，将商品金额折算成美元金额。

(18) 总计(Total)：进口商品的总数量，金额以及总金额折美元值。

(19) 备注(Supplementary details)：由签证机关使用，作出必要的说明或其他事项。

(20) 发证机关签章(Issuing authority's stamp & signature)：用于签证机关签字盖章。

(21) 发证日期(License date)：填写签发进口许可证的日期。

第二节　核　销　单

一、出口收汇核销单

出口收汇核销管理是我国外汇管理局在海关、银行、税务等有关部门的配合与协助下，以出口货物的价值为标准，核对是否有相应的外汇(或货物)收回国内的一种事后监管措施，是对出口收汇的贸易真实性的审核。

除经特别批准，以及援外项目物资、对外实物捐赠、暂时出口和无价样品、广告品等外，所有具有外贸经营权单位的一切出口贸易，均应办理出口收汇核销手续。

出口收汇核销单，系指由国家外汇管理局统一管理、各分支局核发，由出口单位及金融机构填写，海关凭以受理报关、外汇管理部门凭以核销收汇的有顺序编号的重要凭证。

(一)出口收汇核销概述

1. 出口收汇核销的定义

出口收汇核销是指企业在货物出口后的一定期限内，向当地外汇管理部门办理出口收汇核销审核,证实该笔货物出口价款已经收回或按规定使用的一项外汇业务。

2. 出口收汇核销的对象

出口收汇核销的对象如下。

(1) 具有进出口经营权的企业。

(2) 外商投资企业。

3. 出口收汇核销的基本程序

出口收汇核销的基本程序如下。

(1) 出口企业向外汇管理局申领核销单。出口企业需上网向外汇管理局申请所需份数的核销单,再凭操作员的 IC 卡到外汇管理局领取有编号和条形码并加盖"国家外汇管理局监制章"的纸制核销单。

(2) 出口报关时海关在核销单上签注。出口企业在报关前须上网向海关进行核销单备案,并于领单 90 天内凭已缮制好的出口收汇核销单、注明核销单编号的出口报关单和其他有关单据向海关报关。海关核准无误后,在核销单"海关签注栏"处加盖"验讫章",并将核销单、出口报关单(收汇证明联)、出口报关单(出口退税专用联)退还出口企业。

(3) 出口企业于报关后 90 天内,将核销单存根联、出口报关单(收汇证明联)、发票等其他规定文件向外汇管理局网上备案。

(4) 出口企业委托银行收汇,收汇后银行出具出口收汇核销结汇水单或收账通知。出口企业在汇票和发票上注明核销单编号,持全套结汇单据向银行办理托收或议付。收汇后银行向出口企业出具注明核销单编号的出口收汇核销结汇水单或收账通知。

(5) 出口企业到外汇管理局办理核销。出口企业持经海关签章的出口收汇核销单、结汇水单或收账通知、出口报关单(出口退税专用联)到外汇管理局办理核销,即期支付的应在出口报关之日起 100 天内办理,远期支付的应在合同规定收付日起 10 天内办理。

外汇管理局在核销单正本和出口退税专用联上盖章确认,并将核销单出口退税专用联、出口报关单(出口退税专用联)退还给企业。

核销完毕后,出口企业凭核销单(经外汇管理局盖章确认的出口退税专用联)、出口报关单(出口退税专用联)、增值税发票、商业发票(现已改为已输入外管软件的光盘)等向税务机关申请退税。

(二)出口收汇核销单的内容及缮制

出口单位在出口报关之前,必须向其注册所在地的外汇管理机构申领出口收汇核销单。出口收汇核销单(参见样单 7.7)分为存根联、正文联、出口退税专用联三部分。出口企业应该按照栏目要求,如实正确填写。

样单 7.7　出口收汇核销单

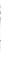

（出口单位盖章）

出口收汇核销单
出口退税专用

（津编号：12588547）

出口编号：			
单位代码：			
货物名称	数量	币种总价	
报关单编号：			
外汇局签注栏：			
年　　月　　日（盖章）			

（海关盖章）

（出口单位盖章）

出口收汇核销单

（津编号：12588547）

出口单位：			
单位代码：			
银行签注栏	类别	币种金额	日期	盖章
海关签注栏：			
外汇局签注栏：			
年　月　日（盖章）			

（出口单位盖章）

出口收汇核销单
存根

（津编号：12588547）

出口单位：
单位代码：
出口币种总价：
收汇方式：
预计收款日期：
报关日期：
备注
此单报关有效期截止到

1. 存根部分

出口收汇核销单存根联的填制应以本套出口贸易单证的发票和出口报关单为依据，在出口报关后交外汇管理局备案。

(1) 编号：已由国家外汇管理局事先统一印就。

(2) 出口单位名称：注明合同的出口单位全称，并加盖公章。出口单位名称应与发票和出口报关单的同项内容一致。

(3) 单位代码：此栏填写出口单位的税务登记代码。

(4) 出口币种总价：填写收汇原币金额，通常与发票金额相同。

(5) 收汇方式：按实际填写信用证、托收(D/P 或 D/A)、T/T 等收汇方式。

(6) 预计收款日期：根据具体的收汇方式，将推算出的预计收款日期填入此栏。具体推算方法如下。

① 即期信用证或托收项下：对方属近洋的，为寄单日后 25 天；属远洋的，为寄单日后 35 天。

② 远期信用证或托收项下：对方属近洋的，为汇票规定付款日后 35 天；属远洋的，为汇票规定付款日后 45 天。

③ 自寄单据项下：自出口报关日起 50 天内结算。

④ 分期付款的：注明每次收款的日期和金额。

⑤ 寄售项下的：在出口报关日起 360 天内必须结汇。

(7) 报关日期：填写海关放行日期。

(8) 备注：填写收汇方面需要说明的事项。如原来的出口商品发生变更，填写原出口收汇核销单的编号；代理出口使用代理出口单位核销单的，代理出口单位在此注明委托单位名称，并加盖代理单位公章；两个或两个以上单位联合出口的，应由其中的报关单位在此栏加注联合出口单位名称和各单位出口金额，并加盖报关单位公章。

2. 正文

正文中与存根联相同的项目缮制方法一致，此外，还有以下栏目。

(1) 银行签注栏：由银行填写商品的类别号、货币名称和金额，注明日期，并加盖公章。

(2) 海关签注栏：海关审单放行后，签注日期，并加盖报关验讫章。

(3) 外汇局签注栏：由外汇管理局批注有关内容，注明日期，并加盖公章。

3. 出口退税专用联

出口退税专用联中与上述两联相同的项目缮制方法一致，此外，还有以下栏目。

(1) 货物名称：按实际出口货物的名称填写，与发票、出口报关单同项内容一致。

(2) 数量：填写出口货物外包装数，与出口报关单、发票同项内容一致。

(3) 币种总价：与存根联的"出口币种总价"一致。

(4) 报关单编号：按实填写出口报关单编号。

二、进口付汇核销单

进口付汇核销制度是指国家外汇管理部门在海关的配合和外汇指定银行的协助下，对进口付汇企业的对外付汇活动实行逐笔审核，要求进口企业严格按照正常贸易活动的外汇需要来使用外汇，杜绝各种形式的套汇、逃汇、骗汇等违法犯罪行为，维护健康稳定的金融秩序。国家外汇管理局是对整个国家的外汇收支情况和企业使用外汇情况进行宏观管理的政府职能部门。

(一)开证或购付汇手续的办理

进口单位在被列入"对外付汇进口单位名录"并向主管海关领取付汇核销用的 IC 卡后，就可以到外汇指定银行领取《贸易进口付汇核销单(代申报单)》，办理进口开证或付汇手续。进口单位应持以下材料到银行办理开证或购付汇手续。

(1) 进口单位填写进口付汇核销单(见样单 7.8)；

(2) 进口付汇备案表(如需)(见样单 7.9)；

(3) 进口合同、发票；

(4) 正本进口货物报关单(货到付款方式)。

在办理异地开证或付汇时，进口单位应事前持备案表到付汇地外汇局办理确认手续。付汇地外汇局确认无误并加盖"进口付汇核销专用章"后，进口单位方可持经确认的备案表及上述单据到外汇指定银行开证或付汇。被外汇局列入"由外汇局审核真实性的进口单位名单"的进口单位，不予办理异地付汇备案。

办理付汇手续后，将核销单第一联报送外管局，第二联退进口单位，第三联与其他付汇单证银行留存备查。

样单 7.8 进口付汇核销单

贸易进口付汇核销单(代申报单)

监制章

印单局代码：330000   核销单编号：**00549598**

单位代码	单位名称	所在地外汇局名称
付汇银行名称	收汇人国别	交易编码□□□□
收款人是否在保税区：是□ 否□	交易附言	

对外付汇币种		对外付汇总额		
其中：购汇金额		现汇金额	其他方式金额	
人民币账号		外汇账号		

付汇性质
□正常付汇
□不在名录　　□ 90 天以上信用证　　□ 90 天以上托收　　□ 异地付汇
□ 90 天以上到货　□ 转口贸易　　　□ 境外工程使用物资　□ 真实性审查
备案表编号

预计到货日期 　/　/	进口批件号	合同/发票号

结算方式				
信用证 90 天以内□ 90 天以上□	承兑日期 　/　/	付汇日期 　/　/	期限 天	
托收 90 天以内□ 90 天以上□	承兑日期 　/　/	付汇日期 　/　/	期限 天	

汇 款	预付货款□	货到付汇(凭报关单付汇)□ 付汇日期 　/　/		
	报关单号	报关日期 　/　/	报关单币种	金额
	报关单号	报关日期 　/　/	报关单币种	金额
	报关单号	报关日期 　/　/	报关单币种	金额
	报关单号	报关日期 　/　/	报关单币种	金额
	报关单号	报关日期 　/　/	报关单币种	金额
	(若报关单填写不完,可另附纸。)			

其他　　　□	付汇日期 　/　/

以下由付汇银行填写
申报号码： □□□□□□ □□□□ □□□□ □□□□□□ □□□□
业务编号：　　　　　　审核日期：　/　/　　(付汇银行签章)

进口单位签章

第一联：送所在地外汇局

注：① 核销单编号为 8 位顺序号，由各印制本核销单的外汇局自行编制；②核销单一式三联：第一联送所在地外汇局；第二联退进口单位；第三联外汇指定银行存档；③本核销单尺寸为 16 开纸。

样单 7.9　进口付汇备案表

备案类别：		远期付汇：		异地付汇：		真实性审核付汇：	
进口单位			付汇银行				
进口合同号			进口发票号				
商品类别			进口批件号				
购汇付出币种金额：				账户现汇付出币种金额：			
结算方式：信用证　　托收　　货到汇款(报关单编号：　　　币种金额：　　　)其他：							
付汇日期			应到货日期			折美元金额	
本笔付汇已经我局审查备案，请按规定办理付汇手续。 国家外汇管理局　　　　　　分局 20　年　月　日							

注：① 备案表一式四联：第一联由外汇指定银行付汇后与核销单(第三联)一并存档；第二联由进口单位与核销单(第二联)一并留存；第三联由外汇指定银行在办理付汇后与核销单(第一联)一并报送所在地外汇局；第四联由签发地外汇局留存。

② 备案表由各外汇局印刷。

③ 备案表编号为 6 位外汇局代码+6 位顺序号。

(二)进口付汇核销业务流程

进口付汇核销业务流程如下。

第一步：进口单位经商务部或其授权单位批准或备案取得进出口经营权。

第二步：进口单位持有关材料向注册所在地外汇局申请列入"对外付汇进口单位名录"。进口单位在开展进口业务之前，应当凭以下文件到所在地外汇管理局办理手续。

(1) 商务部(委、厅)的批件；

(2) 工商管理部门颁发的执照；

(3) 技术监督部门颁发的企业代码证书。

第三步：外汇局审核无误后，为进口单位办理"对外付汇进口单位名录"手续，没有被列入名录中的进口单位不得直接到外汇指定银行办理进口付汇。

第四步：进口单位付汇或开立信用证前，判断是否需向外汇局办理"进口付汇备案表"手续。如需要持有关材料到外汇局办理进口付汇备案手续，领取进口付汇备案表；如不需要的，进口单位持有关材料到外汇指定银行办理开证或购汇手续。

第五步：进口单位在有关货物报关后一个月内到外汇局办理进口核销报审手续。报送的单证如下。

(1) 贸易进口付汇到货核销表(见样单 7.10)，一式两联；

样单 7.10　贸易进口付汇到货核销表

20　　年　　月

进口单位名称：　　　　　　进口单位编码：　　　　　　核销表编号：

付汇情况								报关到货情况						
序号	核销单号	备案表号	付汇币种金额	付汇日期	付汇方式	付汇银行名称	应到货日期	报关单号	到货企业名称	报关币种金额	报关日期退汇	与付汇差额其他	凭报关单付汇	备注

付汇合计笔数	付汇合计金额	到货报关合计笔数	到货报关合计金额	退汇合计金额	凭报关单付汇合计金额
至本月累计笔数	至本月累计金额	至本月累计笔数	至本月累计金额	至本月累计金额	至本月累计金额

填表人：　　　　　　负责人：　　　　　　填表日期：　　　年　　月　　日

本核销表内容无讹。(进口单位盖章)

注：

1．本表一式两联，第一联送外管局，第二联进口单位留存；

2．本表合计和累计栏金额为折美元金额；

3．本表由外汇局印制，供进口单位使用；

4．货款汇款项下的付汇在"凭报关单付汇"栏填"对号"；

5．累计栏为本年年初至本月的累计数；

6．一次到货多次付汇的，在"付汇情况"栏填写实际付汇情况；在"报关到货情况"栏只填写一次；

7．一次付汇多次到货的，参照第6点处理。

(2) 贸易进口付汇核销单第二联;

(3) 进口付汇备案表第二联(若有);

(4) 进口货物报关单正本;

(5) 贸易进口付汇未到货核销表,一式两联。

外管局审核后,在贸易进口付汇到货核销表第二联、贸易进口付汇未到货核销表第二联、备案表第二联、各张报关单正本上加盖"已报审"章,与其他所附单证一起退交进口单位留存。

第三节　商检单证与产地证书

出入境检验检疫是指国家质量监督检验检疫总局(AQSIQ)作为政府的一个执行部门,以保护国家整体利益和社会效益为衡量标准,以法律、行政法规、国际惯例或进口国的法规要求为准则,对出入境货物、交通运输工具、人员及事项进行检验检疫、管理及认证,并提供官方检验检疫证明、居间公证或鉴定证明的全部活动。

中华人民共和国国家质量监督检验检疫总局及其下属机构是我国唯一的官方检验检疫机构。

一、出境商检单证

根据我国有关出入境检验检疫法规的规定,结合出口贸易的实际情况,出口单位应在报关出运前及时报检。

(一)出境检验检疫的报检范围

1. 法定检验

凡列入法检目录的商品,以及其他的按国家有关法规规定必须进行检验的商品如食品、冷冻品、动植物、危险品及其容器、船舱、集装箱等须进行法定检验。

2. 公证鉴定

不属法定检验范围,但对外贸易关系人如买方、卖方、承运人、保险人等申请进行检验的出境商品可进行公证鉴定。

3. 委托报检

委托报检指检验检疫机构接受企业的原材料和成品的化验、检验、测试等申请。

(二)出境检验检疫工作程序及要求

一般情况下，先报检，再实施检验检疫，后放行通关。产地和报关地一致，在当地海关报关出境的货物，经检验检疫合格后，检验检疫机构出具《出境货物通关单》或相应的检验检疫证书，不合格的签发不合格通知单；产地和报关地不一致，在异地海关报关出境的货物，经当地检验检疫机构检验检疫合格后，出具《出境货物换证凭单》，货主或其代理人凭其向报关地检验检疫机构换发《出境货物通关单》或相应的检验检疫证书，不合格的签发不合格通知单。

出境货物的报检由持有报检员证的报检员专门负责。要求报检人预先与检验检疫机构约定检验时间，并提供必要的工作条件。

1. 报检时限和地点

一般货物最迟应在出口报关或装运前 7 天报检，对个别检验检疫周期较长的货物，应留有相应的检验检疫时间。出境货物应在生产地的出入境检验检疫机构报检，并在生产地接受检验。对不宜在产地实施检验的，可在出境前向出口口岸检验检疫机构报检。

2. 报检时应提供的单证

报检时除需提交《出境货物报检单》外，还应提供合同(销售确认书或订单等)、信用证、发票及装箱单等必备单证。

(三)出境报检单证

1. 出境货物报检单

出境货物报检单由各口岸出入境检验检疫局统一印制，除编号由检验检疫机构指定外，其余各栏由报检单位填制并盖章确认。报检人要认真填写"出境货物报检单"，内容应按合同、发票等单据的内容填写完整、无漏项，字迹清楚，不得涂改，且中英文内容一致，并加盖申请单位公章。填制规范如下(参见样单 7.11)。

(1) 编号：由检验检疫机构报检受理人员填写，前 6 位为检验检疫局机关代码，第 7 位为报检类别代码，第 8、9 位为年代码，第 10～15 位为流水号。

(2) 报检单位：指经国家质量监督检验检疫总局审核，获得许可、登记，并取得其颁发的《自理报检单位备案登记证明书》或《代理报检单位备案登记证明书》的企业。

(3) 报检单位登记号：报检单位在检验检疫机构登记的号码。

(4) 联系人：报检人员姓名。电话：报检人员的联系电话。

(5) 报检日期：检验检疫机构实际受理报检的日期。

(6) 发货人：外贸合同中的发货人。应中英文对照填写。

样单 7.11　出境货物报检单

中华人民共和国出入境检验检疫
出境货物报检单

报检单位(加盖公章):　　　　　　　　　　　　　　　　　　*编号_____

报检单位登记号:　　　　　联系人:　　电话:　　　报检日期:___年_月_日

发货人	(中文)				
	(外文)				
收货人	(中文)				
	(外文)				
货物名称(中/外文)	H.S.编码	产　地	数/重量	货物总值	包装种类及数量

运输工具名称号码		贸易方式		货物存放地点	
合同号		信用证号		用途	
发货日期		输往国家		许可证/审批号	
起运地		到达口岸		生产单位注册号	

集装箱规格、数量及号码

合同、信用证订立的检验检疫条款或特殊要求	标记及号码	随附单据(划"√"或补填)	
		□合同　　　□厂检单 □信用证　　□包装性能结果单 □发票　　　□ □换证凭单　□ □装箱单	

需要证单名称(划"√"或补填)		检验检疫费	
□品质证书　　正　副	□植物检疫证书　正　副		
□重量证书　　正　副	□出境货物换证凭单	总金额	
□兽医卫生证书　正　副	□通关单	(人民币元)	
□健康证书　　正　副	□		
□卫生证书　　正　副		计费人	
□动物卫生证书　正　副		收费人	

报检人郑重声明: 1. 本人被授权报检。 2. 上列填写内容正确属实,货物无伪造或冒用他人的厂名、标志、认证标志,并承担货物质量责任。 　　　　　　　　签名:_____	领取证单	
	日　期	
	签　名	

注:有*号栏由出入境检验检疫机关填写。

(7) 收货人：外贸合同中的收货人。应中英文对照填写。

(8) 货物名称(中/外文)：出口货物的品名，应与进出口合同、发票名称一致，如为废旧物应注明。

(9) H.S.编码：出口货物的商品编码。以当年海关公布的商品税则编码分类为准。

(10) 产地：该出口货物的生产地、加工制造地的省、市、县名(中文)。

(11) 数/重量：以商品编码分类中标准数/重量为准，应注明数/重量单位，可以填报一个以上计量单位。按实际申请检验检疫的数/重量填写，与发票相同内容一致，重量须注明毛/净/皮重。

(12) 货物总值：出境货物的总值及币种，应与合同、发票或报关单上所列的货物总值一致。

注意：本栏不需要填报贸易术语。

(13) 包装种类及数量：货物实际运输包装的种类及数量，如"200箱"等。应与发票相同内容一致。

注意：如同时采用了托盘集中包装，则除了填报托盘种类和数量外，还应填报托盘上小包装数量及包装种类，如"10 pallets of 5 cases each"。

(14) 运输工具名称号码：运输工具的名称和号码，如船名及航次等，如报检时运输工具名称号码未定，可笼统填报运输方式，如"船舶"或"飞机"等。

(15) 合同号：对外贸易合同、订单或形式发票的号码，应与随附的合同等号码一致。

(16) 贸易方式：该批货物出口的贸易方式，应填报与实际情况一致的海关规范贸易方式，如"一般贸易"、"来料加工贸易"、"易货贸易"、"补偿贸易"等。

(17) 货物存放地点：出口货物的生产企业或出口企业存放货物的地点，填写具体地点，如工厂、仓库等。

(18) 用途：本批货物的用途。自以下九个选项中选择：①种用或繁殖；②食用；③奶用；④观赏或演艺；⑤伴侣动物；⑥试验；⑦药用；⑧饲用；⑨其他。

(19) 发货日期：货物实际出境的日期，如实际开船日或起飞日等，按年、月、日的方式填报。

(20) 输往国家(地区)：出口货物直接运抵的国家(地区)，是货物的最终销售国，填写输往国家(地区)的中文名称。

(21) 许可证号/审批号：按实际填写，无许可证或审批文件的本栏留空。

(22) 起运地：货物的起运口岸，填报出境货物最后离境的口岸或所在地的中文名称，如"上海口岸"等。

(23) 到达口岸：出境货物在境外的最终目的港，最终目的港预知的，填报其中文名称；

不可预知的，按尽可能预知的到达口岸填报。

(24) 生产单位注册号：出入境检验检疫机构签发给生产单位的卫生注册证书号或加工厂库的注册号等。

(25) 集装箱规格、数量及号码：货物若以集装箱运输应填写集装箱的规格、数量及号码，如"1×20'/TGHU8492998"。

(26) 合同订立的特殊条款以及其他要求：在合同中订立的有关检验检疫的特殊条款及其他要求应填入此栏。

(27) 标记及号码：货物的标记及号码，即唛头，应与合同、发票等有关单据保持一致。若没有唛头则填"N/M"，不可空缺。

(28) 随附单据：在随附单据的种类前划"√"或补填。

(29) 需要证单名称(划"√"或补填)：在需要检验机构签发的单据的种类前划"√"或补填。

(30) 检验检疫费：由检验检疫机构计费人员核定费用后填写。

(31) 签名：由持有报检员证的报检人员手签。

(32) 领取证单：报检人在领取检验检疫机构出具的有关检验检疫证单时填写领证日期并由领证人签名。

2. 检验检疫证书

商检证书是由商检机构对外签发的具有法律效力的证书，是证明交货的品质、数量、包装及卫生条件等是否符合合同规定的依据，当卖方交货品质、数量、包装及卫生条件与合同规定不符时，可作为拒收、索赔和理赔的依据。进口方要求检验的商品必须按其要求实施检验并出具规定的检验证书，证书的名称、内容、签发机构均应符合对方要求。

商检证书的种类很多，主要有品质检验证书(INSPECTION CERTIFICATE OF QUALITY)、重量或数量检验证书(INSPECTION CERTIFICATE OF WEIGHT OR QUANTITY)、兽医检验证书(VETERINARY INSPECTION OF CERTIFICATE)、卫生/健康证书(SANITARY/HEALTH INSPECTION CERTIFICATE)、消毒检验证书(DISINFECTION INSPECTION CERTIFICATE)、熏蒸证书(INSPECTION CERTIFICATE OF FUMIGATION 等。

不同种类的检验证书，其内容、作用和缮制要求均不相同。下面介绍品质检验证书的主要内容和缮制方法。品质检验证书的主要内容和缮制方法如下(参见样单7.12)。

中华人民共和国上海进出口商品检验局

SHANGHAI IMPORT & EXPORT COMMODITY INSPECTION BUREAU
OF THE PEOPLE'S REPUBLIC OF CHINA

正　本
ORIGINAL

地址：上海市中山东一路13号　　检　验　证　书　　No.

Address: 13. Zhongshan Road　**INSPECTION　CERTIFICATE**　日期 Date:

　　(E.I.), Shanghai

电　报：　上海　2914

Cable:　2914, SHANGHAI

电话 **Tel: 63211285**　　　　**QUALITY**

发 货 人：

Consignor ....

收 货 人：

Consignee ....

品　　名：　　　　　　　　　　　　　标记及号码：

Description of goods ....**Marks & No.** ....

报验数量/重量：

Quantity/Weight

Declare ....

检 验 结 果：

RESULTS OF INSPECTION:

We hereby certify that the goods are of the above-mentioned quantity and of sound quality.

主任检验员
Chief Inspector:

(1) 单据名称和编号(Title &No.)：应根据信用证或合同的要求显示具体单据名称，如"CERTIFICATE OF QUALITY"、"QUALITY CERTIFICATE"等。

(2) 签发日期(Date)：一般不得晚于提单签发日。

(3) 发货人(Consignor)：信用证项下通常是受益人，除非信用证有"第三方单据可以接受"的条款；托收项下是合同的卖方。

(4) 收货人(Consignee)：信用证项下按其规定填写，除非另有规定，该栏一般不必填写或用"—"表示。若出口商系中间商，此栏可做成"To Whom It May Concern"或"To Order"。托收项下为合同买方。

(5) 品名(Description of goods)：与发票等一致，可用其他单据无矛盾的统称。

(6) 标记及号码(Marks&No.s)：应与合同、发票等有关单据保持一致。若没有标记号码则填"N/M"，不可空缺。

(7) 报验数量/重量(Quantity/Weight Declared)：按实际申请检验检疫的数/重量填写，与发票相同内容一致，重量须注明毛/净/皮重。填写货物实际运输包装的种类及数量，应与发票和提单相应内容一致。散装货物可注明"IN BULK"。

(8) 运输工具(Means of Conveyance)：应填写运输方式和运输工具名称，要求与提单内容一致。如"BY S.S. DONGFENG V. 108"。

(9) 检验结果(Results of Inspection)：证明本批货物的实际品质。若信用证对检验结果有明确规定，则显示的检验结果应符合该规定；若信用证未对检验结果明确规定，但具体规定了商品的质量、成分，则检验结果应与其相符。除非信用证有特别授权，不能接受含有对货物的规格、品质、包装等不利陈述的检验证书。

(10) 印章和签署(Stamp&Chief Inspector)：由检验检疫局盖章并由检验该批货物的主任检验员手签。如果信用证指定检验机构，则应由信用证指定的检验机构盖章并签字；如果信用证没有特别指定检验机构，任何检验机构均可出具，但须盖章和签署。

3. 通关单

属于法定检验范围的出境货物，无论买方或其他对外贸易关系人是否要求，都必须由国家质量监督检验检疫总局实施检验检疫。经检验合格后，货主或其代理人获得国家质量监督检验检疫总局签发的通关单，才能凭以报关。

通关单(见样单 7.13)的内容和缮制与其他商检单证的相同项目基本一致。

样单 7.13　出境货物通关单

中华人民共和国出入境检验检疫出境货物通关单

编号：

1．发货人		5．标记及号码
2．收货人		
3．合同/信用证号	4．输往国家或地区	
6．运输工具名称及号码	7．发货日期	8．集装箱规格及数量

9．货物名称及规格	10．H.S.编码	11．申报总值	12．数/重量、包装数量及种类

13．证明

上述货物业已报检/申报，请海关予以放行。

本通关单有效期至　　　　　　年　　月　　日

签字：　　　　　　　　　　　　　　　　　　日期：　　　年　　月　　日

14．备注

①货物通关　　[2-1-1(2007.2)]

二、入境商检单证

(一)入境货物报检单

1. 入境货物报检流程

进口货物到达目的地后，进口企业应及时填写"入境货物报检单"，随附进口贸易合同书、进口商业发票、装箱单、运输单据以及有关证件向当地出入境货物检验检疫局报检。

如是法定检验进口商品，检验合格后，商检机构出具入境货物通关单，如是非法定检验商品，商检机构根据申请单位要求出具相应的检验证书。

除法定检验进口商品外，进口方为及时索赔，下列货物应该在卸货口岸就地报验。

(1) 合同规定须在卸货港检验的。

(2) 货到检验合格后付款的。

(3) 规定的索赔期较短的。

(4) 卸货时已发现有残损、短少或有异状的。

2. 入境货物报检的时限

入境货物报检的时限如下。

(1) 输入微生物、人体组织、生物制品、血液及其制品或种畜、禽及其精液、胚胎、受精卵的应当在入境前 30 天报检。

(2) 输入其他动物的，应在入境前 15 天报检。

(3) 输入植物、种子、种苗及其他繁殖材料的，应在入境前 7 天报检。

(4) 入境货物需对外索赔出证的，应在索赔有效期前不少于 20 天内向到货口岸或货物到达地的检验检疫机构报检。

3. 入境货物报检单填制要求

入境货物报检单的内容见样单 7.14。

(1) 编号：由检验检疫机构报检受理人员填写，前 6 位为检验检疫局机关代码，第 7 位为报检类别代码，第 8、9 位为年代码，第 10～15 位为流水号。

(2) 报检单位登记号：报检单位在检验检疫机构登记的号码。

(3) 联系人：报检人员姓名。电话：报检人员的联系电话。

(4) 报检日期：检验检疫机构实际受理报检的日期。

(5) 收货人：外贸合同中的收货人，应中英文对照填写。

(6) 发货人：外贸合同中的发货人。

(7) 货物名称(中/外文)：进口货物的品名，应与进口合同、发票名称一致，如为废旧物应注明。

样单 7.14　入境货物报检单

中华人民共和国出入境检验检疫
入境货物报检单

报检单位(加盖公章)：　　　　　　　　　　　*编　号_____

报检单位登记号：		联系人：		电话：		报检日期：　年　月　日	
发货人	(中文)			企业性质(划"√")		□合资□合作□外资	
	(外文)						
收货人	(中文)						
	(外文)						
货物名称(中/外文)	H.S.编码		原产国(地区)	数/重量	货物总值	包装种类及数量	
运输工具名称号码				合　同　号			
贸易方式		贸易国别(地区)		提单/运单号			
到货日期		起运国家(地区)		许可证/审批号			
卸毕日期		起运口岸		入境口岸			
索赔有效期至		经停口岸		目　的　地			
集装箱规格、数量及号码							
合同订立的特殊条款以及其他要求				货物存放地点			
				用　　途			

随附单据(划"√"或补填)		标 记 及 号 码	*外商投资财产(划"√")		□是□否
□合同	□到货通知		*检验检疫费		
□发票	□装箱单		总金额(人民币元)		
□提/运单	□质保书				
□兽医卫生证书	□理货清单		计费人		
□植物检疫证书	□磅码单				
□动物检疫证书	□验收报告				
□卫生证书	□		收费人		
□原产地证	□				
□许可/审批档	□				

报检人郑重声明：	领　取　证　单	
1. 本人被授权报检。	日　　期	
2. 上列填写内容正确属实。		
签名：_____	签　　名	

注：有"*"号栏由出入境检验检疫机关填写。　　　　　　◆国家出入境检验检疫局制

(8) H.S.编码：进口货物的商品编码。以当年海关公布的商品税则编码分类为准。

(9) 原产国(地区)：该进口货物的原产国家或地区。

(10) 数/重量：以商品编码分类中标准重量为准，应注明数/重量单位。

(11) 货物总值：入境货物的总值及币种，应与合同、发票或报关单上所列的货物总值一致。

(12) 包装种类及数量：货物实际运输包装的种类及数量。

(13) 运输工具名称号码：运输工具的名称和号码。

(14) 合同号：对外贸易合同、订单或形式发票的号码。

(15) 贸易方式：该批货物进口的贸易方式。

(16) 贸易国别(地区)：进口货物的贸易国别。

(17) 提单/运单号：货物海运提单号或空运单号，有二程提单的应同时填写。

(18) 到货日期：进口货物到达口岸的日期。

(19) 起运国家(地区)：进口货物的起运国家或地区名称。

(20) 许可证/审批号：对需办理进境许可证或审批的进口货物，应填写有关许可证号或审批号，不得留空。

(21) 卸毕日期：货物在口岸的卸毕日期。

(22) 起运口岸：货物的起运口岸。

(23) 入境口岸：货物的入境口岸。

(24) 索赔有效期：对外贸易合同中约定的索赔期限。

(25) 经停口岸：货物在运输中曾经停靠的外国口岸。

(26) 目的地：货物的境内目的地。

(27) 集装箱规格、数量及号码：货物若以集装箱运输应填写集装箱的规格、数量及号码。

(28) 合同订立的特殊条款以及其他要求：在合同中订立的有关检验检疫的特殊条款及其他要求应填入此栏。

(29) 货物存放地点：货物存放的地点。

(30) 用途：本批货物的用途。自以下 9 个选项中选择：①种用或繁殖；②食用；③奶用；④观赏或演艺；⑤伴侣动物；⑥试验；⑦药用；⑧饲用；⑨其他。

(31) 随附单据：在随附单据的种类前划"√"或补填。

(32) 标记及号码：货物的标记号码，应与合同、发票等有关外贸单据保持一致。若没有标记号码则填"N/M"。

(33) 外商投资财产：由检验检疫机构报检受理人员填写。

(34) 签名：由持有报检员证的报检人员手签。

(35) 检验检疫费：由检验检疫机构计费人员核定费用后填写。

(36) 领取证单：报检人在领取检验检疫机构出具的有关检验检疫证单时填写领证日期及领证人姓名。

报检人要认真填写"入境货物报检单"，内容应按合同、国外发票、提单、运单上的内容填写，报检单应填写完整、无漏项，字迹清楚，不得涂改，且中英文内容一致，并加盖申请单位公章。

(二)入境货物通关单和检验证书

法定检验的进口货物入境须经过中华人民共和国出入境商品检验检疫局的法定检验，检验合格后，检验机构出具《入境货物通关单》(见样单 7.15～样单 7.18)，海关凭以验证发放。货物来自世界各重点虫害国家或区域的货物外包装如是原木的需在我入境地口岸做熏蒸灭虫或提供原出境地政府有关机构的熏蒸证明。不是原木包装的则需提供出境地政府有关机构的非木质包装证明，方可入境。非法定检验的进口货物检验合格后，商检机构出具相应的检验证书。

样单 7.15　入境货物通关单

中华人民共和国出入境检验检疫
入境货物通关单

1. 收货人 　　上海五矿进出口公司			5. 标记及唛码
2. 发货人 TOKYO IMPORT & EXPORT CORPORATION			N/M
3. 合同/提(运)单号 TX200723/XY05111	4. 输出国家或地区 日本		
6. 运输工具名称及号码 COSCO V.861	7. 目的地 上海		8. 集装箱规格及数量
9. 货物名称及规格 扳手 WRENCH **************	10. H.S. 编码 8204.1100	11. 申报总值 USD105 000.00	12. 数量/重量、包装数量及种类 6000SETS 60CTNS

13. 证明	

上述货物业已报验/申报，请海关予以放行。

签字：赵立   日期：2006 年 9 月 30 日

14. 备注

样单 7.16　非木质包装证明

PROGRESSIVE TRADING CO., INC.
1032 Irving Street, No. 912
San Francisco, CA 94122 U.S.A.
TEL: 415/504-8222
FAX: 415/504-8122

Buyers of All Grades of Scrap   Processors and Brokers

August 21, 2005

To: Whom It May Concern

Re: YMLU4833586   Seal #: 19388560

Commodity: Mixed Metal Scrap   Weight: 18,197 kgs

DECLARATION OF NON-WOODEN PACKING MATERIAL

To the service of China Entry & Exit Inspection & Quarantine:

We hereby declare that all packing materials in this shipment mentioned above are made of non-wooden packing material.

Yours truly,

Lu Biri

Fumigation Services
Pest Control Specialists:

GOVERNMENT RECOGNISED HOUSE INSPECTIONS
(Wood Destroying Insects)

Contact
John McVean
(Day and Night)

"TENT" FUMIGATION - GRAIN AND PRODUCE
FUMIGATION - COCKROACHES - BUGS
WHITE ANTS - RODENTS

Tel: (031) 263 0134 Fax: (031) 263 0135 Cell: 082 550 7760 47 Nelson Road, Berea, Durban

Recognised by the Division of Plant Pest Control for the eradication of Wood-destroying insects.

"TO WHOM IT MAY CONCERN"

FUMIGATION INSPECTION CERTIFICATE
FOR WOOD PACKING MATERIAL

This is to certify that we have fumigated with Methyl Bromide (CH3BR) to the following:

ADDRESS	:	SHANGHAI, CHINA
SHIP	:	"BUXLAGOON" VOY: 010E
CONTAINER NO.	:	CBHU 3267667
SEAL	:	1691228
COMMODITY FUMIGATED	:	1 X 20' GP – COIL
WEIGHT	:	-
FUMIGANT	:	METHYL BROMIDE
DOSAGE RATE	:	48 GRAMS PER M3
TEMPERATURE	:	27 DEG C
FUMIGATION SPACE	:	-
EXPOSURE PERIOD	:	24 HOURS
GRADE MARK(IF ANY)	:	-
DATE FUMIGATED	:	01/05/2005
CONTRACT NO	:	AST04-003
FILE REF	:	UR24695

The above container has been fumigated with Methyl Bromide gas at a dosage rate in accordance with the Health and Safety Notes of Guidance for fumigation. And may be discharged at any time after 17h00 Hours on 02/MAY/2005
SIGNED:

样单 7.18 检验检疫证明

 中华人民共和国出入境检验检疫

入境货物检验检疫证明

320700103000444-1

编号

收货人	浙江五金矿产进出口公司		
发货人	SHOWA TRADING CO.,LTD		
品 名	冷轧钢卷/电镀锌钢卷/热镀锌钢卷/镀铝锌钢卷	报检数/重量	-209-卷-1094090-千克
包装种类及数量	裸装	输出国家或地区	日本
合同号	HKSH20021231	标记及号码 ZMM TAICHANG NO.1-150,152-210 MADE IN JAPAN	
提/运单号	OSTC-1		
入境口岸	太仓口岸		
入境日期	2003.02.19		

证明

上述货物业经检验，准予使用。

* * * * * * * *

签字: 日期: 2003

备注 本批货物为二级品

A 1619775 ① 货主收执 [5-1(2001.1.1)•1]

211

三、原产地证明书

(一)原产地证明书的含义与作用

1. 含义

原产地证明书(Certificate of Origin，C/O)，是出口商应进口商的要求而提供的、由公证机构或政府或出口商出具的证明货物原产地和制造地的一种证明文件，是出口产品进入国际贸易领域的"经济国籍"和"护照"。

《中华人民共和国出口货物原产地规则》第二条明确规定：中华人民共和国出口货物原产地证明书(以下简称原产地证)是证明有关出口货物原产地为中华人民共和国的证明文件。

2. 作用

原产地证明书具有如下作用。

(1) 供进口国海关掌握进出口货物的原产地国别，从而采取不同的国别政策，决定进口税率和确定税别待遇。

(2) 是对某些国家或某种商品采取控制进口额度和进口数量的依据。

(3) 是进口国进行贸易统计的依据。

(4) 是进出口通关、结汇的依据。

(二)原产地证明书的种类

产地证分为一般原产地证、普惠制产地证、区域性经济集团互惠原产地证、专用原产地证等，如果我国与进口国签订了普惠制关税协定就应提供普惠制原产地证，签订了其他协议的提供相应的原产地证，否则提供一般原产地证。

1. 普惠制原产地证明书

普惠制全称普遍优惠制(Generalized System of Preferences，GSP)，是发达国家对发展中国家出口的初级产品和半成品给予的普遍的、非歧视的、非互惠的优惠关税制度，是在最惠国关税的基础上进一步减税以至免税的一种特惠关税制度。

普惠制原产地证书(GSP FORM A)是具有法律效力的我国出口产品在给惠国享受在最惠国税率基础上进一步减免进口关税的官方凭证。

目前给予我国普惠制待遇的国家共 38 个：欧盟 27 国(比利时、丹麦、英国、德国、法国、爱尔兰、意大利、卢森堡、荷兰、希腊、葡萄牙、西班牙、奥地利、芬兰、瑞典、波兰、捷克、斯洛伐克、拉脱维亚、爱沙尼亚、立陶宛、匈牙利、马耳他、塞浦路斯、斯洛文尼亚、保加利亚、罗马尼亚)、挪威、瑞士、土耳其、俄罗斯、白俄罗斯、乌克兰、哈萨克斯坦、日本、加拿大、澳大利亚和新西兰。

普惠制原产地证明书有 Form A、Form 59A、 Form Apr(il)三种格式，其中我国主要使用 Form A，对新西兰提供 Form 59A，对澳大利亚不用任何格式，只需在商业发票上加注有关声明文句即可。到目前为止，我国未使用 Form April。

2. 一般原产地证明书

一般原产地证书(C/O)是证明货物原产于某一特定国家或地区，享受进口国正常关税(最惠国)待遇的证明文件。它的适用范围是征收关税、贸易统计、保障措施、歧视性数量限制、反倾销和反补贴、原产地标记、政府采购等方面。其格式由商务部规定。

3. 区域性经济集团互惠原产地证书

目前区域性经济集团互惠原产地证书主要有《〈中国—东盟自由贸易区〉优惠原产地证明书》、《〈亚太贸易协定〉原产地证明书》、《〈中国与巴基斯坦优惠贸易安排〉优惠原产地证明书》、《〈中国—智利自由贸易区〉原产地证书》等。区域优惠原产地证书是具有法律效力的在协定成员国之间就特定产品享受互惠减免关税待遇的官方凭证。

(1) 《中国—东盟自由贸易区》优惠原产地证明书(FORM E)。

自 2004 年 1 月 1 日起，凡出口到东盟的农产品(HS 第一章到第八章)凭借检验检疫机构签发的《中国—东盟自由贸易区》(FORM E)优惠原产地证书可以享受关税优惠待遇。 2005 年 7 月 20 日起，7000 多种正常产品开始全面降税。中国和东盟六个老成员国(即文莱、印度尼西亚、马来西亚、菲律宾、新加坡和泰国)至 2005 年 7 月将原 40%税目的关税降到 0～5%；2007 年 1 月将原 60%税目的关税降到 0～5%。2010 年 1 月 1 日将关税最终削减为零。老挝、缅甸至 2009 年 1 月，柬埔寨至 2012 年 1 月，原 50%税目的关税降到 0～5%；2013 年 40%税目的关税降到零。越南 2010 年 50%税目的关税降到 0～5%。2015 年其他四国(老挝、缅甸、柬埔寨、越南)将关税降为零。

可以签发《中国—东盟自由贸易区》优惠原产地证书的国家有文莱、柬埔寨、印尼、老挝、马来西亚、缅甸、菲律宾、新加坡、泰国、越南 10 个国家。

(2) 《亚太贸易协定》原产地证明书。

2006 年 9 月 1 日起《亚太贸易协定》原产地证书(FORM B)生效。可以签发《亚太贸易协定》原产地证书的国家有韩国、斯里兰卡、印度、孟加拉 4 个国家。降税幅度从 5%到 100%不等。

(3) 《中国与巴基斯坦自由贸易区》优惠原产地证明书(FORM P)。

对巴基斯坦可以签发《〈中国与巴基斯坦自由贸易区〉优惠原产地证明书》，2006 年 1 月 1 日起双方先期实施降税的 3000 多个税目产品，分别实施零关税和优惠关税。原产于中国的 486 个 8 位零关税税目产品的关税将在 2 年内分 3 次逐步下降，到 2008 年 1 月 1 日全部降为零，原产于中国的 486 个 8 位零关税税目产品实施优惠关税，平均优惠幅度为 22%。给予关税优惠的商品其关税优惠幅度从 1%到 10%不等。

(4) 《中国—智利自由贸易区》原产地证书(FORM F)。

自 2006 年 10 月 1 日起，各地出入境检验检疫机构开始签发《〈中国—智利自由贸易区〉优惠原产地证明书》(FORM F)，该日起对原产于我国的 5891 个 6 位税目产品关税降为零。

4. 专用原产地证书

专用原产地证书是国际组织和国家根据政策和贸易措施的特殊需要，针对某一特殊行业的特定产品规定的原产地证书。主要有输往欧盟蘑菇罐头原产地证明书、烟草真实性证书等。其格式一般由商务部规定。

(三)原产地证明书的签发机构

根据《中华人民共和国出口货物原产地规则实施办法》(1992 年 4 月 1 日经贸部令第 1 号发布)第十五条规定：凡进口方要求由我官方机构签发一般原产地证的，申请单位应向商检局申请办理；凡进口方要求由我民间机构签发一般原产地证的，申请单位应向贸促会申请；未明确要求的，可向商检局或贸促会申请。政府间协议对原产地证的签发有特殊规定的，依照协议的规定申请；普惠制原产地证向商检局申请。

申请单位必须指定专人申请原产地证，申请单位的印章和申领原产地证人员姓名在申请单位注册时应进行登记。签发机构验证后给申领原产地证人员颁发"申领员证"。申领原产地证人员如有更改，申请单位应及时通知签发机构。

(四)一般原产地证明书的申领及缮制

1. 申领的时间和所需文件

根据我国有关规定，出口单位最迟于每批货物报关出运前 3 天向签证机构申请原产地证明书(样单 7.19)，并按要求提交以下材料。

(1) 《出口货物原产地/加工装配证明书申请书》。

(2) 已缮制好的《出口货物原产地证明书》一套。

(3) 商业发票正本一份。

(4) 合同、装箱单等其他证明文件。

2. 一般原产地证书的缮制要求

一般原产地证书的缮制要求如下。

(1) 证号栏：应在证书右上角填上证书编号，不得重号。

样单 7.19　一般原产地证明书

ORIGINAL

1. Exporter(full name and address)		Certificate　No. **CERTIFICATE OF ORIGIN** **OF** **THE PEOPLE'S REPUBLIC OF CHINA**		
2. Consignee(full name, address, country)				
3. Means of transport and route		5. For certifying authority use only		
4. Destination port				
6. Marks and Numbers of packages	7. Description of goods: number and kind of packages	8. H.S. Code	9. Quantity or weight	10.Number and date of invoices
11. **Declaration by the exporter** The undersigned hereby declares that the above details and statements are correct;　that　all　the　goods were produced in China and that they comply with the Rules of Origin of the People's Republic of China. Place and date. signature and stamp of certifying authority		12. **Certification** It is hereby certified that the declaration by　the exporter is correct. CHINA COUNCIL FOR THE PROMOTION OF INTERNATIONAL TRADE Shanghai 李远达 (SHANGHAI) Place and date. signature and stamp of certifying authority		

China Council for the Promotion of International trade is China Chamber of International Commerce.

(2) 第 1 栏(出口方)：填写出口方的名称、详细地址及国家(地区)，此栏不得留空。出口方名称是指出口申报方名称，一般填写有效合同的卖方或发票出票人。若经其他国家或地区转口需填写转口商名称时，可在出口商后面加填英文 Via，然后再填写转口商名称、地址和国家，但不得直接以转口商作为出口方。

示例：

Sinochem International Engineering & Trading Corp.

No.40, Fucheng Road, Beijing,China

Via Hongkong Daming Co.Ltd

No.656, Guangdong Road, Hongkong

(3) 第 2 栏(收货人的名称、地址、国家)：应填写最终收货方的名称、详细地址及国家(地区)。但由于贸易的需要，信用证规定所有单证收货人一栏留空，在这种情况下，此栏应加注 "To Whom It May Concern" 或 "To Order"，但不得留空。若需要填写转口商名称时，可在收货人后面加填英文 Via，然后再填写转口商名称、地址、国家。

示例：

Zhejiang Native Produce & Animal By-Products I/E Corp.

No.368 North Zhongshan Road，Hangzhou，China

Via Hongkong Machinery Co.Ltd

(4) 第 3 栏(运输方式和路线)：应填写从装货港到目的港的详细运输路线。如经转运，应注明转运地。该栏还要填明预定自中国出口的日期，日期必须真实，不得捏造。

例：From Shanghai To Hongkong On Apr.6，2005，Thence Transhipped To Rotterdam By Vessel 或 From Shanghai To Rotterdam By Vessel Via Hongkong.

例：On/After Nov.6，2000 By Vessel From Guangzhou To Hamburg W/T Hong Kong，In Transit To Switzerland.

(5) 第 4 栏(目的国家/地区)：应填写货物最终运抵国，一般与最终收货人和最终目的港国别一致，不得填写中间商国别。

(6) 第 5 栏(签证机构用栏)：为签证机构在签发后发证书、重发证书或加注其他声明时使用。证书申领单位应将此栏留空。

(7) 第 6 栏(运输标志)：应注意以下几点。

① 内容须完整详细，不可简单地填写 "As Per Invoice No…"(按照……号发票)或者 "As Per B/L No…"(按照……号提单)。

② 包装无唛头的，应填写 "N/M" 或者 "No Mark"。此栏不得留空。

③ 唛头不得出现中国以外的地区和国家制造的字样，也不能出现香港、澳门、台湾原产地字样(例如：Made In Taiwan，Hong Kong Products 等)。

④ 如唛头较多本栏填写不下，可填写在第7、8、9栏的空白处或用附页填写。

(8) 第7栏(商品名称、包装数量及种类)。

例："One Hundred(100)Cartons of Colour Tv Sets"，在英文表述后注明阿拉伯数字。注意以下几点。

① 如果包装数量上了千，则千与百单位之间不能有"and"连词，否则计算机退回。应填如：Two Thousand One Hundred And Fifty(2150)Cartons of Working Gloves。

② 数量、品名要求在一页内打完，如果内容过长，则可以合并包装箱数，品名合并。例：One Hundred And Fifty(150)Cartons of Glove，Scarf，Tie，Cap...。

③ 包装数量及种类要按具体单位填写。例：Polywoven Bag, Drum, Pallet, Wooden Case，不能只填写"Package"。如果没有包装，应填写"Nude Cargo(裸装货)"，"In Bulk(散装货)"，"Hanging Garments(挂装)"。

④ 应填写具体商品名称(具体到能找到相对应的8位H.S.编码)，例如"Tennis Racket(网球拍)"；不得用概括性表述，如"Sporting Goods(运动用品)"、"Fabric(织物)"等。

⑤ 商品的商标、牌名(Brand)及货号(Article Number)一般可以不填。

⑥ 商品名称等项列完后，应在下一行加上表示结束的符号"**********"，以防止加填伪造内容。国外信用证有时要求填写合同、信用证号码等，可加填在此栏结束符号后的空白处。

(9) 第8栏(商品编码)：要求填写商品的H.S.编码。若同一份证书包含有几种商品，则应将相应的H.S.编码全部填写。此栏不得留空。

(10) 第9栏(毛重或其他数量)：应以商品的正常计量单位填，如"只"、"件"、"双"、"台"、"打"等。例：3200 Doz.或6270 Kgs。以重量计算的则填毛重，只有净重的，填净重亦可，但要标上N.W.(Net Weight)。

(11) 第10栏(发票号码及日期)：应按照申请出口货物的商业发票填写。该栏日期应早于或同于实际出口日期。此栏不得留空。

注：

① 发票日期的月份必须用英文表示，顺序为月、日、年，如：Aug. 21，2007。

② 发票号码与日期须分行填报：发票号在上，日期在下。

(12) 第11栏(出口方声明)：该栏由申领单位已在签证机构注册的申领员签字并加盖单位中英文印章，填写申领地点和日期。该栏日期不得早于发票日期。

(13) 第12栏(签证机构证明)：由签证机构签字、盖章，并填写签证地点、日期。签发日期不得早于发票日期(第10栏)和申请日期(第11栏)。印章不得与签字重叠。

(五)普惠制原产地证书的申领及缮制

若对方国家为给惠国，出口受惠商品时，不管对方是否要求，都应该提供普惠制原产地证书，参见样单 7.20。

样单 7.20　普惠制原产地证

1. Goods consigned from(Exporter,s business name, address, country)	Reference No. **GENERALIZED SYSTEM OF PREFERENCES** **CERTIFICATE OF ORIGIN** **(Combined declaration and certificate)** **FORM　A** **Issued in** ___ THE PEOPLE'S REPUBLIC OF CHINA ___ **(country)** See Notes overleaf
2. Goods consigned to(Consignee's name, address, country)	
3. Means of transport and route(as far as known)	4. For official use

5. Item number	6.　Marks and numbers of packages	7. Number and Kind of packages; description of goods	8.Origin criterion(see Notes overleaf)	9. Gross weight or other quantity	10. Number and date of invoices

11. Certification It is hereby certified, on the basis of control carried out, that the declaration by the exporter is correct. **Shanghai** 刘影萍	12. Declaration by the exporter The undersigned hereby declares th at the above details and statements are correct; that all the goods were produced in (country) _____ and that they comply with the origin requirements specified for those goods in the Generalized System of Preferences for goods exported to _____ (importing country) _____ .
Place and date. signature and stamp of certifying authority	Place and date. signature and stamp of exporter

1．申领的时间和所需文件

根据我国有关规定，出口单位最迟于每批货物报关出运前 5 天向签证机构申请，并按要求提交以下材料。

(1)　《普惠制原产地证明书申请书》一份。

(2)　已缮制好的《普惠制原产地证明书(FORM A)》一套。

(3)　正式的出口商业发票正本一份，申请单位使用的发票需盖章或手签，发票不得手写，并应注明包装、数量、毛重或另附装箱单或重量单。

(4)　含有进口成分的商品，必须提交《含进口成分受惠商品成本明细单》。对以来料加工、进料加工方式生产的出口商品，还应提交有关的进料凭证。

(5)　必要时，申请单位还应提交信用证、合同、提单及报关单等。

2．普惠制原产地证书的缮制要求

普惠制原产地证书的缮制要求如下。

(1)　普惠制原产地证书标题栏(右上角)：填上检验检疫机构编定的证书号。在证头横线上方填上"中华人民共和国"。国名必须填打英文全称，不得简化。

Issued in THE PEOPLE'S REPUBLIC OF CHINA(国内印制的证书，已将此印上，无须再填打)。

(2)　第 1 栏(出口商名称、地址、国家)：此栏出口商公司名称应与注册时相同。必须打上国名、地址。

例：Zhejiang Native Produce & Animal By-Products I/E Corp. No.368 North Zhongshan Road，Hangzhou，China.

(3)　第 2 栏(收货人的名称、地址、国家)：与一般原产地证的填法相同。

注意：此栏须填上给惠国最终收货人名称和国名。

(4)　第 3 栏(运输方式及路线(就所知而言))：与一般原产地证的填法相同。

(5)　第 4 栏(签证机构用栏)：与一般原产地证相同。

(6)　第 5 栏(商品顺序号)：如同批出口货物有不同品种即不同的 H.S.Code，则按不同品种分列"1"、"2"、"3"…，以此类推。单项商品，此栏填"1"或省略不填。

(7)　第 6 栏(唛头及包装号)：与一般原产地证的填法相同。

(8)　第 7 栏(包件数量及种类)：商品的包装数量必须用英文和阿拉伯数字同时表示。与一般原产地证的填法相同。

(9)　第 8 栏(原产地标准)：此栏参照证书背面内容填写相应的代码，是国外海关审核的核心项目。对含有进口成分的商品，因情况复杂，国外要求严格而极容易退证查询。应认真审核，仔细填报。一般规定见表 7.1。

表 7.1　原产地标准代码

填报代码	出口国家	原产地标准
P	所有给惠国家	完全原产品
W+HS CODE	欧盟、挪威、瑞士、日本	产品列入给惠国"加工清单"并符合其加工条件；产品未列入给惠国"加工清单"但产品使用的进口原料和零部件经过充分加工，产品 H.S.号不同于原材料和零部件的 H.S.号
F	加拿大	有进口成分，但进口成分价值未超过产品出厂价的 40%
W+HS CODE	波兰	有进口成分，但进口成分价值未超过产品离岸价的 50%
Y+进口成分	(白)俄罗斯、乌克兰、哈萨克斯坦、捷克、斯洛伐克	有进口成分，但进口成分价值未超过产品离岸价的 50%
(空白)	澳大利亚、新西兰	

(10) 第 9 栏(毛重或其他数量)：与一般原产地证的填法相同。

(11) 第 10 栏(发票号码及日期)：与一般原产地证的填法相同。

(12) 第 11 栏(签证当局的证明)。

① 此栏填打签证机构的签证地点、日期。例如：

Hangzhou China　　Apr.6，2005

② 检验检疫局签证人经审核后在此栏(正本)签名，盖签证印章。印章不得与签字重叠。

注：此栏日期不得早于发票日期(第 10 栏)和申报日期(第 12 栏)，而且应早于货物的出运日期(第 3 栏)。

(13) 第 12 栏：出口商的申明。

① 在生产国横线上填"CHINA"。进口国横线上填最终进口国，进口国必须与第三栏目的港的国别一致。

② 凡货物运往欧盟 27 国范围内，进口国不明确时，进口国可填 EU。

③ 申请单位应授权专人在此栏手签，标上申报地点、日期，并加盖申请单位中英文印章。盖章时应避免覆盖进口国名称和手签人姓名。手签人手迹必须在检验检疫局注册登记，并保持相对稳定。

注：此栏日期不得早于发票日期(第 10 栏)(最早是同日)。

④ 本证书一律不得涂改，证书不得加盖校对章。

第四节 报 关 单 证

报关(Customs Declaration)是指进出口货物的收发货人、进出境运输工具的负责人、进出境物品的所有人，或其代理人向海关办理货物、运输工具、物品的进出境手续及相关海关事务的过程。

一、出口货物报关概述

我国海关法规定，出口货物必须从设有海关的地方出境，报关单位必须是经海关核准注册的进出口货物收发货人或报关企业，办理报关的人员在取得报关员证件后方可办理报关事宜。

出口货物应当在出口货物运抵海关监管区后且在装货的 24 小时以前向海关申报。否则，海关可以拒绝接受通关申报。

二、出口报关时应提交的单据

出口报关时应提交以下单据。

(1) 出口货物报关单。

(2) 商业发票和装箱单。

(3) 已签注船名的"装货单"。

(4) 出口收汇核销单。

(5) 出境货物通关单。

(6) 限制出口商品，应有出口许可证或配额证明。

(7) 加工贸易项下的商品出口，需提供加工贸易《登记手册》。

(8) 有时还需提供订舱委托书、合同、产地证、商检证、环保证、监管证明、机电产品登记表、重要工业品登记表、信用证副本等。

三、出口货物报关单

出口货物报关单(The Export Declaration)是由海关总署按统一格式印制，出口企业在装运前填制，经海关审核、签发后生效的法律文书。出口报关单是海关依法监督货物出口、征收关税、编制海关统计以及处理其他海关业务的重要凭证，见样单 7.21。

样单 7.21　出口货物报关单

中华人民共和国海关出口货物报关单

预录入编号：　　　　　　　　　　　　　海关编号：

出口口岸		备案号	出口日期	申报日期
经营单位		运输方式	运输工具名称	提运单号
发货单位		贸易方式	征免性质	结汇方式
许可证号		运抵国(地区)	指运港	境内货源地
批准文号	成交方式	运费	保费	杂费
合同协议号	件数	包装种类	毛重(公斤)	净重(公斤)
集装箱号	随附单据			生产厂家

标记唛码及备注

项号	商品编号	商品名称、规格型号	数量及单位	最终目的国(地区)	单价	总价	币制	征免

税费征收情况

录入员	录入单位	兹声明以上申报无讹并承担法律责任	海关审单批注及放行日期(签章)	
报关员			审单	审价
单位地址	申报单位(签章)		征税	统计
邮编　　电话　　填制日期			查验	放行

进出口报关单的内容和缮制如下。

1．报关单预录入编号

报关单预录入编号指申报单位或预录入单位对该单位填制录入的报关单的编号，用于该单位与海关之间引用其申报后尚未批准放行的报关单。报关单录入凭单的编号规则由申报单位自行决定。预录入报关单及 EDI 报关单的预录入编号由接受申报的海关决定编号规则，计算机自动打印。

2．报关单海关编号

报关单海关编号指海关接受申报时给予报关单的编号。海关编号由各海关在接受申报环节确定，应标识在报关单的每一联上。报关单海关编号为 9 位数码，由各直属海关统一管理。各直属海关对进口报关单和出口报关单应分别编号，并确保在同一公历年度内，能按进口和出口唯一地标识本关区的每一份报关单。各直属海关的统计、理单部门可以对归档的报关单另行编制理单归档编号。理单归档编号不得在部门以外用于报关单标识。

3．进口口岸/出口口岸

进(出)口口岸指货物实际进(出)我国关境口岸海关的名称。本栏目应根据货物实际进(出)口的口岸海关选择填报《关区代码表》中相应的口岸海关名称及代码。进口转关运输货物应填报货物进境地海关名称及代码，出口转关运输货物应填报货物出境地海关名称及代码。无法确定进(出)口口岸以及无实际进出口的报关单，填报接受申报的海关名称及代码。

4．备案号

备案号指进出口企业在海关办理加工贸易合同备案或征、减、免税审批备案等手续时，海关给予《进料加工登记手册》、《来料加工及中小型补偿贸易登记手册》、《外商投资企业履行产品出口合同进口料件及加工出口成品登记手册》(以下均简称《登记手册》)、《进出口货物征免税证明》(以下简称《征免税证明》)或其他有关备案审批文件的编号。

具体填报要求如下。

(1) 加工贸易报关单本栏目填报《登记手册》编号；少量低价值辅料按规定不使用《登记手册》的，填报"C+关区代码+0000000"，不得为空。

(2) 凡涉及减免税备案审批的报关单，本栏目填报《征免税证明》编号，不得为空。

(3) 无备案审批文件的报关单，本栏目免于填报。

备案号长度为 12 位，其中第 1 位是标记代码。备案号的标记代码必须与"贸易方式"及"征免性质"栏目相协调，例如：贸易方式为来料加工，征免性质也应当是来料加工，备案号的标记代码应为"B"。

5. 进口日期/出口日期

进口日期指运载所申报货物的运输工具申报进境的日期。本栏目填报的日期必须与相应的运输工具进境日期一致。出口日期指运载所申报货物的运输工具办结出境手续的日期。本栏目供海关打印报关单证明联用，预录入报关单及 EDI 报关单均免于填报。无实际进出口的报关单填报办理申报手续的日期。本栏目为 6 位数，顺序为年、月、日各 2 位。

6. 申报日期

申报日期指海关接受进(出)口货物的收、发货人或其代理人申请办理货物进(出)口手续的日期。预录入及 EDI 报关单填报向海关申报的日期，与实际情况不符时，由审单关员按实际日期修改批注。本栏目为 6 位数，顺序为年、月、日各 2 位。

7. 经营单位

经营单位指对外签订并执行进出口贸易合同的中国境内企业或单位。本栏目应填报经营单位名称及经营单位编码。经营单位编码为十位数字，指进出口企业在所在地主管海关办理注册登记手续时，海关给企业设置的注册登记编号。

特殊情况下确定经营单位编码原则如下。

(1) 签订和执行合同如为两个单位，填报执行合同的单位。

(2) 援助、赠送、捐赠的货物，填报直接接受货物的单位。

(3) 进出口企业之间相互代理进出口，或没有进出口经营权的企业委托有进出口经营权的企业代理进出口的，以代理方为经营单位。

(4) 外商投资企业委托外贸企业进口投资设备、物品的，外商投资企业为经营单位。

8. 运输方式

运输方式指载运货物进出关境所使用的运输工具的分类。本栏目应根据实际运输方式按海关规定的《运输方式代码表》选择填报相应的运输方式。

特殊情况下运输方式的填报原则如下。

(1) 非邮政方式进出口的快递货物，按实际运输方式填报。

(2) 进出境旅客随身携带的货物，按旅客所乘运输工具填报。

(3) 进口转关运输货物根据载运货物抵达进境地的运输工具填报，出口转关运输货物根据载运货物驶离出境地的运输工具填报。

(4) 无实际进出口的，根据实际情况选择填报《运输方式代码表》中运输方式"7"(保税区)、"8"(保税仓库)或"9"(其他运输)。

9. 运输工具名称

运输工具名称指载运货物进出境的运输工具的名称或运输工具编号。本栏目填制内容应与运输部门向海关申报的载货清单一致。

具体填报要求如下。

(1) 江海运输填报船名及航次，或载货清单编号(注：按受理申报海关要求选填)。

(2) 汽车运输填报该跨境运输车辆的国内行驶车牌号码。

(3) 铁路运输填报车次或车厢号，以及进出境日期。

(4) 航空运输填报分运单号，无分运单的，本栏目为空。

(5) 邮政运输填报邮政包裹单号。

(6) 进口转关运输填报转关标志"@"及转关运输申报单编号，其中以铁路运输方式转关的，填报"@"+转关运输申报单编号+"/"+车厢号；出口转关运输只需填报转关运输标志"@"。

(7) 进出保税区(运输方式代码"7")填报保税区名称，进出保税仓库(运输方式代码"8")填报保税仓库(出口监管仓库)名称。

(8) 其他运输填报具体运输方式名称，例如管道、驮畜等，无实际进出口的，本栏目为空。

10．提运单号

提运单号指进出口货物提单或运单的编号。本栏目填报的内容应与运输部门向海关申报的载货清单所列内容一致。

具体填报要求如下。

(1) 江海运输填报进口提单号或出口运单号。

(2) 铁路运输填报运单号。

(3) 汽车运输免于填报。

(4) 航空运输填报总运单号。

(5) 邮政运输填报邮政包裹单号。

(6) 无实际进出口的，本栏目为空。

一票货物对应多个提运单时，应按接受申报的海关规定，或分单填报，或填报一个提运单号和多提运单标志"+"及提运单数，其余提运单号填写打印在备注栏中或随附清单。

11．收货单位/发货单位

收货单位指进口货物在境内的最终消费、使用单位，包括以下两种。

(1) 自行从境外进口货物的单位。

(2) 委托有外贸进出口经营权的企业进口货物的单位。

发货单位指出口货物在境内的生产或销售单位，包括以下两种。

(1) 自行出口货物的单位。

(2) 委托有外贸进出口经营权的企业出口货物的单位。

本栏目应填报收、发货单位的中文名称及其海关注册编码，无海关注册编码的，填报该企业的国家标准标识码。

12．贸易方式

本栏目应根据实际情况按海关规定的《贸易方式代码表》选择填报相应的贸易方式简称或代码。一份报关单只允许填报一种贸易方式，否则应分单填报。

13．征免性质

征免性质指海关对进出口货物实施征、减、免税管理的性质类别。本栏目应按照海关核发的《征免税证明》中批注的征免性质填报或根据实际情况按海关规定的《征免性质代码表》选择填报相应的征免性质简称或代码。一份报关单只允许填报一种征免性质，否则应分单填报。

14．征税比例/结汇方式

征税比例仅用于"非对口合同进料加工"贸易方式下(代码"0715")进口料、件的进口报关单，填报海关规定的实际应征税比率，例如5%填报5，15%填报15。

出口报关单应填报结汇方式，即出口货物的发货人或其代理人收结外汇的方式。本栏目应按海关规定的《结汇方式代码表》选择填报相应的结汇方式名称或代码。

15．许可证号

本栏目用于应申领进(出)口许可证的货物。此类货物必须填报外经贸部及其授权发证机关签发的进(出)口货物许可证的编号，不得为空。一份报关单只允许填报一个许可证号，否则应分单填报。

16．起运国(地区)/运抵国(地区)

起运国(地区)指进口货物起始发出的国家(地区)；运抵国(地区)指出口货物直接运抵的国家(地区)。对发生运输中转的货物，如中转地未发生任何商业性交易，则起、抵地不变，如中转地发生商业性交易，则以中转地作为起运/运抵国(地区)填报。本栏目应按海关规定的《国别(地区)代码表》选择填报相应的起运国(地区)或运抵国(地区)中文名称或代码。无实际进出口的，本栏目填报"中国"(代码"142")。

17．装货港/指运港

装货港指进口货物境外起始发出港。指运港指出口货物运往境外的最终目的港；最终目的港不可预知的，可按尽可能预知的目的港填报。

本栏目应根据实际情况按海关规定的《港口航线代码表》选择填报相应的港口中文名称或代码。进口报关单装货港所属国家(地区)应与起运国(地区)一致，出口报关单指运港所属国家(地区)应与运抵国(地区)一致。在运输中转地换装运输工具但未发生商业性交易的货物，运输单证上的装货港可以与起运地不一致。无实际进出口的，本栏目为空。

18．境内目的地/境内货源地

境内目的地指进口货物在国内的消费、使用地或最终运抵地。境内货源地指出口货物在国内的产地或原始发货地。

本栏目应根据进口货物的收货单位、出口货物生产厂家或发货单位所属国内地区，按海关规定的《国内地区代码表》选择填报相应的国内地区名称或代码。

19．批准文号

进口报关单本栏目暂空。出口报关单本栏目用于填报《出口收汇核销单》编号。

20．成交方式

本栏目应根据实际成交价格条款按海关规定的《成交方式代码表》选择填报相应的成交方式代码。无实际进出口的，进口填报 CIF 价，出口填报 FOB 价。

21．运费

本栏目用于成交价格中不包含运费的进口货物或成交价格中含有运费的出口货物，应填报该份报关单所含全部货物的国际运输费用。可按运费单价、总价或运费率三种方式之一填报，同时注明运费标记，并按海关规定的《货币代码表》选择填报相应的币种代码。运保费合并计算的，运保费填报在本栏目。

运费标记"1"表示运费率，"2"表示每吨货物的运费单价，"3"表示运费总价。例如：

5%的运费率填报为 5/1；

24 美元的运费单价填报为 502/24/2；

7000 美元的运费总价填报为 502/7000/3。

22．保费

本栏目用于成交价格不包含保险费的进口货物或成交价格中含有保险费的出口货物，应填报该份报关单所含全部货物国际运输的保险费用。可按保险费总价或保险费率两种方式之一填报，同时注明保险费标记，并按海关规定的《货币代码表》选择填报相应的币种代码。运保费合并计算的，运保费填报在运费栏目中。

保险费标记"1"表示保险费率，"3"表示保险费总价。例如：

3‰的保险费率填报为 0.3/1；

10 000 港元保险费总价填报为 110/10 000/3。

23．杂费

杂费指成交价格以外的、应计入完税价格或应从完税价格中扣除的费用，如手续费、佣金、回扣等，可按杂费总价或杂费率两种方式之一填报，同时注明杂费标记，并按海关规定的《货币代码表》选择填报相应的币种代码。

应计入完税价格的杂费填报为正值或正率，应从完税价格中扣除的杂费填报为负值或负率。

杂费标记"1"表示杂费率，"3"表示杂费总价。例如：

应计入完税价格的 1.5% 的杂费率填报为 1.5/1；

应从完税价格中扣除的 1% 的回扣率填报为 -1/1；

应计入完税价格的 500 英镑杂费总价填报为 303/500/3。

24．合同协议号

本栏目应填报进(出)口货物合同(协议)的全部字头和号码。

25．件数

本栏目应填报有外包装的进(出)口货物的实际件数。

26．包装种类

本栏目应填报进(出)口货物的实际外包装种类，如木箱、纸箱、铁桶、裸装、散装等。

27．毛重

毛重(公斤)指货物及其包装材料的重量之和。本栏目填报进(出)口货物实际毛重，计量单位为公斤。

28．净重

净重(公斤)指货物的毛重减去外包装材料后的重量，即商品本身的实际重量。本栏目填报进(出)口货物的实际净重，计量单位为公斤。

29．集装箱号

集装箱号指装载货物进出境的集装箱两侧标识的全球唯一的编号。本栏目填报装载进(出)口货物的集装箱编号。一票货物多集装箱装载的，填报其中之一，其余集装箱编号在备注栏填报或随附清单。

30．随附单据

随附单据指随进(出)口货物报关单一并向海关递交的单证或文件。合同、发票、装箱单、许可证等必备的随附单证不在本栏目填报。本栏目应按海关规定的《监管证件名称代码表》

选择填报相应证件的代码，并填报每种证件的编号(编号打印在备注栏下半部分)。

31．用途/生产厂家

进口货物填报用途，应根据进口货物的实际用途按海关规定的《用途代码表》选择填报相应的用途名称或代码。生产厂家指出口货物的境内生产企业。本栏目供必要时手工填写。

32．标记唛码及备注

本栏目下部供打印随附单据栏中监管证件的编号，上部用于选报以下内容。

(1) 受外商投资企业委托代理其进口投资设备、物品的外贸企业名称。

(2) 一票货物多个集装箱的，在本栏目填报其余的集装箱号。

(3) 一票货物多个提运单的，在本栏目填报其余的提运单号。

(4) 标记唛码等其他申报时必须说明的事项。

33．商品项号

本栏目分两行填报及打印。第一行打印报关单中的商品排列序号。第二行专用于加工贸易等已备案的货物，填报和打印该项货物在《登记手册》中的项号。

34．商品编号

商品编号指按海关规定的商品分类编码规则确定的进(出)口货物的商品编号。

35．商品名称、规格型号

本栏目分两行填报及打印。

第一行打印进(出)口货物规范的中文商品名称，第二行打印规格型号。必要时在中文商品名称及规格型号说明外，加注原文的名称或名称的关键说明部分。具体填报要求如下。

(1) 商品名称及规格型号应据实填报，并与所提供的商业发票相符。

(2) 商品名称应当规范，规格型号应当足够详细，以能满足海关归类、审价以及监管的要求为准。禁止、限制进出口等实施特殊管制的商品，其名称必须与交验的批准证件上的商品名称相符。

(3) 加工贸易等已备案的货物，本栏目填报录入的内容必须与备案登记中同项号下货物的名称与规格型号一致。

36．原产国(地区)/最终目的国(地区)

原产国(地区)指进口货物的生产、开采或加工制造国家(地区)。最终目的国(地区)指出口货物的最终实际消费、使用或进一步加工制造国家(地区)。本栏目应按海关规定的《国别(地区)代码表》选择填报相应的国家(地区)名称或代码。

37．数量及计量单位

数量及计量单位指进(出)口商品的实际成交数量及计量单位。本栏目分三行填报及打印。具体填报要求如下。

(1) 进出口货物必须按统计法定计量单位填报。海关统计法定第一计量单位及数量打印在本栏目第一行。

(2) 凡海关统计列明第二计量单位的，必须报明该商品第二计量单位及数量，打印在本栏目第二行。无统计第二计量单位的，本栏目第二行为空。

(3) 成交计量单位与海关统计计量单位不一致时，还需填报成交计量单位及数量，打印在本栏目第三行。成交计量单位与海关统计法定计量单位一致时，本栏目第三行为空。

(4) 加工贸易等已备案的货物，成交计量单位必须与备案登记中同项号下货物的计量单位一致，不相同时必须修改备案或转换一致后填报。

38．单价

本栏目应填报同一项号下进(出)口货物实际成交的商品单位价格。无实际成交价格的，本栏目填报货值。

39．总价

本栏目应填报同一项号下进(出)口货物实际成交的商品总价。无实际成交价格的，本栏目填报货值。

40．币制

币制指进(出)口货物实际成交价格的币种。本栏目应根据实际成交情况按海关规定的《货币代码表》选择填报相应的货币名称或代码，如《货币代码表》中无实际成交币种，需转换后填报。

41．征免方式

征免方式指海关对进(出)口货物进行征税、减税、免税或特案处理的实际操作方式。本栏目应按照海关核发的《征免税证明》或有关政策规定，对报关单所列每项商品选择填报海关规定的《征减免税方式代码表》中相应的征减免税方式。

42．税费征收情况

本栏目供海关批注进(出)口货物税费征收及减免情况。

43．录入员

本栏目用于预录入和 EDI 报关单，打印录入人员的姓名。

44．录入单位

本栏目用于预录入和 EDI 报关单，打印录入单位名称。

45．填制日期

填制日期指报关单的填制日期。预录入和 EDI 报关单由计算机自动打印。本栏目为 6 位数，顺序为年、月、日各 2 位。

46．申报单位

本栏目指报关单左下方用于填报申报单位有关情况的总栏目。

申报单位指对申报内容的真实性直接向海关负责的企业或单位。自理报关的，应填报进(出)口货物的经营单位名称及代码；委托代理报关的，应填报经海关批准的专业或代理报关企业名称及代码。本栏目内应加盖申报单位有效印章。本栏目还包括报关员姓名、单位地址、邮编和电话等分项目，由申报单位的报关员填报。

47．海关审单批注栏

本栏目指供海关内部作业时签注的总栏目，由海关关员手工填写在预录入报关单上。其中"放行"栏填写海关对接受申报的进出口货物作出放行决定的日期。

四、进口货物报关概述

进口货物到达目的港后，由进出口贸易企业或委托货运代理公司根据进口单据填写"进口货物报关单"，如委托货代公司办理的，进出口贸易企业要提供一份报关委托书(统一格式)，将有关合同和发票内容向海关申报，并随附发票、提单、装箱单，如属法定检验的进口商品，还需附入境货物通关单。有时还须提供国家政府机关规定的各类文件，如进口许可证、原产地证书、3C 证明、进出口货物征免税证明、机电产品证明等，最后还可能须经海关布控实物查验环节，经海关查验物单一致、单证核对无误后才能放行。

进口货物的法定报关时限为自运输工具申报进境之日起 14 天，超过 14 天未向海关申报的，由海关按日征收进口货物 CIF 价的 0.5‰的滞报金。超过 3 个月未向海关申报的，由海关提取变卖，所得的价款在扣除运费、装卸、仓储等费用和税款后，尚有余款的，自货物变卖之日起 1 年内，经收货人申请予以发还。

五、进口货物报关单

进口货物报关单(The Import Cargo Declaration)是进口货物的收货人或其代理人向海关申报货物进口的凭证，亦是海关验收进口货物的主要依据，见样单 7.22。

样单 7.22　中华人民共和国进口货物报关单

中华人民共和国进口货物报关单

进口口岸		备案号		进口日期		申报日期
经营单位		运输方式		运输工具名称	提运单号	
收货单位		贸易方式		征免性质		征税比例
许可证号		起运国(地区)		装货港		境内目的地
批准文号		成交方式		运费	保费	杂费
合同协议号		件数		包装种类	毛重(千克)	净重(千克)
集装箱号		随附单据				用途
标记唛码及备注						

项号	商品编号	商品名称\规格型号	数量及单位	原产国(地区)	单价	总价	币制	征免

税费征收情况

录入员　录入单位	兹声明以上申报无讹并承担法律责任 申报单位(签章)	海关审单批注及放行日期(签章) 审单　　审价
报关员		征税　　统计
单位地址		查验　　放行
邮编　　电话		
填制日期		

　　进口货物报关单的填制参见前述"出口货物报关单"的相关内容。

第五节 技能实训

实训模块一：进口许可证申请表的填制

1. 背景资料

第二章实训模块一的合同，见样单2.2。

2. 实训要求

根据背景资料填制进口许可证申请表，见样单7.23。

样单7.23 中华人民共和国进口货物许可证申请表

1. 我国对外成交单位及编码 (成交单位或指标单位盖章)		3. 进口许可证编号：			
2. 收货单位：		4. 许可证有效期： 至_____年__月__日止			
5. 贸易方式：		8. 进口国别(地区)：			
6. 外汇来源：		9. 商品原产地：			
7. 到货口岸：		10. 商品用途：			
11. 商品名称：		商品编码：			
12. 商品规格. 型号	13. 单位	14. 数量	15. 单价(币制)	16. 总值	17. 总值折美元
18. 总 计					
填表须知：1. 本申请表一式两联，由领证人填写，未经盖章本表无效，申领许可证时两联均需交给发证机关。 2. "商品名称"栏，每份申请表只能填写一种商品，或同一品种不同型号的商品。 3. 商品用途：指自用、生产用、内销、维修、样品、外销。 4. 外汇来源：指中央、留成、贷款、外资、调剂、劳务、赠送、索赔、无偿援助、不支付外汇。 5. 贸易方式：指一般、易货、国际租赁、华侨捐赠、友好赠送、经贸往来赠送、外商投资企业进口、补偿贸易、进料加工、对销、国际招标、国际援助、劳务补偿、来料加工、国际贷款、其他贸易。			领证人姓名： 领证人驻京电话： 下次联系日期：		

商务部监制

实训模块二：出境货物报检单的填制

1. 背景资料

第五章出口货物明细单，见样单 5.4。

2. 实训要求

根据背景资料填制出境货物报检单，见样单 7.24。

样单 7.24　出境货物报检单

中华人民共和国出入境检验检疫

出境货物报检单

报检单位(加盖公章):　　　　　　　　　　　　　　　　*编号 _____

报检单位登记号:　　　　　联系人:　　电话:　　报检日期:____年_月_日

发　货　人	(中文)				
	(外文)				
收　货　人	(中文)				
	(外文)				
货物名称(中/外文)	H.S.编码	产地	数/重量	货物总值	包装种类及数量
运输工具 名称号码	贸易方式		货物存放地点		
合同号	信用证号		用　途		
发货日期	输往国家		许可证/审批号		
起运地	到达口岸		生产单位 注册号		
集装箱规格、数量及号码					
合同、信用证订立的 检验检疫条款或特殊要求	标记及号码		随附单据(划"√"或补填)		

样单 7.24(续)

		□合同	□厂检单
		□信用证	□包装性能结果单
		□发票	□
		□换证凭单	□
		□装箱单	
需要证单名称(划"√"或补填)		检验检疫费	
□品质证书　　　　正　　副	□植物检疫证书　正　副	总金额 (人民币元)	
□重量证书　　　　正　　副	□出境货物换证凭单		
□兽医卫生证书　　正　　副	□通关单		
□健康证书　　　　正　　副	□		
□卫生证书　　　　正　　副		计费人	
□动物卫生证书　　正　　副		收费人	
报检人郑重声明： 1. 本人被授权报检。 2. 上列填写内容正确属实，货物无伪造或冒用他人的厂名、标志、认证标志，并承担货物质量责任。		领取证单	
		日期	
签名：＿＿＿＿＿＿		签名	

注：有*号栏由出入境检验检疫机关填写。

实训模块三：出口货物报关单的填制

1. 背景资料

第五章样单 5.4 出口货物明细单，见样单 5.4。

2. 实训要求

根据背景资料填制出口货物报关单，见样单 7.21。

同 步 测 试

一、填空题

1. GSP 产地证书原产地标准栏目应根据货物原料进口成分的比例填制，如商品出口至欧盟、日本且含进口成分但符合原产地标准，则该栏目应填入的字母代码是＿＿＿＿＿＿。

2. 去外汇管理局办理核销时，外汇管理局在出口收汇核销单的_____栏加盖已核销图章。

3. 出口退税的目的是使出口商品以_____进入国际市场，增强其市场竞争力，扩大产品出口。

4. 出口收汇核销是指企业在货物出口后的一定期限内向当地外汇管理部门办理出口收汇核销审核，证实该笔货物出口价款已经收回或按规定使用的一项外汇业务。

5. 产地和报关地一致，在当地海关报关出境的货物，经检验检疫合格后，检验检疫机构出具_____或相应的检验检疫证书；产地和报关地不一致，在异地海关报关出境的货物，经当地检验检疫机构检验检疫合格后，出具_____。

6. 《中华人民共和国出口货物原产地规则实施办法》第十五条规定：凡进口方要求由我官方机构签发一般原产地证的，申请单位应向_____申请办理；凡进口方要求由我民间机构签发一般原产地证的，申请单位应向_____申请；未明确要求的，可向_____或_____申请。

7. 根据我国有关规定，出口单位最迟于每批货物报关出运前_____天向签证机构申请一般原产地证，最迟于每批货物报关出运前_____天向签证机构申请普惠制原产地证。

8. 出口货物应当在出口货物运抵海关监管区后、在装货的_____小时以前向海关申报。进口货物的法定报关时限为自运输工具申报进境之日起_____天。

二、单项选择题

1. 以下关于出口退税作用叙述错误的是(　　)。
   A. 使出口产品以无税成本进入国际市场
   B. 将本国税收转嫁给外国消费者
   C. 加强本国产品的竞争力
   D. 扩大产品的出口量

2. 根据我国规定，出口企业填制《一般原产地证明书申请书》向签证机构申请办理一般原产地证书的最迟时间是(　　)。
   A. 货物出运后3天　　　　　　　　　　B. 货物出运前3天
   C. 货物出运后5天　　　　　　　　　　D. 货物出运前5天

3. AAA公司收购BBB贸易公司在CCC工厂生产的服装，经上海浦东国际机场出口，出口报关单上发货单位应为(　　)。
   A. AAA公司　　　　　　　　　　　　B. BBB贸易公司
   C. CCC工厂　　　　　　　　　　　　D. 上海浦东国际机场

4. 信用证规定议付时扣除佣金100美元，发票和报关单上显示的收汇金额为USD10 000.00，实际收汇USD9800.00(国外扣除费用USD100.00)，出口收汇核销单上的金额一栏应该填( )。

  A. USD9800.00   B. USD9900.00

  C. USD10 000.00   D. USD101 000.00

5. 出口货物的发货人或其代理人,在办理了出口申报、配合查验、缴纳税费、海关放行后,持凭海关加盖( )的出口装货凭证,通知码头、机场等有关单位装运出口货物。

  A. 监管章   B. 放行章

  C. 单证章   D. 验讫章

6. 法定检验检疫的入境货物,海关凭检验检疫机构签发的( )验放。

  A. 入境货物检验检疫证明   B. 入境货物调离通知单

  C. 入境货物通关单   D. 品质证书

7. "出境货物报检单"中的起运地是指( )。

  A. 货物最后离境的口岸   B. 原产地

  C. 装货地   D. 加工地

8. 一般原产地证书的商品名称栏目填写完后,在下一行加上( ),表示填写结束。

  A. ***************

  B. --------------------

  C. 。。。。。。。。。。。。。。。

  D. ++++++++++++++++++++

三、多项选择题

1. 产地证明书通常多用于不需提供( )的国家或地区。

  A. 证实发票   B. 领事发票

  C. 海关发票   D. 联合发票

2. GSP 产地证书主要有( )。

  A. 格式 A   B. 格式 59A

  C. 格式 APRIL   D. 格式 NIL

3. 若出口货物产地远离出运口岸,出口货物的发货人办理法定检验的方式一般为( )。

  A. 可以在产地办理法定检验。若检验合格,产地机构发《出境货物换证凭条》,发货人可持此到口岸海关办理出口报关手续

  B. 可以在产地办理法定检验。若检验合格,产地机构发《出境货物换证凭条》,发货人可持此到口岸检验检疫机构办理出境验证,经验证取得《出境货物通关单》,持该通关单,向口岸海关办理出口报关

  C. 可以在产地办理法定检验。发货人取得《出境货物通关单》后,在产地海关报关,再转口岸海关

D. 可以在口岸检验检疫机构办理法定检验，若检验合格，发货人取得《出境货物通关单》，持该通关单，向口岸海关办理出口报关

4. 入境货物报检单上的货物总值应与(　　)上所列一致。

A. 报关单　　　　　　B. 装箱单　　　　　　C. 合同　　　　　　D. 发票

5. 我国出口商可以向(　　)或其下属机构申请原产地证明书。

A. 中华人民共和国海关　　　　　　　　　B. 国家质量监督检验检疫总局

C. 中国国际贸易促进委员会　　　　　　　D. 中华人民共和国商务部

6. 普惠制的原则有(　　)。

A. 普遍　　　　　　B. 非歧视　　　　　　C. 非互惠

D. 国民待遇　　　　E. 特惠

7. 进口报验应随附的单证有(　　)。

A. 核销单　　　　　　　　　　　　　B. 国外商业发票或装箱单

C. 运输单据　　　　　　　　　　　　D. 进口货物通知书

四、判断题

1. 一般原产地证明书的第 3 栏(MEANS OF TRANSPORT AND ROUTE)必须填报运输方式、运输工具、装运港和目的港，但不需要填报中转港的名称。　　　　　　(　　)

2. GSP 产地证格式 A 上必须详细填写本批货物最终目的地给收货人的名称、地址、国别。如果有中间商，还应详细填写中间商的名称、地址、国家。　　　　　　(　　)

3. 如信用证未规定 GSP 产地证书的收货人，则可在收货人栏填写中间商。　　(　　)

4. 我国出口企业对美国出口纺织品时，除了提交原产地声明书外，还需提交 GSP 产地证明书。　　　　　　　　　　　　　　　　　　　　　　　　　　　　(　　)

5. 出口退税是各国普遍使用的国际惯例。　　　　　　　　　　　　　　　(　　)

6. 出口收汇核销单上的出口企业公章必须盖在中缝，海关的验讫章则不必。　(　　)

7. 一般报关人在进出境货物向海关申报后，还必须配合海关查验、缴纳税费后才被海关放行，放行后就等于结关。　　　　　　　　　　　　　　　　　　　　　(　　)

8. 办理进出口货物的海关申报手续，应当采用纸质报关单和电子数据报关单的形式。　　　　　　　　　　　　　　　　　　　　　　　　　　　　　　　　(　　)

9. 海关规定的实质性加工是指产品加工后，在海关进出口税则中的税号(四位数一级的税则号)已有改变。　　　　　　　　　　　　　　　　　　　　　　　　(　　)

10. 我国某贸易商把进口布料剪裁缝制为服装再出口至日本，因为布料是进口的，所以不能申请办理《普惠制原产地证书 FORM A》。　　　　　　　　　　　　(　　)

11. 填报普惠制原产地证中"进口商名称栏"时，如果有中间商，也可以将中间商的名称填入此栏。　　　　　　　　　　　　　　　　　　　　　　　　　(　　)

12. 《普惠制原产地证书 FORM A》是证明有关商品的原产地为该受惠国的专门证书，是海关凭以减免关税的证件，因此它是有价值的。　　　　　　　　　　　（　　）

五、操作题

依据下列合同资料缮制商检证书、核销单、原产地证书。

1. 出口商公司名称：SHANGHAI JINHAI IMP&EXP CORP.LTD.

2. 进口商公司名称：ANTAK DEVELOPMENT LTD.

3. 支付方式：20%T/T BEFORE SHIPMENT AND 80% L/C AT 30 DAYS AFTER SIGHT

4. 装运条款：FROM SHANGHAI TO SINGAPORE NOT LATER THAN SEP.30,2005

5. 价格条款：CIF SINGAPORE

6. 货物描述：MEN'S COTTON WOVEN SHIRTS

货号/规格	装运数量及单位	总金额	毛重/净重(件)	尺码
1094L	700 DOZ	USD19 180.00	33KGS/31KGS	68CM*46CM*45CM
286G	800 DOZ	USD31 680.00	45KGS/43KGS	72CM*47CM*49CM
666	160 DOZ	USD5440.00	33KGS/31KGS	68CM*46CM*45CM

包装情况：一件一塑料袋装，6件一牛皮纸包，8打或10打一外箱

尺码搭配：

1094L:	M	L	XL
	3	3	4=10 打/箱
286G:	M	L	XL
	1.5	3	3.5=8 打/箱
666:	M	L	XL
	1.5	3.5	3=8 打/箱

7. 唛头由卖方决定(要求使用标准化唛头)。

8. L/C NO.123456 DATED AUG.18, 2008 ISSUED BY BANK OF CHINA SINGAPORE BRANCH

ADVISING BANK：BANK OF CHINA，SHANGHAI

9. 船名：HONGHE　V.188

B/L NO. ：ABC123　　　　　B/L DATE：2008 年 9 月 20 日

10. S/C NO.00SHGM3178B　　DATE AUG. 2,2008

11. INVOICE NO.SHGM7056I

12. Insurance Policy No.SA05354

13. 保险：按发票金额的 110%依中国人民保险公司 1981/1/1 的海洋货物运输保险条款投保一切险和战争险，依照仓至仓条款。

第八章 结 汇 单 证

【学习指导】

作为外贸单证员，其"制单"工作主要就是指依据合同和/或信用证要求缮制全套用于结汇的单证。无论是哪种支付方式，出口方都应该按进口方要求提供相符的单据，否则会影响到货款的安全收汇和合同的顺利履行，尤其在信用证支付方式下，"相符交单"更具有重要意义。结汇单证中的发票、装箱单、保险单、提单、原产地证书、商检证书、出口收汇核销单等单证已在前面章节作详细讲解，本章不再赘述。本章主要讲述船公司证明、受益人证明或出口商证明等附属单据的有关知识，要求掌握这些单据的含义、内容、作用和缮制。本章还详细介绍国际贸易结算票据和结算方式，要求掌握结算票据的含义、内容，重点掌握汇票的使用和缮制；熟练掌握汇付、托收、信用证支付的业务流程，了解其他支付方式，熟悉不同支付方式的选择运用。

【导入案例】

我国某公司出售一批货物给外国某进口商，合同规定的支付方式是 50%货款凭不可撤销 L/C 见票后 30 天付款，其余 50%凭即期 D/P 付款。我方委托当地银行(托收行)转托 A 银行凭单据向进口商收取货款，同时凭进口商通过 A 银行开立的以我方为受益人的 L/C 开出了 50%价款的汇票。其后，A 银行根据进口商要求，按 D/P 支付的 50%货款将全部单据交给了进口商，并将代收的 50%货款拨付给了托收行。不久，A 银行宣布破产，已承兑的汇票在到期向其提示时也遭到退票。我方遂以货物已被进口商全部收取为由，向进口商追偿 50%的货款，进口商借口开证押金收不回来而拒不偿还。为此，我方诉诸法院。你认为此案应如何解决？我方应从中吸取什么教训？

第一节 结汇单证概述

一、结汇单证综述

结汇单证是指在进出贸易中，为解决货款收付问题所使用的单据和文件，是买方付款的依据、履约的证明或物权凭证。根据签发单证的机构不同，单证的性质、作用不同，结汇单证大致包括以下四类。

(1) 商业单证：如商业发票、装箱单、保险单、提单。

(2) 官方单证：如商检证书、原产地证书、出口收汇核销单。

(3) 金融单证：如汇票、支票、本票。

(4) 附属单据：如船公司证明、受益人证明或出口商证明等。

二、结汇单证的缮制

由于前面章节已详细介绍了其他结汇单证，本章主要讲述船公司证明、受益人证明或出口商证明等附属单据的有关知识。所谓附属单据，是指进口商要求提供的，用以证明出口商履约情况，或便于进口商办理进口手续和销售货物的其他单据。附属单据的内容和格式往往无法律效力。如果进口商要求提供，则出口方应按其具体要求缮制和提交。

(一)船公司证明

1. 含义及作用

船公司证明(Shipping Company's Certificate)是由船公司出具，进口商为了满足进口国当局的规定或了解货物运输情况而要求出口商提供的，证明货物运输情况或船只情况的单据。

2. 种类

(1) 船龄证明：用以证明船舶的营运期限。一般船龄在 15 年以上的为超龄船，所以进口商往往要求出具说明船龄在 15 年以下的证明。

(2) 船籍和航程证明：用以证明载货船舶的国籍，说明航程中停靠的港口、航行路线等。

(3) 船级证明：用以说明船舶符合一定的标准，适航适货，能保证安全运输货物。

(4) 集装箱船只证明：用以证明货物由集装箱船只装运。

(5) 船长签发的随船单据的收据：货物装运后，有些单据由船长随船带交收货人，并由船长出具收据。

(6) 运费证明：是承运人签发给托运人的运费收讫凭证。

3. 内容及缮制

船公司证明的内容及缮制要点等按信用证或合同的具体规定；如无特别规定，格式一般由出口方自定。需要注意以下四点。

(1) 证明内容必须与信用证或合同规定的一致。

(2) 须由与提单一致的承运人或其代理人签署。

(3) 须有与提单相关联的内容信息。

(4) 须注明制作日期，而且该日期必须符合信用证或合同的规定。

(二)受益人证明/受益人声明/出口商证明

1. 含义

受益人证明(Beneficiary's Certificate)/受益人声明(Beneficiary's Statement)/出口商证明(Exporter's Certificate)是由受益人或出口商按 L/C 或合同要求出具的关于已履行某项义务或办理了某项手续或证实某些事项的声明或证明。常见的有寄单寄样证明,包装说明的证明,产品制造方面的证明,环保、人权方面的证明等。

2. 内容及缮制

(1) 单据名称:符合 L/C 或合同要求。

(2) 与其他单据的关联:注明发票号(INVOICE NO.)或其他相关单据号码。

(3) 证明内容:内容及缮制要点等按信用证或合同的具体规定;如无特别规定,格式一般由出口方自定,通常以函电形式。

如为寄单证明,须列明所寄单据的种类和份数。

(4) 签署:须由受益人或出口方签署。

(5) 签发日期:签发日期必须与证明或声明内容相吻合,且最迟不得晚于交单日。如信用证规定受益人出具证明,说明装船通知已于装船后 2 天内发送给开证申请人,则该受益人证明的签发日期最好在"装船后 2 天内"这个时间段内。

(三)其他证明

其他证明包括保险费收据、借记通知单、佣金折扣说明等。需要再次强调的是,这些附属单据虽无法律依据,完全出自进口商和信用证或合同的要求,但是,若进口商和信用证或合同要求提供,则这些附属单据即成为结汇的必备单据之一,出口商不得疏忽;其名称、内容、签署、发送日期等都应严格按对方的规定办理。

三、结汇的工作程序

(一)受益人(出口商)缮制汇票

作为结汇单据之一,汇票往往是出单日最迟的单据,其出票日一般就是交单日。有关汇票的内容详见本章第二节。

(二)单证审核

找全所有结汇单据后,受益人(出口商)必须在交单前进行仔细的审核,确保单证的正确、完整以达到安全收汇的目的。有关单证审核要点、方法和技巧,详见第九章的相关内容。

(三)交单结汇

1．结汇单证的交付

出口方在结汇单证缮制、审核完毕后，需向有关方面递交，俗称"交单"。因结算方式的不同，交单程序分为以下几种情况。

(1) 汇付：出口商→进口商。

(2) 托收：出口商→托收行→代收行(以进口商付款或承兑为交单条件)→进口商。

(3) 信用证：出口商→出口地银行→保兑行、开证行或付款行(以交付的单证符合银行要求为交单条件)→进口商。

2．结汇

有关结汇方式、具体业务流程等内容详见本章第三节至第六节。

四、进口单据的审核及付汇赎单

在信用证和托收结算方式下，进口企业通过银行收到出口方的全套单据并审核交单相符后，则付款或承兑赎取单据。

进口商对进口货物单据的审核，是进口合同履行过程中的一个重要环节。货物单据不仅是进口人凭以付款的依据，也是用于核对出口人所供货物是否与合同相符的凭证。所以，做好进口货物单据的审核工作至关重要。

在进口业务中，如采用托收和汇付方式，由进口企业负责对货物单据进行全面审核；如采用信用证支付方式，则由开证银行和进口企业共同对货物单据进行审核，通常是由开证行对单据进行初审，进口企业进行复审。在交单相符的条件下，开证行和进口人履行付款责任。

(一)进口单据的审核

1．开证行审单

我国进口业务大多采用信用证付款方式，国外出口人将货物装运后，即将全套单据和汇票交出口地银行转我方进口地开证行或指定付款行收取货款。按照我国现行的做法，保兑行(如有的话)或开证行收到国外寄来的全套单证以后，应根据信用证条款全面地逐项地审核单据与信用证之间、单据与单据之间是否相符。为了减少不必要的风险，开证行对单证的审核应严格进行，特别要注意以下问题。

(1) 所收单据的种类、份数与信用证要求是否相符，与议付行或寄单行的寄单回函中所列是否相符。

(2) 汇票、发票上的金额是否一致,与信用证规定的最高金额相比是否超额,与议付行或寄单行的寄单回函所列金额是否一致。

(3) 所有单据中对货名、规格、数量、包装等描述是否与信用证要求相符。

(4) 货运单据的出单日及内容是否与信用证相符。

(5) 核对货运单据、保险单据等其他单据的背书是否有效。

UCP600 第十四条规定:

a. 按指定行事的指定银行、保兑行(如果有的话)及开证行须审核交单,并仅基于单据本身确定其是否在表面上构成相符交单。

b. 按指定行事的指定银行、保兑行(如有的话)及开证行各有从交单次日起至多五个银行工作日用以确定交单是否相符。这一期限不因在交单日当天或之后信用证截止日或最迟交单日届至而受到缩减或影响。……

开证行审单无误后,即交进口人进行复审,同时准备履行付款责任。

2. 进口企业审单

进口企业收到开证行交来的全套货物单据和/或汇票后,应根据合同和信用证的规定认真审核单据,首先应审核各种单据的内容是否符合信用证要求,单据的种类和份数是否齐全,即单证是否一致。同时,以商业发票为中心,将其他单据与之对照,审核单据是否一致。进口企业审单后,如没有提出异议,保兑行(如有的话)或开证行即履行付款或承兑的义务。进口企业凭开证行的付款通知与收货单位结算。主要单据的审核要点和方法参见第九章的相关内容。

必须强调的是,UCP600 从整体上看对于单据的要求逐渐宽松,广大进出口商尤其是进口商应该对 UCP600 的变化给予足够的重视,特别是要注意在处理单据的环节中,是否有不符合新惯例的方面,未雨绸缪加以改进才能更好地保护自己的利益。比如,UCP600 规定,"单据中的数据,在与信用证、单据本身以及国际标准银行实务参照解读时,无须与该单据本身中的数据、其他要求的单据或信用证中的数据等同一致,但不得相矛盾。"这比 UCP500 要求的"严格相符原则"宽松。又如,对于发票、运输单据、保险单据以外的单据,如果并未规定出具人和单据内容,那么提交看上去满足所要求单据功能的单据即可。这也比 UCP500 要求的"内容与其他单据不冲突"更为宽松。因此对于进口商,在给予开证行开证指示时,一定要注意措辞清晰,至少要明确自己需要的是什么层次的单据。

(二)进口付汇赎单和不符点单据的处理

议付信用证项下,受益人在发运货物后,将全套单据经议付行寄交保兑行(如有的话)或开证行,保兑行(如有的话)或开证行审单后若认为交单相符,即应予以即期付款或承兑或延期付款。保兑行(如有的话)或开证行向外付款的同时,即通知进口企业付款赎单。进口企业付款赎单前，同样需审核单据，若发现交单不符，有权拒绝赎单。

对于远期信用证或因航程较短货物先于单据到达，进口方可以下列两种方式先行提货。

(1) 信托收据：在进口企业尚未清偿信用证项下汇票时(往往指远期汇票)，可向银行开出信托收据，银行凭其将货运单据"借给"进口商，以利其及时提货，然后在汇票到期日偿还货款。

(2) 担保提货：进口货物先于提单到达目的地，进口企业可请求银行出具保函，向运输公司申请不凭提单提取货物，如果承运人因此而蒙受损失，由银行承担赔偿责任。

收到不符点单据后，进口企业应根据 UCP600 的相关规定，考虑不符点性质并作适当处理。对于性质轻微的不符点，可以采取以下措施。

① 部分付款，部分拒付。

② 验货合格后付款(先报关提货，后付货款)。

③ 凭担保付款(卖方出具货物与合同一致的担保)。

④ 更正单据后付款。

UCP600 的相关规定如下。

第十六条　关于不符单据、放弃及通知：

a. 当按照指定行事的指定银行、保兑行(如有的话)或者开证行确定交单不符时，可以拒绝承付或议付。

b. 当开证行确定交单不符时，可以自行决定联系申请人放弃不符点。然而这并不能延长第十四条 b 款所指的期限。

c. 当按照指定行事的指定银行、保兑行(如有的话)或开证行决定拒绝承付或议付时，必须给予交单人一份单独的拒付通知。该通知必须声明：

i. 银行拒绝承付或议付；及

ii. 银行拒绝承付或者议付所依据的每一个不符点；及

iii. a) 银行留存单据听候交单人的进一步指示；或者

b) 开证行留存单据直到其从申请人处收到放弃不符点的通知并同意接受该放弃，或者其同意接受对不符点的放弃之前从交单人处收到其进一步指示；或者

c) 银行将退回单据；或者

d) 银行将按之前从交单人处获得的指示处理。

d. 第十六条 c 款要求的通知必须以电信方式，如不可能，则以其他快捷方式，在不迟于自交单之翌日起第五个银行工作日结束前发出。

e. 按照指定行事的指定银行、保兑行(如有的话)或开证行在按照第十六条 c 款 iii 项 a)发出了通知后，可以在任何时候将单据退还交单人。

f. 如果开证行或保兑行未能按照本条行事，则无权宣称交单不符。

g. 当开证行拒绝承付或保兑行拒绝承付或者议付，并且按照本条发出了拒付通知后，

有权要求返还已偿付的款项及利息。

注意：进口商在外汇指定银行办理好付汇手续后，必须向外汇管理局申报核销。详细内容参见第七章第二节。

第二节　国际贸易结算票据

国际贸易货款结算很少使用现金，大多使用非现金即金融票据来结算国际的债权债务。金融票据是国际上通行的结算和信贷工具，是可以流通转让的债权凭证。国际贸易中使用的金融票据主要有汇票(Bill of Exchange；Draft)、本票(Promissory Note)和支票(Cheque；Check)，其中最常用的是汇票。

一、汇票

(一)汇票的含义和基本内容

在票据的各种类型中，汇票(Bill of Exchange；Draft)最具典型意义。其所包含的内容最为全面，各国票据法对汇票的规定，也最为详细、具体。

按照《中华人民共和国票据法》(以下简称我国《票据法》)的解释："汇票是出票人签发的，委托付款人在见票时或者在指定日期无条件支付确定的金额给收款人或者持票人的票据。"《英国票据法》对汇票的定义是："汇票是由出票人向另一人签发的，要求即期、定期或在可以确定的将来时间向指定人或根据其指定向来人无条件支付一定金额的书面命令。"

我国《票据法》明确规定，汇票必须记载以下内容。

(1) 表明"汇票"字样；

(2) 无条件支付的付款命令；

(3) 出票人(Drawer)签章；

(4) 受票人(Drawee)即付款人(Payer)的名称；

(5) 受款人(Payee)即收款人名称；

(6) 确定的付款金额；

(7) 出票日期。

未记载上述之一的，汇票无效。

《日内瓦统一法》还把付款日期、付款地点和出票地点也作为必须记载的事项。我国票据法虽未把这些事项作为汇票的必备内容，但规定，汇票未记载付款日期的，视为即期付款，未记载付款地点的，付款人的营业场所、住所或者经常居住地为付款地，未记载出票地点的，出票人的营业场所、住所或者经常居住地为出票地。

(二)汇票的缮制

汇票无统一格式，卖方可自行设计也可向银行购买空白汇票。常用的商业汇票具备以下项目，汇票样例见样单8.1。

样单8.1　汇票

Bill Of Exchange

No..

Exchange for...................................... Tianjin , China ,.....................................

At...................... sight of this FIRST of Exchange(the SECOND of the same tenor and date being unpaid)

pay to...

The sum of ....

....

Drawn under ....

....

To..

....

1．"汇票"字样

如"Bill of Exchange"、"Draft"等。

2．汇票号码(No.)

通常与发票号码相同，也可填其他有利于识别的号码。

3．汇票的出票日期与地点

(1) 汇票的出票日期：通常在交单时由银行打上交单当天的日期。

(2) 出票地点：关系到法律适用的问题(多使用"行为地法律")，原则上应是出口商所在地，一般与日期相连。通常由银行代填。

4．出票条款

出票条款又称出票根据或出票依据，表明汇票起源。

(1) 信用证项下的汇票必须有出票条款,包括三部分:开证行名称、信用证号和开证日期。如:

Drawn under ＿开证行完整名称＿ L/C No.＿信用证号＿ Dated ＿开证日期＿

(2) 托收项下,如:

Drawn under Contract No.＿合同号＿against Shipment of ＿货物名称＿ for Collection.

5. 金额(大、小写)

汇票金额必须是确定的金额。

小写(Amount in Figures): Exchange for USD1000,000.00

大写(Amount in Words): (the sum of)U.S. dollars one thousand thousand only

如规定了利息,还须注明"Payable with interest @ …%"。

大小写必须一致,不得涂改(我国规定如不一致,汇票无效;其他国家则以文字为准)。

6. 付款期限

我国《票据法》和《日内瓦统一法》规定,汇票应当记载汇票付款期限(Tenor),未记载的视为见票即付。《英国票据法》认为,到期日不是汇票的必备项目,未记载的按见票即付处理。

(1) 我国《票据法》和《日内瓦统一法》规定了以下四种付款期限。

① 即期付款:如"At******Sight"(见票即付)或"At----Sight"。

② 见票后付款:如"At 30 Days After Sight"或"At 30 Days' Sight"(见票后30天付款)。

③ 出票后付款:如"At 30 Days After Date"或"At 30 Days' Date"(出票后30天付款)。

④ 定日付款(At A Fixed Date):如"At Dec. 27, 2007 Fixed"。

此外,美国《票据法》还规定了如下一种汇票期限,在实务中也常见。

⑤ 延期付款(Deferred Payment)——某一说明日期后定期付款,具体来说有:

a. 提单(签发)日/交单日/其他特定日期后定期付款。如:

"At 30 Days After Date Of Bill Of Lading"

"At 30 Days After Date Of Presentation"

"At 30 Days After Date Of Shipment"

b. 汇票注明日期后定期付款。在实务处理中,如果合同或信用证规定了这种付款期限,我们作为出口方,在缮制汇票时,为避免出现与我国《票据法》规定的付款期限不一致的情况,可以把该提单日/交单日/装船日等特定日期或"汇票注明日期"做成出票日期,而付款期限则做成出票后付款即可。

(2) 计算到期日的方法要按照文义和国际惯例。

① UCP600 规定, "从……开始(from)"及"在……之后(after)"等词用于确定到期日期时不包含提及的日期。

② "月"为日历月, 以月为单位计算付款期限的, 不考虑每月的具体天数, 一律以相应月份的同一天为到期日, 若当月无对应日期, 以当月最后一天代替。如汇票见票日为 1 月 12 日, 则见票后 3 个月后付款的到期日为 4 月 12 日。又如汇票见票日为 1 月 31 日, 则见票后 1 个月、2 个月、3 个月后付款的到期日分别为 2 月 28 日(闰年为 2 月 29 日)、3 月 31 日、4 月 30 日。

③ 先算整月, 后算半月, 半月按 15 天计算。如汇票出票日为 1 月 12 日, 则出票后 3 个半月付款的到期日为 4 月 27 日(出票后 3 个月为 4 月 12 日, 再加 15 天为 4 月 27 日)。

④ 到期日如遇节假日等非营业日, 则顺延至其后的第一个营业日。

7. 受款人(Payee 收款人)及无条件支付命令(Unconditional Order To Pay)

(1) 受款人即汇票抬头人, 是出票人指定的接受票款的当事人, 有以下三种表示。

① 指示性抬头(To order): 此种抬头的汇票最普遍。如:

"付××公司或其指定人"(Pay to ×× Co. Or order 或 Pay to the order Of ×× Co.)

"付××公司" (Pay to bank of America.)

这样的汇票经过背书, 可以转让。

② 限制性抬头(Restrictive Payee)。

"Pay to …(公司名称或人名) only/not transferable"。如:

"仅付××公司" (Pay to ×× Co. Only)

"付××公司不准转让" (Pay to ×× Co. Not Transferable)

这种抬头的汇票不能流通转让。

注: 如无 only 或 not transferable 或其他类似的限制性词语, 视同指示性抬头, 可背书转让。

③ 来人式抬头/持票式抬头(To Bearer/Holder)。如: "付给来人"(Pay to bearer 或 Pay to holder), 这种抬头的汇票无须持票人背书, 仅凭交付即可转让。我国《票据法》规定, 此种抬头的汇票无效。

注意:

① 在国际结算业务中, 汇票的受款人一般都是以银行指示为抬头的。

② 信用证如无特别规定, 应以议付行为受款人; 无证托收的汇票, 一般以托收行为受款人。

(2) 无条件支付命令。

汇票从定义上就规定了它是出票人指示受票人支付一定款项给受款人的无条件支付命

令书。该无条件支付命令有两层含义：其一，此命令的执行不能以任何其他行为的履行或事件的发生为先决条件，出现诸如"如 ABC 公司交付的货物符合规定，即支付其金额 100 000美元(Please pay to ABC company USD100 000.00 provided ABC company shipped goods as scheduled)"等附加条件或限制的汇票无效。其二，它是一个命令而非请求，所以出现诸如"Would you please pay to ABC company USD100 000.00？"类似语句的也属于无效汇票。像"(Please) pay to ABC company USD100 000.00."的支付语句，才是无条件支付命令。

8．付款人

付款人(Payer/Drawee 受票人)一般位于汇票左下角，即"To:(付款人)"。

(1) 信用证项下：付款人由信用证规定，一般是信用证的开证行或其指定的付款行；如未规定，开证行为付款人。信用证中相应的付款人表示为"Drafts drawn on..."UCP600规定，信用证不应开立以开证申请人为付款人的汇票。

(2) 托收项下：付款人一般是进口商。

9．出票人

出票人(Drawer)包括公司名称、公司盖章和负责人签字。一般位于汇票的右下角。通常为出口人或信用证的受益人。汇票必须要有签字。

10．关于付一不付二和付二不付一

为防遗失，商业汇票通常开立一式两份，分别寄发，但付款人只对其中的一份承兑或付款，当对其中的一份承兑或付款后，另一份随即作废。需在汇票上注明如下内容。

第一联："At ... of this FIRST of Exchange(SECOND of Exchange being unpaid)."

"……日后付款，本汇票之第二联未付。"

第二联："At ... of this SECOND of Exchange(FIRST of Exchange being unpaid)."

"……日后付款，本汇票之第一联未付。"

(三)汇票的种类

汇票按其内容和特征可以分为以下几种类型。

(1) 按出票时有无附属单据分为光票和跟单汇票。光票(Clean Bill)是指出具的汇票不附任何货运单据；反之，如出具的汇票附有货运单据，则称为跟单汇票(Documentary Bill)。国际贸易中使用的大多是跟单汇票。

(2) 按付款时间的不同分为即期汇票和远期汇票。凡汇票上规定付款人见票后应立即付款的称为即期汇票(Sight Draft)。凡汇票上规定付款人在未来的特定日期付款的称为远期汇票(Time Bill；Usance Bill)。远期汇票的规定办法常见的有三种：①付款人见票后若干天付款，如见票后 30 天、60 天、90 天等(At××days after sight)；②出票后若干天付款(At××

days after date)；③提单签发日或装船日后若干天付款(At××days after B/L date 或 At××days after shipment)。

(3) 按出票人的不同分为银行汇票和商业汇票。银行汇票(Banker's Draft)是指汇票的出票人是银行，受票人也是银行。如果汇票的出票人是非银行的工商企业或个人，则称为商业汇票(Commercial Bill)。

(4) 按承兑人不同分为商业承兑汇票和银行承兑汇票。由非银行的工商企业或个人承兑的远期汇票，称为商业承兑汇票(Commercial Acceptance Bill)；由银行承兑的远期汇票，为银行承兑汇票(Banker's Acceptance Bill)。

一张汇票往往可以同时具备几个特征，如一张商业汇票可以同时又是远期的跟单汇票。

(5) 根据汇票的流通地域分为国内汇票和国际汇票。国内汇票(Inland Bill /Domestic bill)是指出票地与付款地处于同一国家的汇票。国际汇票，也称外国汇票(International Bill/Foreign Bill)，是指出票地与付款地分处两国的汇票。这一区分的意义在于：①遭遇退票时制作拒绝证书(拒绝承兑或付款时)的必要性不同，前者由有关各方决定是否出具，后者则须由公证人出具拒绝证书(Pretest)；②运用的法律不同，前者受本国法律约束，而后者按冲突法规处理；③份数不同，国内汇票通常出具单份(Solo)，国际汇票通常两份或多份。银行汇票通常只签发一份。

(四)汇票的使用

汇票的使用程序随其是即期汇票还是远期汇票而有所不同。即期汇票一般需经过出票、提示和付款几个程序，远期汇票则还需要承兑。如需转让，还要经过背书，如遭拒付，则有追索环节。其中出票是"主票据行为"，其他为从票据行为。

1. 出票

出票(Draw 或 Issue)由两个动作组成：①出票人写成汇票并签字；②交付，即出票人将汇票交付给收款人。只有经过交付，汇票才开始生效。

出票人第一个在汇票上签名，在付款人签字前是汇票的主债务人，他以签发汇票的形式创设了一种债权并将其赋予持票人。出票人承担保证该汇票得到承兑和/或付款的责任，若汇票得不到承兑和/或付款时，出票人应当向持票人清偿被拒付的汇票金额和自到期日或提示付款日至清偿日止的利息，以及取得拒付证书等的费用。

付款人在其未签字前并不对付款承担责任，因为汇票只是由出票人担保的"信用货币"，收款人的债权完全依赖于出票人的信用。

2. 提示

提示(Presentation)是指持票人(Holder)将汇票提交付款人，要求承兑或付款的行为。付款人看到汇票叫"见票"(Sight)。如果是即期汇票，即提示付款(Presentation for Payment)，付款人见票后立即付款；若是远期汇票，则有两次提示，持票人需先提示承兑(Presentation for Acceptance)，付款人办理承兑手续后，于汇票到期日，持票人再提示付款，付款人才付款。

关于提示的期限，各国规定不同。

(1) 《日内瓦统一法》：出票日起1年内。

(2) 《英国票据法》：合理的时间内。

(3) 我国《票据法》：a.见票即付和见票后定期付款的，自出票日后1个月内；b.定日付款或出票日后定期付款的，汇票到期日前。

对已承兑的远期汇票的提示付款期限，各国的规定如下。

(1) 《日内瓦统一法》：到期日或其后两个营业日内。

(2) 《英国票据法》：付款到期日当天。

(3) 我国：自到期日起10日内。

3．承兑

承兑(Acceptance)是指付款人对远期汇票表示承担到期付款责任的行为，也由写成和交付两个动作组成。承兑写成手续一般由承兑人(付款人)在汇票正面写上"承兑(Accepted)"字样，注明承兑日期并签名。汇票一经承兑，就不可撤销。承兑的交付分两种方式：一为实际交付(Actual Delivery)，即付款人承兑后将汇票交还持票人留存，到期持票人再持已承兑的汇票提示付款；二为推定交付(Constructive Delivery)，即付款人承兑后汇票仍由承兑人保管，在承兑当日发出承兑通知书给正当持票人，到期持票人持承兑通知书提示付款。目前，在国际银行业务中，后一种做法使用较多。

一经承兑，付款人即成为承兑人(Acceptor)，并取代出票人成为汇票的主债务人，而出票人便成为汇票的从债务人。承兑的手续如下。

(1) 付款人写"承兑(Accepted)"字样。

(2) 注明承兑日期(我国规定，未注明的，从收到提示承兑的汇票之日起的第三天为承兑日期)。

(3) 签名。无(1)而仅有(3)者视为承兑。

关于承兑的考虑时间，规定如下。

(1) 《日内瓦统一法》：从第一次提示后之次日至第二次提示日为止。

(2) 《英国票据法》：在提示的次一个营业日营业时间终了之前。

(3) 我国：收到承兑的汇票之日起3天内承兑或拒绝。

承兑的种类(方式)有两种。

(1) 普通承兑(General Acceptance)：是指承兑人对汇票内容一概接受，无条件地承兑。如"Accepted Dec.11，2005(Signed)"。

(2) 限制承兑(Qualified Acceptance)：又称保留性承兑，是指承兑人承兑时外加一些对汇票内容的修改。常见的有如下几种。①带有条件的承兑(Conditional Acceptance)：须完成承兑人所提出的条件后才予以承兑。②部分承兑(Partial Acceptance)：只承兑汇票金额的一部分。③地方性承兑(Local Acceptance)：承兑时指明仅在某地支付，如"Payable at Hongkong …"。④延长时间(Qualified acceptance as to time)：例如，原来是出票日后 3 个月付款的汇票，承兑时写明 6 个月付款。

我国《票据法》明确规定：承兑附有条件的，视为拒绝承兑。

另有一种称为参加承兑(Acceptance for Honor)的票据行为，是指票据在提示后遭到付款人拒绝承兑，或因付款人死亡，逃避或其他原因而无法获得承兑时，由第三者即参加承兑人(Acceptor for Honor)对汇票承兑；当汇票到期时，若付款人拒不付款，则由参加承兑人负责付票款。参加承兑的目的是保全票据上有关债务人的信用，所以又称"荣誉承兑"。参加承兑人的法律地位是次债务人(仅对被参加承兑人及其后手承担义务)。我国未对参加承兑作规定。

4．付款

付款(Payment)是指付款人或承兑人向持票人清偿汇票金额。当付款人付清款额后，持票人在汇票上要记载"收讫"字样并签名。汇票上的一切债务责任即告结束，汇票注销(Discharge)。

付款人的责任有两个，即应正当付款(Payment in Due Course)和应支付金钱。

(1) 应正当付款。有三层含义。

① 应在到期日或以后付款，若提前，付款人自担风险。

② 应付款给合法持票人：付款人应验明提示人的身份并审核背书的连续性。

③ 应是善意付款：付款人应按照行业惯例利用专业信息调查持票人是否有任何权利缺陷。

(2) 应支付金钱。只能支付金钱而不是其他替代物，但可按付款日市场汇率将汇票指定货币兑换成本币支付给持票人。

还有一种称为参加付款(Payment for Honor)的票据行为，指当票据被付款人拒绝付款时，参加付款人(Drawee for Honor)对票据进行付款的行为。我国未对此作规定。

5．背书

背书(Endorsement)是转让汇票权利的一种手续，指汇票的抬头人(受款人)在汇票背面签上自己的名字，或再加上受让人即被背书人(Endorsee)的名字(此为写成)，并把汇票交受让人的行为(此为交付)。背书后，汇票的收款权利便转移给受让人。

在国际金融市场上，汇票又是一种流通工具，经过背书可以不断转让。汇票在转让过程中形成了"前手"和"后手"，对受让人来说，所有在他以前的背书人包括原出票人皆是"前手"，对出让人来说，所有自他出让以后的受让人都是"后手"。前手对后手负有担保汇票必然会被承兑或付款的责任。

背书的类型主要有以下几种。

(1) 限制性背书(Restrictive Endorsement)，即不可转让背书。如"Pay to A Co only /not transferable/not to order"。

《英国票据法》规定：限制性背书的汇票只能由指定的被背书人凭票取款，不能将汇票再行转让或流通。我国《票据法》第三十四条规定：背书人在汇票上记载了"不得转让"字样后，其后手再背书转让的，原背书人对后手的被背书人不承担保证责任。《日内瓦统一法》也作了相同规定。在国际贸易结算中，限制性背书较少使用。

(2) 特别背书(Special Endorsement)，又称"记名背书"、"正式背书"、"完全背书"，是指背书人先作被背书人记载，然后再签字。如：

Pay to the order of A Co..

Pay to A Co. or order.

(3) 空白背书，又称"无记名背书"、"不记名背书"，是指背书人只在汇票背面签字/盖章，而不作被背书人记载。空白背书的汇票可自由流通，无须背书即可再行转让。我国不允许作空白背书。

(4) 带有条件背书(Conditional Endorsement)，指支付给被背书人的指示是带有条件的。根据票据法的一般规则，背书不得附有条件，附条件的，该条件不具效力，但背书仍然有效，部分背书除外。但某些国家(如美国)的法律规定，付款人、承兑人履行付款的责任取决于条件的完成。

(5) 托收背书(Endorsement for Collection)，指要求被背书人按委托代收票款的指示处理汇票。例如："For collection pay to the order of C bank ."由于受委托收款的被背书人(如上例"C bank")得到的是代理权而不是债权，故不能以背书方式转让本不属于他的汇票权利，但可再作托收背书，再委托他人收款。背书应当连续，我国规定，后手应对其直接前手背书的真实性负责。在实际业务中，持票人通常将汇票背书转让给银行以贴现。

6. 拒付

拒付(Dishonor)也称退票，是指汇票在提示付款或提示承兑时遭到拒绝。我国《票据法》规定，持票人提示承兑或提示付款被拒绝的，承兑人或付款人必须出具拒绝证明，或出具退票理由书。值得注意的是汇票的拒付行为并不局限于付款人正式表示不付款或不承兑，在付款人或承兑人拒不见票、死亡、宣告破产、因违法被责令停止业务活动或无资格等情况下，使得付款在事实上已不可能时，也构成拒付。当付款人拒付时，出票人应根据原契约与之进行交涉。

7．追索

追索(Recourse)是指汇票被拒付时，持票人对其前手(背书人、出票人、承兑人)或其他的汇票债务人(如保证人)要求清偿汇票金额及费用(包括利息及作成"拒付通知"和"拒付证书"的费用)的行为。汇票被拒付，持票人除可向承兑人或付款人追索外，还有权向所有"前手"(包括背书人、出票人)追索。持票人行使追索权时，应将拒付事实书面通知"前手"。一般应请求拒付地的法定公证人或其他有权做拒付证书的机构做出拒付证书(Letter of Protest)。汇票的出票人或背书人为避免承担被追索的责任，可在背书时加注"不受追索"(Without Recourse)字样。但带有这种批注的汇票在市场上很难流通转让。

行使追索权有三个条件。

(1) 须在法定期限内提示汇票；

(2) 须在法定期限内发出退票通知(拒付通知)；

(3) 外国汇票遭到退票，须在法定期限内作成拒绝证书。

只有符合这三个条件，才能保留和行使追索权。

保留追索权的期限各国也有不同。《英国票据法》规定为 6 年；《日内瓦统一法》规定，持票人对前一背书人或出票人行使追索权的期限为 1 年，背书人对其前手背书人则为 6 个月；我国《票据法》规定，持票人对出票人和承兑人行使追索权的期限为出票日起 2 年，清偿持票人对前手的再追索权是自拒付之日起 6 个月。

8．保证

保证(Guarantee)是指由保证人(汇票债务人以外的第三者)承担保证付款的责任。其手续是在汇票上或粘单上注明：

(1) "保证"字样；

(2) 被保证的人——出票人、背书人、承兑人、参加承兑人；

(3) 保证人的名称住所及日期(无日期者出票日期即为保证日期)；

(4) 签名。

关于(2)，我国规定，已承兑的，承兑人为被保证人，未承兑的，出票人为被保证人。

保证不得附条件，附有条件的，也不影响对汇票的保证责任。票据保证与一般保证的不同点在于，保证人员有与被保证人完全相同的责任。实际业务中，当付款人是被保证人，银行为保证人(如保兑行)时，保证银行就直接承担汇票到期付款的责任，其清理汇票债务后，可以行使持票人对被保证人及其前手的追索权。

二、本票

(一)本票的含义及基本内容

《英国票据法》关于本票(Promissory Note)的定义是：本票是一个人向另一个人签发的，保证于见票时或定期或在可以确定的将来时间，对某人或其指定人或持票来人无条件支付一定金额的书面付款承诺。

我国《票据法》认为："本票是出票人签发的，承诺自己在见票时无条件支付确定金额给收款人或者持票人的票据。"也就是说，在我国只有即期付款的本票。根据我国《票据法》规定，本票的必要记载内容有六个方面："本票"字样、无条件支付的承诺、确定的金额、收款人名称、出票日期和出票人签章。以上条款，缺一不可，否则，本票无效。本票比汇票少了一个必要项目——付款人。关于付款地、出票地等事项的记载也应清楚明确，不过没有记载也不影响本票的效力。我国《票据法》规定，本票上未记载付款地的，出票人的营业场所为付款地；未记载出票地的，出票人的营业场所为出票地。

《日内瓦统一法》规定，本票应包括"本票"字样、无条件支付一定金额的承诺、付款期限、付款地点、收款人、出票地点与日期和出票人签字。

(二)本票的种类

本票分为商业本票和银行本票。由工商企业或个人签发的称为商业本票或一般本票。由银行签发的称为银行本票。商业本票有即期和远期之分。银行本票则都是即期的。在国际贸易结算中使用的本票，大都是银行本票。

我国《票据法》规定，本票仅限于银行本票，而且金融机构的出票人资格须由中国人民银行审定。

三、支票

(一)支票的含义与主要内容

支票(Cheque/Check)是银行存款户向银行签发的即期无条件支付命令。《英国票据法》给支票下的定义是，支票是以银行为付款人的即期汇票。我国《票据法)的定义是："支票是出票人签发的，委托办理支票存款业务的银行或者其他金融机构在见票时无条件支付确定的金额给收款人或持票人的票据。"

支票必须记载以下事项：表明"支票"的字样、无条件支付的委托、确定的金额、付款人名称、出票日期和出票人签章。以上内容缺一不可，否则，支票无效。不过，支票上的金额可以由出票人授权补记。除必要项目外，收款人、付款地、出票地都是支票的重要内容。支票上未记载收款人名称的，经出票人授权可以补记；未记载付款地的，付款人的营业场所为付款地；未记载出票地的，出票人的营业场所、住所或者经常居住地为出票地。

《日内瓦统一法》规定，支票应包括的条款有"支票"字样、无条件支付一定金额的命令、付款人、付款地、出票日期与地点和出票人签名。

(二)支票的种类

支票有以下四种。

1. 只有即期无远期

支票都是即期的。我国《票据法》规定，"支票限于见票即付，不得另行记载付款日期"。

2. 记名支票与不记名支票

这里所谓记名不记名，是指支票上收款人这一栏内的行文。凡记名支票者，必须在这一栏写明某某人为收款人；凡不记名支票者，这一栏里就写成持票来人(Bearer)。

3. 划线支票与不划线支票

所谓划线支票(Crossed Check)就是在支票的正面划上两条平行线，以此表明该支票不能在付款行的柜台提现，而只能付到收款人的账户入账。根据是否在平行线中记载收款银行的名称，分为普通划线(General Crossing)和特殊划线(Special Crossing)，前者未记载收款银行的名称，通过任何银行向付款行收款；后者则只能通过在平行线中记载的银行收款入账。划线支票，因为不能提现而只能入账，相当于转账支票。划线的目的是安全，一旦支票遗失被人冒领，还有可能通过银行代收的线索追回票款。与此相反的是"未划线支票"，这种支票既可转账，又可提现，称之为现金支票未尝不可。

4. 保付支票

保付支票指付款银行在其上加注了"保付"字样并签章的支票。这种支票由银行承担付款责任，其他债务人一概免责；持票人可以不受付款提示期的限制，在支票过期后提示，银行仍然要付款。

(三)支票的提示期限

按《日内瓦统一法》的规定，出票人和付款人在同一国内的支票，提示期为 8 天。我国《票据法》规定，支票的提示期限是自出票日起 10 天，一地使用的支票，其提示期限按中国人民银行规定。超过提示期限的，付款人可以不予付款，但出票人仍应对持票人承担票据责任。

第三节 商业信用结算方式——汇付与托收

国际货款结算方式可分为两大类，第一类为商业信用结算方式，以工商企业或个人的信用为基础，银行仅充当中介，为买卖双方办理收付款业务，不提供银行信用，如汇付、托收；第二类为银行信用结算方式，以银行信用为基础，银行不仅提供中介服务，而且为结算双方提供信用，使买卖双方获得了信用与融资的便利，如信用证、银行保函、备用信用证。其中，汇付、托收和信用证结算方式最为常用。本节具体介绍第一类的汇付和托收两种方式。

一、汇付

汇付(Remittance)又称汇款，是指付款人主动将货款通过银行付给出口人。国际贸易货款的收付如采用汇付，一般是由买方按合同约定的条件(如收到单据或货物)和时间，将货款通过银行，汇交给卖方。

(一)汇付业务的当事人

1. 汇款人

汇款人(Remitter)是委托银行汇出款项的人，在国际贸易中通常是进口商或债务人。

2. 收款人

收款人(Payee)是接受汇款方所汇款项的人，在国际贸易中常为出口商或债权人。

3. 汇出行

汇出行(Remitting Bank)是接受汇款人的委托，办理汇出款项业务的银行。

4. 汇入行

汇入行(Paying Bank)也称解付行，是受汇出行的委托，解付汇入款项给收款人的银行，通常是收款人所在地的银行。

以上是汇款业务中的主要当事人。但是在汇出行与汇入行之间没有建立直接账户关系的情况下，还会涉及转汇行。

5. 转汇行

转汇行是代汇出行拨付或偿付汇款资金给汇入行，或代汇入行收款入账或索取该款项的银行。

(二)汇付的三种方式

1. 信汇

信汇(Mail Transfer, M/T)是指汇款人将货款交给汇出行,委托汇出行以信汇委托书(M/T Advice)或支付通知书(Payment Order)作为结算工具,通过航空信件方式寄发给汇入行,委托其将款项解付给指定的收款人。

2. 电汇

电汇(Telegraphic Transfer, T/T)与信汇类似,只是汇出行使用的不是航空邮寄方式,而是以电报、电传、传真、环球银行间金融电信网络(Society for Worldwide Interbank Financial Telecommunication, SWIFT)等电信手段发出付款委托通知给汇入行,委托其将款项解付给指定的收款人。采用电汇方式的费用高于信汇,但出口人可以迅速收到货款。电汇、信汇流程的具体业务流程见图8.1。

图 8.1 电汇、信汇流程

3. 票汇

票汇(Demand Draft, D/D)是一种以银行即期汇票作为结算工具的汇付方式。指汇出行应汇款人申请,开立以其分行或代理行或其他往来银行为付款人的汇票,交由汇款人自行寄交给收款人,收款人凭以向汇票上指定的付款行取款的一种汇款方式。近年来,票汇使用本票、支票的也日益增多。票汇具体业务流程见图8.2。

图 8.2　票汇流程

汇付除按采用工具的不同分为上述三种方式外，按时间的不同又分为预付货款和货到付款两种情况。

(1)　预付货款(Payment in Advance)。

预付货款是指进口商先将货款的一部分或全部汇交出口商，出口商在收到货款后在规定时间内发运货物。在预付货款的情况下，进口商为避免货款两空，可采取凭单付汇(Remittance against Documents)的做法，即汇款人可以指示汇入行解付货款时，要求收款人提供某些指定单据。

(2)　货到付款(Payment after Arrival of Goods；Payment On Delivery)。

货到付款是指出口商先将货物发运，进口商在收到全部合格的货物后才支付货款。

(三)汇付方式评价

汇付是一种简便、快速的支付方式，但汇付方式的使用，完全取决于进出口双方的相互信任，因此属于商业信用。在汇付方式下，卖方在收到货款后是否交货，买方在收到货物后是否付款，完全靠买卖双方的商业信用。可见，这种支付方式下，总存在着一方要占用资金、损失利益、并承担货与款两空的风险。国际贸易中，这种方式主要用于预付货款、支付定金、分期付款、延期付款、小额交易的支付货款、待付货款的尾数、费用差额的支付以及佣金的支付等。

二、托收

托收(Collection)是指债权人(出口人)出具汇票委托银行向债务人(进口人)收取货款的一

种支付方式。它是一种仅次于信用证结算方式的较为常用的国际结算方式。在我国,为了把它和信用证方式区别开来,习惯上把托收称为无证托收,连同汇款结算业务统称为无证结算业务,而把信用证结算业务称为有证结算业务。

(一)托收方式的当事人

1. 委托人

委托人(Principal)是指委托银行办理托收业务的客户,通常是出口人。

2. 托收银行

托收银行(Remitting Bank)是指接受委托人的委托,办理托收业务的银行。

3. 代收银行

代收银行(Collecting Bank)是指接受托收行的委托向付款人收取票款的进口地银行。代收银行通常是托收银行的国外分行或代理行。

4. 付款人

付款人(Payer,Drawee)指汇票中指定的付款人,也就是银行向之提示汇票和单据的债务人,一般是进口商。

5. 提示行

提示行(Presenting Bank)指应托收行或代收行委托,向付款人提示单据和汇票,代为索款的付款人所在地银行。一般情况下,代收行就是提示行。如需要,代收行可指定另外的银行为提示行(当付款人与代收行不在同一地或无业务往来关系处理不便时),但前提是托收行未指定提示行。

6. 需要时的代理

需要时的代理(Principal's Representative In Case-of-need)又称委托人的代表,是指委托人指定的在付款地代为照料货物、存储、转售、运回或改变交单条件等事宜的代理人。

(二)托收的种类

托收根据是否随附商业单据,分为光票托收和跟单托收,国际贸易中货款的收取大多采用跟单托收。在跟单托收情况下,根据交单条件的不同,又可分为付款交单和承兑交单两种。

1. 付款交单

付款交单(Documents against Payment,D/P)是指出口人的交单是以进口人的付款为条件。即出口人发货后，取得装运单据，委托银行办理托收，并在托收书中指示银行，只有在进口人付清货款后，才能把装运单据交给进口人。

按付款时间的不同，付款交单又可分为即期付款交单和远期付款交单两种。

(1) 即期付款交单(Documents against Payment at sight，D/P sight)，是指出口人发货后开具即期汇票连同货运单据，通过银行向进口人提示，进口人见票后立即付款，进口人在付清货款后向银行领取货运单据。即期付款交单具体业务程序见图8.3。

图8.3 即期付款交单流程

(2) 远期付款交单(Documents against Payment after Sight，D/P after sight)，是指出口人发货后开具远期汇票连同货运单据，通过银行向进口人提示，进口人审核无误后即在汇票上进行承兑，于汇票到期日付清货款后再领取货运单据。远期付款交单具体业务程序见图8.4。

2．承兑交单

承兑交单(Documents against Acceptance，D/A)是指出口人的交单以进口人在汇票上承兑为条件，即出口人在装运货物后开具远期汇票，连同货运单据，通过银行向进口人提示：进口人承兑汇票后，代收银行即将货运单据交给进口人，进口人在汇票到期时，方履行付款义务。承兑交单方式只适用于远期汇票的托收。承兑交单方式下，进口人在汇票上承兑之后，即可取得货运单据，凭以提取货物。也就是说，出口人已交出了物权凭证，其收款的保障完全依赖进口人的信用，一旦进口人到期不付款，出口人便会遭到货款两空的损失。因此，出口人对这种方式，一般采用很慎重的态度。

图 8.4　远期付款交单流程

承兑交单具体业务程序见图 8.5。

图 8.5　承兑交单流程

3. 其他交单方式

其他交单方式(Deliver Document on Other Terms and Conditions)指不用汇票而要提供担保的"承诺付款交单"。

(三)跟单托收方式下的资金融通

1. 托收出口押汇

托收出口押汇(Collection Bill Purchased)是指由托收银行买入出口人提供的跟单汇票和单据从而向出口人提供资金融通的一种方式。具体做法是：出口人发运货物后，开出以进口人为付款人的汇票，并将汇票及所附货运单据交托收银行委托收款；由托收银行买入汇票及所附货运单据，按照汇票金额扣除从付款日(即买入汇票日)至预计收到票款日的利息和手续费，并将款项先行付给出口人。按照一般的托收流程，必须在单据和汇票到达进口人后，托收行收到付款人款项，然后再转给出口人。而在托收出口押汇条件下，出口人在交单给托收行时就能获得款项。所以托收出口押汇实质是托收银行对出口人的一种垫款，也是以汇票和单据作为抵押品的一种贷款，有利于出口人加速资金周转和扩大业务量。

托收银行续作托收出口押汇，缺乏第三者对进口人的付款的担保，有较大风险，故在实际业务中，只有出口人尤其是进口人资信可靠，市场行情、政治经济情况都良好的情况下，银行才酌情发放一部分贷款。我国银行也有此做法。

2. 凭信托收据借单

凭信托收据借单又称进口押汇，是代收银行给予进口人凭信托收据(Trust Receipt，T/R)提货便利的一种向进口人融通资金的方式。具体做法：当进口人欲在汇票到期或在付款前先行提货时，可在承兑汇票后出具信托收据，凭以向代收银行借取货运单据并提取货物。货物售出后所得的货款在汇票到期后偿还代收银行，收回信托收据。信托收据是一种书面信用担保文件，用以表示出票据人愿意以委托人身份代为提货，报关，存储、保险、出售，同时承认货物的所有权仍属银行。

这种做法纯粹是代收行自己向进口人提供的信用便利，与出口人和托收银行无关，若非出口商授权，代收行须承担汇票到期不能收款的风险。但是若出口人通过托收行授权代收行办理凭信托收据借单(出口人授权的凭信托收据借单简称 D/P.T/R)，则由出口商自行承担此风险，此种做法类似于承兑交单。

(四)托收方式的性质和利弊

托收的性质为商业信用。银行办理托收业务时，只是按委托人的指示办事，并不提供信用。

托收，不论是付款交单，还是承兑交单，出口方都是先发货，后交单收款，实质是对进口方的资金融通。这种方式总地来讲对出口方非常不利，尤其是承兑交单方式，出口商稍有不慎就有可能货、款两空。跟单托收对出口人虽有一定的风险，但对进口人却很有利，他不但可免去申请开立信用证的手续，不必预付银行押金，减少费用支出，而且有利于资金融通和周转。由于托收对进口商有利，因此在出口业务中采用托收，有利于调动进口商采购货物的积极性，从而有利于促进成交和扩大出口，故许多出口商都把采用托收作为推销库存货和加强对外竞争的手段。

(五)托收统一规则

国际商会为调和托收有关当事人之间的矛盾，促进商业和金融活动的开展，于1967年拟定了《商业单据托收统一规则》(Uniform Rules for Collection of Commercial Paper)，并建议各国银行采用。以后国际商会对该规则一再进行了修订，并改名为《托收统一规则》。《托收统一规则》现行版本国际商会第522号出版物(Uniform Rules for Collection,ICC Publication No.522，简称URC522)，已于1996年1月1日起正式实施，全文共26条，分为：总则与定义，托收的形式和结构，提示的方式，义务和责任，付款，利息、手续费以及其他条款等。以下是该规则所涉及的部分内容。

(1) 在托收业务中银行除了检查所收到的单据是否与委托书所列一致外，对单据并无审核的责任。但银行必须按照委托书的指示行事，如无法照办时，应立即通知发出委托书的一方。

(2) 未经代收银行事先同意，货物不能直接发给代收银行。如未经同意就将货物发给银行或以银行为收货人，该行无义务提取货物，仍由发货人承担货物的风险和责任。

(3) 托收不应含有远期付款的汇票。若托收含有远期付款的汇票，托收委托书必须指明单据是凭承兑还是凭付款交单。如未指明，银行只能凭付款交单。

(4) 银行对于传递中发生的遗失或差错概不负责。

(5) 提示行对于任何签字的真实性或签字人的权限不负责任。

(6) 托收费用应由委托人负担。

(7) 委托人应受国外法律和惯例规定的义务和责任约束，并对银行承担该项义务和责任负赔偿职责。

(8) 如委托人指定了一名"需要时的代理"，需在指示书中明确其权限，否则银行将不接受该代理的任何指示。

(9) 遭遇拒付时，提示行(代收行)必须毫不迟延地发出拒付通知，委托行(托收行)也须对如何处理单据作出指示。提示行如在发出通知60天内未收到指示，可将单据退回发出指示的银行而不负任何责任。

(六)使用托收方式应注意的问题

托收，尤其是承兑交单方式，总地来讲是有利于进口方而对出口方非常不利。但正因如此，出口商往往利用其作为吸引客户、促进成交、扩大出口和提高市场竞争力的手段。我国外贸企业在出口贸易采用托收方式时，为确保安全收汇，必须注意以下问题。

(1) 认真调查进口方的资信情况、经营能力和经营作风。托收方式没有银行信用的重要保证，银行虽参与其间，只是提供服务，并无非收妥不可的保证，这对委托人而言，是致命的弱点，因此在托收结算方式中，付款人的信誉是最重要的。只有在对付款人作充分调查，认可付款人的信誉的基础上，才能考虑以托收结算。

(2) 代收行一般不能由进口人指定，以防代收行信用不佳。

(3) 出口合同应争取按 CIF 或 CIP 条件成交；也可投保出口信用保险(保障因国外进口商的商业风险或政治风险而给本国出口人造成的收不到货款的损失)。不采用 CIF 或 CIP 时，应投保卖方利益险(承保的是在 CFR 或 FOB 等条件下，若货物运输途中受损，买方未投保而又不付款赎单时给卖方造成的损失)。

(4) 出口方应慎重选择远期付款交单，因为有些国家如拉美的一些国家会把远期付款交单当做承兑交单处理。

(5) 与对贸易管制和外汇管制较严的国家的客户做交易时，应确保对方取得了相应许可证后才予发货。

(6) 运输单据应作成空白抬头并加背书，如需作代收行抬头，应事先征得其同意。

(7) 严格按合同规定装运货物和制作单据，以防被买方找到借口拒付货款。

(8) 为降低风险，可与其他支付方式如预付款、信用证方式等相结合。

第四节　银行信用结算方式——信用证

一、信用证的含义

信用证(Letter of Credit，L/C)是开证银行根据开证申请人的请求和指示，向受益人开立的在一定金额和一定期限内凭规定的单据承诺付款的凭证。简言之，信用证就是银行开立的一种有条件承诺付款的书面文件(信用证文本的具体内容详见第四章)。这里的条件是指受益人必须提交符合信用证规定的各种单据。

UCP600 对信用证的定义(Definition of Credit)如下：

Credit means any arrangement, however named or described, that is irrevocable and thereby constitutes a definite undertaking of the issuing bank to honour a complying presentation.

信用证指一项不可撤销的安排，无论其名称或描述如何，该项安排构成开证行对相符交单予以承付的确定承诺。

相符交单(Complying Presentation)指与信用证条款、本惯例的相关适用条款以及国际标准银行实务一致的交单。

承付(Honour)分为以下三种。

(1) 如果信用证为即期付款信用证，则即期付款。

(2) 如果信用证为延期付款信用证，则承诺延期付款并在承诺到期日付款。

(3) 如果信用证为承兑信用证，则承兑受益人开出的汇票并在汇票到期日付款。

二、信用证的当事人

信用证结算是三大结算方式中手续最复杂的一种，其涉及的当事人也最多。

1. 开证申请人

开证申请人(Applicant)是指向银行申请开立信用证的人，即进口人或实际买主，在信用证中又称开证人(Opener)。

2. 开证银行

开证银行(Issuing Bank)是指接受开证申请人的委托，开立信用证的银行，它承担保证付款的责任。开证行一般是进口人所在地银行。

3. 通知银行

通知银行(Advising Bank)是指接受开证行的委托，将信用证转交出口人的银行。它只鉴别信用证的表面真实性，不承担其他义务。通知行一般是出口人所在地的银行。

4. 受益人

受益人(Beneficiary)指接受信用证并享受其利益的一方，即出口人或实际供货人。

5. 议付银行

议付银行(Negotiating Bank)是指根据开证行的授权买入或贴现受益人开立和提交的符合信用证规定的汇票或单据的银行。议付银行可以是指定的银行，也可以是非指定的银行，由信用证条款来规定。

6. 付款银行

付款银行(Paying Bank)是指开证银行指定代付信用证项下款项或充当汇票付款人的银行，一般是开证行，也可以是它指定的另一家银行，这要根据信用证条款的规定来决定。

7. 保兑银行

保兑银行(Confirming Bank)是指根据开证行的请求在信用证上加具保兑的银行。保兑银行在信用证上加具保兑后，即对信用证独立负责，承担必须付款或议付的责任。

UCP600 新增了指定银行的概念："Nominated bank means the bank with which the credit is available or any bank in the case of a credit available with any bank." "指定银行，是指信用证可在其处兑用的银行，如信用证可在任一银行兑用，则任何银行均为指定银行。" 按其

解释，该指定银行在议付信用证下，即为议付行，其他信用证项下，则为指定付款行、保兑行或开证行。

三、信用证支付的业务程序

采用信用证方式结算货款，从进口人向银行申请开证，一直到开证行付款后又向进口人收回垫款，经过许多环节，并需办理各种手续。加上信用证种类不同，信用证条款也有不同的规定，这些环节和手续也有简有繁。其基本收付程序如下。

1．申请开立信用证

进口人按合同规定向当地银行提出申请，并交付保证金或提供其他担保，要求银行(开证行)向出口人开出信用证。

2．开立信用证

开证行接受进口人的开证申请后，开出信用证，将信用证正本寄给出口人所在地的分行或代理行(通知行)。

3．通知或转递信用证

通知行将信用证转给出口人(受益人)。

4．交单

出口人接到信用证后，认真核对是否符合合同，如发现不符，可以要求进口人通过开证行修改，或拒收信用证。如信用证无误，出口人即据此进行装货及准备齐全的单据。受益人将信用证规定的整套单据(和汇票)、信用证(和修改通知书)，在规定的交单期内，向信用证指定的银行办理承付或议付。

5．承付或议付

指定银行在审查单据相符后，即承付或议付；如发现交单不符，可拒付。

议付是指银行(议付行)在扣除相关的利息和手续费后，买入受益人提供的汇票和单据，俗称"买单"，或称"出口押汇"，是受益人获得资金融通的一种方式。UCP600给议付下的定义是："议付，指指定银行在相符交单下，在其应获偿付的银行工作日当天或之前向受益人预付或者同意预付款项，从而购买汇票(其付款人为指定银行以外的其他银行)及/或单据的行为。"议付可以追索，即：当议付行给受益人议付后，若其得不到偿付或付款，可以向受益人追索议付款，除非受益人在汇票上事先已注明"Without Recourse To Drawer"。与托收行叙作托收出口押汇相比，议付行得到开证行付款较有保证。

UCP600第十六条关于"不符单据、放弃及通知"有如下规定。

a. 当按照指定行事的指定银行、保兑行(如有的话)或者开证行确定交单不符时,可以拒绝承付或议付。

b. 当开证行确定交单不符时,可以依据其独立的判断联系申请人放弃有关不符点。然而,这并不因此延长十四条 b 款中述及的期限。

c. 当按照指定行事的指定银行、保兑行(如有的话)或开证行决定拒绝承付或议付时,必须给予交单人一份单独的拒付通知。

该通知必须声明:

i. 银行拒绝承付或议付;及

ii. 银行拒绝承付或者议付所依据的每一个不符点;及

iii. a) 银行留存单据听候交单人的进一步指示;或者

b) 开证行留存单据直到其从申请人处接到放弃不符点的通知并同意接受该放弃,或者其同意接受对不符点的放弃之前从交单人处收到其进一步指示;或者

c) 银行将退回单据;或者

d) 银行将按之前从交单人处获得的指示处理。

d. 第十六条 c 款要求的通知必须以电信方式,如不可能,则以其他快捷方式,在不迟于自交单之翌日起第五个银行工作日结束前发出。

e. 按照指定行事的指定银行、保兑行(如有的话)或开证行在按照第十六条 c 款 iii 项 a)发出通知后,可以在任何时候将单据退还交单人。

f. 如果开证行或保兑行未能按照本条行事,则无权宣称交单不符。

g. 当开证行拒绝承付或保兑行拒绝承付或者议付,并且按照本条发出了拒付通知后,有权要求返还已偿付的款项及利息。

6. 索偿(寄单索汇)

索偿指定银行接受单据并承付或议付后,应将单据寄送开证银行或其指定的收件人,同时向开证银行或其指定的代偿付银行索偿。单据通常分正副两批先后寄发,以免中途遗失。

7. 偿付

开证行收到单据后,要核对是否相符,如无不符,即对指定银行(索偿行)付款。

8. 提示

开证行对索偿行偿付后,即向开证申请人提示单据,要求付款赎单。

9. 付款赎单

开证申请人审核单据,若单证相符、单单相符(相符交单)则在付清货款和相关费用后取得单据;若有不符,可拒付。

此时整个信用证流程结束。开证申请人可向承运人凭单提货。信用证具体业务程序见图 8.6。

图 8.6　议付信用证流程

在我国的国际贸易实际业务中，议付信用证的出口结汇方式有收妥结汇、定期结汇、出口押汇三种。

(1) 收妥结汇又称"先收后结"，是指议付银行对受益人提交的单据审核无误后，将单据寄给付款行索偿，待付款行将货款划给议付行后，议付行再按当日外汇牌价折算成人民币贷记受益人账户或交付给受益人。

(2) 定期结汇是指议付银行对受益人提交的单据审核无误后，将单据寄给付款行索偿，同时根据向付款行索偿所需时间，预先确定一个固定的结汇期限，该期限届满时，议付行不管是否收妥货款，主动将应收款项按当日外汇牌价折算成人民币贷记受益人账户或交付给受益人。

(3) 出口押汇又称"买单"、"议付"，是指议付银行对受益人提交的单据审核无误后，按信用证条款买入受益人的汇票和单据，按照票面金额扣除从议付日到估计收款日的利息，将净数按议付日外汇牌价折算成人民币贷记受益人账户或交付给受益人。之后，议付行再凭汇票和单据向付款行索偿。出口押汇是议付行给予受益人的资金融通，可加速出口商资金周转，有利于扩大出口业务。

四、信用证的特点

按照《跟单信用证统一惯例》的规定，信用证主要有以下几个特点。

(1) 信用证是一种银行信用。

信用证支付方式是以银行信用作保证的，因此，开证行应承担第一性的付款责任。按《跟单信用证统一惯例》的规定，在信用证业务中，开证行对受益人的付款责任是首要的、独立的。即使开证人事后丧失偿付能力，只要出口人提交的单据相符，开证行也必须承担付款责任。而保兑是保兑行在开证行承诺之外，做出的承付或议付相符交单的确定承诺。

UCP600 规定：

第七条 开证行责任如下。

a. 只要规定的单据提交给指定银行或开证方，并且构成相符交单，则开证行必须承付，如果信用证为以下情形之一：

i. 信用证规定由开证行即期付款、延期付款或承兑；

ii. 信用证规定由指定银行即期付款但其未付款；

iii. 信用证规定由指定银行延期付款但其未承诺延期付款，或虽已承诺延期付款，但未在到期日付款；

iv. 信用证规定由指定银行承兑，但其未承兑以其为付款人的汇票，或虽然承兑了汇票，但未在到期日付款；

v. 信用证规定由指定银行议付但其未议付。

b. 开证行自开立信用证之时起即不可撤销地承担承付责任。

(2) 信用证是一项自足的文件。

信用证是依据买卖合同开立的，但一经开立，即成为独立于买卖合同之外的契约。信用证各当事人的权利和责任完全以信用证条款为依据，不受买卖合同的约束。

UCP600 第四条 信用证与合同

a. 就其性质而言，信用证与可能作为其开立基础的销售合同或其他合同是相互独立的交易，即使信用证中含有对此类合同的任何援引，银行也与该合同无关，且不受其约束。因此，银行关于承付、议付或履行信用证项下其他义务的承诺，不受申请人基于与开证行或与受益人之间的关系而产生的任何请求或抗辩的影响。

受益人在任何情况下不得利用银行之间或申请人与开证行之间的合同关系。

b. 开证行应劝阻申请人试图将基础合同、形式发票等文件作为信用证组成部分的做法。

(3) 信用证是一种单据的买卖。

信用证业务是"单据业务"。银行处理的是单据，而不是单据可能涉及的货物、服务或履约行为。银行仅基于单据本身确定其是否在表面上构成相符交单，从而决定是否付款。

五、信用证的种类

UCP600 明确规定信用证是不可撤销的。根据性质、期限、流通方式等特点，信用证可作如下分类。

(一)跟单信用证和光票信用证

根据是否附有货运单据，分为跟单信用证和光票信用证。跟单信用证(Documentary Credit)是凭跟单汇票或仅凭单据付款的信用证。单据是指代表货物所有权或证明货物已交运的单据。光票信用证(Clean Credit)是指凭不附单据的汇票付款的信用证。国际贸易中通常使用的都是跟单信用证。

(二)保兑信用证和不保兑信用证

根据信用证有无其他银行保兑，分为保兑信用证和不保兑信用证。保兑信用证(Confirmed L/C)是指出口人为了保证安全收汇，要求开证银行开出的信用证必须经另一家银行保证兑付。保兑指保兑行在开证行承诺之外做出的承付或议付相符交单的确定承诺。保兑行指根据开证行的授权或要求对信用证加具保兑的银行。保兑行一经保兑，就承担和开证银行同样的付款责任。保兑行通常是通知行，有时也可以是出口地的其他银行或第三国银行。未经另一家银行加具保兑的信用证就是不保兑信用证(Unconfirmed L/C)。

(三)即期信用证、延期付款信用证、承兑信用证与议付信用证

UCP600 明确规定，信用证必须规定其是以即期付款、延期付款，承兑还是议付的方式兑用。

1. 即期信用证

即期信用证(Sight Payment L/C)是采用即期兑现方式的信用证，通常不要求受益人开立即期汇票。即指定的付款银行收到符合信用证条款的即期汇票(或无汇票)和装运单据后，立即付款。这是在国际货款结算时较为普遍使用的一种信用证。

2. 延期付款信用证

延期付款信用证(Deferred Payment L/C)是一种不需要汇票的远期信用证，又称迟期付款信用证或无承兑远期信用证，是指受益人提示符合信用证条款规定的单据，在规定的期限

内，被指定银行履行付款责任。其远期付款的计算方法有"自运输单据出单日期后若干天"和"自单据到达开证行之日起若干天"两种。由于没有汇票，故受益人无法利用金融市场进行贴现融通资金。

3. 承兑信用证

承兑信用证(Acceptance L/C)是一种要求提供远期汇票的信用证，是指付款行在收到符合信用证条款规定的远期汇票和单据后，不立即付款，而是办理承兑手续，待远期汇票到期后再付款。

有时，进口商或开证行为获得比银行放款利率更低的优惠贴现率，利用金融市场融通资金，会在即期付款的买卖合同下要求开立"假远期信用证"，该信用证上一般注明："The usance draft is payable on a sight basis, discount charges and acceptance commission are for buyer's account(远期汇票即期付款，所有贴现费和承兑费由买方负担)"。由于"假远期信用证"下的付款对买方是远期，但对卖方是即期，故这种信用证也被称为"买方远期信用证"。其与一般的承兑信用证的区别在于，后者是基于远期付款的买卖合同，远期汇票贴现时的利息和费用都由卖方自己承担，所以承兑信用证也被称为"卖方远期信用证"，在我国俗称"真远期信用证"。

4. 议付信用证

根据 UCP600 的规定，议付是指"指定银行在相符交单下，在其应获偿付的银行工作日当天或之前向受益人预付或者同意预付款项，从而购买汇票(其付款人为该指定银行以外的其他银行)及/或单据的行为"。

议付信用证(Negotiation L/C)是指开证行在信用证中邀请其他银行即议付行买入汇票及/或单据，即允许受益人向某一指定银行或任何银行交单议付的信用证。如果信用证不限制某银行议付，可由受益人(出口商)选择任何愿意议付的银行，提交汇票及/或单据给所选银行请求议付，这种信用证被称为自由议付信用证(Freely Negotiation L/C)或公开议付信用证(Open Negotiation L/C)。限制议付信用证(Restrict Negotiation L/C)是开证行在信用证中指定某一家银行对信用证进行议付，在信用证中，开证行通常通过"Available with ××× bank by negotiation"或"Negotiation under this credit is restricted with ××× bank"或类似语句来表明限制议付信用证。

(四)可转让信用证与不可转让信用证

根据是否可转让，分为可转让信用证和不可转让信用证。

1. 可转让信用证

可转让信用证(Transferable L/C)系指特别注明"可转让(Transferable)"字样的信用证。

可转让信用证可应受益人(第一受益人)的要求转为全部或部分由另一受益人(第二受益人)兑用。适用于第一受益人为中间商时,转售他人(第二受益人)货物的情况。转让行(Transferring Bank)系指办理信用证转让的指定银行,或当信用证规定可在任何银行兑用时,指开证行特别如此授权并实际办理转让的银行。开证行也可担任转让行。已转让信用证指已由转让行转为可由第二受益人兑用的信用证。

除非转让时另有约定,有关转让的所有费用(诸如佣金、手续费,成本或开支)须由第一受益人支付。只要信用证允许部分支款或部分发运,信用证可以分部分转让给数名第二受益人。已转让信用证不得应第二受益人的要求转让给任何其后受益人。第一受益人不视为其后受益人。任何转让要求须说明是否允许及在何条件下允许将修改通知第二受益人。已转让信用证须明确说明该项条件。如果信用证转让给数名第二受益人,其中一名或多名第二受益人对信用证修改的拒绝并不影响其他第二受益人接受修改。对接受者而言该已转让信用证即被相应修改,而对拒绝修改的第二受益人而言,该信用证未被修改。

已转让信用证须准确转载原证条款,包括保兑(如果有的话),但下列项目除外。

(1) 信用证金额、单价、截止日、交单期限、最迟发运日或发运期间中的任何一项或全部均可减少或缩短。

(2) 必须投保的保险比例可以增加,以达到原信用证或本惯例规定的保险金额。

(3) 可用第一受益人的名称替换原证中的开证申请人名称。如果原证特别要求开证申请人名称应在除发票以外的任何单据出现时,已转让信用证必须反映该项要求。第二受益人或代表第二受益人的交单必须交给转让行。

2．不可转让信用证

凡信用证上未注明"可转让"字样,即受益人不能将信用证的权利转让给他人的信用证,都是不可转让信用证(Untransferable L/C),实际业务中多数是这种信用证。

(五)其他形式的信用证

1．背对背信用证

背对背信用证(Back to Back L/C)也称"从属信用证"(Subsidiary Credit or Secondary Credit),是指中间商(原证受益人)收到进口商开来的信用证后(原证 Original Credit),要求该证的原通知行或其他银行,以原证为基础,另开立一张内容近似的新证(背对背 L/C)给实际供货人(新证受益人),由实际供货人直接发货给进口商。

要求:①正式供货人成为新证的受益人;②原证的受益人成为新证的开证申请人;③金额、价格作相应变动(低于原证);④装运期应早于原证;⑤原证不可撤销。

背对背信用证适用于以下情况。

(1) 中间商转售他人货物。

(2) 原证两国不能直接办理进出口贸易时，通过第三者以此种方式来沟通贸易。

2．循环信用证

循环信用证(Revolving L/C)是指当受益人全部或部分用完信用证内的金额后，其金额能恢复到原金额，再次供受益人使用，甚至可以多次使用，直至达到规定次数或累计总金额为止。循环信用证与一般信用证的不同之处就在于前者可多次循环使用，而后者则在一次使用后即告失效。循环信用证适用于分批均匀交货的长期供货合同。

按各期金额是否可累积使用可分为积累循环信用证和非积累循环信用证。

(1) 积累循环信用证(Cumulative Revolving L/C)，是指上一循环未用完的余额，可以移至本循环期一并使用，即受益人在某一批货物因故未交时，可以在下一批补交，并可连同下一批货物一起议付。此种循环信用证对出口人较为有利。

(2) 非积累循环信用证(Non-cumulative Revolving L/C)，即受益人因故未能及时发运的部分以及原来规定的以后各循环批，未经开证行允许，均不能再使用。

循环信用证按循环的计算方式又可分为按时间循环和按金额循环的信用证。

3．对开信用证

(1) 对开信用证(Reciprocal L/C)的定义：指两张信用证的开证申请人互以对方为受益人，开立的金额相等或大体相等的不可撤销信用证。

(2) 运用情况：当交易双方进行互有进出和互有关联的对等或基本上对等的交易如易货贸易、补偿贸易、来料加工、来件装配时，双方皆担心对方只办理出口而不履行相应的进口义务，于是采取相互开立信用证的办法，将出口和进口联系起来。

第一张信用证的受益人就是第二张信用证的开证申请人；第一张信用证的通知行往往就是回头证的开证行，两证金额大体相等。

(3) 对开 L/C 的生效方法。

① 两张 L/C 同时生效，即第一张开出的信用证暂不生效，等对方开来回头证，经第一证的受益人接受回头证后，通知对方银行，此时两证同时生效。

② 分别生效，第一张信用证开立后立即生效，回头证以后另开；或者第一张信用证的受益人，在交单议付时，附一份担保书，保证在若干时间开出以第一张信用证的开证申请人为受益人的回头证。这种分别生效的对开信用证，只有在某些贸易中双方相互信任的情况下才会开立。否则，先开立信用证的一方要承担对方不开证的风险。

实际操作中，大多数银行接受开立对开信用证的条件系以收到来证为前提与抵押，并在开出的远期信用证中加注下列条款：

This is a reciprocal L/C. It is interrelated with L/C NO.××for××dated××issued by××.

Upon receipt of documents complied with the terms and conditions of××under the reciprocal L/C ,we shall effect the payment.

4．预支

预支 L/C(Anticipatory L/C)是指开证行授权代付行凭受益人的光票向受益人预付信用证金额的全部或一部分，由开证行保证偿还并负担利息。其特点在于开证行付款在先，受益人交单在后。由于这种预支条款往往用红字打印，所以也称红条款 L/C(Red Clause L/C)。

有时，开证行会要求受益人必须将预支货款下的货物，以开证行的名义存放在出口国海关仓库，受益人凭"栈单"和以后补交单据的声明书，预支部分货款。

5．备用信用证

备用信用证(Standby L/C)是银行保证性质的特殊信用证，又称为担保信用证或保证信用证(Guarantee L/C)。该信用证规定买方不能按期付款时，凭受益人的声明书，开证行将负责向受益人支付货款。如果买方已履行了有关义务，支付了货款，该备用 L/C 就成为"备而不用"的 L/C。

UCP600 明确规定，"……适用于所有的其文本中明确表明受本惯例约束的跟单信用证(在其可适用的范围内，包括备用信用证)"。

六、信用证的国际惯例

《跟单信用证统一惯例》(《Uniform Customs and Practice for Documentary Credits，UCP》)是国际商会在 1929 年拟定的，作为国际商会 74 号出版物，建议各国银行采用，以调和信用证各有关当事人之间经常发生的争议。UCP 历经 1951、1962、1974、1983、1993 年等共七次修订，现行版系于 2006 年 10 月 25 日通过，2007 年 7 月 1 日开始实行。

有关《跟单信用证统一惯例》国际商会第 600 号出版物(简称 UCP600)的详细内容，参见附录一。

第五节　其他结算方式

在国际贸易结算领域，除了以汇款、托收、信用证作为主要结算方式以外，国际保理和银行保函也越来越多地运用到国际贸易和国际承包工程结算中，特别是银行保函以其信用程度高、运用范围广泛、针对性强等特点而越来越多地被引入金融、贸易、劳务和经济活动中，并发挥着重要的保证作用，使国际结算手段更灵活，资金划拨更安全快捷，更有保障。

一、银行保函

(一)保函的定义和性质

保函(Letter of Guarantee，L/G)又称保证书，是银行、保险公司或其他机构或个人以书面形式出具的、凭提交与承诺条件相符的书面索款通知和其他类似单据即行付款的保证文件。银行保函(Banker's Letter of Guarantee)是银行向受益人开立的保证文件，由银行作为担保人，以第三者的身份保证委托人如未对受益人履行某项义务时，由担保银行承担保证书中所规定的付款责任。

(二)保函的内容

银行保函无形式条款方面的限制，当事人的责权利以条文为准。其内容一般包括以下几点。

(1)　委托人、受益人和担保人的完整的名称和地址。

(2)　需要开立保函的背景交易。

(3)　承诺的责任。这是银行保证书的最主要内容。

(4)　应付最高金额及币种。

(5)　保函失效日期及/或失效事件。

(6)　索赔条款。

(7)　保函金额递减的任何规定。

(三)保函的当事人及其权责

1. 委托人

委托人(Principal)是向银行或保险公司申请开立保函的人。委托人的权责是：

(1)　在担保人按照保函规定向受益人付款后，立即偿还担保人垫付的款项。

(2)　负担保函项下一切费用及利息。

(3)　担保人如果认为需要时，应预支部分或全部押金。

2. 担保人

担保人(Guarantor)是保函的开立人。担保人的权责是：

(1)　在接受委托人申请后，依委托人的指示开立保函给受益人。

(2)　保函一经开出就有责任按照保函承诺条件，合理审慎地审核提交的包括索赔书在内的所有单据，向受益人付款。

(3) 在委托人不能立即偿还担保行已付之款项情况下，有权处置押金、抵押品、担保品。如果仍不足抵偿，则担保行有权向委托人追索不足部分。

3．受益人

受益人(Beneficiary)是有权按保函的规定出具索款通知或连同其他单据，向担保人索取款项的人。

受益人的权利是：按照保函规定，在保函有效期内提交相符的索款声明，或连同有关单据，向担保人索款，并取得付款。

(四)保函的种类

1．出口类保函

出口类保函有投标保函(Tender Guarantee)、履约保函(Performance Guarantee)、预付金保函(Advance Payment Guarantee)和保留金保函(Retention Money Guarantee)四种。

(1) 投标保函。

银行接受投标方的请求，向招标方保证，如投标方中标后擅自修改报价、撤销投标书或者在规定时间内不签订招投标项下的合同，银行将根据招标方的索赔，按照保函约定承担保证责任。

(2) 履约保函。

银行接受债务人的请求，向债权人保证，如债务人不履行合同约定的义务，银行将根据债权人的索赔，按照保函约定承担保证责任。

(3) 预付金保函。

银行接受预收款人请求，向预付款人保证，如预收款人没有履行合同或未按合同约定使用预付款，银行将根据预付款人的退款要求，按照保函约定承担保证责任。

(4) 保留金保函。

银行接受船方或运输公司的请求，向扣船国法院或港务当局保证，如因船方或运输公司责任，造成货物短缺、残损，使货主遭受损失，或因碰撞等其他事故造成货主或他人损失，在确定赔偿责任前船舶被外国法庭下令扣留，须交纳保释金方予放行时，由银行向外国法庭提供保证。

2．进口类保函

进口类保函包括付款保函(Payment Guarantee)、补偿贸易进口保函(L/G opened for compensation trade)和加工装配业务进口保函(L/G opened for assembly processing)三种。

(1) 付款保函。

在凭货付款的货物买卖中，银行接受进口方的请求，向出口方保证，如货到后经检验与合同相符，进口方未支付货款，银行将根据出口方的索赔，按照保函约定承担保证责任。

(2) 补偿贸易进口保函。

银行接受设备进口方的请求，向设备出口方(或设备供给方)保证，如进口方收到与合同相符的设备后未按合同约定将产品交付给设备出口方(设备供给方)或由其指定的第三者，又不能以现汇偿付设备款及附加的利息时，银行将根据设备出口方(或设备供给方)的索赔，按照保函约定承担保证责任。

(3) 加工装配业务进口保函。

银行接受进料方或进件方的请求，向供料方或供件方保证，如进料方或进件方收到与合同相符的原料或元件后，未按合同约定将成品交付给供料方或供件方，又不能以现汇偿付来料或来件的价款及附加的利息时，银行将根据供料方或供件方的索赔，按照保函约定承担保证责任。

二、国际保理业务

(一)国际保理业务概述

国际保理(International Factoring)又叫承购应收账款业务，是指在使用托收、赊销等非信用证方式结算货款时，保理商(Factor)向出口商提供的一项集买方资信调查、应收款管理和追账、贸易融资及信用管理于一体的综合性现代金融服务。其基本做法是，在以商业信用出口货物时，出口商按照与保理商事先商定的协议，向进口商交货后把应收账款的发票和装运单据转交给保理商，即可得到保理商的资金融通，取得应收账款的全部或大部分货款。日后一旦发生进口商不付款或逾期付款，则保理商承担付款责任。

现代保理业务的发展始于 20 世纪 30 年代的美国，20 世纪 60 年代保理服务传遍英国及欧洲大陆各国，70 年代在亚太地区陆续被采用，目前已遍及欧美、俄罗斯、东欧、日本及东南亚诸国。随着保理业务的发展，世界上先后建立了几个国际性的保理组织机构，其中最大的是 1968 年成立的国际保理商联合会(FCI)，目前已有 100 多家会员公司，1993 年中国银行和中国交通银行加入了该组织。

(二)国际保理业务的当事人和运作流程

国际保理业务有四个当事人，即出口人(或称供应商)(Supplier)、进口人(或称债务人)(Debtor)、出口保理商(Export Factor)和进口保理商(Import Factor)。国际保理业务运作流程如下。

(1) 出口人对债务人资信进行调查。

(2) 出口人与出口保理商签订保付代理协议。

(3) 出口人与进口人签订买卖合同。

(4) 出口保理商向进口保理商提出正式额度申请。

(5) 出口人按合同交货、制单。

(6) 出口人将应收账款转让给出口保理商。

(7) 出口保理商向进口保理商提出委托。

(8) 进口保理商到期向进口人索取应收账款。

(三)国际保理业务的主要特点和作用

国际保理业务的主要特点和作用如下。

(1) 手续方便、简单、灵活，并可节省时间、提高效率。

对出口商而言，采用保理业务可以免除一般单证交易的烦琐手续和信用证条款的约束，可随时根据进口商的需求和运输情况以及市场行情办理交货手续。对进口商而言，在批准信用额度后，购货手续简化，进货迅捷，可得到提早进货和抢行赶市的便利。

(2) 增加买卖双方的交易机会和扩大营业额。

对出口商而言，对新的或现有的客户提供更有吸引力的承兑交单或赊销付款条件有利于拓展海外市场，增加出口额。而采取保理业务可以消除出口商对市场、国外贸易规章、客户资信的后顾之忧，不失时机地促成出口交易。对进口商而言，优惠的承兑交单或赊销付款条件，可使其以有限的资金，购买更多商品，加快资金流动，扩大购买力，增加营业额。

(3) 免除商业信用风险。

对于出口商，由于有保理商批准的信用担保额度作保证，可以减少出口逾期账款，防止坏账，使收汇安全可靠。对进口商而言，凭公司自身良好的信誉和财务表现，可获得保理商的信用担保额度，无须抵押。

(4) 降低管理和经营成本。

由于买方资信调查、账务管理和货款追收等项工作都有保理机构负责处理，这样可减轻出口商的业务负担，从而相应地节省了管理成本。与信用证方式相比，保理业务的收费偏高，但因给予了进口商优惠的付款条件，可以考虑适当提高单价，由进口商承担保理费用或共同承担。对于进口商而言，采用保理方式可以免开信用证，省去了开证押金和费用以及其他相关费用。

(四)国际保理业务的选择

国际保理业务可对出口商提供综合性的金融服务，有利于出口商的资金周转，扩大出口。因此，出口商在下列情况下可酌情选择国际保理业务。

(1) 出口商对进口国的有关法规、外汇管制、关税政策等缺乏了解，在出口交易中遇到实际困难。

(2) 希望扩大出口，同时又希望尽量减少收汇风险。

(3) 采用托收或赊销等非信用证方式，可能发生逾期或拖欠货款的情况。

(4) 遇有良好出口机会，但进口商不愿开立信用证。

(5) 出口商有融资要求。

(6) 对进口商资信情况及清偿能力存在顾虑，希望解除账面管理和应收账款烦恼，以避免坏账损失。

(五)使用国际保理业务时的注意事项

使用国际保理业务时，出口商应注意以下两点。

(1) 保理公司只承担信用额度内的风险担保，因此，贸易合同金额不应超出保理公司建议的信用额度。

(2) 因货物质量、数量和交货期不符合合同规定等违约行为所引起的拒付、少付，保理公司不予担保。因此，出口商要严格执行买卖合同，以避免合同纠纷而失去保理权利。

三、包买票据

国际保理业务是由国际保理商向供应商提供的非信用证支付方式下在 180 天以内短期的保证或融资服务，而包买票据则是一种信用证支付方式下收款时间超过 180 天的包买商向出口人提供的保证和融资服务。

(一)含义

包买票据(Forfaiting)，又称福费廷，是指包买商向出口人无追索地购买已经由债务人所在地银行承兑或担保的远期汇票或本票的业务。包买商买入出口人的票据后，出口人必须放弃对所出售债权凭证的一切权益，而包买商也必须放弃对出口人的追索权。

(二)包买商承担的风险

福费廷业务因金额大、融资期限长，包买商要承担汇价风险、利率风险、信用风险和资金风险等，必须要有第三者提供担保。福费廷业务可以在信用证项下或银行担保项下做中长期贸易融资。

(三)福费廷业务的当事人及流程

一笔福费廷业务涉及四个当事人：出口人、出口地的包买商、远期汇票的承兑或担保银行(通常是信用证的开证行)和进口人。其基本业务流程如下。

(1) 出口人联系包买商安排信贷；

(2) 进出口双方签订买卖合同，约定采用中长期信用证支付方式，且规定出口商须取得开证行承兑的远期汇票；

(3) 出口人与包买商签订包买协议；

(4) 开立信用证并通知；

(5) 出口人制单，交单，汇票及单据寄开证行，远期汇票(或本票)经开证行承兑(或担保)后返出口方；

(6) 出口地银行(通知行)通知包买商票已承兑(或担保)；

(7) 包买商无追索权地买入出口人签发的汇票或开证行的本票，同时出口商放弃所有已出售债权；

(8) 开证行到期向包买商付款。

(四)福费廷业务的利弊分析

(1) 对出口人。

利：①获得融资，不被追索。

②手续简便。

③保密性强。

弊：①须保证汇票被承兑或担保。

②难以找到包买商。

③费用高于纯信用证业务。

(2) 对进口人。

利：①手续简便。

②获得出口人的中长期贸易融资。

弊：①仍须支付开证费等。

②只能因单证不符拒付，而不能因货物本身的瑕疵拒付。

③出口人可能将福费廷业务费用转嫁(产品成本)。

(3) 对包买商。

利：①手续简便。

②可自行选择任何可自由兑换货币买入票据。

③可通过转让票据获得资金融通。

④收益高。

弊：①无任何追索权，风险大。

②须调查进口方(包括开证行)。

(五)福费廷业务的特点

福费廷业务具有以下特点。

(1) 福费廷业务是一种买断行为。

(2) 福费廷业务多限于资本商品,逐步开始扩大到非资本性商品。

(3) 福费廷业务属于中长期融资业务,其期限一般在 18 个月至 10 年,其中以 5 年为多。

(4) 福费廷业务有二级市场。

目前,在实际业务中,福费廷业务使用不多,我国已有银行开始提供这项业务。

第六节 不同结算方式的选择使用

在国际贸易业务中,一笔交易的货款结算,可以只使用一种结算方式(通常如此),也可根据需要,例如根据不同的交易商品,不同的交易对象,不同的交易做法,将两种以上的结算方式结合使用,以利于促成交易,或有利于安全及时收汇,或有利于妥善处理付汇。

一、汇付、托收和信用证三种结算方式的比较

选用结算方式要综合考虑风险、资金占用、费用、手续繁简等因素,其中,风险是应考虑的关键因素。三大结算方式的风险度对进出口双方来说各有不同,如汇付方式的预付款方式,进口方风险最大(占用资金、利息损失),可采用凭单付汇降低风险;托收总地来讲不利于出口方,尤其是承兑交单方式,出口方要慎用;信用证是进出口双方利益和风险负担最均衡的,我国目前的国际贸易业务中超过 50%使用信用证结算。汇付、托收、信用证三种结算方式综合比较如下。

1. 汇付

汇付手续简单,收费低,资金负担不平衡。

预付款:买方风险最大,卖方风险最小。

货到付款:卖方风险最大,买方风险最小。

2. 托收

托收手续较多,收费较高,资金负担不平衡。

付款交单:买方风险较小,卖方风险较大。

承兑交单:买方风险极小,卖方风险极大。

3. 信用证

信用证手续最多，收费最高，资金负担较平衡。

买方风险较大，卖方风险较小。

除此之外，选择结算方式还应考虑客户信用、货物销路、贸易术语、运输方式等因素。

二、不同结算方式的选择

常见的不同结算方式结合使用的形式有信用证与汇付结合、信用证与托收结合、汇付与银行保函或信用证结合等。

(一)信用证与汇付结合

信用证与汇付结合是指部分货款用信用证方式支付，部分货款用汇付方式结算。这种方式一般用在成交数量大、交货数量机动幅度也比较大的商品上。其主要部分用信用证方式支付，超过信用证部分采用汇付方式支付。有些交易的预付款用汇付方式支付，其余部分采用信用证支付。

案例：信用证与装船前汇付结合使用的风险

【案情】中国某出口商 A 公司与印度进口商 B 公司签订一份出口合同，货物为 1×20'集装箱一次性打火机，机身大小和形状须与客户提供的样品一致，总价值为 4.80 万美元。付款方式为 70%由即期信用证支付，剩余 30%的货款须不得晚于货物装船前十天以电汇方式支付。B 公司不日内即开来相关信用证，经我方审核且确定可以被接受后，A 公司即投入生产备货，在货物即将生产完毕之前，预定了船期并随后通知了 B 公司，B 公司始终未办理汇付，A 公司手中虽有一份 70%货款的信用证，但无法如期装运，又因此批打火机是根据客户的特殊要求生产的，一时无法转售其他客户，只得积压在库，给 A 公司带来巨大的经济损失。

【分析】这起损失案的主要原因在于出口商采用"信用证与装船前汇付结合"的支付方式。一般地，出口合同中支付方式规定，X%货款由信用证支付，剩余 Y%(一般为 20%～30%)货款应由进口商在不晚于货物装船前若干天通过汇付方式支付给出口商。一般情况下，进口商会先开来信用证，然后在货物装船前若干天办理汇付，出口商收到货款或汇出行出具的汇付收据后将货物按时装船，然后向银行递交全套单据办理议付。但是，如果进口商借故不办理汇付，出口商将无法按时发货，导致信用证过期失效，已生产完毕的货物积压，从而使出口商遭受重大经济损失。

(二)信用证与托收结合

信用证与托收结合是指部分货款用托收方式支付，部分货款用信用证方式支付。一般做法是，来证规定出口人出立两张汇票，信用证部分凭光票付款，全套货运单据附在托收部分汇票项下按付款交单方式收取。为确保安全十足收汇，信用证内必须注明"在发票金额全部付清后方可交单"的条款。

例如，买方应通过为卖方所接受的银行于装运月份前30天开出不可撤销的即期信用证，规定50%发票金额采用即期光票支付，其余50%发票金额即期付款交单。100%发票金额的全套装运单据随附托收项下，于买方付清发票的全部金额后交单。若买方不付清全部发票金额则货运单据须由开证行掌握，凭卖方指示处理。

(The Buyer shall open through a hank acceptable to the Seller an irrevocable Sight Letter of Credit to reach the Seller 30 days before the month of shipment,stating that 50% of the invoice value available against clean draft at sight while the remaining 50% on D/P at sight. The full set of the shipping documents of 100% of invoice value shall accompany by the collection item and shall only be released after full payment of the invoice value. If the Buyer fail to pay full invoice value,the shipping documents shall be held by the issuing bank at the Sellers disposal.)

(三)汇付与银行保函或信用证结合

汇付与银行保函或信用证结合使用的形式常用于成套设备、大型机械和大型交通运输工具(飞机、船舶等)等货款的结算。这类产品，交易金额大，生产周期长，往往要求买方以汇付方式预付部分货款或定金，其余大部分货款则按工程进度和交货进度由买方以信用证方式或开加保函分期付款或延期付款。

1. 分期付款

分期付款(Progression Payment)，是买卖双方在合同中规定，在产品投产前，买方可采用汇付方式预付部分定金，其余货款根据商品制造进度或交货进度，买方开立不可撤销信用证，即期付款。全部货款在货物交付完毕时付清或基本付清，货物所有权则在付清最后一笔货款时转移。分期付款实际上是一种即期交易。按分期付款成交，买方在预付定金时，通常要求卖方通过银行出具保函或备用信用证，以确保买方预付金的安全。

2. 延期付款

延期付款(Deferred Payment)，是买卖双方在合同中规定，买方在预付一部分定金后，其余大部分货款在卖方交货后相当长时间内分期摊还。延期付款的那部分货款可采用远期信用证方式支付。所以延期付款实际上是卖方向买方提供的商业信贷，它带有赊销赊购的性质，因此买方应承担延期付款的利息。

分期付款与延期付款两者虽有相似之处，但又有区别，表现在以下几个方面。

（1）付清货款的时间不同。分期付款的货款在交货时付清或基本付清；而延期付款，其货款是在交货后相当长的时间内分期摊付。

（2）货物所有权的转移时间不同。采用分期付款时，货物所有权在付清最后一笔货款时转移；而采用延期付款，货物所有权一般在交货时转移，因此物权转移在先，货款付清在后。

（3）有关利息负担不同。分期付款属即期交易，因而不存在利息负担问题；而延期付款由于买方利用了卖方的资金，所以买方须向卖方支付利息。因此货价一般稍高。延期付款是利用外资的一种形式。

第七节　技能实训

实训模块一：汇票缮制

1. 根据以下信用证资料缮制汇票

（1）信用证。

BANK OF CHINA SINGAPORE　　　　　　　Singapore, 11 OCTOBER 2006

IRREVOCABLE LETTER OF CREDIT　　　　N0.104975 For USD9,139.20

To: Tianjin TIFERT Textiles Import & Export Corp.

　　86,ZHUJIANG Road, HeXI District,

　　Tianjin, China

We beg to inform you that we have established our Irrevocable Letter of Credit in your favour, for account of Overseas Trading Co. LTD.，100 Julan Sultan #01-20 Sultan Plaza Singapore for a sum or sums not exceeding a total of UNITED STATES DOLLARS NINE THOUSAND ONE HUNDRED AND THIRTY-NINE 20% and available by your drafts on us at 30 days after sight for 100% of the Invoice value, accompanied by the following documents.

(1) Signed Invoices(combined form acceptable)

(2) CERTIFICATE OF ORIGIN

(3) Weight/Packing List

(4) Full set clean shipped on board Bills of Lading marked Freight prepaid made out to order of shipper and endorsed in blank, notifying Buyer

(5) Insurance Policy/Certificate covering All risks and War Risk for 110% of invoice values as per CIC with claims payable in Singapore

Evidencing shipment of:

6,300 yard of bleached shirting to be packed in bales as per SC300762 GIF SINGAPORE.

From TIANJIN TO Singapore not later than.20 November 2006.

partial shipments are allowed tranSshipment is not allowed.

This Credit is valid for payment/negotiation in China until 5TH DECEMBER 2006

OTHER INSTRUCTIONS:

  5% more or less in value and quantity acceptable.

  Shipper must cable ADVICE buyer shipment particulars in brief immediately after shipment,

One copy of signed invoices and non-negotiable B/L to be airmailed in advance to buyer.

  All Drafts drawn under this credit must contain the clause "DRAWN UNDER BANK OF CHINA, SINGAPORE Credit No. 104975 dated 11 OCTOBER 2006," THIS credit is issued subject to Uniform Customs & practice for Commercial Documentary Credits publication No.500(1993 Revision).

  We hereby undertake to honor all drafts drawn in accordance with the terms of this credit. One complete set of documents is to be sent by airmail to us in one lot. Upon your receipt of documents in conformity with the terms & conditions of the credit, you may reimburse yourselves by T/T through us by crediting our Head Office's US Dollars account with us.

(2) 汇票。

Bill　Of　Exchange

No

Exchange for ....　　　　　　　　Tianjin , China , ...

At .... sight of this FIRST of Exchange(the SECOND of the same tenor and date being unpaid)

pay to ....

The sum of

....

Drawn under ....

....

To ....

2. 根据下述合同资料缮制汇票

(1) 资料：宁波玩具进出口贸易公司受上海某公司的委托，从日本 ARICA TRADING CORPORATION 进口儿童全棉 T-SHIRTS。为此，双方进行洽谈，签订了购货合同书，采取远期 30 天付款交单支付方式。具体内容如下。

① Buyer：NINGBO TOY IMPORT &EXPORT TRADE CORPORATION

13 NFNXIANG ROAD NINGBO CHINA

TEL：021-76085678 FAX：021-76085678

② Seller：ARICA IMPORT & EXPORT CORPORATION

82-324 SKURA MACH OSAKA,JAPAN

TEL：028-789-655 FAX：028-789-654

③ DESCRIPTIONS OF GOODS：100% COTTON T-SHIRTS

④ QUANTITY：　　RT123　1,000SET USD 10.00/SET

　　　　　　　　　　RT234　1,000SET USD 11.00/SET

　　　　　　　　　　RT456　1,000SET USD 12.00/SET

　　　　　　　　　　RT789　1,000SET USD 15.00/SET

　　　　　　　　　　FOB OSAKA

⑤ PACKING：PACKED IN 1 CARTON OF 40 SET EACH

⑥ TERMS OF SHIPMENT：LATEST DATE OF SHIPMENT 061120

⑦ PORT OF LOADING：OSAKA JAPAN

⑧ PORT OF DESTINATION：NINGBO CHINA

⑨ TERMS OF PAYMENT：D/P 30 DAYS AFTER SIGHT

⑩ PARTIAL SHIPMENTS：ALLOWED

⑪ TRANSSHIPMENT：NOT ALLOWED

⑫ DOCUMENTS：THE SELLER SHALL PRESENT THE FOLLOWING DOCUMENTS TO THE PAYING BANK FOR NEGOTIATION：

a.　THREE COPIES OF SIGNED COMMERCIAL INVOICE INDICATING CONTRACT NUMBER OF TX06238

b.　THREE COPIES OF PACKING LIST

c.　TWO COPIES OF CERTIFICATE OF QUALITY/QUANTITY ISSUED BY MANUFACTURER

⑬ H.S CODE：8548.2800

(2) 汇票。

Bill Of Exchange

No _____

Exchange for _____

At _____ sight of this FIRST of Exchange(the second of the same tenor and date being unpaid) pay

to _____

The sum of _____
_____

Drawn under _____
_____

To _____

_____

实训模块二：根据信用证条款更正汇票内容

(1) 信用证。

TO: 2153 23BKCHCNBJA94094610

FM:1453 23 IRVTUS3N×××46343

    IRVTUS3N××××

    *BANK OF NEW YORK

    *NEW YORK

MT: 700   01

SEQUENCE OF TOTAL	27:	1/1
FORM OF DOCUMENTARY CREDIT	40A:	IRREVOCABLE TRANSFERABLE
DOCUMENTARY CREDIT NUMBER	20:	1234
DATE OF ISSUE	31C:	040112
DATE AND PLACE OF EXPIRY	31D:	040401 CHINA
APPLICANT	50:	XYZ COMPANY, NEW YORK
BENEFICIARY	59:	ABC COMPANY, NANJING
CURRENCY CODE,AMOUNT	32B:	USD35,000.00
AVAILABLE WITH…BY…	41D:	NY BANK BY NEGOTIATION
DRAFTS AT	42C:	AT 90 DAYS AFTER SHIPMENT DATE FOR 100PCT OF INVOICE VALUE

DRAWEE   42D: BANK OF NEW YORK
                                                NEW YORK

PRESENTATION PERIOD   48:   21 DAYS AFTER SHIPMENT DATE

发票金额为：USD35,000.00

提单显示 ON BOARD DATE: MARCH 16,2004,DATE OF ISSUE:MARCH 15,2004.

汇票显示如下，请指出错误并更正。

A.

NO.AB12   NANJING,MARCH 16,2004

DRAWN UNDER BANK OF NEW YORK,NEW YORK IRREVOCABLE L/C NO.1234 DATED 040112 FOR USD35,000.00 AT 90 DAYS AFTER SIGHT OF THIS FIRST OF EXCHANGE PAY TO THE ORDER OF BANK OF CHINA THE SUM OF U.S.D THIRTY FIVE THOUSAND ONLY.

TO:BANK OF NEW YORK,NEW YORK

                                      XYZ COMPANY,NEW YORK
                                      JOHN DOE(Authorized signature)

B.

NO.AB12   NANJING,MARCH 16,2004

DRAWN UNDER BANK OF NEW YORK,NEW YORK IRREVOCABLE L/C NO.1234 DATED 040112 FOR USD35,000.00 AT 90 DAYS AFTER SHIPMENT DATE(MARCH 16,2004) OF THIS FIRST OF EXCHANGE PAY TO THE ORDER OF BANK OF CHINA THE SUM OF U.S.D THIRTY FIVE THOUSAND ONLY.

TO:BANK OF NEW YORK,NEW YORK

                                      ABC COMPANY, NANJING
                                      WANG LIANG(Authorized signature)

C.

NO.AB12   NANJING,MARCH 15,2004

DRAWN UNDER BANK OF NEW YORK,NEW YORK IRREVOCABLE L/C NO.1234 DATED 040112 FOR USD35,000.00 AT 90 DAYS AFTER SHIPMENT DATE(MARCH 16,2004) OF THIS FIRST OF EXCHANGE PAY TO THE ORDER OF BANK OF CHINA THE SUM OF U.S.D THIRTY FIVE THOUSAND ONLY.

TO:BANK OF NEW YORK,NEW YORK

                                      ABC COMPANY, NANJING
                                      WANG LIANG(Authorized signature)

D.

NO.AB12   NANJING,MARCH 16,2004

DRAWN UNDER BANK OF NEW YORK,NEW YORK IRREVOCABLE L/C NO.1234

DATED 040112 FOR USD35,000.00 AT 90 DAYS AFTER SHIPMENT DATE(MARCH 16,2004) OF THIS FIRST OF EXCHANGE PAY TO THE ORDER OF BANK OF CHINA THE SUM OF U.S.D THIRTY FIVE THOUSAND ONLY.

TO:BANK OF NEW YORK,NEW YORK

ABC COMPANY, NANJING

WANG LIANG(Authorized signature)

(2) 信用证条款。

FROM：KOREA EXCHANGE BANK, SEOUL, KOREA

TO： BANK OF CHINA, JINGSU BRANCH

L/C NO.：1234 DD 040401

BENEFICIARY：ABC COMPANY, NANJING

APPLICANT：XYZ COMPANY, KOREA

AMOUNT：ABOUT USD19,000.00

DRAFTS AT 90 DAYS AFTER SIGHT FOR 100PCT OF INVOICE VALUE DRAWN ON OUR NEW YORK BRANCH.

USANCE DRAFTS TO BE NEGOTIATED ON SIGHT BASIS.

ACCEPTANCE COMMISSION AND DISCOUNT CHARGES ARE FOR THE ACCOUNT OF THE APPLICANT.

信用证未对交单期限作出规定。

提单显示装运日期为 2004 年 4 月 15 日。

发票显示金额为 USD20 000.00。

汇票显示如下，请指出错误并更正。

A.

NO.A1666　　　　　　　　　　　　NANJING,MAY 1,2004

DRAWN UNDER KOREA EXCHANGE BANK，SEOUL，KOREA L/C NO.1234 DATED 040401 EXCHANGE FOR USD20,000.00 AT 90 DAYS AFTER SIGHT OF THIS FIRST OF EXCHANGE PAY TO THE ORDER OF BANK OF CHINA THE SUM OF U.S.DOLLARS TWENTY THOUSAND ONLY.

TO: KOREA EXCHANGE BANK，NEW YORK

ABC COMPANY, NANJING

WANG LIANG(Authorized signature)

B.

NO.A1666　　　　　　　　　　　　NANJING,MAY 1,2004

DRAWN UNDER KOREA EXCHANGE BANK，SEOUL，KOREA L/C NO.1234 DATED 040401 EXCHANGE FOR USD20,000.00 AT SIGHT OF THIS FIRST OF EXCHANGE PAY TO THE ORDER OF BANK OF CHINA THE SUM OF U.S.DOLLARS TWENTY

THOUSAND ONLY.

    TO：KOREA EXCHANGE BANK，NEW YORK

ABC COMPANY, NANJING

WANG LIANG(Authorized signature)

C.

NO.A1666   NANJING,MAY 1,2004

DRAWN UNDER KOREA EXCHANGE BANK，SEOUL，KOREA L/C NO.1234 DATED 040401 EXCHANGE FOR USD20,000.00 AT 90 DAYS AFTER SIGHT OF THIS FIRST OF EXCHANGE PAY TO THE ORDER OF BANK OF CHINA THE SUM OF U.S.DOLLARS TWENTY THOUSAND ONLY.

    TO：KOREA EXCHANGE BANK，SEOUL

XYZ COMPANY, SEOUL

WANG LEE ONG(Authorized signature)

D.

NO.A1666   NANJING,MAY 1,2004

DRAWN UNDER KOREA EXCHANGE BANK，SEOUL，KOREA L/C NO.1234 DATED 040401 EXCHANGE FOR USD19,000.00 AT 90 DAYS AFTER SIGHT OF THIS FIRST OF EXCHANGE PAY TO THE ORDER OF BANK OF CHINA THE SUM OF U.S.DOLLARS TWENTY THOUSAND ONLY.

    TO：KOREA EXCHANGE BANK，SEOUL

ABC COMPANY, NANJING

WANG LIANG(Authorized signature)

实训模块三：案例分析

（1）我国甲公司与美国乙公司签订进口合同，从加拿大进口木材到中国，使用信用证方式结算。信用证中规定"AVAILABLE WITH ISSUING BANK BY ACCEPTANCE, DRAFTS AT 90 DAYS AFTER SIGHT DRAWN ON THE ISSUING BANK"。开证行收到单据后认为单据相符，于是发出加押电报通过交单行通知受益人，称其已承兑了汇票，汇票到期日为 2005 年 5 月 17 日。2005 年 5 月 13 日，开证行收到法院发出的针对该信用证项下的将付款项的止付令，理由是乙公司存在欺诈行为。请问，法院发的止付令是否恰当？在此种情况下，开证行是否可免除其付款责任？为什么？

（2）我国甲公司与南美某国乙公司签订出口合同，从中国出口服装到该国，使用托收方式结算货款，汇票期限为 D/A AT 30 DAYS AFTER SIGHT。代收行应甲公司要求，对汇票进行了保证，在汇票上注明"AVALISED"(保付)，并通知到期日为 2005 年 5 月 20 日。

汇票经承兑后,代收行将汇票寄给甲公司。但是,甲公司未在到期日收到付款。经向代收行了解,付款人乙公司被清盘。甲公司于是要求代收行履行付款责任,遭到代收行拒绝,理由是托收业务属于商业信用而非银行信用。请问,在本案中,代收行是否可免除其付款责任?为什么?

(3) 某外贸公司与某美籍华人客商做了几笔顺利的小额交易,付款方式为预付。后来客人称销路已经打开,要求增加数量,可是,由于数量太多,资金周转不开,最好将付款方式改为 D/P AT SIGHT。当时我方考虑到在 D/P AT SIGHT 的情况下,如果对方不付款,就拿不到单据,货物的所有权仍归我方所有,所以,答应了对方的要求,未对客户的资信进行全面调查,就发出了一个 40′ 货柜的货物,金额为 3 万美元。后来,事情发展极为不顺。货物到达目的港后,客户借口资金紧张,迟迟不去赎单。10 天后,各种费用相继发生。考虑到这批货物的花色品种为客户特别指定,拉回来也是库存,便被迫改为 D/A 30 天。可是,客户将货提出之后,就再也没有音信。到涉外法律服务处与讨债公司咨询才知道,到美国打官司费用极高。于是只好作罢。请问,我们应从中吸取哪些教训?

(4) 某出口企业收到一份国外开来的不可撤销的即期议付信用证,正准备按信用证规定发运货物时,突接开证银行通知,声称开证申请人已经倒闭。对此,出口企业应如何处理?依据何在?

(5) 某公司从国外某商行进口一批钢材,货物分两批装运,支付方式为不可撤销即期信用证,每批分别由中国银行开立一份信用证。第一批货物装运后,卖方在有效期内向银行交单议付,议付行审单后,即向该商行议付货款,随后,中国银行对议付行作了偿付。我方在收到第一批货物后,发现货物品质与合同不符,因而要求开证行对第二份信用证项下的单据拒绝付款,但遭开证行拒绝。问:开证行这样做是否合理?为什么?

(6) 我某丝绸进出口公司向中东某国出口丝绸制品一批,合同规定:出口数量为 2100 箱,价格为 2500 美元/箱 CIF 中东某港,5—7 月份分三批装运,即期不可撤销信用证付款,买方应在装运月份开始前 30 天将信用证开抵卖方。合同签订后,买方按合同的规定依时将信用证开抵卖方,其中汇票条款载有"汇票付款人为开证行/开证申请人"字样。我方在收到信用证后未留意该条款,即组织生产并装运,待制作好结汇单据到付款银行结汇时,付款银行以开证申请人不同意付款为由拒绝付款。问:①付款银行的做法有无道理?为什么?②我方的失误在哪里?

(7) 我某出口公司收到一国外来证,货物为 40 000 只打火机,总价值为 4 万美元,允许分批装运,采用海运方式。后客户来传真表示急需其中 10 000 只(总数量的 1/4)打火机,要求改用空运方式提前装运,并提出这部分货款采用电汇方式(T/T)在发货前汇至我方。遇到此类问题该怎么办?

(8) 承兑交单(D/A)项下产生的拖欠。

【案情】我国沿海一家进出口集团公司与澳大利亚 B 公司有三年多的合作历史，双方一直保持着良好贸易关系。合作初期，B 公司的订单数量不大，但是该公司的订货也很稳定，且付款情况也较好。后来，随着双方之间的相互了解和熟悉，我进出口公司为 B 公司提供了优惠付款条件，由最初的信用证即期、D/P 即期、D/A60 天到 D/A90 天，而双方的贸易额也由每年的六七万增加到七八十万美元。

1999 年 9 月，B 公司又给我进出口公司下了一批订单，货物总值 25 万美元，价格条件为 CIF 墨尔本，而我进出口公司在未对该客户进行严格信用审核的情况下，同意给予对方 D/A 180 天的信用条件。1999 年 11 月，全部货物如期出运，我进出口公司也及时向银行议付了单据。

2000 年 5 月，汇票承兑日到期时，B 公司以市场行情不好，大部分货物未卖出为由，要求延迟付款。之后，我进出口公司不断给 B 公司发传真、E-mail 等，要求该公司付款或退货。B 公司对延迟付款表示抱歉，并答应尽快偿付。2000 年 11 月，B 公司以资金困难为由，暂时只能偿付我进出口公司 3 万美元。我进出口公司表示同意，并要求马上汇款。即使这样，B 公司一会儿说其财务人员有病，一会儿又称其主要负责人休假，继续拖欠付款。

2001 年 1 月，B 公司总经理 K 先生辞职，在此之前，我进出口公司与 B 公司的所有交易都是经由 K 先生达成的。以后，B 公司对我进出口公司的所有函件没有任何答复。到 2001 年 3 月，我进出口公司与 B 公司失去联系。

2001 年 5 月，东方国际保理中心受理此案，通过调查得知，B 公司已于 2001 年 3 月申请破产。东方国际保理中心为我进出口公司及时申请了债权，尽力争取把其损失降到最低。但是，根据当地清算委员会的最初报告，保理中心了解到，B 公司债务总额为其资产总额的 3 倍，且该公司 90%以上的资产已经抵押给银行。不言而喻，我进出口公司将蒙受巨大的坏账损失。

请对此案进行分析。

(9) 信用证欺诈判例。

【案情】1996 年 3 月 4 日，原告厦门象屿保税区中包物资进出口有限公司(以下称中包公司)与被告香港千斤一国际有限公司(下称千斤一公司)签订了一份购销总价值 225 万美元、75 X .480 00 吨热轧卷板的合同。合同约定起运港黑海港，目的港中国镇江港，采用分批装运方式履行。合同签订后，中包公司于同年 7 月 1 日依约开出受益人为千斤一公司、金额为 60 万美元增减 5%、代号为 FIBXM96698-XG 的远期不可撤销信用证，信用证规定货物装运时间不迟于 1996 年 7 月 15 日，付款日期为 1997 年 1 月 14 日，后更改信用证交货地点为中国福州马尾港。

被告千斤一公司在议付期内向议付行交付了全套单据。原告于 1996 年 7 月 18 日向开证行福建兴业银行厦门分行保证承兑而取得了全套单据，该行于同月 25 日对外承兑。千斤一公司取得承兑汇票后转让给了英国伦敦的一家公司。原告中包公司取得的海运提单载明：承运船舶为被告里舍勒公司所属"卡皮坦·坡克福斯基(KAPITAN POLKOVSKIY)"轮，发货人"ALKORADVANCED LTD."，数量165捆，重量2149.50吨，价值644 850美元，装运港依切利夫斯克(ILYICHEVSK)，目的港中国福州马尾港，装船期1996年6月26日，提单签发日期1996年6月26日。该提单表明，是被告香港永威船务有限公司(下称永威公司)代被告里舍勒公司签发，但不是里舍勒公司的格式提单，提单的抬头名称也不是永威公司。"卡皮坦·坡克福斯基"轮到达福州马尾港后，原告持上述提单前往提货，但该轮并无该票货物。原告中包公司认为被告方提供的装运单据和提单都是虚假的，故起诉至厦门海事法院，请求判令其与千斤一公司的购销合同及海运单据无效，并撤销信用证，不予支付信用证项下款项，并由千斤一公司连带赔偿其损失。

【判决摘要】厦门海事法院经审理查明：里舍勒公司系在利比亚登记的航运公司，"卡皮坦·坡克福斯基"轮为其所有(该轮在本案诉讼期间因另案被扣押于马尾港)。该公司未委托永威公司为其代理船舶，也未授权永威公司代其签发提单。"卡皮坦·坡克福斯基"轮于1996年5月24日至6月30日在依利切夫斯克港装运24 860.627吨货物，但未装载原告所持提单上的货物。"卡皮坦·坡克福斯基"轮本航次福州代理称其未接到有关收贷人为原告的委托。

厦门海事法院认为：原告中包公司为购买钢材与被告千斤一公司签订购货合同，依约向开证行申请开立信用证其合法权益应受法律保护。千斤一公司不按合同约定向原告提供货物，而在没有交货的情况下，串通永威公司伪造已装船清洁提单，并将提单及其他伪造单证提交议付行，企图骗取货款，这些行为是千斤一公司与永威公司对原告的蓄意欺诈。据此，中包公司与千斤一公司签订的购销合同及其相关的提单等单据无效，原告据此开立的以千斤一公司为受益人的信用证项下款项应当停止支付。千斤一公司和永威公司应对由此给中包公司造成的损失负连带赔偿责任。被告里舍勒公司未参与欺诈，与本案无关，不应承担责任。1996年12月21日判决如下：1. 原告中包公司与被告千斤一公司签订的购货合同无效，被告永威公司1996年6月26日签发的9A号提单等相关单证无效。中包公司申请开立的千斤一公司为受益人的FIBXM96698-XG号信用证项下款项不予支付。2. 千斤一公司和永威公司连带赔偿中包公司开立和更改信用证的银行费用人民币9103.03元，限于本判决生效后十日内支付。3. 驳回中包公司对里舍勒公司的诉讼请求。

请问：法院的判决是否合理？从此案能得出哪些经验教训？

同 步 测 试

一、填空题

1. 汇票的当事人分别是_____、_____和_____。

2. 银行汇票是指出票人是_____，受票人是_____的汇票。

3. T/T、M/T 和 D/D 的中文含义分别为_____、_____和_____，它们是_____方式中的三种形式。

4. 托收按交单条件不同，可分为_____和_____两种，其中就卖方风险而言，_____比_____风险小些。

5. 信用证支付方式的特点为：信用证是_____，是_____，是_____。

6. 银行保证书按其用途可分为_____保证书、_____保证书和_____保证书三种。

7. 如汇票金额为 About Nine Thousand Dollar，则该汇票是_____汇票。

8. 用电汇方式收取出口货款的优点是_____，缺点是_____。

9. 可转让信用证只能转让_____，转让费应由_____负责。

10. 保兑信用证只有在_____时才能加以保兑。

11. 以托收方式出口的交易都应争取以_____为价格条件。

12. 信用证金额为 Maximum USD60 000，出口棉布 about 5000 PCs @ USD12/pc，须一次装，最多可装_____匹，最少可装_____匹。

13. 汇票持有人如想在付款人付款之前取得票款，可以通过_____将汇票转让给银行。

14. 汇票的使用一般有_____、_____、_____和_____等程序。

15. 在国际贸易中，汇票的"收款人"在汇票中的写法，通常有三种：_____、_____和_____。

16. 国内某公司出口货物一批，合同规定采用托收方式付款，设寄单邮程为 10 天，请填写表 8.1。

表 8.1　正确的期限

支付条款	托收日期	提示承兑日	付款日	交单日
D/P 即期	9 月 1 日			
D/P at 30 days after sight	9 月 1 日			
D/A at 30 days after sight	9 月 1 日			

二、单项选择题

1. 如 L/C 上未明确付款人，则制作汇票时，受票人应为(   )。

   A. 开证申请人   　　B. 开证行   　　C. 议付行   　　D. 通知行

2. 出口商要保证信用证下安全收汇，必须做到(   )。

   A. 提交单据与合同相符且单单相符

   B. 提交单据与信用证相符

   C. 当 L/C 与合同不符时，提交单据以合同为准

   D. 提交单据与合同、信用证均相符

3. 当受益人审证时发现信用证与合同不符时，可要求(   )。

   A. 开证行改证   　　B. 开证人改证   C. 通知行该证   D. 付款行改证

4. 如付款方式为 L/C 和 D/P 即期各半，为收汇安全起见，应在合同中规定(   )。

   A. 开两张汇票，各随付一套等价的货运单据

   B. 开两张汇票，L/C 下为光票，全套货运单据随付在托收汇票下

   C. 开两张汇票，托收项下为光票，全套货运单据随付在 L/C 汇票项下

   D. 只开一张汇票，并随付一套等价的货运单据

5. 在 L/C、D/P 和 D/A 三种支付方式下，就买方风险而言，按由大到小顺序排列，正确的是(   )。

   A. L/C>D/A>D/P   　　　　　　B. L/C>D/P>D/A

   C. D/A>D/P>L/C   　　　　　　D. D/P>D/A>L/C

6. 银行审单议付的依据是(   )。

   A. 合同和信用证   　　　　　　B. 合同和单据

   C. 单据和信用证   　　　　　　D. 信用证和委托书

7. 运输单据出单日期后最长(   )天内必须提交银行议付，否则银行拒绝付款。

   A. 30   　　　B. 20   　　　C. 21   　　　D. 15

8. 承兑交单的起算日应为(   )。

   A. 出票日   　　B. 付款人见票承兑日   C. 付款日   　　D. 托收日

9. 在 L/C 业务中，偿付行(   )。

   A. 不负责审单   　　B. 负责审单   　　C. 只对受益人负责

10. 以下远期付款的条款哪种对出口方最为有利？(   )

    A. Payment at ×× days sight

    B. Payment at ×× days after date of acceptance

    C. Payment at ×× days from date of shipment B/L

11. 信用证开立的依据是( )。

    A. 汇票   B. 发票   C. 合同   D. 本票

12. 采用托收的支付方式时，汇票的付款人应填写( )。

    A. 托收行   B. 国外进口人   C. 代收行   D. 出口人

13. 采用托收方式支付时，除个别另有规定外，汇票的受款人应填( )。

    A. 托收行   B. 代收行   C. 进口人   D. 出口人

14. 采用信用证支付时，除个别另有规定外，汇票的受票人应填( )。

    A. 托收行   B. 通知行   C. 议付行   D. 开证行

15. 使用假远期 L/C，实际上是( )。

    A. 买方套用卖方资金   B. 买方套用开证行资金

    C. 开证行套用金融市场资金

三、判断题

1. 汇票金额大小写数目不一致时，为维护出口商的利益，应以数目大的为准。

                      ( )

2. 指示性汇票可经过背书做多次转让。   ( )

3. 托收业务中，提单的收货人应为代收行。   ( )

4. 如信用证中未注明"不可转让"字样，则此信用证可视为可转让信用证。( )

5. 可转让信用证与汇票一样，可以做多次转让。   ( )

6. 信用证转让后，第一受益人也将按时交货或交单的责任转移给了第二受益人。

                      ( )

7. 备用信用证与跟单信用证一样均属银行信用。   ( )

8. 对国外开来的信用证，如其中不符合合同规定，一律需要修改。   ( )

9. 采用托收时，一般应选用 FOB 价格术语。   ( )

10. 在承兑交单条件下，进口商由于承兑汇票，即可从银行取得货运单据，出口商也即可从银行得到货款。   ( )

11. 在票汇情况下，买方向银行购买银行汇票自行寄给卖方，由卖方持票人向指定银行取款，这种通过银行汇付货款的做法，属于银行信用。   ( )

12. 对卖方来说，采用托收方式比采用 L/C 方式更安全可靠。   ( )

13. 买卖双方按 D/P.T/R 条件成交时，如日后汇票到期收不回货款，代收行应对卖方负责。   ( )

14. 进出口业务中，支付票据主要是支票。   ( )

15. 所有的汇票都可以背书转让，特殊的可以连续背书，多次转让。   ( )

16. 备用信用证与跟单信用证一样均属银行信用。   ( )

17. 循环信用证可省去开证申请人多次开证的麻烦和费用支出，因此适用于分批均匀交货的合同。 （ ）

18. 信用证只能按原证规定的条款转让，因此，有关信用证金额、到期日、交单日、最迟装运期等项目均不可改变。 （ ）

19. 除非 L/C 另有规定，可转让信用证的第一受益人可要求将信用证转让给本国或另一国家的一个或几个第二受益人。 （ ）

20. 在信用证支付方式的交易中，由于开证行承担第一性付款责任，所以这种结算方式比托收方式对进口商更为有利。 （ ）

四、名词解释

1. Remittance
2. Collection
3. Letter of Credit，L/C
4. D/P
5. D/A

五、问答题

1. 为什么汇付和托收分别属顺汇和逆汇，其性质都属商业信用？
2. D/P、T/R 与 D/A 托收方式有何异同？
3. D/P at 30 days after sight 与 D/A at 30 days after sight 两者有何区别？
4. 简述信用证与买卖合同的关系。
5. 我国目前信用证方式下的出口结汇方式有哪几种？试分析比较其利弊。

六、案例分析

1. 某外贸公司受国内用户委托，以本公司名义与国外一公司签订一项进口某商品的合同，支付条件为"即期付款交单"。在履行合同时，卖方未经该公司同意，就直接将货物连同单据都交给了国内用户，但该国内用户在收到货物后由于财务困难，无力支付货款。在这种情况下，国外卖方认为，我外贸公司作为合同的买方，根据买卖合同的支付条款，须由我公司支付货款。问：外贸公司是否有义务支付货款？

2. 某公司接到客户发来的订单上规定交货期为今年5月，不久收到客户开来的信用证，该信用证规定："Shipment must be effected on or before June,2006"。于是我方在5月10日装船并顺利结汇。约过了一个月，客户却来函要求因迟装船的索赔。问：(1)我方为什么能顺利结汇？ (2)客户的这种索赔有无道理？我公司是否得赔？为什么？

3. A 与 B 两家食品进出口有限公司共同对外成交出口货物一批，双方约定各交50%，各自结汇，由 B 公司对外签订合同。事后，外商开来以 B 公司为受益人的不可撤销信用证，证中未注明"可转让"字样，但规定允许分批装运。B 公司收到信用证后及时通知了 A 公司，两家公司都根据信用证的规定各出口了 50%的货物并以各自的名义制作有关的结汇单据。问：两家公司的做法是否妥当？为什么？

4. 我某贸易公司向国外某客商出口货物一批，合同规定的装运期为 2001 年 6 月，D/P 方式付款。合同订立后，我方及时装运出口，并收集好一整套结汇单据及开出以买方为付款人的 60 天远期汇票委托银行托收货款。单证寄抵代收行后，付款人办理承兑手续时，货物已到达目的港，且行情看好，但付款期限未到。为及时提货销售取得资金，买方经代收行同意，向代收银行出具信托收据借取货运单据提前提货。不巧，在销售的过程中，因保管不善导致货物被火焚毁，付款人又因其他债务关系倒闭，无力付款。问：在这种情况下，责任应由谁承担?为什么？

七、操作题：根据信用证资料和补充资料缮制汇票

1. 信用证资料

TO: 2153 23BKCHCNBJA94094610

FM: ABM AMRO BANK N.V.
BRUSSELS

FORM OF DOCUMENTARY CREDIT:	IRREVOCABLE
DOCUMENTARY CREDIT:	8888
DATE OF ISSUE:	081230
DATE AND PLACE OF EXPIRY:	090630 CHINA
APPLICANT:	XYZ COMPANY，BRUSSELS
BENEFICIARY:	ABC COMPANY，BRUSSELS
CURRENCY CODE，AMOUNT:	USD100,000.00
AVAILABLE WITH...BY...:	ANY BANK
	BY NEGOTIATION
DRAFTS AT:	AT 30 DAYS AFTER SHIPMENT DATE
	FOR 80PCT OF INVOICE VALUE
	AT SIGHT FOR 20PCT OF INVOICE VALUE
DRAWEE:	OUR NEW YORK BRANCH
PARTIAL SHIPMENTS:	NOT ALLOWED
PRESENTATION PERIOD:	15 DAYS AFTER SHIPMENT DATE

附加信息：

发票号码：SU1266

发票金额：USD100,000.00

受益人向当地议付行 BANK OF CHINA，JIANGSU BRANCH 交单的日期为 2009 年 1 月 20 日，运输单据上显示的装运日期为 2009 年 1 月 16 日，汇票日期同受益人交单日期，受益人的有权签字人为王焱，议付行的条件是要求受益人将议付行作成汇票上的收款人。

2. 汇票样式

No._____   Nanjing,China _____

Drawn under _____

L/C No. _____ dated _____

Exchange for _____ payable with interest @ _____ % per annum

At _____ of this FIRST of exchange(Second of exchange being payed)

Pay to the order of _____

The sum of _____

To: _____

_____

Authorized Signature

No._____   Nanjing,China _____

Drawn under _____

L/C No. _____ dated _____

Exchange for _____ payable with interest @ _____ % per annum

At _____ of this FIRST of exchange(Second of exchange being payed)

Pay to the order of _____

The sum of _____

To: _____

_____

Authorized Signature

第九章　国际贸易单证的操作

【学习指导】

　　单证业务是国际贸易业务的一个重要组成部分，从签订合同开始，到履行合同的全过程，每一个环节都需要单证的缮制、处理、交换和传递。这一过程不能存在丝毫差错，否则就有可能给企业带来经济损失，因此，我们在缮制单证时必须达到正确、完整、及时、简洁和清晰等基本要求，及时检查核对，并依合法程序交付。通过本章的学习，需要掌握国际贸易单证的制作的依据和方法，单证审核的基本要求以及各类单据审核的具体方法，交单的方式等技能。

【导入案例】

　　有一份信用证规定的货物描述为："Clock Moement 'O.K.' BRAND QUARTZ CLOCK MOEMENT WITH SWITCH"，而后来提交的发票及其他单据上的货物描述只显示了"'O.K.' BRAND QUARTZ CLOCK MOEMENT WITH SWITCH"，把前半部分"Clock Moement"省去了。国际商会认为这不构成不符。理由是信用证的描述中"Clock Moement"出现了两次，推定为一次是概述，另一次是对货物进行更为详细的描述。尽管发票及其他单据省去了作为概述的"Clock Moement"，但包含该措辞的详细的货物描述已经满足了信用证的要求。

　　思考：关于货物描述，UCP600有哪些具体规定？

第一节　单证的制作

　　单证业务是国际贸易业务的一个重要组成部分，从签订合同到履行合同的全过程，每一个环节都需要单证的缮制、处理、交换和传递。这一过程不能存在丝毫差错，否则就有可能给企业带来经济损失，我们在缮制单证时必须做到正确、完整、及时、简洁、清晰。尤其在信用证结算方式下，银行在处理信用证业务时坚持"四不管"，即不管货物、不管当事人、不管合同、不负责审核单据的真伪。在这种情况下，受益人就必须按单证一致、单单一致(UCP600已将单证一致、单单一致的银行审单标准改为相符交单，具体内容详见第一章第一节)的要求履行义务，否则就难以向银行主张权利。

国际贸易单证员根据销售合约和信用证条款审核、制作各种贸易结算单据和证书，提交银行办理议付手续或委托银行进行收款等，其中主要的国际贸易结算业务中所应用的单据、证书和文件——包括信用证、发票、装箱单、提单、保险单、汇票等的制作、处理、传递和交付。

一、单证制作的依据

1. 有关法律、惯例和规定

《联合国国际货物销售合同公约》、《海商法》、《合同法》、《票据法》、《外贸法》、《保险法》以及在国际贸易领域影响巨大的 UCP600、ISBP、URC522、URR525、INCOTERMS2000 等规定都对制单工作具有指导意义。

2. 依据合同、信用证和货物的实际情况

在国际贸易单证业务实践中，单证的制作要达到单证(单据与信用证)、单同(单据与合同)、单货(单据与货物)的一致。单据一定要如实反映货物的情况。有时为了满足信用证要求，不得不制作并出具根本不应该出现的单据，比如货物不能在规定的装运期内装船，为了满足信用证对装运期和交单期的规定，而由托运人向船公司出具保函进行通融，以换取清洁提单向银行交单结汇，在实践中应尽量避免类似现象，否则可能给企业造成严重的信誉和经济损失。

3. 各行业、部门的特殊要求

国有国法，家有家规，每个行业都有其特定的规矩：像出口到信仰伊斯兰教国家的禽类产品，进口商有时会提出由出口地的伊斯兰教协会出具有关证明；AMS 舱单由美国开始，现已扩展到加拿大、澳大利亚、欧洲等许多国家；农药产品出口到美国、欧盟等国和地区时，进口商通常会要求出口方提供所出口的农药产品的 MSDS(危险数据资料卡)等，出口企业应按规定的格式和要求将相关数据填写完整后予以提交。凡此种种不再一一叙述。

二、单证制作的程序

1. 制单步骤

UCP600 规定，单据日期可以早于信用证的开立日期，但不得晚于交单日期。单据日期的先后顺序须合理、可行，并符合 UCP600 的相关规定。在了解合同、信用证等信息的基础上，一般的制单程序如下。

(1) 先制作商业发票，有的企业先制作货物明细单或货物出仓单，再填制发票。

(2) 以发票为基础，根据合同、信用证等要求，制作包装单据、托运单、报检单、报

关单、投保单、产地证明，取得保险单、装运单据，出具汇票等。

(3) 如有需要，可制作出口商证明、装船通知、船公司证明等。

2. 制单注意事项

制单时应注意如下事项。

(1) 发票日期应在其他单据日期之前。

(2) 提单日期既不能超过信用证规定的最迟装运期，也不得早于信用证规定的最早装运期。

(3) 保险单据的签发日期应早于或等于提单日期，除非保险单注明保单生效始于提单日之后，但不能早于发票日期。

(4) 装箱单应等于或迟于发票日期，但必须在报关单、提单日之前。

(5) 产地证不早于发票日期，不迟于提单日。

(6) 商检证日期不晚于提单日期，但也不能太早于提单日，尤其是鲜货或容易变质的商品。

(7) 船公司证明日期等于或早于提单日。

第二节　单证的审核

单证的审核是将已经缮制、备妥的单据对照信用证(在信用证付款情况下)或合同(非信用证付款方式)的有关内容进行审核，发现问题，及时更正，以达到安全收汇的目的。

一、单证审核的基本要求

1. 及时性

及时审核有关单据可以对一些单据上的差错做到及时发现、及时更正，有效地避免因审核不及时造成的各项工作的被动。

2. 全面性

应当从安全收汇和全面履行合同的高度来重视单据的审核工作。一方面，我们应对照信用证和合同认真审核每一份单证，不放过任何一个不符点；另一方面，要善于处理所发现的问题，加强与各有关部门的联系和衔接，使发现的问题得到及时、妥善的处理。

3. 单证相符，单单相符，单同相符，单货相符

在信用证结算方式下，按照 UCP600 的规定，单证相符、单单相符是安全收汇的前提和基础，所提交的单据中存在的任何不符哪怕是细小的差错都会造成一些难以挽回的损失。

与此同时，我们还要做到单同相符、单货相符，才能在安全收汇的同时保证出口合同的顺利履行。在托收方式下，单同相符、单单相符、单货相符也是安全收汇和顺利履行合同的保证。

二、单证审核的基本方法

单证审核的方法概括起来有以下几种。

1．纵横审单法

(1) 纵向审核法，即以信用证或合同为基础对出口单据的发票进行逐字逐句审核，再将其他单据与信用证的相关条款核对。要求有关单据的内容严格符合信用证的规定，做到"单证相符"。

(2) 横向审核法，即在纵向审核的基础上，以商业发票为中心逐一审核其他规定的单据，使有关的内容相互一致，做到"单单相符"。

2．按装运日期审单法

出口业务量大、批次多的企业，应该按照出口货物的装运日期顺序和紧急程度，先装的先审，以确保及时审单，安全收汇。

3．分地区客户审单法

不同国家、地区，不同的进口商对出口单证的要求各异，但同一国家、地区或同一客户对出口单据的要求往往相似。为了提高效率和质量，业务量大的企业，可以采取分地区客户审单法。

4．先读后审法

先读后审法即先将信用证从头至尾通读一遍，熟悉条款，记录要点，然后按信用证条款依主次审单。

5．先审后读法

先审后读法即先按信用证条款依主次审完单后，再通读信用证全文，确保每一条款未被遗漏。

三、单证审核的重点和要点

1．单证审核的重点

单证审核是进口商保证安全付汇和收货的关键环节，单证审核的重点有以下五点。

(1) 检查 L/C 规定的单证份数，是否要求全套，正本、副本各多少份等。

(2) 检查附加条款对单证的特别要求，如是否要求注明信用证号码、合同号码等。

(3) 检查所提供的文件名称和类型是否符合要求，如是否需要认证、出单人是否符合要求等。

(4) 单证之间的各类描述是否完全一致，如计价货币、金额大小写、计量单位等。

(5) 单证出具或提交的日期是否符合要求，如保险单日期、GSP FORM A 出单期等。

2. 分类审核的要点

(1) 汇票的审查要点。

① 汇票的付款人名称、地址是否正确。

② 汇票上金额的大、小写以及货币名称和代号必须一致而且规范。

③ 付款期限要符合信用证或合同规定。

④ 检查汇票金额是否超出信用证金额，如在信用证金额前有"大约"一词时，可按 10%的增减幅度掌握。

⑤ 出票人、受款人、付款人都必须填写正确，符合信用证或合同的规定。

⑥ 出票条款是否正确。

⑦ 汇票是否由出票人进行了签字或盖章。

⑧ 汇票份数是否正确如"只此一张"或"汇票一式二份，有第一汇票和第二汇票"。

(2) 商业发票的审查要点。

① 抬头人必须符合信用证规定，一般应是进口商的名称和详细地址。

② 签发人必须是受益人。

③ 商品的描述必须完全符合信用证的要求。

④ 商品的数量必须符合信用证的规定。

⑤ 单价和价格条件必须符合信用证的规定。

⑥ 发票的正副本份数必须符合信用证的要求。

⑦ 信用证要求表明和证明的内容不得遗漏。

⑧ 发票的金额不得超出信用证的金额，如信用证中数量、金额均有"大约"时，可按 10%的增减幅度掌握。

(3) 保险单据的审查要点。

① 保险单据必须由保险公司、保险人或他们的代理人出具。

② 投保加成必须符合信用证的规定。

③ 保险险别必须符合信用证的规定并且无遗漏。

④ 保险单据的类型应与信用证的要求相一致，除非信用证另有规定，保险经纪人出具的暂保单银行不予接受。

⑤ 保险单据的正副本份数应齐全，如保险单据注明出具一式多份正本，除非信用证另有规定，所有正本都必须提交。

⑥ 保险单据上的币制应与信用证上的币制相一致。

⑦ 包装件数、唛头等必须与发票和其他单据相一致。

⑧ 运输工具、起运地及目的地，都必须与信用证及其他单据相一致；如转运，保险期限必须包括全程运输。

⑨ 除信用证另有规定，保险单据一般应做成可转让的形式，以受益人为投保人，由投保人背书。

⑩ 除非信用证另有规定，保险单的签发日期不得迟于运输单据的签发日期。

(4) 运输单据的审查要点。

① 运输单据的类型须符合信用证的规定，起运地、转运地、目的地须符合信用证的规定。

② 装运日期/出单日期须符合信用证的规定，收货人和被通知人须符合信用证的规定。

③ 商品名称可使用货物的统称，但不得与信用证上货物说明的写法相抵触。

④ 运费预付或运费到付须正确表明。

⑤ 正副本份数应符合信用证的要求。

⑥ 运输单据上不应有不良批注。

⑦ 包装件数须与其他单据相一致。

⑧ 唛头须与其他单据相一致。

⑨ 全套正本都须盖妥承运人的印章及签发日期章。

⑩ 应加背书的运输单据，须加背书。

(5) 其他单据的审查要点。

其他单据如装箱单、重量单、产地证书、商检证书等，均须先与信用证的条款进行核对，再与其他有关单据核对，求得单证一致、单单一致。

四、单证审核中比较常见的问题

单证审核中比较常见的问题如下。

(1) 对于信用证溢短装条款的误解，造成单证金额、数量错误。

(2) 汇票的受票人名称、地址打错。

(3) 发票中受益人名称、地址等与信用证描述相矛盾。

(4) 汇票、发票、保险单等之间币制名称不一致或不符合信用证的规定。

(5) 发票上的货物描述与信用证描述的不完全一致。

(6) 要求认证或证实单据的类型、出单人等不符合信用证要求。

(7) 单单之间商品名称、数量、计量单位、唛头描述、毛净重等相矛盾。

(8) 正本单据没有按规定表示或提交份数不足。

(9) 提单、保险单缺少有关签字或印章，不按要求背书。

(10) 提单中的卸货港、目的地签发错误以及存在不良批注等。

(11) 逾期装运。

(12) 逾期交单。

第三节　单证的交付

单证的交付简称交单，是指出口商(信用证项下为信用证受益人)在规定时间内向银行提交信用证或合同规定的全套单据，这些单据经银行审核，根据信用证或合同条款的规定，由银行办理结汇。

一、交单应注意的问题

1. 单据齐备

所谓齐备有两个含义，一是信用证或合同规定的单据全都齐备；二是每种单据的份数都符合信用证或合同要求。

2. 单据内容正确

单据内容正确即做到单证相符、单单相符、单同相符、单货相符，并符合国内外法规和惯例。

3. 提交及时

交单的时间也必须符合信用证或合同的要求。UCP600 第六条 d 款规定，"信用证必须规定一个交单的截止日。规定的承付或议付的截止日将被视为交单的截止日。"第十四条 c 款规定，"如果单据中包含一份或多份受第十九、二十、二十一、二十二、二十三、二十四或二十五条规制的正本运输单据，则须由受益人或其代表在不迟于本惯例所指的发运日之后的二十一个日历日内交单，但是在任何情况下都不得迟于信用证的截止日。"

二、交单的两种情况

(一)汇付方式单证的交付

出口商在货物出运之后，将进口商所需的各种单据直接递交或寄给进口商，以便进口商报关提货和办理其他手续。由于这些单据是交货的凭证，寄单时应做好档案留底和邮寄记录。

(二)信用证和托收方式单证的交付

信用证和托收方式单证的交付较复杂,国际贸易结算中,一般都是先交单再付款。信用证下,出口商在规定时间内通过国内银行向保兑行(如有的话)或开证行提交正本信用证(有修改书的,需附修改书正本)和全套单据;托收方式下,出口商装运货物后向托收行提交全套单据,然后银行按要求向代收行寄单,由代收行向进口商索汇。

1. 信用证项下交单

1) 正常单据的交单

如上所述,交单的要求有三条:第一是单据的种类和份数与信用证的规定相符。第二是正确,包括所用文字与信用证一致。第三是交单时间必须在信用证规定的交单期和有效期之内。如无此规定,银行将不接受装运日次日起 21 天后提交的单据。但在任何情况下,单据的提交不得迟于信用证的到期日。

需要注意的是,有的信用证规定在进口国或开证行到期。对这些信用证项下的交单要提前,要留有充足的时间,让出口地银行尽快寄单,保证在信用证到期日前保兑行(如有的话)或开证行能收到单据。如无法做到,则应修改信用证到期地点为受益人国内。

2) 有不符点单据的交单

除信用证项下正常交单外,还存在含有不符点单据的交单。单据出现不符点后,保兑行(如有的话)及开证行就免除了必须付款的责任。受益人被拒付后,应及时做出反应,采取适当措施尽可能挽回损失。

(1) 受益人应确认拒付通知的有效性。

有效的拒付通知必须符合以下所有条件,否则开证行或保兑行仍须付款。

① 单据不符点明确具体。

② 须以开证行自身名义提出拒付。

③ 拒付"通知必须以电讯方式,如不可能,则以其他快捷方式,在不迟于自交单之翌日起第五个银行工作日结束前发出"。

④ 开证行须一次性提出所有不符点。

⑤ "该通知必须声明……银行拒绝承付或议付",即须有拒付字样。

(2) 受益人若确认不符点不成立,应立即通过交单行进行反拒付。

(3) 若不符点成立,受益人应尽快在信用证有效期内换单。

(4) 若无法换单,应尽快联络进口人,敦促其接受不符点赎单提货。

(5) 若进口商未能或拒绝赎单,受益人应立即查询货物下落,处理善后。

2. 托收项下交单

选择做 D/P 或 D/A 的结算方式时,出口商装运货物后,应及时将有关托收单据交出口地银行办理托收。该银行被称为托收行。托收交单较灵活,单据种类、单据内容、交单时间由出口商根据合同和进口商的要求决定。

交单时,出口商还应向银行提供明确的托收指示书,有的银行印有固定格式供出口商填写。托收指示书的主要内容包括:

① 托收方式;

② 交单条件;

③ 付款人的详细地址;

④ 代收行(如无,则由托收行代为选择)的具体名称及地址;

⑤ 在拒付情况下,是否要做成拒付证书;

⑥ 托收项下的费用由谁负担;

⑦ 其他特殊条件。

银行必须核实所收到的单据在表面上与托收指示书所列一致,如发现任何单据有遗漏,应立即通知交单的出口商。

三、交单的两种方式

1. 两次交单或称预审交单

在运输单据签发前,先将其他已备妥的单据交银行预审,发现问题及时更正,待货物装运后收到运输单据,可以当天议付并对外寄单。

2. 一次交单

一次交单即在全套单据收齐后一次性送交银行,此时货已发运。银行审单后若发现不符点需要退单修改,耗费时日,容易造成逾期而影响收汇安全。因而出口企业宜与银行密切配合,采用两次交单方式,加速收汇。

同 步 测 试

一、不定项选择题

1. 信用证支付方式下,可作为制单依据的文件有( )。

　　A. 信用证 　　　　　　　　　　　　B. 合同

　　C. 商品的有关资料 　　　　　　　　D. 国际惯例

2. 一般而言,所有出口单据中最早制作的是( )。

　　A. 汇票 　　　B. 出口货物托运单 　　C. 运输单据 　　D. 商业发票

3. 跟单托收各有关当事人应遵循的国际惯例是( )。

    A. UCP600   B. URR525   C. ISP98   D. URC522

4. 信用证项下正常交单的基本要求是( )。

    A. 单据齐备   B. 内容正确

    C. 表面清洁   D. 提交及时

5. 一般而言，制单的顺序是( )。

    A. 先缮制汇票，然后按汇票内容分别缮制其他单证

    B. 先缮制发票，然后按发票内容分别缮制其他单证

    C. 先缮制装箱单，然后按装箱单内容分别缮制其他单证

    D. 先缮制提单，然后按提单内容分别缮制其他单证

6. 出口商在托收指示书上填写的主要指示有( )。

    A. 托收方式   B. 付款人详细地址

    C. 代收行应付款的时间   D. 交单条件

7. 信用证依据合同开立，出口商要保证安全收汇，所制作的单据必须做到( )。

    A. 与合同的规定相符

    B. 与信用证的条款相符

    C. 与实际发运的货物相符

    D. 信用证与合同不一致时，以合同的规定为主，适当参照信用证的有关条款

8. 在信用证结算方式下，出口单证从业人员制单时应做到( )。

    A. 与合同的规定相符

    B. 与信用证的条款相符

    C. 与实际发运的货物相符

    D. 信用证与合同不一致时，以信用证的规定为主，适当参照合同的有关条款

二、判断题

1. 信用证支付方式下，如果国外开来的信用证与买卖合同相互矛盾，制单审单时应以信用证为准。   ( )

2. 制单是单证工作的基础，是指按照信用证、合同和其他文件的要求，根据货物实际情况缮制有关单据。   ( )

3. 托收方式下，出口商通过银行将全套单据直接转交给进口商，这种做法可以保证单据在传递过程中的安全收汇。   ( )

4. 采用汇付方式，单证的交付是指出口商在货物出运之后，将进口商所需的各种单据提交出口地银行，通过出口地银行寄给进口商，以便进口商收货付款。   ( )

5. 采用托收方式，单证的交付是指出口商在货物出运之后，将进口商所需的各种单据

提交出口地银行，通过出口地银行向国外银行寄单、索汇。 （　　）

三、简答题

1. 简述出口单证的制单步骤。

2. 如何审核全套出口单据？审核时需要注意什么？

3. 简述 "CLEAN ON BOARD BILL OF LADING" 的含义。

4. 简述在信用证支付方式下，货物数量可以在5%范围内增减的三个条件。

四、案例分析

1. 我某公司与外商按 CIF 条件签订一笔大宗商品出口合同，合同规定装运期为 8 月份，但未规定具体开证日期。外商拖延开证，我方见装运期快到，从 7 月底开始，连续多次电催外商开证。8 月 5 日，收到开证行的简电通知，我方因怕耽误装运期，即按简电办理装运。8 月 28 日，我方收到信用证正本，该证对有关单据作了与合同不符的规定，经办人审证时未注意，交银行议付时，银行也未发现，开证行即以单证不符为理由，拒付货款。你认为，我方应从此事件中吸取哪些教训？

2. 我方某公司与法国公司订立一份出口 300 公吨冻品的合同，规定某年 4—9 月每月平均交货 50 公吨，即期信用证支付，来证规定货物装运前由出口口岸商品检验局出具船边测温证书作为议付不可缺少的单据之一。4—6 月份交货正常，并顺利结汇，7 月份因船期延误，拖延到 8 月 5 日才实际装运出口，海运提单倒签为 7 月 31 日，但送银行议付的商检证中填写船边测温日期为 8 月 5 日。8 月 7 日出口人又在同一船上又装运 50 公吨，开证行收到单据后来电表示拒付货款。试分析我方有何失误及开证行拒付的依据。

3. 东南亚某国银行给我国 Z 行开立过一份不可撤销自由议付信用证，在 DOCUMENTS REQUIREMENT 中关于提单的 NOTIFY PARTY 有如下条款：NOTIFY PARTY WILL BE ADVISED LATER BY MEANS OF L/C AMENDMENT THROUGH OPENING BANK UPON INSTRUCTIONS FROM THE APPLICANT. 但是无论通知行如何催促，开证行迟迟不发信用证修改指定提单的被通知人。为避免信用证过期，受益人只好在信用证修改之前交单，并将提单的 NOTIFY PARTY 打成 APPLICANT 的全称。开证行在收到单据后以如下理由拒付：NOTIFY PARTY ON THE BILL OF LADING SHOWN AS APPLICANT WHEREAS L/C AMENDMENT HAD NOT BEEN EFFECTED，即信用证修改尚未发出，提单便显示了被通知人。Z 行多次反驳，但开证行始终坚持不符点成立。最后开证行来电称申请人要求降价 10%才肯赎单，出口商迫于各方压力不得不接受要求，以损失 4 万美元为代价了结此事。试分析我方有何失误及我方应从中吸取的教训。

4. 某外贸公司与香港某公司达成了一笔进口 1019 公吨镀锡铁皮和镀锌薄板、金额约 20 万美元的交易。支付条件为即期信用证。不久，中国银行广州分行很快开出了信用证，规定了商品的名称和规格、数量、重量和装运期等。中国船运公司应托运人请求，向其发运了 48 个集装箱，供其装货和加封。3 月 24 日承运人签发了"已装船"清洁提单，3 月 25 日，香港方寄单至中国银行，并且香港的中国船运公司"海星"号轮到达黄埔。集装箱明显完好，封条未动。但启封以后，发现箱内只有充满脏水的铁桶，没有镀锡铁皮和镀锌薄板。3 月 30 日，收货人立即将该欺诈行为通知了中国银行，并要求其通知指定的议付银行。但中国银行收到一份香港银行打来的电传，说已根据提示汇票和单据支付了货款。这时，外贸公司发现商业发票与提单两者不符，即信用证内的商品发票中要求规格为 50 厘米，而提单内规格为 50 毫米。4 月 14 日，我方提出，香港议付银行可以行使追索权，向出口商索回货款。3 天以后，中国银行又收到香港议付银行的电传，说中国银行提出偿还货款的要求超过了允许的合理时间，因此，要求中国银行(开证行)立即偿付。中国银行无奈作了偿付。试对此案例进行分析。

5. 2000 年 9 月 20 日，甲贸易公司与日本 K 公司签订了销售合同书，K 公司向甲贸易公司购买新鲜香菇，价格分别为每公斤 3.75 美元和每公斤 3.72 美元，总价值为 22 105.24 美元。乙海运公司承运了该批货物，将货物装入一个冷藏集装箱内，为该批货物签发了提单，载明托运人为甲贸易公司，收货人为 K 公司。货物运抵日本后，日本海事鉴定协会应 K 公司的请求对货物作了检验。根据日本海事鉴定协会的检验报告(该检验报告在案件审理中为法院所认定)，由于冷藏集装箱在运输途中发生故障致箱内温度升高，而冷藏集装箱内的温度升高正是货损的原因。该货损发生在承运人的责任期间。之后，K 公司拒付货款，甲贸易公司起诉乙海运公司，索赔货损 22 105.24 美元。

关于涉案货物的价值，在庭审中，甲贸易公司提供了销售合同书和货物发票，显示货物价格为每公斤 3.75 美元和每公斤 3.72 美元，涉案货物价值为 22 105.24 美元；乙海运公司也提供了甲贸易公司出具的另一套发票，显示货物价格为每公斤 1.88 美元和每公斤 1.78 美元，涉案货物价值为 10 803.12 美元。两组发票对货物的数量、规格等记载一致，仅因单价不同而致总价亦不同。双方当事人均无法否定对方证据及其所示内容的真实性。对乙海运公司出示的证据，甲贸易公司对证据的真实性无异议，但说明该发票是应收货人 K 公司要求，为其逃避关税而作，不能反映真实货价。

法院审理后认为：①涉案货损发生在承运人乙海运公司的责任期间，所以被告乙海运公司负有赔偿责任。②因为双方当事人的证据相互矛盾，且都还不足以否定对方证据的真实性，使有关货物价值的事实处于不确定状态。但各方对货物至少价值 10 803.12 美元并无争议，故货物的实际价值损失应以此为基础。据此，判决乙海运公司赔偿甲贸易公司 10 803.12 美元。

试对此案例进行分析。

附录一 跟单信用证统一惯例 (2007 年修订本)

(国际商会第 600 号出版物)

Article 1　Application of UCP
第一条 统一惯例的适用范围

The Uniform Customs and Practice for Documentary Credits, 2007 Revision, ICC Publication No. 600("UCP") are rules that apply to any documentary credit("credit")(including, to the extent to which they may be applicable, any standby letter of credit) when the text of the credit expressly indicates that it is subject to these rules. They are binding on all parties there to unless expressly modified or excluded by the credit.

《跟单信用证统一惯例》2007 年修订本，国际商会第 600 号出版物，适用于所有在正文中标明按本惯例办理的跟单信用证(包括本惯例适用范围内的备用信用证)。除非信用证明确修改成排除(本惯例中的某些条款规定)，本惯例对一切有关当事人均具有约束力。

Article 2　Definitions
第二条 定义

For the purpose of these rules:

就本惯例而言：

Advising bank means the bank that advises the credit at the request of the issuing bank.

通知行意指应开证行要求通知信用证的银行。

Applicant means the party on whose request the credit is issued.

申请人意指发出开立信用证申请的一方。

Banking day means a day on which a bank is regularly open at the place at which an act subject to these rules is to be performed.

银行工作日意指银行在其营业地正常营业，按照本惯例行事的行为得以在银行履行的日期。

Beneficiary means the party in whose favour a credit is issued.

受益人意指接受信用证并享受其利益的一方。

Complying presentation means a presentation that is in accordance with the terms and conditions of the credit, the applicable provisions of these rules and international standard banking practice.

相符交单意指与信用证中的条款及条件、本惯例中所适用的规定及国际标准银行实务相一致的交单。

Confirmation means a definite undertaking of the confirming bank, in addition to that of the issuing bank, to honour or negotiate a complying presentation.

保兑意指保兑行在开证行之外对于相符交单做出兑付或议付的确定承诺。

Confirming bank means the bank that adds its confirmation to a credit upon the issuing bank's authorization or request.

保兑行意指应开证行的授权或请求对信用证加具保兑的银行。

Credit means any arrangement, however named or described, that is irrevocable and there by constitutes a definite undertaking of the issuing bank to honour a complying presentation.

信用证意指一项约定，无论其如何命名或描述，该约定不可撤销并因此构成开证行对于相符交单予以兑付的确定承诺。

Honour means:

兑付意指：

a. to pay at sight if the credit is available by sight payment.

a. 对于即期付款信用证即期付款。

b. to incur a deferred payment undertaking and pay at maturity if the credit is available by deferred payment.

b. 对于延期付款信用证发出延期付款承诺并到期付款。

c. to accept a bill of exchange("draft") drawn by the beneficiary and pay at maturity if the credit is available by acceptance.

c. 对于承兑信用证承兑由受益人出具的汇票并到期付款。

Issuing bank means the bank that issues a credit at the request of an applicant or on its own behalf.

开证行意指应申请人要求或代表其自身开立信用证的银行。

Negotiation means the purchase by the nominated bank of drafts(drawn on a bank other than the nominated bank) and/or documents under a complying presentation, by advancing or agreeing to advance funds to the beneficiary on or before the banking day on which reimbursement is due to(to be paid the nominated) bank.

议付意指被指定银行在其应获得偿付的银行日或在此之前，通过向受益人预付或者同意向受益人预付款项的方式购买相符交单项下的汇票(汇票付款人为被指定银行以外的银行)

及/或单据。

Nominated bank means the bank with which the credit is available or any bank in the case of a credit available with any bank.

被指定银行意指有权使用信用证的银行，对于可供任何银行使用的信用证而言，任何银行均可为被指定银行。

Presentation means either the delivery of documents under a credit to the issuing bank or nominated bank or the documents so delivered.

交单意指信用证项下单据被提交至开证行或被指定银行，或按此方式提交的单据。

Presenter means a beneficiary, bank or other party that makes a presentation.

交单人意指做出交单行为的受益人、银行或其他一方。

Article 3　Interpretations
第三条　释义

For the purpose of these rules:
就本惯例而言：

Where applicable, words in the singular include the plural and in the plural include the singular.

在适用的条款中，词汇的单复数同义。

A credit is irrevocable even if there is no indication to that effect.

信用证是不可撤销的，即使信用证中对此未作指示也是如此。

A document may be signed by handwriting, facsimile signature, perforated signature, stamp, symbol or any other mechanical or electronic method of authentication.

单据可以通过手签、签样印制、穿孔签字、盖章、符号表示的方式签署，也可以通过其他任何机械或电子证实的方法签署。

A requirement for a document to be legalized, visaed, certified or similar will be satisfied by any signature, mark, stamp or label on the document which appears to satisfy that requirement.

当信用证含有要求使单据合法、签证、证实或对单据有类似要求的条件时，这些条件可由在单据上签字、标注、盖章或标签来满足，只要单据表面已满足上述条件即可。

Branches of a bank in different countries are considered to be separate banks.

一家银行在不同国家设立的分支机构均视为另一家银行。

Terms such as "first class", "well known", "qualified", "independent", "official", "competent" or "local" used to describe the issuer of a document allow any issuer except the beneficiary to issue that document.

诸如"第一流"、"著名"、"合格"、"独立"、"正式"、"有资格"、"当地"等用语用于描述单据出单人的身份时,单据的出单人可以是除受益人以外的任何人。

Unless required to be used in a document, words such as "prompt", "immediately" or "as soon as possible" will be disregarded.

除非确需在单据中使用,银行对诸如"迅速"、"立即"、"尽快"之类词语将不予置理。

The expression "on or about" or similar will be interpreted as a stipulation that an event is to occur during a period of five calendar days before until five calendar days after the specified date, both start and end dates included.

"于或约于"或类似措辞将被理解为一项约定,按此约定,某项事件将在所述日期前后各五天内发生,起讫日均包括在内。

The words "to", "until", "till", "from" and "between" when used to determine a period of shipment include the date or dates mentioned, and the words "before" and "after" exclude the date mentioned.

词语"至(to)"、"直至(until)、(till)"、"从……开始(from)"及"在……之间(between)"用于确定装运期限时,包括所述日期。词语"在……之前(before)"及"在……之后(after)"不包括所述日期。

The words "from" and "after" when used to determine a maturity date exclude the date mentioned.

词语"从……开始(from)"以及"在……之后(after)"用于确定到期日时不包括所述日期。

The terms "first half" and "second half" of a month shall be construed respectively as the 1st to the 15th and the 16th to the last day of the month, all dates inclusive.

术语"上半月"和"下半月"应分别理解为自每月 1 日至 15 日和 16 日至月末最后一天,包括起讫日期。

The terms "beginning", "middle" and "end" of a month shall be construed respectively as the 1st to the 10th, the 11th to the 20th and the 21st to the last day of the month, all dates inclusive.

术语"月初"、"月中"和"月末"应分别理解为每月 1 日至 10 日、11 日至 20 日和 21 日至月末最后一天,包括起讫日期。

Article 4　Credits v. Contracts
第四条　信用证与合同

a. A credit by its nature is a separate transaction from the sale or other contract on which it may be based. Banks are in no way concerned with or bound by such contract, even if any reference whatsoever to it is included in the credit. Consequently, the undertaking of a bank to honour, to negotiate or to fulfil any other obligation under the credit is not subject to claims or defences by the applicant resulting from its relationships with the issuing bank or the beneficiary.

a. 就性质而言，信用证与可能作为其依据的销售合同或其他合同，是相互独立的交易。即使信用证中提及该合同，银行亦与该合同完全无关，且不受其约束。因此，一家银行作出兑付、议付或履行信用证项下其他义务的承诺，并不受申请人与开证行之间或与受益人之间在已有关系下产生的索偿或抗辩的制约。

A beneficiary can in no case avail itself of the contractual relationships existing between banks or between the applicant and the issuing bank.

受益人在任何情况下，不得利用银行之间或申请人与开证行之间的契约关系。

b. An issuing bank should discourage any attempt by the applicant to include, as an integral part of the credit, copies of the underlying contract, performa invoice and the like.

b. 开证行应劝阻申请人将基础合同、形式发票或其他类似文件的副本作为信用证整体组成部分的做法。

Article 5 Documents v. Goods, Services or Performance
第五条 单据与货物/服务/行为

Banks deal with documents and not with goods, services or performance to which the documents may relate .

银行处理的是单据，而不是单据所涉及的货物、服务或其他行为。

Article 6 Availability, Expiry Date and Place for Presentation
第六条 有效性、有效期限及交单地点

a. A credit must state the bank with which it is available or whether it is available with any bank. A credit available with a nominated bank is also available with the issuing bank.

a. 信用证必须规定可以有效使用信用证的银行，或者信用证是否对任何银行均为有效。对于被指定银行有效的信用证同样也对开证行有效。

b. A credit must state whether it is available by sight payment, deferred payment, acceptance or negotiation.

b. 信用证必须规定它是否适用于即期付款、延期付款、承兑抑或议付。

c. A credit must not be issued available by a draft drawn on the applicant.

c. 不得开立包含有以申请人为汇票付款人条款的信用证。

d. i. A credit must state an expiry date for presentation. An expiry date stated for honour or negotiation will be deemed to be an expiry date for presentation.

d. i. 信用证必须规定提示单据的有效期限。规定的用于兑付或者议付的有效期限将被认为是提示单据的有效期限。

ii. The place of the bank with which the credit is available is the place for presentation. The place for presentation under a credit available with any bank is that of any bank. A place for presentation other than that of the issuing bank is in addition to the place of the issuing bank.

ii. 可以有效使用信用证的银行所在地是交单地点。对任何银行均为有效的信用证项下交单的地点是任何银行所在的地点。不同于开证行地点的交单地点是开证行地点之外提交单据的地点。

e. Except as provided in sub-article 29(a), a presentation by or on behalf of the beneficiary must be made on or before the expiry date.

e. 除非如第二十九条 a 款中规定的情形，否则由受益人或代表受益人提示的单据必须在到期日当日或在此之前提交。

Article 7　Issuing Bank Undertaking
第七条　开证行的承诺

a. Provided that the stipulated documents are presented to the nominated bank or to the issuing bank and that they constitute a complying presentation, the issuing bank must honour if the credit is available by:

a. 倘若规定的单据被提交至被指定银行或开证行并构成相符交单，开证行必须按下述信用证所适用的情形予以兑付：

i. sight payment, deferred payment or acceptance with the issuing bank;

i. 由开证行即期付款、延期付款或者承兑；

ii. sight payment with a nominated bank and that nominated bank does not pay;

ii. 由被指定银行即期付款而该被指定银行未付款；

iii. deferred payment with a nominated bank and that nominated bank does not incur its deferred payment undertaking or, having incurred its deferred payment undertaking, does not pay at maturity;

iii. 由被指定银行延期付款而该被指定银行未承担其延期付款承诺，或者虽已承担延期付款承诺但到期未付款；

iv. acceptance with a nominated bank and that nominated bank does not accept a draft drawn on it or, having accepted a draft drawn on it, does not pay at maturity;

iv. 由被指定银行承兑而该被指定银行未予承兑以其为付款人的汇票，或者虽已承兑以其为付款人的汇票但到期未予付款；

v. negotiation with a nominated bank and that nominated bank does not negotiate.

v. 由被指定银行议付而该被指定银行未予议付。

b. An issuing bank is irrevocably bound to honour as of the time it issues the credit.

b. 自信用证开立之时起，开证行即不可撤销地受到兑付责任的约束。

c. An issuing bank undertakes to reimburse a nominated bank that has honoured or negotiated a complying presentation and forwarded the documents to the issuing bank. Reimbursement for the amount of a complying presentation under a credit available by acceptance or deferred payment is due at maturity, whether or not the nominated bank prepaid or purchased before maturity. An issuing bank's undertaking to reimburse a nominated bank is independent of the issuing bank's undertaking to the beneficiary.

c. 开证行保证向对于相符交单已经予以兑付或者议付并将单据寄往开证行的被指定银行进行偿付。无论被指定银行是否于到期日前已经对相符交单予以预付或者购买，对于承兑或延期付款信用证项下相符交单的金额的偿付于到期日进行。开证行偿付被指定银行的承诺独立于开证行对于受益人的承诺。

Article 8　Confirming Bank Undertaking
第八条　保兑行的承诺

a. Provided that the stipulated documents are presented to the confirming bank or to any other nominated bank and that they constitute a complying presentation, the confirming bank must:

a. 倘若规定的单据被提交至保兑行或者任何其他被指定银行，并构成相符交单，保兑行必须：

i. honour, if the credit is available by:

i. 兑付，如果信用证适用于：

a) sight payment, deferred payment or acceptance with the confirming bank;

a) 由保兑行即期付款、延期付款或者承兑；

b) sight payment with another nominated bank and that nominated bank does not pay;

b) 由另一家被指定银行即期付款而该被指定银行未予付款；

c) deferred payment with another nominated bank and that nominated bank does not incur its deferred payment undertaking or, having incurred its deferred payment undertaking, does not pay at maturity;

c) 由另一家被指定银行延期付款而该被指定银行未承担其延期付款承诺，或者虽已承担延期付款承诺但到期未付款；

d) acceptance with another nominated bank and that nominated bank does not accept a draft drawn on it or, having accepted a draft drawn on it, does not pay at maturity;

d) 由另一家被指定银行承兑，而该被指定银行未予承兑以其为付款人的汇票，或者虽已承兑以其为付款人的汇票但到期未付款；

e) negotiation with another nominated bank and that nominated bank does not negotiate.

e) 由另一家被指定银行议付而该被指定银行未议付。

ii. negotiate, without recourse, if the credit is available by negotiation with the confirming bank.

ii. 若信用证由保兑行议付，无追索权地议付。

b. A confirming bank is irrevocably bound to honour or negotiate as of the time it adds its confirmation to the credit.

b. 自为信用证加具保兑之时起，保兑行即不可撤销地受到兑付或者议付责任的约束。

c. A confirming bank undertakes to reimburse another nominated bank that has honoured or negotiated a complying presentation and forwarded the documents to the confirming bank. Reimbursement for the amount of a complying presentation under a credit available by acceptance or deferred payment is due at maturity, whether or not another nominated bank prepaid or purchased before maturity. A confirming bank's undertaking to reimburse another nominated bank is independent of the confirming bank's undertaking to the beneficiary.

c. 保兑行保证向对于相符交单已经予以兑付或者议付并将单据寄往开证行的另一家被指定银行进行偿付。无论另一家被指定银行是否于到期日前已经对相符交单予以预付或者购买，对于承兑或延期付款信用证项下相符交单的金额的偿付于到期日进行。保兑行偿付另一家被指定银行的承诺独立于保兑行对于受益人的承诺。

d. If a bank is authorized or requested by the issuing bank to confirm a credit but is not prepared to do so, it must inform the issuing bank without delay and may advise the credit without confirmation.

d. 如开证行授权或要求另一家银行对信用证加具保兑，而该银行不准备照办时，它必须不延误地告知开证行，并仍可通知此份未经加具保兑的信用证。

Article 9　Advising of Credits and Amendments
第九条　信用证及修改的通知

a. A credit and any amendment may be advised to a beneficiary through an advising bank. An advising bank that is not a confirming bank advises the credit and any amendment without any undertaking to honour or negotiate.

a. 信用证及其修改可以通过通知行通知受益人。除非已对信用证加具保兑，通知行通知信用证不构成兑付或议付的承诺。

b. By advising the credit or amendment, the advising bank signifies that it has satisfied itself as to the apparent authenticity of the credit or amendment and that the advice accurately reflects the terms and conditions of the credit or amendment received.

b. 通过通知信用证或修改的行为，通知行即表明其认为信用证或修改的表面真实性得到满足，且通知准确地反映了所收到的信用证或修改的条款及条件。

c. An advising bank may utilize the services of another bank("second advising bank") to advise the credit and any amendment to the beneficiary. By advising the credit or amendment, the second advising bank signifies that it has satisfied itself as to the apparent authenticity of the advice it has received and that the advice accurately reflects the terms and conditions of the credit or amendment received.

c. 通知行可以利用另一家银行的服务（"第二通知行"）向受益人通知信用证及其修改。通过通知信用证或修改，第二通知行即表明其认为所收到的通知的表面真实性得到满足，且通知准确地反映了所收到的信用证或修改的条款及条件。

d. A bank utilizing the services of an advising bank or second advising bank to advise a credit must use the same bank to advise any amendment thereto.

d. 如一家银行利用另一家通知行或第二通知行的服务将信用证通知给受益人，它也必须利用同一家银行的服务通知修改书。

e. If a bank is requested to advise a credit or amendment but elects not to do so, it must so inform, without delay, the bank from which the credit, amendment or advice has been received.

e. 如果一家银行被要求通知信用证或修改但决定不予通知，它必须不延误地通知向其发送信用证、修改或通知的银行。

f. If a bank is requested to advise a credit or amendment but cannot satisfy itself as to the apparent authenticity of the credit, the amendment or the advice, it must so inform, without delay, the bank from which the instructions appear to have been received. If the advising bank or second advising bank elects nonetheless to advise the credit or amendment, it must inform the beneficiary or second advising bank that it has not been able to satisfy itself as to the apparent authenticity of the credit, the amendment or the advice.

f. 如果一家银行被要求通知信用证或修改，但不能确定信用证、修改或通知的表面真实性，就必须不延误地告知向其发出该指示的银行。如果通知行或第二通知行仍决定通知信用证或修改，则必须告知受益人或第二通知行其未能核实信用证、修改或通知的表面真实性。

Article 10 Amendments
第十条 修改

a. Except as otherwise provided by article 38, a credit can neither be amended nor cancelled without the agreement of the issuing bank, the confirming bank, if any, and the beneficiary.

a. 除本惯例第三十八条另有规定外，凡未经开证行、保兑行(如有)以及受益人同意，信用证既不能修改，也不能撤销。

b. An issuing bank is irrevocably bound by an amendment as of the time it issues the amendment. A confirming bank may extend its confirmation to an amendment and will be irrevocably bound as of the time it advises the amendment. A confirming bank may, however, choose to advise an amendment without extending its confirmation and, if so, it must inform the issuing bank without delay and inform the beneficiary in its advice.

b. 自发出信用证修改书之时起，开证行就不可撤销地受其发出修改的约束。保兑行可将其保兑承诺扩展至修改内容，且自其通知该修改之时起，即不可撤销地受到该修改的约束。然而，保兑行可选择仅将修改通知受益人而不对其加具保兑，但必须不延误地将此情况通知开证行和受益人。

c. The terms and conditions of the original credit(or a credit incorporating previously accepted amendments) will remain in force for the beneficiary until the beneficiary communicates its acceptance of the amendment to the bank that advised such amendment. The beneficiary should give notification of acceptance or rejection of an amendment. If the beneficiary fails to give such notification, a presentation that complies with the credit and to any not yet accepted amendment will be deemed to be notification of acceptance by the beneficiary of such amendment. As of that moment the credit will be amended.

c. 在受益人向通知修改的银行表示接受该修改内容之前，原信用证(或包含先前已被接受修改的信用证)的条款和条件对受益人仍然有效。受益人应发出接受或拒绝接受修改的通知。如受益人未提供上述通知，当其提交至被指定银行或开证行的单据与信用证以及尚未表示接受的修改的要求一致时，则该事实即视为受益人已作出接受修改的通知，并从此时起，该信用证已被修改。

d. A bank that advises an amendment should inform the bank from which it received the amendment of any notification of acceptance or rejection.

d. 通知修改的银行应当将任何接受或拒绝的通知转告发出修改的银行。

e. Partial acceptance of an amendment is not allowed and will be deemed to be notification of rejection of the amendment.

e. 不允许部分接受修改，部分接受修改将被视为拒绝接受修改的通知。

f. A provision in an amendment to the effect that the amendment shall enter into force unless rejected by the beneficiary within a certain time shall be disregarded.

f. 修改书中作出的除非受益人在某一时间内拒绝接受修改，否则修改将开始生效的条款将被不予置理。

Article 11　Teletransmitted and Pre-Advised Credits and Amendments
第十一条　电讯传递与预先通知的信用证和修改

a. An authenticated teletransmission of a credit or amendment will be deemed to be the operative credit or amendment, and any subsequent mail confirmation shall be disregarded.

a. 经证实的信用证或修改的电讯文件将被视为有效的信用证或修改，任何随后的邮寄证实书将被不予置理。

If a teletransmission states "full details to follow"(or words of similar effect), or states that the mail confirmation is to be the operative credit or amendment, then the teletransmission will not be deemed to be the operative credit or amendment. The issuing bank must then issue the operative credit or amendment without delay in terms not inconsistent with the teletransmission.

若该电讯文件声明"详情后告"(或类似词语)或声明随后寄出的邮寄证实书将是有效的信用证或修改，则该电讯文件将被视为无效的信用证或修改。开证行必须随即不延误地开出有效的信用证或修改，且条款不能与电讯文件相矛盾。

b. A preliminary advice of the issuance of a credit or amendment("pre-advice") shall only be sent if the issuing bank is prepared to issue the operative credit or amendment. An issuing bank that sends a pre-advice is irrevocably committed to issue the operative credit or amendment, without delay, in terms not inconsistent with the pre-advice.

b. 只有准备开立有效信用证或修改的开证行，才可以发出开立信用证或修改预先通知书。发出预先通知的开证行应不可撤销地承诺将不延误地开出有效的信用证或修改，且条款不能与预先通知书相矛盾。

Article 12　Nomination
第十二条　指定

a. Unless a nominated bank is the confirming bank, an authorization to honour or negotiate does not impose any obligation on that nominated bank to honour or negotiate, except when expressly agreed to by that nominated bank and so communicated to the beneficiary.

a. 除非指定银行为保兑行，对被指定银行进行兑付或议付的授权并不构成其必须兑付或议付的义务，被指定银行明确同意并照此通知受益人的情形除外。

b. By nominating a bank to accept a draft or incur a deferred payment undertaking, an issuing bank authorizes that nominated bank to prepay or purchase a draft accepted or a deferred payment undertaking incurred by that nominated bank.

b. 通过指定一家银行承兑汇票或承担延期付款承诺，开证行即授权该被指定银行预付或购买经其承兑的汇票或由其承担延期付款的承诺。

c. Receipt or examination and forwarding of documents by a nominated bank that is not a confirming bank does not make that nominated bank liable to honour or negotiate, nor does it constitute honour or negotiation.

c. 非保兑行的指定银行接受、审核并寄送单据的行为既不使得该被指定银行具有兑付或议付的义务，也不构成兑付或议付的行为。

Article 13　Bank-to-Bank Reimbursement Arrangements
第十三条　银行间偿付约定

a. If a credit states that reimbursement is to be obtained by a nominated bank("claiming bank") claiming on another party("reimbursing bank"), the credit must state if the reimbursement is subject to the ICC rules for bank-to-bank reimbursements in effect on the date of issuance of the credit.

a. 如果信用证规定被指定银行（"索偿行"）须通过向另一方银行（"偿付行"）索偿获得偿付，则信用证中必须声明是否按照信用证开立日正在生效的国际商会《银行间偿付规则》办理。

b. If a credit does not state that reimbursement is subject to the ICC rules for bank-to-bank reimbursements, the following apply:

b. 如果信用证中未声明是否按照国际商会《银行间偿付规则》办理，则按照以下条款规定：

i. An issuing bank must provide a reimbursing bank with a reimbursement authorization that conforms with the availability stated in the credit. The reimbursement authorization should not be subject to an expiry date.

i. 开证行必须向偿付行提供偿付授权书，该授权书须与信用证中声明的有效性一致。偿付授权书不应规定有效日期。

ii. A claiming bank shall not be required to supply a reimbursing bank with a certificate of compliance with the terms and conditions of the credit.

ii. 不应要求索偿行向偿付行提供证实单据与信用证条款及条件相符的证明。

iii. An issuing bank will be responsible for any loss of interest, together with any expenses incurred, if reimbursement is not provided on first demand by a reimbursing bank in accordance with the terms and conditions of the credit.

iii. 如果偿付行未能按照信用证的条款及条件在首次索偿时即行偿付，则开证行应对索偿行的利息损失以及产生的费用负责。

iv. A reimbursing bank's charges are for the account of the issuing bank. However, if the charges are for the account of the beneficiary, it is the responsibility of an issuing bank to so indicate in the credit and in the reimbursement authorization. If a reimbursing bank's charges are for the account of the beneficiary, they shall be deducted from the amount due to a claiming bank when reimbursement is made. If no reimbursement is made, the reimbursing bank's charges remain the obligation of the issuing bank.

iv. 偿付行的费用应由开证行承担。然而，如果费用系由受益人承担，则开证行有责任在信用证和偿付授权书中予以注明。如偿付行的费用系由受益人承担，则该费用应在偿付时从支付索偿行的金额中扣除。如果未发生偿付，开证行仍有义务承担偿付行的费用。

c. An issuing bank is not relieved of any of its obligations to provide reimbursement if reimbursement is not made by a reimbursing bank on first demand.

c. 如果偿付行未能于首次索偿时即行偿付，则开证行不能解除其自身的偿付责任。

Article 14   Standard for Examination of Documents
第十四条 审核单据的标准

a. A nominated bank acting on its nomination, a confirming bank, if any, and the issuing bank must examine a presentation to determine, on the basis of the documents alone, whether or not the documents appear on their face to constitute a complying presentation.

a. 按照指定行事的被指定银行、保兑行(如有)以及开证行必须审核交单，并仅以单据为基础，以决定单据在表面上看来是否构成相符交单。

b. A nominated bank acting on its nomination, a confirming bank, if any, and the issuing bank shall each have a maximum of five banking days following the day of presentation to determine if a presentation is complying. This period is not curtailed or otherwise affected by the occurrence on or after the date of presentation of any expiry date or last day for presentation.

b. 按照指定行事的被指定银行、保兑行(如有)以及开证行，自其收到交单的翌日起算，应各自拥有最多不超过五个银行工作日的时间以决定交单是否相符。该期限不因交单日适逢信用证有效期或最迟提示期或在其之后而被缩减或受到其他影响。

c. A presentation including one or more original transport documents subject to articles 19, 20, 21, 22, 23, 24 or 25 must be made by or on behalf of the beneficiary not later than 21 calendar days after the date of shipment as described in these rules, but in any event not later than the expiry date of the credit.

c. 单据中若包含一份或多份按照本惯例第十九、二十、二十一、二十二、二十三、二十四或二十五条出具的正本运输单据，则必须由受益人或其代表按照相关条款在不迟于装运日后的二十一个公历日内提交，但无论如何不得迟于信用证的到期日。

d. Data in a document, when read in context with the credit, the document itself and international standard banking practice, need not be identical to, but must not conflict with, data in that document, any other stipulated document or the credit.

d. 单据中内容的描述不必与信用证、信用证对该项单据的描述以及国际标准银行实务完全一致，但不得与该项单据中的内容、其他规定的单据或信用证相冲突。

e. In documents other than the commercial invoice, the description of the goods, services or performance, if stated, may be in general terms not conflicting with their description in the credit.

e. 除商业发票外，其他单据中的货物、服务或行为描述若须规定，可使用统称，但不得与信用证规定的描述相矛盾。

f. If a credit requires presentation of a document other than a transport document, insurance document or commercial invoice, without stipulating by whom the document is to be issued or its data content, banks will accept the document as presented if its content appears to fulfil the function of the required document and otherwise complies with sub-article 14(d).

f. 如果信用证要求提示运输单据、保险单据和商业发票以外的单据，但未规定该单据由何人出具或单据的内容，则只要所提交单据的内容看来满足其功能需要且其他方面与第十四条 d 款相符，银行将接受该单据。

g. A document presented but not required by the credit will be disregarded and may be returned to the presenter.

g. 提示信用证中未要求提交的单据，银行将不予置理。如果收到此类单据，可以退还交单人。

h. If a credit contains a condition without stipulating the document to indicate compliance with the condition, banks will deem such condition as not stated and will disregard it.

h. 如果信用证中包含某项条件而未规定需提交与之相符的单据，银行将认为未列明此条件，并对此不予置理。

i. A document may be dated prior to the issuance date of the credit, but must not be dated later than its date of presentation.

i. 单据的出单日期可以早于信用证开立日期，但不得迟于信用证规定的交单日期。

j. When the addresses of the beneficiary and the applicant appear in any stipulated document, they need not be the same as those stated in the credit or in any other stipulated document, but must be within the same country as the respective addresses mentioned in the credit. Contact details(telefax, telephone, email and the like) stated as part of the beneficiary's and the applicant's address will be disregarded. However, when the address and contact details of the applicant appear as part of the consignee or notify party details on a transport document subject to articles 19, 20, 21, 22, 23, 24 or 25, they must be as stated in the credit.

j. 当受益人和申请人的地址显示在任何规定的单据中时，不必与信用证或其他规定单据中显示的地址相同，但必须与信用证中述及的各自地址处于同一国家。用于联系的资料(传真、电话、电子邮箱及类似方式)如作为受益人和申请人地址的组成部分将被不予置理。然而，当申请人的地址及联系信息作为按照第十九、二十、二十一、二十二、二十三、二十四或二十五条出具的运输单据中收货人或通知方详址的组成部分时，则必须按照信用证规定予以显示。

k. The shipper or consignor of the goods indicated on any document need not be the beneficiary of the credit.

k. 显示在任何单据中的货物的托运人或发货人不必是信用证的受益人。

l. A transport document may be issued by any party other than a carrier, owner, master or charterer provided that the transport document meets the requirements of articles 19, 20, 21, 22, 23 or 24 of these rules.

l. 假如运输单据能够满足本惯例第十九、二十、二十一、二十二、二十三或二十四条的要求，则运输单据可以由承运人、船主、船长或租船人以外的任何一方出具。

Article 15　Complying Presentation
第十五条　相符交单

a. When an issuing bank determines that a presentation is complying, it must honour.

a. 当开证行确定交单相符时，就必须予以兑付。

b. When a confirming bank determines that a presentation is complying, it must honour or negotiate and forward the documents to the issuing bank.

b. 当保兑行确定交单相符时，就必须予以兑付或议付并将单据寄往开证行。

c. When a nominated bank determines that a presentation is complying and honours or negotiates, it must forward the documents to the confirming bank or issuing bank.

c. 当被指定银行确定交单相符并予以兑付或议付时，必须将单据寄往保兑行或开证行。

Article 16　Discrepant Documents, Waiver and Notice
第十六条　不符单据、放弃与通知

a. When a nominated bank acting on its nomination, a confirming bank, if any, or the issuing bank determines that a presentation does not comply, it may refuse to honour or negotiate.

a. 当按照指定行事的被指定银行、保兑行(如有)或开证行确定交单不符时，可以拒绝兑付或议付。

b. When an issuing bank determines that a presentation does not comply, it may in its sole judgement approach the applicant for a waiver of the discrepancies. This does not, however, extend the period mentioned in sub-article 14(b).

b. 当开证行确定交单不符时，可以依据其独立的判断联系申请人放弃有关不符点。然而，这并不因此延长第十四条 b 款中述及的期限。

c. When a nominated bank acting on its nomination, a confirming bank, if any, or the issuing bank decides to refuse to honour or negotiate, it must give a single notice to that effect to the presenter.

c. 当按照指定行事的被指定银行、保兑行(如有)或开证行决定拒绝兑付或议付时，必须一次性通知交单人。

The notice must state:

通知必须声明：

i. that the bank is refusing to honour or negotiate; and

i. 银行拒绝兑付或议付；及

ii. each discrepancy in respect of which the bank refuses to honour or negotiate; and

ii. 银行凭以拒绝兑付或议付的各个不符点；及

iii. a) that the bank is holding the documents pending further instructions from the presenter; or

iii. a) 银行持有单据等候交单人进一步指示；或

b) that the issuing bank is holding the documents until it receives a waiver from the applicant and agrees to accept it, or receives further instructions from the presenter prior to agreeing to accept a waiver; or

b) 开证行持有单据直至收到申请人通知弃权并同意接受该弃权，或在同意接受弃权前从交单人处收到进一步指示；或

c) that the bank is returning the documents; or

c) 银行退回单据；或

d) that the bank is acting in accordance with instructions previously received from the presenter.

d) 银行按照先前从交单人处收到的指示行事。

d. The notice required in sub-article 16(c) must be given by telecommunication or, if that is not possible, by other expeditious means no later than the close of the fifth banking day following the day of presentation.

d. 第十六条 c 款中要求的通知必须以电讯方式发出，或者，如果不可能以电讯方式通

知时，则以其他快捷方式通知，但不得迟于交单单据日期翌日起第五个工作日终了。

e. A nominated bank acting on its nomination, a confirming bank, if any, or the issuing bank may, after providing notice required by sub-article 16(c)(iii)(a) or(b), return the documents to the presenter at any time.

e. 按照指定行事的被指定银行、保兑行(如有)或开证行可以在提供第十六条 c 款 iii 项中的 a)目或 b)目要求提供的通知后，于任何时间将单据退还交单人。

f. If an issuing bank or a confirming bank fails to act in accordance with the provisions of this article, it shall be precluded from claiming that the documents do not constitute a complying presentation.

f. 如果开证行或保兑行未能按照本条款的规定行事，将无权宣称单据未能构成相符交单。

g. When an issuing bank refuses to honour or a confirming bank refuses to honour or negotiate and has given notice to that effect in accordance with this article, it shall then be entitled to claim a refund, with interest, of any reimbursement made.

g. 当开证行拒绝兑付或保兑行拒绝兑付或议付，并已经按照本条款发出通知时，该银行将有权就已经履行的偿付索取退款及其利息。

Article 17　Original Documents and Copies
第十七条　正本单据和副本单据

a. At least one original of each document stipulated in the credit must be presented.

a. 信用证中规定的各种单据必须至少提供一份正本。

b. A bank shall treat as an original any document bearing an apparently original signature, mark, stamp, or label of the issuer of the document, unless the document itself indicates that it is not an original.

b. 除非单据本身表明其不是正本，银行将视任何单据表面上具有单据出具人正本签字、标志、图章或标签的单据为正本单据。

c. Unless a document indicates otherwise, a bank will also accept a document as original if it:

c. 除非单据另有显示，银行将接受单据作为正本单据。如果该单据：

i. appears to be written, typed, perforated or stamped by the document issuer's hand; or

i. 表面看来由单据出具人手工书写、打字、穿孔签字或盖章；或

ii. appears to be on the document issuer's original stationery; or

ii. 表面看来使用单据出具人的正本信笺；或

iii. states that it is original, unless the statement appears not to apply to the document presented.

iii. 声明单据为正本，除非该项声明表面看来与所提交的单据不符。

d. If a credit requires presentation of copies of documents, presentation of either originals or copies is permitted.

d. 如果信用证要求提交副本单据，则提交正本单据或副本单据均可。

e. If a credit requires presentation of multiple documents by using terms such as "in duplicate", "in two fold" or "in two copies", this will be satisfied by the presentation of at least one original and the remaining number in copies, except when the document itself indicates otherwise.

e. 如果信用证使用诸如"一式两份"、"两张"、"两份"等术语要求提交多份单据，则可以提交至少一份正本，其余份数以副本来满足。但单据本身另有指示者除外。

Article 18   Commercial Invoice
第十八条 商业发票

a. A commercial invoice:

a. 商业发票：

i. must appear to have been issued by the beneficiary(except as provided in article 38);

i. 必须在表面上看来系由受益人出具(第三十八条另有规定者除外)；

ii. must be made out in the name of the applicant(except as provided in sub-article 38(g));

ii. 必须做成以申请人的名称为抬头(第三十八条 g 款另有规定者除外)；

iii. must be made out in the same currency as the credit; and

iii. 必须将发票币别做成与信用证相同币种；和

iv. need not be signed.

iv. 无须签字。

b. A nominated bank acting on its nomination, a confirming bank, if any, or the issuing bank may accept a commercial invoice issued for an amount in excess of the amount permitted by the credit, and its decision will be binding upon all parties, provided the bank in question has not honoured or negotiated for an amount in excess of that permitted by the credit.

b. 按照指定行事的被指定银行、保兑行(如有)或开证行可以接受金额超过信用证所允许金额的商业发票，倘若有关银行已兑付或已议付的金额没有超过信用证所允许的金额，则该银行的决定对各有关方均具有约束力。

c. The description of the goods, services or performance in a commercial invoice must correspond with that appearing in the credit.

c. 商业发票中货物、服务或行为的描述必须与信用证中显示的内容相符。

Article 19　Transport Document Covering at Least Two Different Modes of Transport
第十九条　至少包括两种不同运输方式的运输单据

a. A transport document covering at least two different modes of transport(multimodal or combined transport document), however named, must appear to:

a. 至少包括两种不同运输方式的运输单据(即多式运输单据或联合运输单据)，不论其称谓如何，必须在表明上看来：

i. indicate the name of the carrier and be signed by:

i. 显示承运人名称并由下列人员签署：

the carrier or a named agent for or on behalf of the carrier, or

承运人或承运人的具名代理或代表，或

the master or a named agent for or on behalf of the master.

船长或船长的具名代理或代表。

Any signature by the carrier, master or agent must be identified as that of the carrier, master or agent.

承运人、船长或代理的任何签字必须分别表明承运人、船长或代理的身份。

Any signature by an agent must indicate whether the agent has signed for or on behalf of the carrier or for or on behalf of the master.

代理的签字必须显示其是否作为承运人或船长的代理或代表签署提单。

ii. indicate that the goods have been dispatched, taken in charge or shipped on board at the place stated in the credit, by:

ii. 通过下述方式表明货物已在信用证规定的地点发运、接受监管或装载：

pre-printed wording, or

预先印就的措词，或

a stamp or notation indicating the date on which the goods have been dispatched, taken in charge or shipped on board.

注明货物已发运、接受监管或装载日期的图章或批注。

The date of issuance of the transport document will be deemed to be the date of dispatch, taking in charge or shipped on board, and the date of shipment. However, if the transport document indicates, by stamp or notation, a date of dispatch, taking in charge or shipped on board, this date will be deemed to be the date of shipment.

运输单据的出具日期将被视为发运、接受监管或装载以及装运日期。然而，如果运输单据以盖章或批注方式标明发运、接受监管或装载日期，则此日期将被视为装运日期。

iii. indicate the place of dispatch, taking in charge or shipment and the place of final destination stated in the credit, even if:

iii. 显示信用证中规定的发运、接受监管或装载地点以及最终目的地的地点，即使：

a) the transport document states, in addition, a different place of dispatch, taking in charge or shipment or place of final destination, or

a) 运输单据另外显示了不同的发运、接受监管或装载地点或最终目的地的地点，或

b) the transport document contains the indication "intended" or similar qualification in relation to the vessel, port of loading or port of discharge.

b) 运输单据包含"预期"或类似限定有关船只、装货港或卸货港的指示。

iv. be the sole original transport document or, if issued in more than one original, be the full set as indicated on the transport document.

iv. 系仅有的一份正本运输单据，或者，如果出具了多份正本运输单据，应是运输单据中显示的全套正本份数。

v. contain terms and conditions of carriage or make reference to another source containing the terms and conditions of carriage (short form or blank back transport document). Contents of terms and conditions of carriage will not be examined.

v. 包含承运条件须参阅包含承运条件条款及条件的某一出处(简式或背面空白的运输单据)者，银行对此类承运条件的条款及条件内容不予审核。

vi. contain no indication that it is subject to a charter party.

vi. 未注明运输单据受租船合约约束。

b. For the purpose of this article, transhipment means unloading from one means of conveyance and reloading to another means of conveyance(whether or not in different modes of transport) during the carriage from the place of dispatch, taking in charge or shipment to the place of final destination stated in the credit.

b. 就本条款而言，转运意指货物在信用证中规定的发运、接受监管或装载地点到最终目的地的运输过程中，从一个运输工具卸下并重新装载到另一个运输工具上(无论是否为不同运输方式)的运输。

c. i. A transport document may indicate that the goods will or may be transhipped provided that the entire carriage is covered by one and the same transport document.

c. i. 只要同一运输单据包括运输全程，则运输单据可以注明货物将被转运或可被转运。

ii. A transport document indicating that transhipment will or may take place is acceptable, even if the credit prohibits transhipment.

ii. 即使信用证禁止转运，银行也将接受注明转运将发生或可能发生的运输单据。

Article 20　Bill of Lading
第二十条　提单

a. A bill of lading, however named, must appear to:

a. 无论其称谓如何，提单必须表面上看来：

i. indicate the name of the carrier and be signed by:

i. 显示承运人名称并由下列人员签署：

the carrier or a named agent for or on behalf of the carrier, or

承运人或承运人的具名代理或代表，或

the master or a named agent for or on behalf of the master.

船长或船长的具名代理或代表。

Any signature by the carrier, master or agent must be identified as that of the carrier, master or age.

承运人、船长或代理的任何签字必须分别表明其承运人、船长或代理的身份。

Any signature by an agent must indicate whether the agent has signed for or on behalf of the carrier or for or on behalf of the master.

代理的签字必须显示其是否作为承运人或船长的代理或代表签署提单。

ii. indicate that the goods have been shipped on board a named vessel at the port of loading stated in the credit by:

ii. 通过下述方式表明货物已在信用证规定的装运港装载上具名船只：

pre-printed wording, or

预先印就的措词，或

an on board notation indicating the date on which the goods have been shipped on board.

注明货物已装船日期的装船批注。

The date of issuance of the bill of lading will be deemed to be the date of shipment unless the bill of lading contains an on board notation indicating the date of shipment, in which case the date stated in the on board notation will be deemed to be the date of shipment.

提单的出具日期将被视为装运日期，除非提单包含注明装运日期的装船批注，在此情况下，装船批注中显示的日期将被视为装运日期。

If the bill of lading contains the indication "intended vessel" or similar qualification in relation to the name of the vessel, an on board notation indicating the date of shipment and the name of the actual vessel is required.

如果提单包含"预期船"字样或类似有关限定船只的词语时，装上具名船只必须由注明装运日期以及实际装运船只名称的装船批注来证实。

iii. indicate shipment from the port of loading to the port of discharge stated in the credit.

iii. 注明装运从信用证中规定的装货港至卸货港。

If the bill of lading does not indicate the port of loading stated in the credit as the port of loading, or if it contains the indication "intended" or similar qualification in relation to the port of loading, an on board notation indicating the port of loading as stated in the credit, the date of shipment and the name of the vessel is required. This provision applies even when loading on board or shipment on a named vessel is indicated by pre-printed wording on the bill of lading.

如果提单未注明以信用证中规定的装货港作为装货港，或包含"预期"或类似有关限定装货港的标注者，则需要提供注明信用证中规定的装货港、装运日期以及船名的装船批注。即使提单上已注明印就的"已装船"或"已装具名船只"措词，本规定仍然适用。

iv. be the sole original bill of lading or, if issued in more than one original, be the full set as indicated on the bill of lading.

iv. 系仅有的一份正本提单，或者，如果出具了多份正本，应是提单中显示的全套正本份数。

v. contain terms and conditions of carriage or make reference to another source containing the terms and conditions of carriage(short form or blank back bill of lading). Contents of terms and conditions of carriage will not be examined.

v. 包含承运条件须参阅包含承运条件条款及条件的某一出处(简式或背面空白的提单)者，银行对此类承运条件的条款及条件内容不予审核。

vi. contain no indication that it is subject to a charter party.

vi. 未注明运输单据受租船合约约束。

b. For the purpose of this article, transhipment means unloading from one vessel and reloading to another vessel during the carriage from the port of loading to the port of discharge stated in the credit.

b. 就本条款而言，转运意指在信用证规定的装货港到卸货港之间的海运过程中，将货物由一艘船卸下再装上另一艘船的运输。

c. i. A bill of lading may indicate that the goods will or may be transhipped provided that the entire carriage is covered by one and the same bill of lading.

c. i. 只要同一提单包括运输全程，则提单可以注明货物将被转运或可被转运。

ii. A bill of lading indicating that transhipment will or may take place is acceptable, even if the credit prohibits transhipment, if the goods have been shipped in a container, trailer or LASH barge as evidenced by the bill of lading.

ii. 银行可以接受注明将要发生或可能发生转运的提单。即使信用证禁止转运，只要提单上证实有关货物已由集装箱、拖车或子母船运输，银行仍可接受注明将要发生或可能发生转运的提单。

d. Clauses in a bill of lading stating that the carrier reserves the right to tranship will be disregarded.

d. 对于提单中包含的声明承运人保留转运权利的条款，银行将不予置理。

Article 21　Non-Negotiable Sea Waybill
第二十一条 非转让海运单

a. A non-negotiable sea waybill, however named, must appear to:

a. 无论其称谓如何，非转让海运单必须表面上看来：

i. indicate the name of the carrier and be signed by:

i. 显示承运人名称并由下列人员签署：

the carrier or a named agent for or on behalf of the carrier, or

承运人或承运人的具名代理或代表，或

the master or a named agent for or on behalf of the master.

船长或船长的具名代理或代表。

Any signature by the carrier, master or agent must be identified as that of the carrier, master or agent.

承运人、船长或代理的任何签字必须分别表明其承运人、船长或代理的身份。

Any signature by an agent must indicate whether the agent has signed for or on behalf of the carrier or for or on behalf of the master.

代理的签字必须显示其是否作为承运人或船长的代理或代表签署提单。

ii. indicate that the goods have been shipped on board a named vessel at the port of loading stated in the credit by:

ii. 通过下述方式表明货物已在信用证规定的装运港装载上具名船只：

pre-printed wording, or

预先印就的措词，或

an on board notation indicating the date on which the goods have been shipped on board.

注明货物已装船日期的装船批注。

The date of issuance of the non-negotiable sea waybill will be deemed to be the date of shipment unless the non-negotiable sea waybill contains an on board notation indicating the date of shipment, in which case the date stated in the on board notation will be deemed to be the date of shipment.

非转让海运单的出具日期将被视为装运日期，除非非转让海运单包含注明装运日期的装船批注，在此情况下，装船批注中显示的日期将被视为装运日期。

If the non-negotiable sea waybill contains the indication "intended vessel" or similar qualification in relation to the name of the vessel, an on board notation indicating the date of shipment and the name of the actual vessel is required.

如果非转让海运单包含"预期船"字样或类似有关限定船只的词语时，装上具名船只必须由注明装运日期以及实际装运船只名称的装船批注来证实。

iii. indicate shipment from the port of loading to the port of discharge stated in the credit.

iii. 注明装运从信用证中规定的装货港至卸货港。

If the non-negotiable sea waybill does not indicate the port of loading stated in the credit as the port of loading, or if it contains the indication "intended" or similar qualification in relation to the port of loading, an on board notation indicating the port of loading as stated in the credit, the date of shipment and the name of the vessel is required. This provision applies even when loading on board or shipment on a named vessel is indicated by pre-printed wording on the non-negotiable sea waybill.

如果非转让海运单未注明以信用证中规定的装货港作为装货港，或包含"预期"或类似有关限定装货港的标注者，则需要提供注明信用证中规定的装货港、装运日期以及船名的装船批注。即使非转让海运单上已注明印就的"已装船"或"已装具名船只"措词，本规定仍然适用。

iv. be the sole original non-negotiable sea waybill or, if issued in more than one original, be the full set as indicated on the non-negotiable sea waybill.

iv. 系仅有的一份正本非转让海运单，或者，如果出具了多份正本，应是非转让海运单中显示的全套正本份数。

v. contain terms and conditions of carriage or make reference to another source containing the terms and conditions of carriage(short form or blank back non-negotiable sea waybill). Contents of terms and conditions of carriage will not be examined.

v. 包含承运条件须参阅包含承运条件条款及条件的某一出处(简式或背面空白的提单)者，银行对此类承运条件的条款及条件内容不予审核。

vi. contain no indication that it is subject to a charter party.

vi. 未注明运输单据受租船合约约束。

b. For the purpose of this article, transhipment means unloading from one vessel and reloading to another vessel during the carriage from the port of loading to the port of discharge stated in the credit.

b. 就本条款而言，转运意指在信用证规定的装货港到卸货港之间的海运过程中，将货物由一艘船卸下再装上另一艘船的运输。

c. i. A non-negotiable sea waybill may indicate that the goods will or may be transhipped provided that the entire carriage is covered by one and the same non-negotiable sea waybill.

c. i. 只要同一非转让海运单包括运输全程，则非转让海运单可以注明货物将被转运或可被转运。

ii. A non-negotiable sea waybill indicating that transhipment will or may take place is acceptable, even if the credit prohibits transhipment, if the goods have been shipped in a container, trailer or LASH barge as evidenced by the non-negotiable sea waybill.

ii. 银行可以接受注明将要发生或可能发生转运的非转让海运单。即使信用证禁止转运，只要非转让海运单上证实有关货物已由集装箱、拖车或子母船运输，银行仍可接受注明将要发生或可能发生转运的非转让海运单。

d. Clauses in a non-negotiable sea waybill stating that the carrier reserves the right to tranship will be disregarded.

d. 对于非转让海运单中包含的声明承运人保留转运权利的条款，银行将不予置理。

Article 22   Charter Party Bill of Lading
第二十二条 租船合约提单

a. A bill of lading, however named, containing an indication that it is subject to a charter party(charter party bill of lading), must appear to:

a. 无论其称谓如何，倘若提单包含有提单受租船合约约束的指示(即租船合约提单)，则必须在表面上看来：

i. be signed by:

i. 由下列当事方签署：

the master or a named agent for or on behalf of the master, or
船长或船长的具名代理或代表，或

the owner or a named agent for or on behalf of the owner, or
船东或船东的具名代理或代表，或

the charterer or a named agent for or on behalf of the charterer.
租船主或租船主的具名代理或代表。

Any signature by the master, owner, charterer or agent must be identified as that of the master, owner, charterer or agent.

船长、船东、租船主或代理的任何签字必须分别表明其船长、船东、租船主或代理的身份。

Any signature by an agent must indicate whether the agent has signed for or on behalf of the master, owner or charterer.

代理的签字必须显示其是否作为船长、船东或租船主的代理或代表签署提单。

An agent signing for or on behalf of the owner or charterer must indicate the name of the owner or charterer.

代理人代理或代表船东或租船主签署提单时必须注明船东或租船主的名称。

ii. indicate that the goods have been shipped on board a named vessel at the port of loading stated in the credit by:

ii. 通过下述方式表明货物已在信用证规定的装运港装载上具名船只：

pre-printed wording, or
预先印就的措词，或

an on board notation indicating the date on which the goods have been shipped on board.
注明货物已装船日期的装船批注。

The date of issuance of the charter party bill of lading will be deemed to be the date of shipment unless the charter party bill of lading contains an on board notation indicating the date of shipment, in which case the date stated in the on board notation will be deemed to be the date of shipment.

租船合约提单的出具日期将被视为装运日期，除非租船合约提单包含注明装运日期的装船批注，在此情况下，装船批注中显示的日期将被视为装运日期。

iii. indicate shipment from the port of loading to the port of discharge stated in the credit. The port of discharge may also be shown as a range of ports or a geographical area, as stated in the credit.

iii. 注明货物由信用证中规定的装货港运输至卸货港。卸货港可以按信用证中的规定显示为一组港口或某个地理区域。

iv. be the sole original charter party bill of lading or, if issued in more than one original, be the full set as indicated on the charter party bill of lading.

iv. 系仅有的一份正本租船合约提单，或者，如果出具了多份正本，应是租船合约提单中显示的全套正本份数。

b. A bank will not examine charter party contracts, even if they are required to be presented by the terms of the credit.

b. 即使信用证中的条款要求提交租船合约，银行也将对该租船合约不予审核。

Article 23　Air Transport Document
第二十三条 空运单据

a. An air transport document, however named, must appear to:
a. 无论其称谓如何，空运单据必须在表面上看来：

i. indicate the name of the carrier and be signed by:
i. 注明承运人名称并由下列当事方签署：

the carrier, or

承运人，或

a named agent for or on behalf of the carrier.

承运人的具名代理或代表。

Any signature by the carrier or agent must be identified as that of the carrier or agent.

承运人或代理的任何签字必须分别表明其承运人或代理的身份。

Any signature by an agent must indicate that the agent has signed for or on behalf of the carrier.

代理的签字必须显示其是否作为承运人的代理或代表签署空运单据。

ii. indicate that the goods have been accepted for carriage.

ii. 注明货物已收妥待运。

iii. indicate the date of issuance. This date will be deemed to be the date of shipment unless the air transport document contains a specific notation of the actual date of shipment, in which case the date stated in the notation will be deemed to be the date of shipment.

iii. 注明出具日期。这一日期将被视为装运日期，除非空运单据包含注有实际装运日期的专项批注，在此种情况下，批注中显示的日期将被视为装运日期。

Any other information appearing on the air transport document relative to the flight number and date will not be considered in determining the date of shipment.

空运单据显示的其他任何与航班号和起飞日期有关的信息不能被视为装运日期。

iv. indicate the airport of departure and the airport of destination stated in the credit.

iv. 表明信用证规定的起飞机场和目的地机场。

v. be the original for consignor or shipper, even if the credit stipulates a full set of originals.

v. 为开给发货人或拖运人的正本，即使信用证规定提交全套正本。

vi. contain terms and conditions of carriage or make reference to another source containing the terms and conditions of carriage. Contents of terms and conditions of carriage will not be examined.

vi. 载有承运条款和条件，或提示条款和条件参见别处。银行将不审核承运条款和条件的内容。

b. For the purpose of this article, transhipment means unloading from one aircraft and reloading to another aircraft during the carriage from the airport of departure to the airport of destination stated in the credit.

b. 就本条而言，转运是指在信用证规定的起飞机场到目的地机场的运输过程中，将货物从一飞机卸下再装上另一飞机的行为。

c. i. An air transport document may indicate that the goods will or may be transhipped, provided that the entire carriage is covered by one and the same air transport document.

c. i. 空运单据可以注明货物将要或可能转运，只要全程运输由同一空运单据涵盖。

ii. An air transport document indicating that transhipment will or may take place is acceptable, even if the credit prohibits transhipment.

ii. 即使信用证禁止转运，注明将要或可能发生转运的空运单据仍可接受。

Article 24　Road, Rail or Inland Waterway Transport Documents
第二十四条 公路、铁路或内陆水运单据

a. A road, rail or inland waterway transport document, however named, must appear to:

a.公路、铁路或内陆水运单据，无论名称如何，必须看似：

i. indicate the name of the carrier and:

i．表明承运人名称，并且

be signed by the carrier or a named agent for or on behalf of the carrier, or

由承运人或其具名代理人签署，或者

indicate receipt of the goods by signature, stamp or notation by the carrier or a named agent for or on behalf of the carrier.

由承运人或其具名代理人以签字、印戳或批注表明货物收讫。

Any signature, stamp or notation of receipt of the goods by the carrier or agent must be identified as that of the carrier or agent.

承运人或其具名代理人的售货签字、印戳或批注必须标明其承运人或代理人的身份。

Any signature, stamp or notation of receipt of the goods by the agent must indicate that the agent has signed or acted for or on behalf of the carrier.

代理人的收获签字、印戳或批注必须标明代理人系代表承运人签字或行事。

If a rail transport document does not identify the carrier, any signature or stamp of the railway company will be accepted as evidence of the document being signed by the carrier.

如果铁路运输单据没有指明承运人，可以接受铁路运输公司的任何签字或印戳作为承运人签署单据的证据。

ii. indicate the date of shipment or the date the goods have been received for shipment, dispatch or carriage at the place stated in the credit. Unless the transport document contains a dated reception stamp, an indication of the date of receipt or a date of shipment, the date of issuance of the transport document will be deemed to be the date of shipment.

ii. 表明货物在信用证规定地点的发运日期，或者收讫代运或代发送的日期。运输单据的出具日期将被视为发运日期，除非运输单据上盖有带日期的收货印戳，或注明了收货日期或发运日期。

iii. indicate the place of shipment and the place of destination stated in the credit.

iii. 表明信用证规定的发运地及目的地。

b. i. A road transport document must appear to be the original for consignor or shipper or bear no marking indicating for whom the document has been prepared.

b. i. 公路运输单据必须看似为开给发货人或托运人的正本，或没有认可标记表明单据开给何人。

ii. A rail transport document marked "duplicate" will be accepted as an original.

ii. 注明"第二联"的铁路运输单据将被作为正本接受。

iii. A rail or inland waterway transport document will be accepted as an original whether marked as an original or not.

iii.无论是否注明正本字样，铁路或内陆水运单据都被作为正本接受。

c. In the absence of an indication on the transport document as to the number of originals issued, the number presented will be deemed to constitute a full set.

c. 如运输单据上未注明出具的正本数量，提交的份数即视为全套正本。

d. For the purpose of this article, transhipment means unloading from one means of conveyance and reloading to another means of conveyance, within the same mode of transport, during the carriage from the place of shipment, dispatch or carriage to the place of destination stated in the credit.

d. 就本条而言，转运是指在信用证规定的发运、发送或运送的地点到目的地之间的运输过程中，在同一运输方式中从一运输工具卸下再装上另一运输工具的行为。

e. i. A road, rail or inland waterway transport document may indicate that the goods will or may be transhipped provided that the entire carriage is covered by one and the same transport document.

e. i. 只要全程运输由同一运输单据涵盖，公路、铁路或内陆水运单据可以注明货物将要或可能被转运。

ii. A road, rail or inland waterway transport document indicating that transhipment will or may take place is acceptable, even if the credit prohibits transhipment.

ii. 即使信用证禁止转运，注明将要或可能发生转运的公路、铁路或内陆水运单据仍可接受。

Article 25　Courier Receipt, Post Receipt or Certificate of Posting
第二十五条　快递收据、邮政收据或投邮证明

a. A courier receipt, however named, evidencing receipt of goods for transport, must appear to:

a. 证明货物收讫待运的快递收据，无论名称如何，必须看似：

i. indicate the name of the courier service and be stamped or signed by the named courier service at the place from which the credit states the goods are to be shipped; and

i. 表明快递机构的名称，并在信用证规定的货物发运地点由该具名快递机构盖章或签字；并且

ii. indicate a date of pick-up or of receipt or wording to this effect. This date will be deemed to be the date of shipment.

ii. 表明取件或收件的日期或类似词语。该日期将被视为发运日期。

b. A requirement that courier charges are to be paid or prepaid may be satisfied by a transport document issued by a courier service evidencing that courier charges are for the account of a party other than the consignee.

b. 如果要求显示快递费用付讫或预付，快递机构出具的表明快递费由收货人以外的一方支付的运输单据可以满足该项要求。

c. A post receipt or certificate of posting, however named, evidencing receipt of goods for transport, must appear to be stamped or signed and dated at the place from which the credit states the goods are to be shipped. This date will be deemed to be the date of shipment.

c. 证明货物收讫待运的邮政收据或投邮证明，无论名称如何，必须看似在信用证规定的货物发运地点盖章或签署并注明日期。该日期将被视为发运日期。

Article 26 "On Deck", "Shipper's Load and Count", "Said by Shipper to Contain" and Charges Additional to Freight

第二十六条 "货装舱面"、"托运人装载和计数"、"内容据托运人报称"及运费之外的费用

a. A transport document must not indicate that the goods are or will be loaded on deck. A clause on a transport document stating that the goods may be loaded on deck is acceptable.

a. 运输单据不得表明货物装于或者将装于舱面。声明货物可能被装于舱面的运输单据条款可以接受。

b. A transport document bearing a clause such as "shipper's load and count" and "said by shipper to contain" is acceptable.

b. 载有诸如 "托运人装载和计数" 或 "内容据托运人报称" 条款的运输单据可以接受。

c. A transport document may bear a reference, by stamp or otherwise, to charges additional to the freight.

c. 运输单据上可以以印戳或其他方式提及运费之外的费用。

Article 27　Clean Transport Document
第二十七条　清洁运输单据

A bank will only accept a clean transport document. A clean transport document is one bearing no clause or notation expressly declaring a defective condition of the goods or their packaging. The word "clean" need not appear on a transport document, even if a credit has a requirement for that transport document to be "clean on board".

银行只接受清洁运输单据。清洁运输单据指未载有明确宣称货物或包装有缺陷的条款或批注的运输单据。"清洁"一词并不需要在运输单据上出现，即使信用证要求运输单据为"清洁已装船"的。

Article 28　Insurance Document and Coverage
第二十八条　保险单据及保险范围

a. An insurance document, such as an insurance policy, an insurance certificate or a declaration under an open cover, must appear to be issued and signed by an insurance company, an underwriter or their agents or their proxies.

a. 保险单据，例如，保险单或预约保险项下的保险证明书或者声明书，必须看似由保险公司或承保人或其代理人或代表出具并签署。

Any signature by an agent or proxy must indicate whether the agent or proxy has signed for or on behalf of the insurance company or underwriter.

代理人或代表的签字必须标明其系代表保险公司或承保人签字。

b. When the insurance document indicates that it has been issued in more than one original, all originals must be presented.

b. 如果保险单据表明其以多份正本出具，所有正本均须提交。

c. Cover notes will not be accepted.

c. 暂保单将不被接受。

d. An insurance policy is acceptable in lieu of an insurance certificate or a declaration under an open cover.

d. 可以接受保险单代替预约保险项下的保险证明书或声明书。

e. The date of the insurance document must be no later than the date of shipment, unless it appears from the insurance document that the cover is effective from a date not later than the date of shipment.

e. 保险单据日期不得晚于发运日期，除非保险单据表明保险责任不迟于发运日生效。

f. i. The insurance document must indicate the amount of insurance coverage and be in the same currency as the credit.

f. i. 保险单据必须表明投保金额并以与信用证相同的货币表示。

ii. A requirement in the credit for insurance coverage to be for a percentage of the value of the goods, of the invoice value or similar is deemed to be the minimum amount of coverage required.

ii. 信用证对于投保金额为货物价值、发票金额或类似金额的某一比例的要求，将被视为对最低保额的要求。

If there is no indication in the credit of the insurance coverage required, the amount of insurance coverage must be at least 110% of the CIF or CIP value of the goods.

如果信用证对投保金额未作规定，投保金额须至少为货物的 CIF 或 CIP 价格的 110%。

When the CIF or CIP value cannot be determined from the documents, the amount of insurance coverage must be calculated on the basis of the amount for which honour or negotiation is requested or the gross value of the goods as shown on the invoice, whichever is greater.

如果从单据中不能确定 CIF 或者 CIP 价格，投保金额必须基于要求承付或议付的金额，或者基于发票上显示的货物总值来计算，两者之中取金额较高者。

iii. The insurance document must indicate that risks are covered at least between the place of taking in charge or shipment and the place of discharge or final destination as stated in the credit.

iii. 保险单据须标明承包的风险区间至少涵盖从信用证规定的货物监管地或发运地开始到卸货地或最终目的地为止。

g. A credit should state the type of insurance required and, if any, the additional risks to be covered. An insurance document will be accepted without regard to any risks that are not covered if the credit uses imprecise terms such as "usual risks" or "customary risks".

g. 信用证应规定所需投保的险别及附加险(如有的话)。如果信用证使用诸如"通常风险"或"惯常风险"等含义不确切的用语，则无论是否有漏保之风险，保险单据将被照样接受。

h. When a credit requires insurance against "all risks" and an insurance document is presented containing any "all risks" notation or clause, whether or not bearing the heading "all risks", the insurance document will be accepted without regard to any risks stated to be excluded.

h. 当信用证规定投保"一切险"时，如保险单据载有任何"一切险"批注或条款，无论是否有"一切险"标题，均将被接受，即使其声明任何风险除外。

i. An insurance document may contain reference to any exclusion clause.
i. 保险单据可以援引任何除外责任条款。

j. An insurance document may indicate that the cover is subject to a franchise or excess(deductible).
j. 保险单据可以注明受免赔率或免赔额(减除额)约束。

Article 29　Extension of Expiry Date or Last Day for Presentation
第二十九条　截止日或最迟交单日的顺延

a. If the expiry date of a credit or the last day for presentation falls on a day when the bank to which presentation is to be made is closed for reasons other than those referred to in article 36, the expiry date or the last day for presentation, as the case may be, will be extended to the first following banking day.

a. 如果信用证的截止日或最迟交单日适逢接受交单的银行非因第三十六条所述原因而歇业，则截止日或最迟交单日，视何者适用，将顺延至其重新开业的第一个银行工作日。

b. If presentation is made on the first following banking day, a nominated bank must provide the issuing bank or confirming bank with a statement on its covering schedule that the presentation was made within the time limits extended in accordance with sub-article 29(a).

b. 如果在顺延后的第一个银行工作日交单，指定银行必须在其致开证行或保兑行的面函中声明交单是在根据第二十九条 a 款顺延的期限内提交的。

c. The latest date for shipment will not be extended as a result of sub-article 29(a).

c. 最迟发运日不因第二十九条 a 款规定的原因而顺延。

Article 30　Tolerance in Credit Amount, Quantity and Unit Prices
第三十条　信用证金额、数量与单价的增减幅度

a. The words "about" or "approximately" used in connection with the amount of the credit or the quantity or the unit price stated in the credit are to be construed as allowing a tolerance not to exceed 10% more or 10% less than the amount, the quantity or the unit price to which they refer.

a. "约"或"大约"用于信用证金额或信用证规定的数量或单价时，应解释为允许有关金额或数量或单价有不超过 10%的增减幅度。

b. A tolerance not to exceed 5% more or 5% less than the quantity of the goods is allowed, provided the credit does not state the quantity in terms of a stipulated number of packing units or individual items and the total amount of the drawings does not exceed the amount of the credit.

b. 在信用证未以包装单位件数或货物自身件数的方式规定货物数量时，货物数量允许有 5%的增减幅度，只要总支取金额不超过信用证金额。

c. Even when partial shipments are not allowed, a tolerance not to exceed 5% less than the amount of the credit is allowed, provided that the quantity of the goods, if stated in the credit, is shipped in full and a unit price, if stated in the credit, is not reduced or that sub-article 30(b) is not applicable. This tolerance does not apply when the credit stipulates a specific tolerance or uses the expressions referred to in sub-article 30(a).

c. 如果信用证规定了货物数量，而该数量已全部发运，及如果信用证规定了单价，而该单价又未降低，或当第三十条 b 款不适用时，则即使不允许部分装运，也允许支取的金额有 5%的减幅。若信用证规定有特定的增减幅度或使用第三十条 a 款提到的用语限定数量，则该减幅不适用。

Article 31　Partial Drawings or Shipments
第三十一条 分批支款或分批装运

a. Partial drawings or shipments are allowed.

a. 允许分批支款或分批装运。

b. A presentation consisting of more than one set of transport documents evidencing shipment commencing on the same means of conveyance and for the same journey, provided they indicate the same destination, will not be regarded as covering a partial shipment, even if they indicate different dates of shipment or different ports of loading, places of taking in charge or dispatch. If the presentation consists of more than one set of transport documents, the latest date of shipment as evidenced on any of the sets of transport documents will be regarded as the date of shipment.

b. 表明使用同一运输工具并经由同次航程运输的数套运输单据在同一次提交时，只要显示相同目的地，将不视为部分发运，即使运输单据上标明的发运日期不同或装卸港、接管地或发送地点不同。如果交单由数套运输单据构成，其中最晚的一个发运日将被视为发运日。

A presentation consisting of one or more sets of transport documents evidencing shipment on more than one means of conveyance within the same mode of transport will be regarded as covering a partial shipment, even if the means of conveyance leave on the same day for the same destination.

含有一套或数套运输单据的交单，如果表明在同一种运输方式下经由数件运输工具运输，即使运输工具在同一天出发运往同一目的地，仍将被视为部分发运。

c. A presentation consisting of more than one courier receipt, post receipt or certificate of posting will not be regarded as a partial shipment if the courier receipts, post receipts or certificates of posting appear to have been stamped or signed by the same courier or postal service at the same place and date and for the same destination.

c. 含有一份以上快递收据、邮政收据或投邮证明的交单，如果单据看似由同一快递或邮政机构在同一地点和日期加盖印戳或签字并且表明同一目的地，将不视为部分发运。

Article 32   Instalment Drawings or Shipments
第三十二条 分期支款或分期装运

If a drawing or shipment by instalments within given periods is stipulated in the credit and any instalment is not drawn or shipped within the period allowed for that instalment, the credit ceases to be available for that and any subsequent instalment.

如信用证规定在指定的时间段内分期支款或分期发运，任何一期未按信用证规定期限支取或发运时，信用证对该期及以后各期均告失效。

Article 33   Hours of Presentation
第三十三条 交单时间

A bank has no obligation to accept a presentation outside of its banking hours.
银行在其营业时间外无接受交单的义务。

Article 34   Disclaimer on Effectiveness of Documents
第三十四条 关于单据有效性的免责

A bank assumes no liability or responsibility for the form, sufficiency, accuracy, genuineness, falsification or legal effect of any document, or for the general or particular conditions stipulated in a document or superimposed thereon; nor does it assume any liability or responsibility for the description, quantity, weight, quality, condition, packing, delivery, value or existence of the goods, services or other performance represented by any document, or for the good faith or acts or omissions, solvency, performance or standing of the consignor, the carrier, the forwarder, the consignee or the insurer of the goods or any other person.

银行对任何单据的形式、充分性、准确性、内容真实性、虚假性或法律效力，或对单据中规定或添加的一般或特殊条件，概不负责；银行对任何单据所代表的货物、服务或其他履约行为的描述、数量、重量、品质、状况、包装、交付、价值或其存在与否，或对发货人、承运人、货运代理人、收货人、货物的保险人或其他任何人的诚信与否，作为或不作为、清偿能力、履约或资信状况，也概不负责。

Article 35   Disclaimer on Transmission and Translation
第三十五条 关于信息传递和翻译的免责

A bank assumes no liability or responsibility for the consequences arising out of delay, loss in transit, mutilation or other errors arising in the transmission of any messages or delivery of letters or documents, when such messages, letters or documents are transmitted or sent according to the requirements stated in the credit, or when the bank may have taken the initiative in the choice of the delivery service in the absence of such instructions in the credit.

当报文、信件或单据按照信用证的要求传输或发送时，或当信用证未作指示，银行自行选择传送服务时，银行对报文传输或信件或单据的递送过程中发生的延误、中途遗失、残缺或其他错误产生的后果，概不负责。

If a nominated bank determines that a presentation is complying and forwards the documents to the issuing bank or confirming bank, whether or not the nominated bank has honoured or negotiated, an issuing bank or confirming bank must honour or negotiate, or reimburse that nominated bank, even when the documents have been lost in transit between the nominated bank and the issuing bank or confirming bank, or between the confirming bank and the issuing bank.

如果指定银行确定交单相符并将单据发往开证行或保兑行。无论指定的银行是否已经承付或议付，开证行或保兑行必须承付或议付，或偿付指定银行，即使单据在指定银行送往开证行或保兑行的途中，或保兑行送往开证行的途中丢失。

A bank assumes no liability or responsibility for errors in translation or interpretation of technical terms and may transmit credit terms without translating them.

银行对技术术语的翻译或解释上的错误，不负责任，并可不加翻译地传送信用证条款。

Article 36　Force Majeure
第三十六条　不可抗力

A bank assumes no liability or responsibility for the consequences arising out of the interruption of its business by Acts of God, riots, civil commotions, insurrections, wars, acts of terrorism, or by any strikes or lockouts or any other causes beyond its control.

银行对由于天灾、暴动、骚乱、叛乱、战争、恐怖主义行为或任何罢工、停工或其无法控制的任何其他原因导致的营业中断的后果，概不负责。

A bank will not, upon resumption of its business, honour or negotiate under a credit that expired during such interruption of its business.

银行恢复营业时，对于在营业中断期间已逾期的信用证，不再进行承付或议付。

Article 37　Disclaimer for Acts of an Instructed Party
第三十七条　关于被指示方行为的免责

a. A bank utilizing the services of another bank for the purpose of giving effect to the instructions of the applicant does so for the account and at the risk of the applicant.

a. 为了执行申请人的指示，银行利用其他银行的服务，其费用和风险由申请人承担。

b. An issuing bank or advising bank assumes no liability or responsibility should the instructions it transmits to another bank not be carried out, even if it has taken the initiative in the choice of that other bank.

b. 即使银行自行选择了其他银行，如果发出指示未被执行，开证行或通知行对此亦不负责。

c. A bank instructing another bank to perform services is liable for any commissions, fees, costs or expenses("charges") incurred by that bank in connection with its instructions.

c. 指示另一银行提供服务的银行有责任负担被指示方因执行指示而发生的任何佣金、手续费、成本或开支("费用")。

If a credit states that charges are for the account of the beneficiary and charges cannot be collected or deducted from proceeds, the issuing bank remains liable for payment of charges.

如果信用证规定费用由受益人负担，而该费用未能收取或从信用证款项中扣除，开证行依然承担支付此费用的责任。

A credit or amendment should not stipulate that the advising to a beneficiary is conditional upon the receipt by the advising bank or second advising bank of its charges.

信用证或其修改不应规定向受益人的通知以通知行或第二通知行收到其费用为条件。

d. The applicant shall be bound by and liable to indemnify a bank against all obligations and responsibilities imposed by foreign laws and usages.

d. 外国法律和惯例加诸银行的一切义务和责任，申请人应受其约束，并就此对银行负补偿之责。

Article 38　Transferable Credits
第三十八条　可转让信用证

a. A bank is under no obligation to transfer a credit except to the extent and in the manner expressly consented to by that bank.

a. 银行无办理转让信用证的义务，除非该银行明确同意其转让范围和转让方式。

b. For the purpose of this article:

b. 就本条款而言：

Transferable credit means a credit that specifically states it is "transferable". A transferable credit may be made available in whole or in part to another beneficiary("second beneficiary") at the request of the beneficiary("first beneficiary").

转让信用证意指明确表明其"可以转让"的信用证。根据受益人("第一受益人")的请求，转让信用证可以被全部或部分地转让给其他受益人("第二受益人")。

Transferring bank means a nominated bank that transfers the credit or, in a credit available with any bank, a bank that is specifically authorized by the issuing bank to transfer and that transfers the credit. An issuing bank may be a transferring bank.

转让银行意指办理信用证转让的被指定银行，或者，在适用于任何银行的信用证中，转让银行是由开证行特别授权并办理转让信用证的银行。开证行也可担任转让银行。

Transferred credit means a credit that has been made available by the transferring bank to a second beneficiary.

转让信用证意指经转让银行办理转让后可供第二受益人使用的信用证。

c. Unless otherwise agreed at the time of transfer, all charges(such as commissions, fees, costs or expenses) incurred in respect of a transfer must be paid by the first beneficiary.

c. 除非转让时另有约定，所有因办理转让而产生的费用(诸如佣金、手续费、成本或开支)必须由第一受益人支付。

d. A credit may be transferred in part to more than one second beneficiary provided partial drawings or shipments are allowed.

d. 倘若信用证允许分批支款或分批装运，信用证可以被部分地转让给一个以上的第二受益人。

A transferred credit cannot be transferred at the request of a second beneficiary to any subsequent beneficiary. The first beneficiary is not considered to be a subsequent beneficiary.

第二受益人不得要求将信用证转让给任何次序位居其后的其他受益人。第一受益人不属于此类其他受益人之列。

e. Any request for transfer must indicate if and under what conditions amendments may be advised to the second beneficiary. The transferred credit must clearly indicate those conditions.

e. 任何有关转让的申请必须指明是否以及在何种条件下可以将修改通知第二受益人。转让信用证必须明确指明这些条件。

f. If a credit is transferred to more than one second beneficiary, rejection of an amendment by one or more second beneficiary does not invalidate the acceptance by any other second beneficiary, with respect to which the transferred credit will be amended accordingly. For any second beneficiary that rejected the amendment, the transferred credit will remain unamended.

f. 如果信用证被转让给一个以上的第二受益人，其中一个或多个第二受益人拒绝接受某个信用证修改并不影响其他第二受益人接受修改。对于接受修改的第二受益人而言，信用证已做相应的修改；对于拒绝接受修改的第二受益人而言，该转让信用证仍未被修改。

g. The transferred credit must accurately reflect the terms and conditions of the credit, including confirmation, if any, with the exception of:

g. 转让信用证必须准确转载原证的条款及条件，包括保兑(如有)，但下列项目除外：

the amount of the credit,

信用证金额，

any unit price stated therein,
信用证规定的任何单价，

the expiry date,
到期日，

the period for presentation, or
单据提示期限，或

the latest shipment date or given period for shipment,
最迟装运日期或规定的装运期间，

any or all of which may be reduced or curtailed.
以上任何一项或全部均可减少或缩短。

The percentage for which insurance cover must be effected may be increased to provide the amount of cover stipulated in the credit or these articles.

必须投保的保险金额的投保比例可以增加，以满足原信用证或本惯例规定的投保金额。

The name of the first beneficiary may be substituted for that of the applicant in the credit.

可以用第一受益人的名称替换原信用证中申请人的名称。

If the name of the applicant is specifically required by the credit to appear in any document other than the invoice, such requirement must be reflected in the transferred credit.

如果原信用证特别要求开证申请人名称应在除发票以外的任何单据中出现时，则转让信用证必须反映出该项要求。

h. The first beneficiary has the right to substitute its own invoice and draft, if any, for those of a second beneficiary for an amount not in excess of that stipulated in the credit, and upon such substitution the first beneficiary can draw under the credit for the difference, if any, between its invoice and the invoice of a second beneficiary.

h. 第一受益人有权以自己的发票和汇票(如有)，替换第二受益人的发票和汇票(如有)，其金额不得超过原信用证的金额。在如此办理单据替换时，第一受益人可在原信用证项下支取自己发票与第二受益人发票之间产生的差额(如有)。

i. If the first beneficiary is to present its own invoice and draft, if any, but fails to do so on first demand, or if the invoices presented by the first beneficiary create discrepancies that did not exist in the presentation made by the second beneficiary and the first beneficiary fails to correct them on first demand, the transferring bank has the right to present the documents as received from the second beneficiary to the issuing bank, without further responsibility to the first beneficiary.

i. 如果第一受益人应当提交其自己的发票和汇票(如有)，但却未能在收到第一次要求时照办；或第一受益人提交的发票导致了第二受益人提示的单据中本不存在的不符点，而其未能在收到第一次要求时予以修正，则转让银行有权将其从第二受益人处收到的单据向开证行提示，并不再对第一受益人负责。

j. The first beneficiary may, in its request for transfer, indicate that honour or negotiation is to be effected to a second beneficiary at the place to which the credit has been transferred, up to and including the expiry date of the credit. This is without prejudice to the right of the first beneficiary in accordance with sub-article 38(h).

j. 第一受益人可以在其提出转让申请时，表明可在信用证被转让的地点，在原信用证的到期日之前(包括到期日)向第二受益人予以兑付或议付。本条款并不损害第一受益人在第三十八条 h 款下的权利。

k. Presentation of documents by or on behalf of a second beneficiary must be made to the transferring bank.

k. 由第二受益人或代表第二受益人提交的单据必须向转让银行提示。

Article 39　Assignment of Proceeds
第三十九条　款项让渡

The fact that a credit is not stated to be transferable shall not affect the right of the beneficiary to assign any proceeds to which it may be or may become entitled under the credit, in accordance with the provisions of applicable law. This article relates only to the assignment of proceeds and not to the assignment of the right to perform under the credit.

信用证未表明可转让，并不影响受益人根据所适用的法律规定，将其在该信用证项下有权获得的款项让渡于他人的权利。本条款所涉及的仅是款项的让渡，而不是信用证项下执行权力的让渡。

附录二 托收统一规则(URC522)

一、总则和定义

第一条 《托收统一规则》第 522 号的应用范围

(1) 国际商会第 522 号出版物《托收统一规则》1995 年修订本适用于第二款所限定的，并在第四款托收指示中列明适用该项规则的所有托收项目。除非另有明确的约定，或与某一国家、某一州，或与当地法律和/或必须执行的条例有所抵触，本规则对所有的关系人均具有约束力。

(2) 银行没有义务必须办理某一托收或任何托收指示或以后的相关指示。

(3) 如果银行无论出于何种理由选择了不办理它所收到的托收或任何相关的托收指示，它必须毫不延误地采用电讯，或者如果电讯不可能时采用其他快捷的工具向他收到该项指示的当事人发出通知。

第二条 托收的定义

就本条款而言：

(1) 托收是指银行依据所收到的指示处理下述第(2)项所限定的单据，以便于：

① 取得付款和/或承兑；或

② 凭以付款或承兑交单；或

③ 按照其他条款和条件交单。

(2) 单据是指金融单据和/或商业单据。

① 金融单据是指汇票、本票、支票或其他类似的可用于取得款项支付的凭证；

② 商业单据是指发票、运输单据、物权单据或其他类似单据，或者不属于金融单据的任何其他单据。

(3) 光票托收是指不附有商业单据的金融单据的托收。

(4) 跟单托收是指：

① 附有商业单据的金融单据的托收；

② 不附有金融单据的商业单据的托收。

第三条 托收的关系人

(1) 就本条款而言，托收的关系人有：

① 委托人即委托银行办理托收的有关当事人；

② 寄单行即委托人委托办理托收的银行；

③ 代收行即除寄单行以外的任何参与处理托收业务的银行。

(2) 付款人即根据托收指示向其提示单据的人。

二、托收的形式和结构

第四条 托收指示

(1) ① 所有托收单据必须附有托收指示，注明该项托收将遵循《托收统一规则》第522号文件，并且列出完整而明确的指示。银行只被允许根据该托收指示中的命令和本规则行事。

② 银行将不会为了取得指示而审核单据。

③ 除非托收指示中另有授权，银行将不理会来自除了他所收到托收的有关人/银行以外的任何有关人/银行的任何指令。

(2) 托收指示应当包括下述适宜的各项内容。

① 发出托收指示的银行详情，包括全称、邮政和 SWIFT 地址、电传、电话和传真号码和编号。

② 委托人的详情，包括全称、邮政地址或者办理提示的场所以及(如果有的话)电传、电话和传真号码。

③ 付款人的详情，包括全称、邮政地址或者办理提示的场所以及(如果有的话)电传、电话和传真号码。

④ 提示银行(如有的话)的详情，包括全称、邮政地址以及(如果有的话)电传和传真号码。

⑤ 待托收的金额和货币。

⑥ 所附单据清单和每份单据的份数。

⑦ i. 凭以取得付款和/或承兑的条件和条款。

ii. 凭以交付单据的条件：

a. 付款和/或承兑。

b. 其他条件。

托收指示的有关方应有责任清楚无误地说明，确保单据交付的条件，否则的话，银行对此所产生的任何后果将不承担责任。

⑧ 待收取的手续费指明是否可以放弃。

⑨ 如有待收取的利息，应指明是否可以放弃，包括利率、计息期、适用的计算期基数(如一年按 360 天还是 365 天)。

⑩ 付款方法和付款通知的形式。

⑪ 发生不付款、不承兑和/或与其他批示不相符时的指示。

(3) ① 托收指示应载明付款人或办理提示场所的完整地址。如果地址不全或有错误，代收银行可尽力去查明确切的地址，但其本身并无义务和责任。

② 代收银行对因所提供地址不全或有误所造成的任何延误将不承担责任或对其负责。

三、提示的形式

第五条　提示

(1) 就本条款而言，提示是表示银行按照指示使单据对付款人发生效用的程序。

(2) 托收指示应列明付款人将要采取行动的确切期限。

诸如"首先"、"迅速"、"立即"和类似的表述不应用于提示、或付款人赎单采取任何其他行动的任何期限。如果采用了该类术语，银行将不予理会。

(3) 单据必须以银行收到时的原样向付款人提示，除非被授权贴附任何必需的印花(除非另有指示，费用由向其发出托收的有关方支付)以及被授权采取任何必要的背书或加盖橡皮戳记，或其他托收业务惯用的和必要的辨认记号或符号。

(4) 为了使委托人的指示得以实现，寄单行将以委托人所指定的银行作为代收行。在未指定代收行时，寄单行将使用他自身的任何银行或者另一家银行选择的在付款或承兑的国家中，或在必须遵守其他条件的国家中的银行。

(5) 单据和托收指示可以由寄单行直接或者通过另一银行作为中间银行寄送给代收行。

(6) 如果寄单行未指定某一特定的提示行，代办行可自行选择提示行。

第六条　即期/承兑

如果是见单即付的单据，提示行必须立即办理提示付款不得延误；如果不是即期而是远期付款单据，提示行必须在不晚于应到期日，如是要承兑立即办理提示承兑，如是付款时立即办理提示付款。

第七条　商业单据的交单(承兑交单 D/A 和付款交单 D/P)

(1) 附有商业单据必须在付款时交出的托收指示，不应包含远期付款的汇票。

(2) 如果托收包含有远期付款的汇票，托收指示应列明商业单据是凭承兑不是凭付款交给付款人。如果未有说明,商业单据只能是付款交单,而代收行对由于交付单据的任何延误所产生的任何后果将不承担责任。

(3) 如果托收包含有远期付款的汇票而且托收指示列明应凭付款交出商业单据时,则单据只能凭该项付款才能交付,而代收行对由于交单的任何延误所产生的任何结果将不承担责任。

第八条　代制单据

在寄单行指示或者是代收行或者是付款人应代制托收中未曾包括的单据(汇票、本票、信托收据、保证书或其他单据)时,这些单据的格式和词句应由寄单行提供,否则的话,代收行对由代收行和/或付款人所提供任何该种单据的格式和词句将不承担责任或对其负责。

四、义务和责任

第九条　善意和合理的谨慎

银行将以善意和合理的谨慎办理业务。

第十条　单据与货物/服务/行为

(1) 未经银行事先同意,货物不得以银行的地址直接发送给该银行、或者以该行作为收货人或者以该行为抬头人。然而,如果未经银行事先同意而将货物以银行的地址直接发送给了该银行,或以该行做了收货人或抬头人,并请该行凭付款或承兑或凭其他条款将货物交付给付款人,该行将没有提取货物的义务,其风险和责任仍由发货方承担。

(2) 银行对与跟单托收有关的货物即使接到特别指示也没有义务采取任何行动,包括对货物的仓储和保险,银行只有在个案中如果同意这样做时才会采取该类行动。撇开前述第一条(3)的规定,即使对此没有任何特别的通知,代收银行也适用本条款。

(3) 然而,无论银行是否收到指示,它们为保护货物而采取措施时,银行对有关货物的结局和/或状况和/或对受托保管和/或保护的任何第三方的行为和/或疏漏概不承担责任。但是,代收行必须毫不延误地将其所采取的措施通知对其发出托收指示的银行。

(4) 银行对货物采取任何保护措施所发生的任何费用和/或花销将向其发出托收的一方承担。

(5) ① 撇开第十条第(1)款的规定,如果货物是以代收行作为收货人或抬头人,而且付款人已对该项托收办理了付款、承兑或承诺了其他条件和条款,代收行因此对货物的交付作了安排时,应认为寄单行已授权代收行如此办理。

② 若代收行按照寄单行的指示或上述第十条第(1)款的规定安排交付货物,寄单行应对该代收行所发生的全部损失和费用给予赔偿。

第十一条　对被指示方行为的免责

(1) 为使委托人的指示得以实现，银行使用另一银行或其他银行的服务是代该委托人办理的，因此，其风险由委托人承担。

(2) 即使银行主动地选择了其他银行办理业务，如该行所转递的指示未被执行，该行不承担责任或对其负责。

(3) 一方指示另一方去履行服务，指示方应受到被指示方的法律和惯例所加于的一切义务和责任的制约，并承担赔偿的责任。

第十二条　对收到单据的免责

(1) 银行必须确定它所收到的单据应与托收指示中所列相符，如果发现任何单据有短缺或非托收指示所列，银行必须以电讯方式，如电讯不可能时，以其他快捷的方式通知从其收到指示的一方，不得延误。

银行对此没有更多的责任。

(2) 如果单据与所列表面不相符，寄单行对代收行收到的单据种类和数量不得有争议。

(3) 根据第五条(3)和第十二条第(1)和(2)款，银行将按所收到的单据办理提示而无须做更多的审核。

第十三条　对单据有效性的免责

银行对任何单据的格式、完整性、准确性、真实性或其法律效力，或对在单据中载明或在其上附加的一般性和/或特殊性的条款不承担责任或对其负责；银行也不对任何单据所表示的货物的描述、数量、重量、质量、状况、包装、交货、价值或存在，或对货物的发运人、承运人、运输行、收货人和保险人或其他任何人的诚信或行为和/或疏忽、清偿力、业绩或信誉承担责任或对其负责。

第十四条　对单据在传送中的延误和损坏以及对翻译的免责

(1) 银行对任何信息、信件或单据在传送中所发生的延误和/或损坏、或对任何电讯在传递中所发生的延误、残损或其他错误、或对专门术语的翻译和/或解释的错误不承担责任或对其负责。

(2) 银行对由于收到的任何指示需要澄清而引起的延误将不承担责任或对其负责。

第十五条　不可抗力

银行对由于天灾、暴动、骚乱、战争或银行本身不能控制的任何其他原因，任何罢工或停工而使银行营业中断所产生的后果不承担责任或对其负责。

五、付款

第十六条 立即汇付

(1) 收妥的款项(扣除手续费和/或支出和/或可能的费用)必须按照托收指示中规定的条件和条款立即付给从其收到托收指示的一方,不得延误。

(2) 撇开第一条第(3)款的规定和除非另有指示,代收行仅向寄单行汇付收妥的款项。

第十七条 以当地货币支付

如果单据是以付款地国家的货币(当地货币)付款,除托收指示另有规定外,提示行必须凭当地货币的付款后交单给付款人,只要该种货币按托收指示规定的方式能够随时处理。

第十八条 用外汇付款

如果单据是以付款地国家以外的货币(外汇)付款,除托收指示中另用规定外,提示行必须凭指定的外汇付款后交单给付款人,只要该外汇是按托收指示规定能够立即汇出。

第十九条 分期付款

(1) 在光票托收中可以接受分期付款,前提是分批的金额和条件是付款当地的现行法律所允许。只有在全部货款已收妥的情况下,才能将金融单据交付给付款人。

(2) 在跟单托收中,只有在托收指示有特别授权的情况下,才能接受分期付款。然而,除非另有指示,提示行只能在全部货款已收妥后才能将单据交付给付款人。

(3) 在任何情况下,分期付款只有在符合第十七款或第十八款中的相应规定时将会被接受。

如果接受分期付款将按照第十六款的规定办理。

六、利息、手续费和其他费用

第二十条 利息

(1) 如果托收指示中规定必须收取利息,但付款人拒付该项利息时,提示行可根据具体情况在不收取利息的情况下凭付款或承兑或其他条款和条件交单,除非适用第二十条第(3)款。

(2) 如果要求收取利息,托收指示中应明确规定利率、计息期和计息方法。

(3) 如托收指示中明确地指明利息不得放弃而付款人已拒付该利息,提示行将不交单,并对由此所引起的延迟交单所产生的后果将不承担责任。当利息已被拒付时,提示行必须以电讯,当不可能时可用其他便捷的方式通知曾向其发出托收指示的银行,不得延误。

第二十一条　手续费和其他费用

(1)　如果托收指示中规定必须收取手续费和/或费用须由付款人承担，而后者拒付时，提示行可以根据具体情况在不收取手续费和/或费用的情况下凭付款或承兑或其他条款和条件交单，除非适用第二十一条第(2)款。

每当托收手续费和/或费用被这样放弃时，该项费用应由发出托收的一方承担，并可从货款中扣减。

(2)　如果托收指示中明确指明手续费和/或费用不得放弃而付款人又拒付该项费用时，提示行将不交单，并对由此所引起的延误所产生的后果将不承担责任。当该项费用已被拒付时，提示行必须以电讯，当不可能时可用其他便捷的方式通知曾向其发出托收指示的银行，不得延误。

(3)　在任何情况下，若托收指示中清楚地规定或根据本规则，支付款项和/或费用和/或托收手续费应由委托人承担，代收行应有权从向其发出托收指示的银行立即收回所支出的有关支付款、费用和手续费，而寄单行不管该托收结果如何应有权向委托人立即收回他所付出的任何金额连同他自己的支付款、费用和手续费。

(4)　银行对向其发出托收指示的一方保留要求事先支付手续费和/或费用以补偿其拟执行任何指示的费用支出的权利，在未收到该项款项期间有保留不执行该项指示的权利。

七、其他条款

第二十二条　承兑

提示行有责任注意汇票承兑形式看来是完整和正确的，但是，对任何签字的真实性或签署承兑的任何签字人的权限不负责任。

第二十三条　本票和其他凭证

提示行对在本票、收据或其他凭证上的任何签字的真实性或签字人的权限不负责任。

第二十四条　拒绝证书

托收指示对当发生不付款或不承兑时的有关拒绝证书应有具体的指示(或代之以其他法律程序)。

银行由于办理拒绝证书或其他法律程序所发生的手续费和/或费用将由向其发出托收指示的一方承担。

第二十五条　需要时的代理

如果委托人指定一名代表作为在发生不付款和/或不承兑时的代理，托收指示中应清楚地、详尽地指明该代理的权限。在无该项指示时，银行将不接受来自代理的任何指示。

第二十六条　通知

代收行应按下列规则通知托收状况。

(1)　通知格式。

代收行对向其发出托收指示的银行给予所有通知和信息必须要有相应的详情，在任何情况下都应包括后者在托收指示中列明的银行业务编号。

(2)　通知的方法。

寄单行有责任就通知的方法向代收行给予指示，详见本条(3)款中的①、②、③项的内容。在无该项指示时，代收行将自行选择通知方法寄送有关的通知，而其费用应由向其发出托收指示的银行承担。

(3)　①　付款通知：代收行必须无延误地对向其发出托收指示的银行寄送付款通知，列明金额或托收金额、扣减的手续费和/或支付款和/或费用额以及资金的处理方式。

②　承兑通知：代收行必须无延误地对向其发出托收指示的银行寄送承兑通知。

③　不付款或不承兑的通知：提示行应尽力查明不付款或不承兑的原因，并据以向对其发出托收指示的银行无延误地寄送通知。

提示行应无延误地对向其发出托收指示的银行寄送不付款通知和/或不承兑通知后 60 天内未收到该项指示，代收行或提示行可将单据退回给向其发出指示的银行，而提示银行方面不承担责任。

附录三　单证常用英语缩写词汇

@	at 每；以(价格)
&	and 和，与
AA	Automatic Approval 自动许可证
a.a.	after arrival 到达以后
A.A.R.; aar	Against all risks 承保一切险
abt.	about 大约
A/C	Account Current 往来账户
A/C	Account 账户，账
Acc.	Acceptance 承兑；Accepted 接受；account 账户；
	Accident 意外事故(保险用语)
acpt.	acceptance 承兑
ACN.	Air Consignment Note 空运托运单
A/D.	after date 期后
A.D.	anno domini(L.) 公元(后)
ad；advt.	advertisement 广告
Adval.	Advalorem(according to value) 从价计算
add.	Address 住址
adv.	advice 通知
A.F.	Advanced freights 预付运费
A.F.B.	air freight bill 空运提单
Ag.	Agreement 同意；Agent 代理人
A.1	first-class 一等；一流
Amt.	amount 金额；总数；共计
anon.	anonymous 不记名
a/c；acc/o	account of... 某人账户
a/or	and/or 与/或
A/P.	Authority to Purchase 委托购买证

a.p.	additional premium 附加费	
A/P；a.p.	Additional Premium 附加保险费；额外保险费	
A.P.L.；a.p.l.	As per list 按照表所列出的	
app.	appendix 附录	
approx.	approximately；approximate 大约	
Apr.	April 4 月	
A.R.	All Risks 一切险	
arr.	arrival；arrived 抵达	
a.s	after sight 见票后	
a/s.	alongside 船边	
Ass'mt	assortment 各种类；各色	
asst.	assorted 分类；花式搭配	
atten.	attention 注意	
Aug.	August 8 月	
A/v；A.V.	Advalorem=According to Value 从价；按值	
Av.	average 海损；平均	
av.；A/V；avg.	average 海损；平均	
A/W	actual weight 实际重量；净重	
A.W.B	air way bill 空运运单	
Bal.	balance 差额	
bar.or brl.	barrel 桶；琵琶桶	
B.B.clause	Both to blame collision clause 船舶互撞条款	
B/C	Bills for Collection 托收单据	
B.C.	before Christ 公元前	
b.d	brought down 转下	
B.D.	Bank draft 银行汇票；Bill Discounted 贴现票据	
b.d.i.	both dates inclusive 包括首尾两日	
bdle.；bdl.	bundle 把；捆	
b.e.；B/E；B.EX.	Bill of Exchange 汇票	
B.f.	Brought forward 接下页	
B/G	Bonded goods 保税货物	
bg.；B/s	bag(s) 袋	
bkg.	banking 银行业务	

bkt.	basket 篮；筐
bl.; bls.	bale(s) 包
Blading	Bill of Lading 提单
bldg.	bales 包；barrels 桶
bot.; bott.; btl	bottle 瓶
br.	brand 商标；牌
Brkge.	breakage 破碎
brls.	barrels 桶；琵琶桶
b/s	bags；bales 袋；包
Bs/L	Bills of Lading 提单(复数)
btl.	bottle 瓶
bu.	bushel 蒲式耳
bx.	box 箱
bxs.	boxes 箱(复数)，盒(复数)
c/-(or c/s)	cases 箱
ca.; c/s；cs.	case or cases 箱
C.A.D.; C/D	cash against documents 付款交单
canc.	cancelled 取消；注销
C.A.F.	Cost,Assurance,Freight(=C.I.F.) 成本加保费、运费价
canclg.	cancelling 取消；注销
cat.	catalogue 商品目录
C/B	clean bill 光票
C.B.D	cash before delivery 先付款后交单
c.c.	cubic centimetre 立方厘米；立方公分
c.c.	carbon copy 复写纸；副本
C.C.	Chamber of Commerce 商会
C.C.I.B.	China Commodity Inspection Bureau 中国商品检验局
C/d	carried down 转下
cent.	centum(L.) 一百
Cert.; certif.	certificate；certified 证明书；证明
c.f.	Cubic feet 立方英尺
c/f	Carried Forward 接后；接转(下页)
cf.	confer 商议；Compare 比较

C.F.R.	Cost and Freight　成本加运费价格
CFS; C.F.S.	Container Freight Station　集装箱中转站；货运站
Cg.	Centigramme　公毫
C.G.A.	Cargo's proportion of General Average　共同海损分摊额
cgo.	cargo　货物
chges.	charges　费用
Chq	Cheque　支票
C.I.	Certificate of Insurance　保险凭证；Consular Invoice　领事发票； 领事签证
C.I.F	Cost, Insurance, Freight　成本、保险费加运费价格
C.I.F.&C.	Cost, Insurance, Freight & Commission　成本、保险费加运费、佣 金价格
C.I.F.&E.	Cost, Insurance, Freight & Exchange　成本、保险费、运费加汇费 价格
C.I.F.&I.	Cost,Insurance,Freight & Interest　成本、保险费、运费加利息价格
C.I.O	Cash in Order；Cash with order　订货时付款
cks.	casks　桶
cl.	class；clause　级；条款；项
CLP	Container Load Plan　集装箱装箱单
cm.	centimetre　平方厘米；平方公分
cm²	square centimetre　平方厘米；平方公分
cm³	cubic centimetre　立方厘米；立方公分
CMB	国际公路货物运输条约
CMI	Comit'e Maritime International　国际海事委员会
c/n	cover note　暂保单；预保单
CNC	新集装箱运输
Co.	Company　公司
c/o	care of　转交
C/O; c.o.	Certificate of origin　产地证明书
c.o.d., C.O.D.	Cash on delivery or Collection delivery　货到付款
COFC	Container on Flat Car　平板车装运集装箱
Com.	Commission　佣金

Con.inv.	Consular invoice 领事签证发票	
cont.; contr.	contract 合同；合约	
contd.	continued 继续；续(上页)	
contg.	containing 内容	
corp.; corpn.; cor.	corporation 公司	
C/P；c.py.	charter party 租船契约	
C.Q.D.	Customary Quick Despatch 按习惯速度装卸	
Cr.	Credit 贷方；信用证；Creditor 债权人	
Crt.	crate 板条箱	
Ct.	Cent 分；Current 当前；目前 Credit 贷方；信用证	
C.T.D.	Combined transport document 联合运输单据	
CTB/L	Combined transport bill of lading 联合运输提单	
C.T.O.	Combined transport operator 联合运输经营人	
cu.cm; cb.cm	cubic centimetre 立方厘米；立方公分	
cu.in.; cb.in.	cubic inch 立方英寸	
cu.m.; cb.m.	cubic metre 立方米；立方公尺	
cu.ft.; cb.ft.	cubic foot 立方英尺	
cur.; curt.	current(this month) 本月	
cur.	currency 币制	
cu.yd.; cb.yd.	cubic yard 立方码	
C.W.O.	cash with order 订货时付款	
c.w.t.; cwt.	hundredweight 英担(122 磅)	
CY	Container Yard 集装箱堆场	
d.	denarii(L)，panny or pence 便士	
D/A	Document against Acceptance 承兑交单	
d/a	days after acceptance 承兑后若干天(交款)	
D.D.; D/D	Demand draft 即期汇票；Delivered at docks 码头交货	
D/d	documentary draft 跟单汇票	
Dec.	December 12 月	
deld.	delivered 交付	
dept.	department 部；股；处	
destn.	destination 目的港；目的地	
D/f	dead freight 空舱费	

drt.	draft 汇票
diam.	diameter 直径
diff.	difference 差额；差异
dis.; disc't	discount 贴现；折扣；贴现息
dis.; Dolls.	dollars 元
Dmge.	damage 损坏
D/N	debit note 久款账单
doc.	document 单据
doc.att.	document attached 附单据；附证件
dols.; dolls.	dollars 元
D/P	document against payment 付款交单
doz.	dozen 打
d.p.	direct port 直达港口
d/s; d.s.; days.st.	days after sight 见票后若干天付款
ds.; d's	days 日
dto.; do	ditto 同上；同前
d.t.	delivery time 交货时间
dup.; dupl.; duplte.	duplicate 誊本；第二份；两份
D.W.T.	dead weight tonnage 载重吨
D/Y	delivery 交付；交货
dz.; doz	dozen 打
ea.	each 每
E.C.	Exempli causa(for example) 例如
E/D	Export Declaration 出口申报单
E.E.	errors excepted 错误当查；错误当改
E.E.C.	European Economic Community 欧洲共同体
e.g.; ex.g.	Exempli gratia(L.)=for example 例如
end.	endorsed；endorsement 背书
encl.; enc.	enclosure 附件
E.&O.E.	errors and omissions excepted 错漏当查；错漏当改
E.O.M.	end of month 月末
E.O.S.	end of season 季末
eq.	equivalent 等值的，等量的

e.q.m.	equal quantity monthly 每月相等的数量
Et.seq.	Et sequentia(and other things) 及以下所综述的
Et.al.	Et.alibi(and elsewhere) 等等
e.t.a.; eta; ETA	estimated(expected) time of arrival 预计到达时间
etc.	et cetera(L.)=and others 等等
ETCL; etcl	expected time of commencement of loading 预计开装时间
etd; ETD	estimated(expected) time of departure 预计离港时间
ETDEL	expected time of delivery 预计交货时间
ETFD	expected time of finishing discharging 预计卸完时间
ETFL	expected time of finishing loading 预计装完时间
Ex	per or out of 搭乘
ex.	excluding 除外；example 例子；样本
Exch.	exchange 兑换；汇兑
Excl.	exclusive or excluding 除外
ex.int.	ex interest 无利息
exp.	export 出口
Exs.	expenses 费用
Ext.	extra 特别的；额外的
F	degree Fahrenheit 华氏度数
F.A.	free alongside(ship) (船)边交货
f/a/a; F.A.A.	free from all average 分损不赔(保险用语)
f.a.c.	fast as can 尽快
f.a.q.; F.A.Q.	fair average quality 大路货；中等品质
f.a.s.; F.A.S.	free alongside ship 船边交货价
F.B.	freight bill 运费单
Fc	franc 法郎
Fch.	frachise 免赔率(一般指相对的)
FCL	Full Container Load 整箱货
F.C.&S.	free of capture and seizure clause 战争险不保条款
f.e.	for example 例如
Feb.	February 2月
f.f.a.	free from alongside 船边交货价
f.g.a.; F.G.A.	free from general average 共同海损不赔

f.i.	for instance 例如；free in 船方不负担装船费
f.ig.	figure 数字
f.i.o.	free in and out 船方不负担装卸费
fi.o.s.	free in,out and stowed 船方不负担装卸费及理舱费
f.i.o.s.t.	free in.out,stowed and trimmed 船方不负担装卸费、理舱费及平舱费
f.i.w.	free in wagon 承运人不负担装入货车费
F/O	in favor of 交付给……；以……为受益人
f.o.	free out 船方不负担卸货费
F.O.A.	free on aircraft 飞机上交货价
fo.vo.	filio verso=turn the page 转下页
f.o.r.; F.O.R.	free on rail 火车上交货价
FOS.; f.o.s.	free on steamer 船上交货价
f.o.b.; F.O.B.	free on board 船上交货价
F.O.B.S.	free on board stowed 包括理舱费在内的船上交货价
f.o.c.	free of charges 免费
f.o.t.; fot	free on truck 卡车上交货价
F/P	fire policy 火灾保险单
F.P.	floating policy 总括保险单
F.P.A.	free from particular average 平安险
F.; Fr.	franc 法郎
frt.; frit.; fgt.	freight 运费
frt.ppd	freight prepaid 运费已预付
ft.	foot 英尺
ft.-lb.	foot-pound 英尺磅(功的单位)
f.w.d.	fresh water damage 淡水损失
fwd.	forward 前面；接下页
F.X.	foreign exchange 外汇
g.	gram 克；公分
G.A.; G/A	General Average 共同海损(保险用语)
gal.	gallon 加仑
gds.	goods 货物
gm	gram 克；公分
G.M.Q.	Good Merchantable Quality 上好可销品质

gr.	gross 总的；全体的；毛的(重量)
gr.; grm	gram 克；公分
grs.wt.; G.w.; Gr.wt.	gross weigth 毛重
g.s.w.	gross weight 装船毛重
h.; hr.	hour 一小时
H.D.	Hook damage 钩损
H.O.	Head office 总公司；总行
H.&O.	Hook and oil damage 钩损和油损
Hund.	Hundred 百
h.w.d.	heavy weather damage 恶劣气候损坏
I.C.C.	International Chamber of Commerce 国际商会
Id.	Idem(the same) 同样
i.e.	Id est(that is) 即；就是
Imp.	import 进口
in.	inch 英寸；interest 利息
In trans.	In transit(on the way) 在运输途中
Infra	below 以下
Insp.	inspection 检验
Insur.; Ins.	Insurance 保险
inst.	instant 本月
Inst.cls.	Institute clauses 伦敦协会保险条款
Int.	Interest 利息
inv.	invoice 发票
I.O.P.	irrespective of percentage 不计免赔率(保险用语)
I/P	insurance policy 保单险
I.Q.	Idem quod(the same as) 同样
ISO	International Organization for Standardization 国际标准化组织
it.	item 项目；条款
ITV	Internal Transfer Vehicle 码头内运输车
J.and/or l.o.	Jettison and/or loss overboard 抛弃或落水损失
Jan.	January 1 月
Jul.	July 7 月
Jun.	June 6 月

kilo; kg.	kilogramme 公斤；千克	
kl.	kilolitre 千公升；公秉	
km.	kilometre 千米；千公尺	
km²	square kilometre 千平方米；千平方公尺	
km³	cubic kilometre 千立方米；千立方公尺	
L/A	letter of authority 授权书	
l.; lit.	litre 公升	
Lb.	pound 磅	
L/C	letter of credit 信用证	
LCL	Less than a full Container Load Cargo 非整装箱货；拼箱货	
ldg.	loading 装货；装载	
L/G	letter of guarantee 保证书	
Lkge	leakage 渗漏	
lkge & bkge	leakage and breakage 渗漏及破碎	
L.T；L/T	long ton 长吨	
Ltd.	Limited 有限	
m.	metre 公尺；mile 英里	
m²	spuare metre 平方米；平方公尺	
m³	cubic metre 立方米；立方公尺	
max.	maximum 最高	
Mar.	March 3 月	
M.B.D. or Mchy.dge	Machinery Breakdown Damage 机器损坏	
mdse.	merchandise 货物；商品	
Memo.	memorandum 备忘录	
Messrs.	Messieurs 先生(复数)	
M.Ex.C.	Marine Extension clause 海运扩展条款	
mfd.	manufactured 制造的	
mfr.	manufacturer 厂商；制造商	
mg.	milligram 毫克	
mi.	mile 英里	
MI.	marine insurance 海险	
M.I.C.C.	Marine Insurance Cargo Clause 海上运输货物保险条款	
mil.; ml.	millilitre 毫升	

min.	minimum 最低；最小；起码
M.I.P.	Marine Insurance Policy 海险保险单
mk.	mark 唛头；商标
mm	millimetre 毫米；公厘
mm³	cubic millimetre 立方毫米；立方公厘
M/R	Mate's Receipt 收货单；大副收据
Mr.	mister 先生
m.s.; m/s	motorship 轮船
M/S	months after sight 见票后××月付款
M/T or m.t	metric ton 公吨
M/T	mail transfer 信汇
M.Y.	marshalling yard 集装箱编号场
N/A	Non Acceptance 不承兑
Nav.	Navigating or navigation 航行
N.B.	Nota bene(take notice) 注意
N.C.V.	No commercial value 无商业价值
N.D.	not dated 不记载日期
N.d.	Non delivery 提货不着
Nil	nothing 无
N.M.	No Mark 无标志
Nom.	Nominal 名称
Nov.	November 11 月
N/P	No Payment 拒绝付款
N.W.; Nt.Wt.	Net weight 净重
N.Y.	New York 纽约
o/a	on account of ... 记……账
o/b	on or before 在或在……以前
O/B	on board(装)在船上
O/C	open cover 预保合同
Oc. B/L	Ocean bill of lading 海运运输提单
OCP	Overland Common Point 内陆共同点
Oct.	October 10 月
O.M.C.C	Ocean Marine Cargo Clause 海洋运输货物条款

On a/c	on account　记账；挂账
O.P.	Open policy　预保单
orig.	original　正本
oz.	ounce；ounces　盎司；英两
oz. apoth	ounce apothecary　药衡盎司
oz. av.	ounce,avoirdupois　常衡盎司
oz.tr.	ounce,troy(or fine ounce)　金衡盎司
P.	per　每；page　页
P/a；P/AV.	particular average　单独海损
p.a.	per annum　每年
p.c	per centum　百分比率
P.C	Price Current　市价
pce.；pc	piece　件；个；只；块；匹
pch.	parcel　小包
P'd.；pd.	paid　已付
P.I.C.C.	The People's Insurance Company of China　中国人民保险公司
pkg.	package　包裹；件
P.O.B	post office box　邮箱；信箱
P.P	Parcel Post　邮包
ppd.	prepaid　预付
ppt.	prompt loading　即期装船
pr.	pair；双，对；price　价格
prem.；pm	premium　保险费
pro raia.	proportionally　按比例
prox.	proximo　下月
P.T.O.	please turn over　请阅背面
q.	quintal　百公斤；公担
Q.	quantity　数量
Qlty.	quality　品质
Qt.	quart　跨脱(1/4 加仑)
R.；r.；Ry.	railway　铁路
re.	with reference to　关于
rect.；Recpt.	Receipt　收据

rd.	road 路
R.D.C.	Running down clause 碰撞条款
Ref.	reference 参考(号)
Reg.; Regd.	Registered 登记；挂号
r.i.	re-insurance 再保险
RM.	remittance 汇款
R.O.D	Rust Oxidation and Discolouration 锈损、氧化和变色
S/D	sight draft 即期汇票
s.b.s.	surveyed before shipment 装运前进行检验
Sept.	September 9 月
SHEX.	Sundays and holidays excepted 星期天和假日除外
shipt.	shipment 装运；装载
S.I.	Sum insured 保险金额
Sig.	signature 署名；签字
S.G.	英国劳哈士保险单的一种格式名称
Sgd.	Signed 已签署；签字
Sld.	Sailed 已开航
Sling L.	Sling loss 吊钩损失
S/N	shipping note 装船通知
S.O.	shipping order 装货单；下货纸
S/O	shipowner 船东
sq.cm.	square centimetre 平方厘米
sq.ft.	square foot 平方英尺
sq.in.	square inch 平方英寸
sq.km.	square kilometre 千平方米；千平方公尺
sq.yd.	square yard 平方码
S.R.	Strike risks 罢工险
S.R.C.C.	Strike Riots and Civil Commotions 罢工、暴动、内乱险
s.s；ss.；s/s	steamship 轮船
s/t；s.t.；sh.t.	short ton(2000 lb.) 短吨
st.	street 街
std.	standard 标准
stg.	sterling 英币

S/W	Shipper's weight 发货人提出的重量	
S.W.D.	Sea Water damage 海水损失	
str.	steamer 轮船	
supp.	supplement 补遗；附录；补充	
T.	ton 吨	
tal.qual.	talis quality=just as they come；average quality 平均品质	
teleg.	telegram,telegraph 电报	
thro.	through 经由；联运	
TOFC	Trailer on Flat Car 平板车装运载箱拖车	
T.P.N.D	theft,pilferage & non-delivery 盗窃及提货不着险	
T/S	transhipment 转船	
T.T.	Telegraphic Transfer 电汇	
T/R	Trust Receipt 信托收据(D/P T/R 付款交单凭信托收据借款)	
U.C.P	Uniform Customs and Practice for Documentary Credits 跟单信用证统一惯例	
U/D	Under-deck 舱内	
Ult.	ultimo 上月	
U/rs.	Under Writers 保险人	
U.T.	Unlimited transhipment 无限制性的转船	
U/W	Underwriter 保险人	
ves.	vessel 船	
via	by way of 经过，经由	
Viz.	Videlicet(namely) 即；就是	
Voy.	voyage 航海；航行；航次	
v.s.	vide supra(see above) 参阅上文	
W.A.	with Average 水渍险	
W.B.	Way Bill 运单	
Whse.	Warehouse 仓库	
W.P.A.	With Particular Average 水渍险	
Wgt.; Wt	Weight 重量	
W.R.	war risk 战争险	
w.r.o.	War risk only 仅保战争险	
W/T.	with transhipment 转船	

wt.	weight 重量
w/w; w-w; whse-whse	warehouse warrent；warehouse to warehouse 仓库；从此仓库到另一个仓库
Y.A.R.	York-Antwerp Rules 约克—安特卫普规则(即国际共同海损规则)
Y.B.	Yearbook 年鉴
yd.	yard 码
yr.	year 年；your 你们的
Z.	Zone 地区

附录四 世界主要港口

港　口	译　名	国家或地区
Aden	亚丁	民主也门
Alexandria	亚历山大	埃及
Amsterdam	阿姆斯特丹	荷兰
Antwerp	安特卫普	比利时
Auckland	奥克兰	新西兰
Baltimore	巴尔的摩	美国
Bangkok	曼谷	泰国
Barcelona	巴塞罗那	美国
Beirut	贝鲁特	黎巴嫩
Bordeaux	波尔多	法国
Boston	波士顿	美国
Bremen	不来梅	德国
Buenos Aires	布宜诺斯艾利斯	阿根廷
Calcutta	加尔各答	印度
Chittagong	吉大港	孟加拉国
Colombo	科伦坡	斯里兰卡
Gdansk	格但斯克	波兰
Genoa	热那亚	意大利
Glasgow	格拉斯哥	英国
Hamburg	汉堡	德国
Hongkong	香港	中国
Honolulu	火奴鲁鲁	美国
Houston	休斯敦	美国
Istanbul	伊斯坦布尔	土耳其
Jeddah	吉达	沙特阿拉伯
Karachi	卡拉奇	巴基斯坦

港　口	译　名	国家或地区
Kobe	神户	日本
Lisbon	里斯本	葡萄牙
Liverpool	利物浦	英国
London	伦敦	英国
Los Angeles	洛杉矶	美国
Manila	马尼拉	菲律宾
Marseilles	马赛	法国
Melbourne	墨尔本	澳大利亚
Montreal	蒙特利尔	加拿大
Nagoya	名古屋	日本
Naples	那不勒斯	意大利
New Orleans	新奥尔良	美国
New York	纽约	美国
Osaka	大阪	日本
Philadelphia	费城	美国
Quebec	魁北克	加拿大
Rangoon	仰光	缅甸
Rijeka	里耶卡	南斯拉夫
Rio De Janeiro	里约热内卢	巴西
Rostock	罗斯托克	德国
Rotterdam	鹿特丹	荷兰
San Francisco	旧金山	美国
Singapore	新加坡	新加坡
Southampton	南安普顿	英国
Stockholm	斯德哥尔摩	瑞典
Sydney	悉尼	澳大利亚
Tokyo	东京	日本
Tripoli	的黎波里	利比亚
Valparaiso	瓦尔帕来索	智利
Vancouver	温哥华	加拿大

续表

港　口	译　名	国家或地区
Venice	威尼斯	意大利
Wellington	惠灵顿	新西兰
Yokohama	横滨	日本

参 考 文 献

1. 全国国际商务单证培训认证考试办公室. 国际商务单证理论与实务. 北京：中国商务出版社，2007
2. 全国国际商务单证培训认证考试办公室. 国际商务单证实训教程. 北京：中国商务出版社，2007
3. 全国国际商务单证培训认证考试办公室. 国际商务单证培训认证考试大纲及复习指南. 北京：中国商务出版社，2007
4. 于强(国际商会中国国家委员会 ICC—CHINA 银行委员会委员). 信用证与 UCP600 操作实务大全，2007
5. 童宏祥. 新编国际商务单证实务. 上海：上海财经大学出版社，2006
6. 童宏祥. 国际贸易单证实务. 上海：华东理工大学出版社，2005
7. 袁永友，柏望生. 进出口单证实务案例评析. 北京：中国海关出版社，2006
8. 余世明. 国际商务单证实务. 广州：暨南大学出版社，2005
9. 刘文广，张晓明. 国际贸易实训. 北京：高等教育出版社，2005
10. 上海高校国际商务实习中心. TMT 模拟实习软件
11. 吴百福. 进出口贸易实务教程. 上海：上海人民出版社，2003
12. 周韬. 国际贸易单证处理技巧. 广州：广东经济出版社，2000
13. 祝卫. 出口贸易模拟操作教程. 上海：上海人民出版社，1999